圖
剛經、心經、壇經
其中的一句智慧，面對人生磨難都將能無所畏怖。
各種執著、苦難，是生命身心安頓的智慧經典。
——慧明 著

前言

佛教與基督教、伊斯蘭教並稱為世界三大宗教。公元1世紀，佛教傳入中國，逐漸成為中國傳統文化的重要組成部分，宋明理學與佛教頗有淵源，漢文佛教經典是研究中國歷史文化的寶貴資料，佛教哲學更是陶冶了無數中國人的情操。

佛教，其實就是釋迦牟尼的言教。他說法的目的在於告訴人們離苦得樂、超凡入聖的途徑。佛學浩如煙海，佛經更是多達萬卷。為了讓眾多既想瞭解佛教，又覺得無從下手的人們對佛教有一個基本的瞭解，我們從汗牛充棟的佛經中，精心挑選了三本佛教最重要的典籍：《金剛經》、《心經》、《壇經》，結集成一本書。

《金剛經》是在中國流傳最廣的佛經。它傳入中國經歷各朝各代後，所衍生出的各種文化現象，已成為中華文明不可缺少的重要組成部分。人們把《金剛經》與儒家的《論語》、道家的《道德經》並列為釋儒道三家的寶典。《心經》是佛教經典中字數最少的一部著作，只有260個字，卻包含了佛教的基本教義，被視為般若智慧的集大成者。《壇經》是三藏十二部佛教經典中唯一一部由中國人講述的佛教典籍，是慧能大師的思想精髓。它宣揚「自性清淨、見性成佛」的思想，是禪宗最主要的思想依據，對我國佛教甚至我國傳統文化，都產生了廣泛而深遠的影響。

本書首先介紹佛教的基本知識，讓讀者對佛教的歷史、戒律、修行等有一個大致的瞭解。然後分成三篇，用通俗的語言和簡單的講解，全面系統地依次解說這三部經書。以一對一圖解的形式，將經書中所蘊含的佛法妙諦直觀、巧妙地透過圖示表達出來，既能讓讀者看懂佛法博大精深的要義，又避免了艱澀枯燥，增添閱讀的樂趣。本書圖文並茂，實為一本不可多得的必備珍藏版圖書。讀者經由本書不僅能夠瞭解諸多佛法妙諦，也能用佛法的智慧抒解現代生活的壓力，在其中獲得重要的人生啓迪。

但是，佛教經典可謂浩如煙海，以編者的能力尚不能完全駕馭，難免會出現疏漏。在此我們也希望讀者能夠提出寶貴意見，以便我們在今後的工作中改正。

釋迦牟尼畫傳

釋迦牟尼，佛教的創始人。本姓喬達摩，名悉達多，釋迦是種族名，意為「能」；牟尼意為「仁」，合為「能仁」，意思是釋迦族的聖人。釋迦牟尼是其弟子對他的尊稱。圖中為記錄釋迦牟尼一生簡傳的唐卡。

四門出遊

王子長大後，他從東、南、西、北門出遊時，分別遇到了老人、病人、死人和沙門，感到了「老」、「病」、「死」之苦，並決定尋求解脫之道。

王子誕生

據佛經記載，古印度迦毗羅衛國的摩耶夫人夢象受孕。十月懷胎後，她在一棵樹下以手扶樹枝，從腋下誕下一位王子。王子一落地便走了7步，步下生蓮，並右手指天，左手指地，說道：「天上天下，唯我獨尊。」

六年苦行

悉達多到處拜師以求得解脫之道，始終未成，便開始了長達6年的苦行生活。他每天只吃一麻一麥，身體極度消瘦。

雲遊四方

釋迦牟尼初轉法輪後，開始雲遊四方，普度眾生。

初轉法輪

釋迦牟尼成佛後，最先度化了自己的五名侍從，史稱「初轉法輪」。

釋迦牟尼佛會

本圖為《法界流源圖》的一部分，描述了釋迦牟尼說法時的盛況。釋迦牟尼在菩提樹下說法，兩側是迦葉、阿難。護持左右的有文殊、普賢、觀世音菩薩，和童子、玉女、羅漢、天王、金剛等，還有人間供養人，共計五十多人，人物形象細緻入微。

普賢菩薩

普賢菩薩的坐騎是六牙白象。白象代表願行殷深，辛勤不倦；六牙，表示六波羅蜜——佈施、持戒、忍辱、精進、禪定、智慧。佛教稱六牙白象是菩薩所化，象徵「願行廣大，功德圓滿」

阿難

阿難是佛陀十大弟子之一，他記憶超群，熟知佛法，被稱為「多聞第一」。在佛教集會中，阿難常站在釋迦牟尼佛的右邊，是為右脅侍。

釋迦牟尼說法

在49年的弘化生涯中，最初佛陀直暢本懷，宣演《華嚴經》二十一日，後觀機逗教，又說《阿含經》十二年、《方等經》八年、《般若經》二十二年，《法華經》和《涅槃經》共八年，這是大會式的宣講，而對於個人的教化，不知說過無量數次。佛陀因材施教，點化迷茫，感化無量數人求皈受戒，改惡修善，得大解脫，了悟無上菩提。

迦葉

迦葉是佛陀十大弟子之一，他常行苦行，少欲知足，被稱為「頭陀第一」。在佛教集會中，迦葉常站在佛陀左邊，是為左脅侍。

文殊菩薩

文殊菩薩通常手持慧劍，坐騎是青獅，比喻以智慧利劍斬斷煩惱，以獅吼威風震懾魔怨。

六莊嚴二勝者像

大乘佛教中，在人間廣弘釋迦牟尼佛教法最著名的便是六莊嚴二勝者。世界六莊嚴是指：龍樹、聖天、無著、世親、陳那和法稱。二勝即古印度嚴持戒律的大師：功德光和釋迦光，被譽為瞻洲二勝。

無著

自小受完整婆羅門經典教育，但受到佛教影響，於小乘化地部出家為僧，修行空觀，但一直無法領悟。後，悟入大乘空觀，成為龍樹菩薩之後印度佛教史上重要的論師之一，在整個佛教歷史中擁有非常重要的地位。

聖天

大乘佛教中觀派創始人龍樹的弟子。他從龍樹處學習大乘般若之學，非常精於

世親

印度瑜伽行唯識學派（即印度唯識宗）創始人，著有《俱舍論》，基本囊括有部佛學思想，對該部思想有深刻獨到的見解。後受到其兄無著的影響，轉入大乘，力弘唯識，著述甚豐，其中小乘論五百部、大乘論五百部，人稱千部論主。其《唯識二十論》、《唯識三十論》，是唯識宗的奠基之作。

陳那

古印度中期大乘佛教瑜伽行派論師，佛教新因明學創始人，被後人稱為「中世紀正理學之父」。

釋迦光

嚴守佛教戒律，深受人們的敬重和愛戴，是律學權威。

法稱

古印度大乘佛教瑜伽行派論師，他對《集量論》作出評釋，進一步發展了陳那的因明學說。

功德光

世親菩薩四大弟子之一，精通律學，為律學權威。

印度古代佛教哲學家、邏輯學家，印度大乘佛教中觀派「空宗」的奠基人。他在原始佛教緣起說的基礎上，發展了大乘緣起性空說，創立了空宗哲學系統，即後來所謂中觀派哲學。

十一面千手千眼觀音像

千手千眼觀世音菩薩是菩薩在降魔時顯現出來的特殊形象，其身量與佛相等。身有千手千眼，表示度一切眾生，廣大圓滿而無礙之義。據說，供養修行千手千眼觀世音菩薩法，可得息災、增益、敬愛、降伏四種成就。

右三面為菩薩相，化導出世淨業。

上面右手持念珠，念珠是念佛時計數之用，是功德、佛性、慈悲、善良、吉祥、圓滿、佛心等的表徵。

下面右手施無畏印，表示佛為救濟眾生的大慈心願。

綠度母

綠度母也是二十一相之一。據說供奉綠度母能夠擺脱八種恐懼。

最上面是阿彌陀佛，表示以上一切總為成佛的方便。

佛面之下為金剛相，表示教化事業需要有極大威嚴和極大意樂方能無懈而成就。

左三面為憤怒相，化惡有情。

上面左手持蓮花，蓮花「出淤泥而不染」，表示由煩惱而至清淨。

下面左手持淨瓶，瓶內貯有甘露，表示潔淨之意。

白度母

觀音菩薩化身為救苦救難菩薩時，共有二十一相，以顏色區分，白度母是其中之一。

三世佛像

三世指過去、現在、未來。下圖的唐卡中，中間並列為過去迦葉佛『過去七佛之一』、現在釋迦牟尼佛和未來彌勒佛『未來諸佛之一』。三佛品座，弟子侍立，天王護衛，祥雲托護。

過去迦葉佛

是過去七佛中之第六佛，又為現在賢劫千佛中之第三佛。傳說他是釋迦牟尼前世之師，曾預言釋迦牟尼將來必定成佛。依佛經載，迦葉佛出世於賢劫中，其時人壽二萬歲。姓迦葉，於尼拘律樹下成佛，有弟子二萬人。

現在釋迦牟尼佛

本是古印度迦毗羅衛國的太子，屬剎帝利種姓。父為淨飯王，母為摩耶夫人，佛為太子時名叫「喬達摩・悉達多」，意為「一切義成就者」。他以本誓願，於娑婆世界，五濁惡世中示現成佛，開顯佛教，度化眾生。

未來彌勒佛

他少年時期便跟隨釋迦牟尼出了家。然而，他作為佛的聲聞弟子出家比丘，卻不斷煩惱、不修禪定、不證羅漢道。因為他靈根宿植、累劫修行，所以，釋迦牟尼授記他續自己之道統，紹自己之佛位，將來在娑婆世界作佛。

北方多聞天王

又名毗沙門，「多聞」多識，以福德名聞於四方。居須彌山水晶地，穿甲冑，右手持寶傘（又稱寶幡），左手握神鼠（銀鼠）。用以制服魔眾，護持人民財富。他負責守護北俱盧洲。

東方持國天王

「持國」意為慈悲為懷，保佑眾生，護持國土，故名持國天王。居須彌山黃金地，穿甲冑，手持琵琶，是主樂神，表明他要用音樂來使眾生皈依佛教。他負責守護東勝神州。

西方廣目天王

「廣目」意為能以淨天眼隨時觀察世界，護持人民，故名廣目天王。居須彌山白銀地，穿甲冑，為群龍領袖，故手纏一赤龍（也有的作赤索），看到有人不信奉佛法，即用索捉來，使其皈依佛教。他負責守護西牛貨洲。

南方增長天王

「增長」意為能令眾生增長善根，護持佛法，故名增長天王。居須彌山琉璃地，穿甲冑，手握寶劍，以保護佛法不受侵犯。他負責守護南贍部洲。

禪宗六大祖師

中國禪宗是漢傳佛教宗派之一，始於菩提達摩，以下傳慧可、僧璨、道信、弘忍、慧能。它盛於六祖慧能，中晚唐之後成為漢傳佛教的主流，也是漢傳佛教最主要的象徵之一。禪宗在中國佛教史上佔有重要地位，對中國2000多年思想文化的影響也極為深遠。下圖中每位祖師都有兩個形象，下一位祖師都在前一位祖師面前做學生的樣子。

慧能大師

六祖慧能是中國歷史上有重大影響的佛教高僧之一，著有《壇經》流傳於世，至今仍有不腐肉身舍利久存於世，成為佛法修行之見證。他奠定了禪宗的理論基礎，對於後來各派禪師建立門庭影響極大，對禪宗的弘揚貢獻極大。

弘忍大師

五祖弘忍盡得道信禪法，他十三歲就受具足戒，在生活中行住坐臥時時刻刻都在用功修行，天天謹言慎行，不使光陰空過。他入滅時吩咐門人用石頭造了一座塔，塔造好後，他便端然正坐於其中，無疾而終。

道信大師

四祖道信常年追隨僧璨大師學習佛法。據說他六十年常坐不臥，眼睛也常閉不開，若是他睜開眼，一般人見了直打寒顫。道信弘法四十多年，所教化的眾生「稻麻竹葦」，就是像稻麻竹葦一樣多。

達摩祖師

印度禪宗第二十八代師祖。釋迦牟尼曾預言，到第二十八代時佛法將傳至震旦，震旦也就是中國。所以菩提達摩不遠萬里來到中國傳法，他依據大乘教義，融匯中國精神，開創了中國禪宗，被尊為初祖。

僧璨大師

三祖僧璨是隋代神僧，他常年假裝癲瘋，雲遊四海教化眾生。據說他圓寂時，手攀著一棵大樹的樹枝，腳翹起來，就奄然而化了。

慧可大師

初祖將衣缽傳給二祖慧可。圖中慧可裸露左肩，是因為他向達摩學法時，為表決心，曾將左臂砍掉。慧可精研三藏內典，道譽甚廣。

如意輪觀音

如意輪觀音，全稱如意輪觀世音菩薩，又作如意輪菩薩、如意輪王菩薩。此菩薩持如意寶珠及法輪，以廣濟一切眾生之苦，成就眾生之願望。如意寶珠是指世間之珍寶及出世間實相之寶，此二寶能令眾生生出福德。法輪，即轉法輪之意，能令眾生生出智德。其中，具有二臂之如意輪觀音像，與下圖的六臂如意輪觀音廣為世人所崇奉。

目錄

第一篇　認識佛教

第1章 佛教的基礎知識

第2章 佛教的基本理論

第3章 佛教的修行和戒律

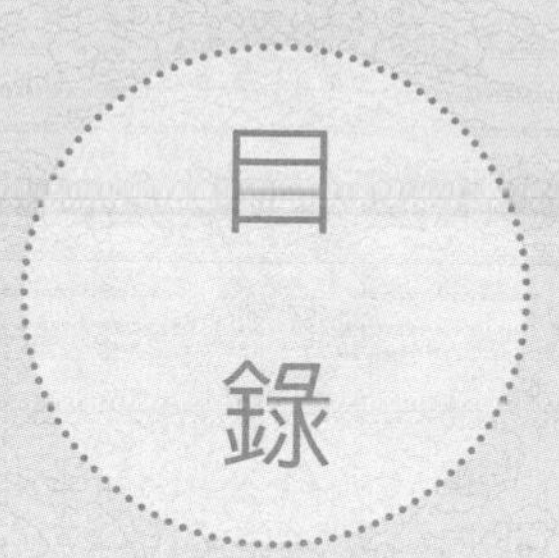

第二篇　《金剛經》

第4章　《金剛經》的基礎知識

第5章 《金剛經》的內容：三十二分則

第6章 《金剛經》重點經段解讀

第7章 《金剛經》的般若智慧：一空生萬有

第8章 《金剛經》的修持方法：從發心到成佛

第三篇 《心經》

第9章 《心經》的基礎知識

第10章 《心經》的內容

第11章 《心經》重點經段解讀

第12章 《心經》的般若智慧

目
錄

第15章 《壇經》的內容

第16章 《壇經》重點經段解讀

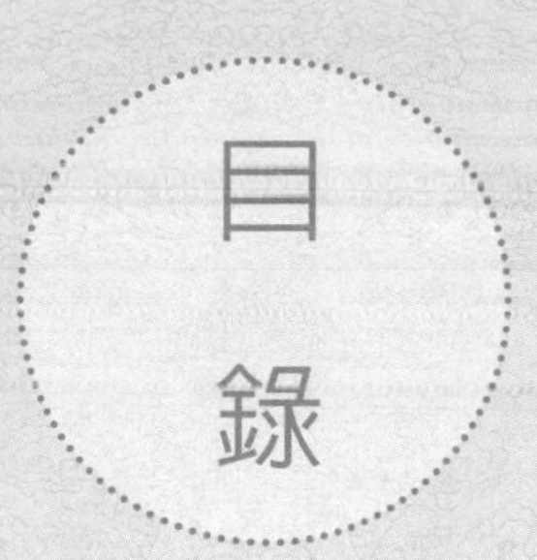

目錄

第17章 《壇經》的般若智慧

第18章 《壇經》的修持方法

第一篇

認識佛教

佛教在西元前 500 多年由釋迦牟尼所創。西元 1 世紀傳入中國，並逐漸成為中國傳統文化的一部分，漢文佛教經典是研究中國傳統文化的寶貴資料，佛教哲學更是陶冶了中國人的情操。本篇分三章，分別介紹佛教的基礎知識、修行和戒律等內容。

第1章 佛教的基礎知識

第2章 佛教的基本理論

第3章 佛教的修行和戒律

第1章 佛教的基礎知識

1 什麼是佛教 釋迦牟尼佛的言教

佛教與基督教、伊斯蘭教並稱為世界三大宗教。佛教，就是佛的言教。與其他宗教相比，佛教具有以下一些特色。

佛是人而不是神

縱觀世界其他宗教，沒有一個宗教的教主不是能夠創造萬物的神。如基督教所信奉的唯一真神是上帝，上帝是萬物的創造者和管理者，他從虛無中創造了這個世界，是萬物的創造主。伊斯蘭教則信仰真主阿拉，阿拉是唯一的，能創造萬物、主宰一切、無所不在，是永恆的唯一真神。而佛教則認為，宇宙的萬事萬物都是依據某種條件暫時聚合而生成的，沒有任何事物是可以永恆不變的，這就從根本上否定了「神創造萬物」的假設。

佛主張衆生平等

在釋迦牟尼生活的古印度，社會分為婆羅門、剎帝利、吠舍、首陀羅四個階層，等級制度森嚴。釋迦牟尼雖貴為王子，卻提倡眾生平等。他不僅認為人與人之間是平等的，人與動物之間也是平等的。因為他認為宇宙間的眾生都是依靠因緣而生，任何生命都是生而平等的。佛教反對人類濫捕濫殺動物，認為動物雖然在形體上、智慧上有所不同，但在生存的權利和佛性上卻是平等的。

佛是包容一切的

佛陀的心量有如虛空，含容萬物，包容一切。所謂「大圓滿覺，應跡西乾，心包太虛，量周沙界」，這正是對佛陀博大心懷的描述。佛教對其他文化都能尊重包容、和平共處。佛法也不是絕對權威，不容置疑的。相反的，佛對自己所說的道理，絕不強迫人們接受，他鼓勵人們不斷提出懷疑，反復地辯論，以此來消除人們心中的痛苦，弘揚佛法。

知識鏈接

• 佛法無邊 •

佛教並不排斥其他宗教信仰，在佛法傳世的近 2500 年之中，佛教一直與其他宗教和平共處，歷史上為了傳教發生了很多流血衝突事件，但佛教從來沒有過。佛經上說：「一切法皆是佛法」，佛法就像浩瀚的大海，包容地球上的一切大小河川。

釋迦牟尼佛的言教

佛陀說法

● 如是降服其心……

● 云何降伏其心……

佛經

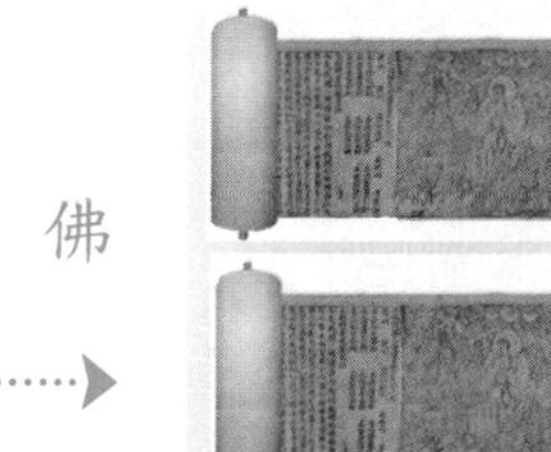

金剛經

心　經

壇　經

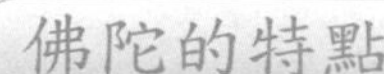

佛陀的特點

佛是凡人修來，而非天生神力

眾人平等，人與動物平等

一切法皆佛法，包容一切

閱讀拓展

● 人人皆可成佛

佛法是釋迦牟尼為人們指出的一條「成佛之道」：即如何獲得最徹底、最圓滿的智慧與人格。但是這條路要靠人們自己的毅力、智慧和恆心去走，任何人也代替不了。

● 佛如父母

佛對待眾生，就如同父母對待子女，不管子女犯下多大的罪孽，父母永遠不忍心讓子女受苦，永遠盡一切力量幫助子女脫離苦海，正如地藏菩薩的誓言：「地獄未空，誓不成佛；眾生度盡，方證菩提。」

2 佛教的創始人
釋迦牟尼的一生

釋迦牟尼本名喬達摩．悉達多，喬達摩是姓，悉達多是名，意思是成就一切。釋迦牟尼是人們後來對他的尊稱，因為他是釋迦族的人，「牟尼」是賢人的意思，釋迦牟尼即為釋迦族的賢人。

王子誕生

2500多年前，古印度有個迦毗羅衛國，國王叫淨飯，王后叫摩耶。摩耶夫人年過四十忽然有了身孕，十月懷胎後，她在一棵樹下生下一位王子。據佛經上說，王子一落地便走了7步，步下生蓮，他用右手指天，左手指地，大聲說：「天上天下，唯我獨尊。」這個王子後被取名為喬達摩．悉達多。

四門出遊

儘管悉達多過著錦衣玉食的宮廷生活，但他依然感到厭煩。一天，他從東門出遊，看見一個佝僂攜杖，舉步維艱的老人，頓時感到人「老」之苦。又一天，他從南門出遊，看見一個飽受病痛折磨的人痛苦不堪，頓時感到了「病」之苦。又一日，他從西門出來，看見一個死去的人直挺挺地躺在那裡，奇臭無比，頓時感到了「死」之苦。又一天，他從北門出遊，看見一個沙門精神矍鑠、威儀有度，沙門告訴了悉達多修行解脫之道。

出家苦行

29歲時，悉達多決定拋棄榮華富貴，刻苦修行，以求解脫「老」、「病」、「死」苦。他悄悄溜出宮外，自脫衣冠成為沙門。他到處拜師以求得解脫之道，始終未成，便開始了長達6年的苦行生活。他每天只吃一麻一麥，身體極度消瘦，卻始終沒有悟道，他自己也瀕臨死亡。此時，一位牧女餵他喝下了乳糜，悉達多恢復了體力，他意識到，苦行無法悟道，便重新開始進食，身體慢慢恢復健康了。

知識鏈接

• 初轉法輪 •

釋迦牟尼成佛後，便開始說法傳教，他先度化了曾服侍過自己的五名侍從，這在歷史上被稱為「初轉法輪」。釋迦牟尼傳法後，他的弟子日益增多，到第二年已達1200多人。

釋迦牟尼的一生

王子誕生

王子誕生後，一位婆羅門學者為王子占卜後預言說：「如果在家，他將會成為一位仁厚的君王；如果出家，他一定會成為偉大的聖者。」由於擔心出家的預言，淨飯王盡量為悉達多提供人世間的一切榮華富貴。當他年滿17歲時，淨飯王主持了他與表妹耶輸陀羅的婚禮，並為他們修建了三座漂亮的宮殿。

四門出遊

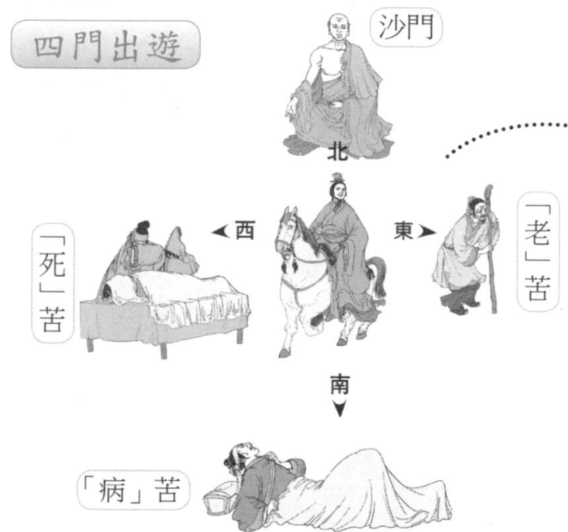

四門出遊後，悉達多決定拋棄榮華富貴，出家修行，開始了長達6年的苦行生活，在這期間他嚴格遵守飲食規律，每天只吃一麻一麥，身體極度消瘦，以致「手摩胸腹能觸背」，卻始終沒有悟道，他自己也瀕臨死亡。

閱讀拓展

● 釋迦牟尼悟道

釋迦牟尼在菩提樹下大徹大悟後，說的第一句話是：「奇哉，奇哉，大地眾生皆有如來智慧德相，只因妄想執著而不能證得。」佛認為，人性都是善良的，且人人生來都具有智慧，只是智慧都被世間迷惑而導致「無明」，這也是一切罪惡的根源。只要消除「無明」，不再迷惑，人人皆可成佛。而這也正是佛教的責任，所以，佛要開導、啓發眾生。

3 佛教誕生的背景 諸國林立

釋迦牟尼生活在大約公元前566～前486年，距今2500多年前的古印度。當時正值中國的春秋時期，此時的古印度也是諸國林立，有16個國家。

商業和手工業的興盛

公元前6世紀～公元前5世紀是古印度的經濟空前發展的時期。由於鐵器和新的生產技術開始普及，古印度的農業高速發展，特別是恆河中下游地區的農業發展格外顯著。隨著農業的發展，古印度的手工業也很發達，出現了許多分工細緻的專業。尤其是商業往來，不僅商品交換比較頻繁，對外貿易也十分活躍。

商業和手工業的興盛，促進了城市的形成和繁榮，國王以城市為中心進行統治，王權日益鞏固和擴大，國王被認為是「人中最上者」，具有很大權勢，地位也空前提高。

「沙門思潮興起」

早在公元前2000年左右，有一支名叫雅利安人的遊牧民族從高加索、中亞一帶侵入印度西北部，帶來了以吠陀為代表的雅利安文化，後來，隨著雅利安人與當地的土著居民的混合同化，雅利安文化也與西北印度的土著文化相結合，形成一種新的文化形態——婆羅門教。根據婆羅門教，古印度人被分成四個地位不平等的種姓，即婆羅門、剎帝利、吠舍、首陀羅。通過四種姓制度，雅利安人將社會各等級的社會職責明確規定下來，進而維持了社會的穩定與婆羅門的特權地位。

公元前6世紀，由於恆河中下游地區經濟的急劇發展和列國之間的兼併戰爭，古印度的社會階級結構產生了激烈的變動，一股新的思潮——沙門思潮興起了，並與婆羅門教合稱兩大思潮。佛教就是在沙門思潮的基礎上形成的，從某種意義上來講，佛教本身其實也屬於沙門思潮的一支。

知識鏈接

• 沙門思潮 •

沙門思潮的組成比較複雜，觀點繁多，歸納起來，可分六大流派，佛教稱之為「六師外道」。

佛教誕生的背景

戰亂導致出家修行

婆羅門教四大種姓

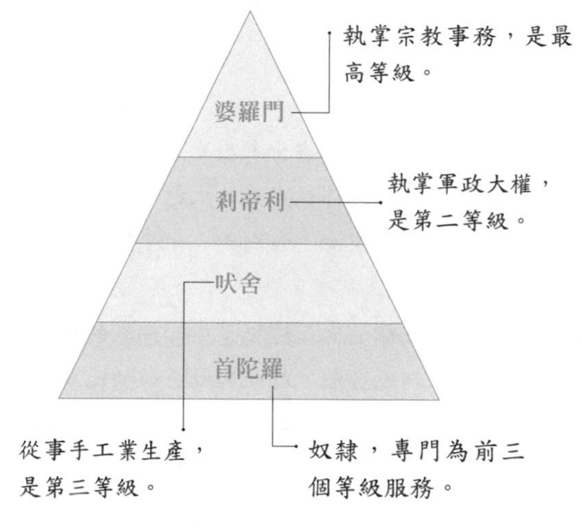

沙門思潮

沙門與婆羅門不同，他們主張出家苦行，透過禪定的方法來求得解脫。當時印度的平民因敬仰沙門的德行而自願供養沙門，這也是印度修行者不用勞作的開端。

閱讀拓展

● 古印度十六國

列國時代的政治制度呈多樣性。16 個大國中只有兩個是共和國，其餘已發展為君主國。16 大國以外的小國則多為小共和國，這些小國的政治機構也形式多樣，不完全相同。16 大國中，摩揭陀國最為強大。

● 佛教帶來的希望

佛教誕生之時，正是古印度歷史上大變革的時期。等級森嚴的社會階級制度、沒有究竟真理的神權宗教，諸國林立，人民遭受戰爭之苦，生活及心理都極為痛苦和矛盾，這些都為佛教的誕生提供了土壤。釋迦牟尼佛提出了社會平等的觀念，發展了合乎理智的教說，讓人類從現實生活的苦痛中看到了希望。

4 佛教的發展
佛教在古印度的發展

佛教自創立以來，就在古印度廣泛傳播，在古印度經歷了1800年的發展，其過程大致可分為四個時期：原始佛教時期（公元前6或前5世紀～前4或3世紀）、部派佛教時期（公元前4或前3世紀～公元元年前後）、大乘佛教時期（公元元年前後～公元7世紀）和密教時期（約7～13世紀初）。

原始佛教時期

原始佛教時期是指釋迦牟尼創教及其弟子相繼傳承時的佛教，這是相對於後來發展的大乘佛教之初期佛教來說的。即是自佛陀創立教團弘揚教理開始，至佛陀入滅後100年（或200年）之間，教法一味、教團統一的時代。

部派佛教時期

在釋迦牟尼逝世100年之後，佛教教團出現了明顯的分裂，這在佛教歷史上被叫做「部派佛教時期」。佛教教團最初分裂為上座部和大眾部兩大派，這是佛教史第一次也是最根本的一次分裂，史稱「根本分裂」。關於這次分裂的直接原因有兩種說法，分別是「十事說」和「五事說」。

「十事說」是指在釋迦牟尼入滅百年後，東印度毗舍離的比丘違犯了原始佛教的戒律，出現了向人收取錢財的現象。當時，西印度的耶舍長老來到毗舍離，就此與毗舍離的比丘發生了爭執。以此為契機，耶舍長老在毗舍離舉行了七百比丘參加的佛教集會，召集僧眾就原始佛教的戒律進行討論，並判定毗舍離比丘提出的十條戒律為非法。對於這次結集的決定，毗舍離比丘很不信服，於是他們舉行了約有萬人參加的集結，並判定上述十事為合法。自此，認同「十事」的毗舍離比丘組成了「大眾部」，而反對「十事」的耶舍等長老組成了「上座部」。

「五事說」是認為根本分裂是因為佛弟子對一位叫大天的比丘所提出的「五事」看法不同才產生的，其中贊成大天觀點的僧徒形成了大眾部，而反對大天觀點的長老形成了上座部。

知識鏈接

• 佛教的不同道路 •

部派佛教時期是佛教史上比較混亂的階段，這一時期不但派系眾多，而且互相對立，但這些派系只而是佛教的不同分支，他們有著共通的基本教理，只是修行的方法不同罷了。

佛教在古印度的發展

佛教的發展流派

原始佛教 →（佛陀在世及入滅後100年）→ 部派佛教 →（佛入滅後百年，延續二三百年）→ 大眾部（革新派）／上座部（保守派）

大眾部（革新派）→（佛入滅後四五百年 公元前1世紀）→ 大乘佛教 →（公元7～13世紀）→ 密教

十事說

集會圖

1. 角鹽淨：可將鹽等調味料貯存在角器內備用。
2. 二指淨：中午日影推移至西二指寬間仍可進食。
3. 他聚落淨：謂一聚落食後，得更入他聚落攝食。
4. 住處淨：謂同一界內之比丘，可隨意於他處行布薩。
5. 贊同淨：眾人舉行會議時，如果僧數未齊，可以先做決議而後再徵求其他人的意見。
6. 所習淨：可以按慣例行事。
7. 不攪搖淨：吃完飯後可以飲用未去脂的牛奶。
8. 飲闍樓伽酒淨：可以喝未發酵的椰子汁。
9. 無緣坐聚淨：可以使用不貼邊、大小隨意的坐具。
10. 金銀淨：可以接受金銀並加以儲蓄。

閱讀拓展

• 五事說

1. 阿羅漢（原始佛教修行的最高境界）仍不能抵擋天魔的擾亂誘惑。

2. 阿羅漢仍有無知之處。

3. 阿羅漢對佛法還未完全理解，仍有疑惑之處。

4. 阿羅漢解脫時，必須需要他人見證。

5. 阿羅漢必須至誠唱念「苦哉」，才能見識聖道。

• 佛教分裂原因

印度佛教產生了分裂，主要是由於眾比丘在戒條方面發生了嚴重爭執。佛滅度後，後世把佛所說的教導和弟子們所傳承的教導作為遺教，按照遺教修行。後來，由於有一小部分弟子在戒條細則內容方面產生了不同看法，如有的認為戒律絲毫不能變化，有的則認為戒律可以隨緣變化。

大乘佛教時期

大乘佛教興起的時間約在公元1世紀，其實在原始的佛教經文中已經出現了大乘的內涵，如「本生」、「因緣」等。經過五六百年潛移默化的影響，到了公元1世紀，在古印度的佛教團體中，形成了一群不急於自我解脫，而以利益眾生為宗旨的修行者，他們的目標是救度眾生，使眾生都達到覺悟，而不只是自行解脫。他們還根據《大般若經》、《維摩詰經》、《妙法蓮華經》等佛教經典來傳教，自此，大乘佛教在印度興起。

「乘」是交通工具的意思，所謂大乘是後起派別對先前派別的自稱，他們將先前派別貶低為小乘，說小乘是佛陀為小根器的人而授法立說，是小的交通工具、小的途徑和方法。而大乘能將無量眾生帶到涅槃彼岸，成就佛果，是大的交通工具，即「獲得真知、達到解脫的大的途徑和方法」。大乘佛教主要有中觀派（空宗）和瑜伽行派（有宗）二派。

後期佛教時期

公元7世紀中葉，印度的婆羅門教與其他宗派互相融合，誕生了一個新的宗派——印度教。印度教在當時的社會和文化生活中逐漸佔據了優勢地位，從玄奘的記述中可知當時對濕婆、毗濕奴、梵天的崇拜極為盛行。大乘佛教的修行者在吸收了印度教的修行方式後，逐漸密教化，在南印度和德干高原以及東印度出現了金剛乘和易行乘等。

密教是印度佛教的最後一種重要形式。因其是在師徒之間祕密傳授，具有神秘內容的特性，因而被稱為密教，也稱祕密教。它是以大日如來為信仰，以《大日經》和《金剛頂經》為根本經典，在教理上以大乘佛教中觀派和瑜伽行派的思想為理論前提，在實踐上以高度組織化的咒術、禮儀、本尊信仰崇拜為特徵，在修行上則重視導師的引導和祕密的儀式。它以高度組織化的咒術、壇場、儀軌和各種神格為其特徵。儀軌極為複雜，對設壇、供養、誦咒、灌頂皆有嚴格的規定，主張修「三密」，即手結印契（身密）、口誦真言（語密）和心作觀想（意密）。三密相應，即身成佛。

知識鏈接

• 印度教成爲印度主流宗教 •

9世紀以後，由於印度教的興盛，佛教僧團日益衰敗，內部派系紛爭不已，進而日趨式微。後來又由於伊斯蘭教的大規模傳播，重要寺院被毀，僧徒星散，迄13世紀初，終於一蹶不振趨於消亡。印度教最終成了印度的主流宗教。

大乘佛教和後期佛教時期

大乘佛教的中觀派和瑜伽派

龍樹：大乘佛教中觀派的創始人，被後人尊為龍樹菩薩，著有《中論頌》、《十二門論》、《大智度論》等論典。

提婆：龍樹最傑出的弟子，著有《百論》、《四百論》等論典。

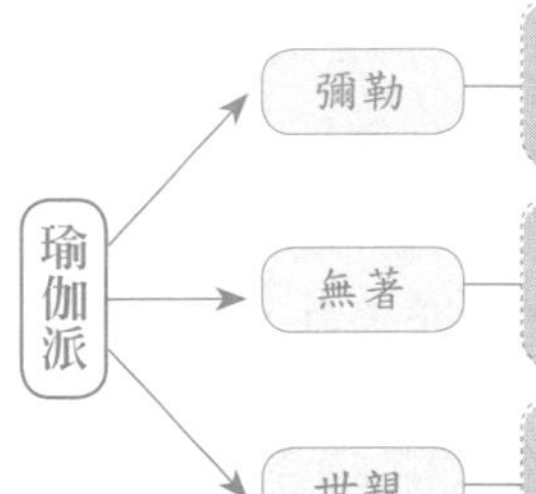

彌勒：大乘佛教瑜伽派的創始人。在大乘佛教中，彌勒被認定為釋迦牟尼的繼承人，享有極高的地位。

無著：瑜伽學派的真正創始人，著有《順中論》、《顯揚聖教論》，是瑜伽教派的根本經典。

世親：無著之弟，瑜伽行派理論體系建立者之一。著有《俱舍論》、《唯識二十論》、《佛性論》等論典。

印度密宗的傳承

興起於公元7世紀的密宗是印度佛教的最後一種形態。

大日如來	→	金剛薩埵	→	龍樹菩薩	→	龍智菩薩	→	金剛智
密宗的根本佛，密宗所有佛和菩薩都是自他而出。		蒙大日如來傳法，結集了密宗的根本經典《大日經》和《金剛頂經》。		他從南天鐵塔中得到兩部大經，是密宗關鍵人物。		龍樹菩薩嫡傳弟子，廣弘密宗大法。		相傳龍智700歲傳法給金剛智，金剛智於唐代開元年間來到中國傳法。

閱讀拓展

• 釋迦牟尼實踐大乘佛教 •

釋迦牟尼一生弘法，說明他就是大乘菩薩道的實踐者。只是當時的環境和眾生的根機偏於聲聞、緣覺，未將大乘思想發揚光大而已。到了部派佛教時期，同樣有「外現聲聞身，內祕菩薩行」的大德出現。意思是說，他們都有菩薩心腸，心裡都具有大乘根性，只是外表修行的是小乘法。

5 佛教在亞洲的傳播
北傳佛教和南傳佛教

公元前6～前5世紀，佛教起源於並最初流行於古印度恆河流域一帶。到了公元3世紀，印度摩揭陀國孔雀王朝的阿育王統治時期，佛教被定為國教。伴隨著阿育王的對外擴張，佛教開始向亞洲各地區和亞洲以外傳播，經過幾個世紀的流傳，逐漸成為世界性的宗教。

佛教傳播路線

佛教在向世界傳播時，主要有兩條路線：一條是從印度北部傳入中亞地區，然後通過中亞、西域傳入中國，再由中國傳入朝鮮、日本、越南、蒙古人民共和國等，以及從尼泊爾傳入中國的佛教。這些佛教都是由印度向北傳播，所以被稱為北傳佛教。北傳佛教多以大乘佛教為主，流行梵文及漢藏文經典。另一條是從印度往南傳到亞洲的南部，包括斯里蘭卡、緬甸、泰國、柬埔寨、寮國和中國雲南省的傣族地區。由於它是從印度往南傳播，所以被稱為南傳佛教。南傳佛教屬於上座部一系，稱為小乘佛教。由於南傳佛教從公元前1世紀便用巴利文翻譯、傳播佛教，因此又稱巴利語佛教。

北傳佛教

北傳佛教多與傳承地的文化融合，以大乘佛教為主，流行梵文及翻譯的經典。與南傳佛教相比，北傳佛教除了供奉釋迦牟尼佛外，還供奉諸多的佛、菩薩、羅漢、金剛、祖師、諸天鬼神等；在戒律方面，則比較鬆弛，強調佛法的圓融、慈悲、方便；在修行方法上則提出八萬四千法門，例如參禪、念佛、誦經、持咒、禮佛、拜懺、放焰口、打水陸法會、放生等。

大乘佛教的主要法系為漢傳佛教與藏傳佛教。其中漢傳佛教是北傳佛教的主要力量之一，不僅影響了中國，還將大乘佛教傳播至朝鮮半島、日本與越南等地。

知識鏈接

• 北傳佛教在中亞的傳播 •

中亞是指印度西北、裡海以東直至中國新疆的地區，通常稱西域 36 國。公元前 3 世紀阿育王統治時，曾有摩訶勒棄多及末闡提前往這一帶傳法。公元 2 ～ 4 世紀是中亞佛教的鼎盛期，當時的佛教中心在犍陀羅（今阿富汗和巴基斯坦北部）及罽賓。此外，絲綢北路上的龜茲和南道上的于闐都是重要的佛教國家，出現了安世高、康僧會、鳩摩羅什等高僧。

佛教傳播路線

南傳和北傳

中國、日本、朝鮮

南傳佛教

斯里蘭卡、緬甸、泰國、寮國、越南、柬埔寨、中國

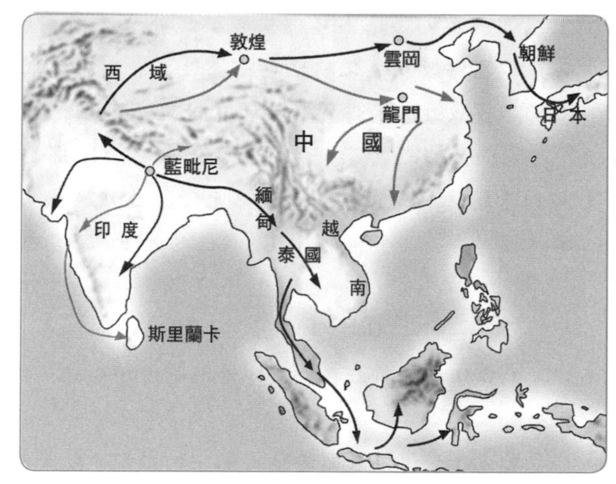

日本佛教

公元538年，佛教傳入日本。公元574～622年，佛教成為日本國教。公元794～1192年，日僧最澄從大唐學習佛法歸國後，建立了天台宗，空海從大唐歸來後建立了真言宗。公元1192～1333年，佛教從鐮倉時代開始逐漸民族化，形成了日本的淨土宗、淨土真宗、時宗、日蓮宗等宗派。右圖為最澄，他為中日文化交流作出了重要貢獻，卒後被追贈為「傳教大師」。

閱讀拓展

• 朝鮮佛教

公元372年，佛教傳入朝鮮。公元6世紀，中國的三論、成實之學已傳到朝鮮。公元8世紀中葉，密宗與淨土宗也在朝鮮流傳起來。到了公元13世紀，高麗王朝統治下的朝鮮佛教進入成熟期，形成了戒律宗、法相宗、法性宗（三論宗）、華嚴宗、天台宗、寂宗（禪宗）和曹溪宗，史稱「五教二宗」。

南傳佛教

南傳佛教是從印度往南傳播的佛教，又稱南方佛教。南傳佛教屬巴利語系，它與北傳佛教在學說上因有不同的發展而各具特色。從宗派而言，南傳佛教屬於根本上座部一系，又稱上座部佛教。此外，又因南傳佛教從公元前1世紀便用巴利文翻譯、傳播佛教，故又稱巴利語佛教。在近代，關於南傳佛教的研究發展很快，有很多佛學家致力於南傳佛教典籍及學說的研究。

在南傳佛教國家，僧侶至今仍嚴格遵照佛陀的言教以及佛弟子的修行方式，過著剃除鬚髮、三衣一缽、托缽乞食、半月誦戒、雨季安居的生活，保留了原始僧團的傳統。

南傳佛教的特徵

南傳佛教的特徵在於嚴守佛陀制定的戒律，保持原始佛教的傳統，具體有以下幾個方面：

首先，南傳佛教始終堅持佛陀的原始教法是純正完美的解脫之道，保留了濃厚的印度原始佛教教旨。

其次，在戒律方面，南傳佛教堅持遵守佛陀制定的原始戒律，並不隨意廢除、篡改及刪改佛陀的戒律，認為應該無條件遵行佛陀所制定的戒律、所教導的教法。

最後，南傳佛教的僧侶堅持依照原始僧團的傳統修行，保留了原始僧團的面貌。

知識鏈接

• 南傳佛教在斯里蘭卡的傳播 •

早在公元前 247 年，佛教就傳入了錫蘭，也就是今天的斯里蘭卡，它是佛教最早傳入的國家。當時的錫蘭王和諸貴族是最初的信仰者，這也是印度佛教向外傳播的最早記錄。此後的 200 多年間，南印度泰米爾人的入侵使得佛教勢力大受打擊，陷入與印度教、大乘佛教和密教的不斷鬥爭中。大乘佛教曾在 4 世紀時勢力大增，密教也曾在 8 世紀盛行，佛教雖得以存續，但破壞很大。公元 3～12 世紀，錫蘭的佛教先後產生了大寺派和無畏山派。直到公元 12 世紀，當時的國王波洛羅摩婆訶將無畏山派歸入大寺派門下。近代史上，錫蘭飽受殖民主義欺凌，先後淪為葡萄牙、荷蘭、英國的殖民地，佛教也隨著社會凋敝而衰落。後來錫蘭佛教分為三派：暹羅派、緬族派、孟族派。

南傳佛教

南傳佛教與北傳佛教對比

	南傳佛教	北傳佛教
傳入時間	公元前3世紀	公元前1世紀到公元10世紀
主要派系	上座部佛教	大乘佛教
供奉導師	佛陀，不崇拜菩薩、鬼神等。	供奉佛、菩薩、羅漢等。
流行經典	巴利語佛典	梵文經典及翻譯經典
修行方法	以禪坐、經行為主。	有八萬四千法門。
對佛法的態度	強調佛法的純潔性和上座部的傳統性。	強調佛法的圓融、慈悲、方便，兼收並蓄其他文化。
戒律	嚴格遵守佛陀的規章戒律。	鬆弛，因時、因地、因人調整。

臥佛像

臥佛像：臥佛是橫臥的尊像，是依照釋迦牟尼涅槃時的形象製成。在斯里蘭卡的寺院，一定會有佛塔、菩提樹和供奉涅槃像的正堂，其中供奉臥佛的正堂是佛弟子供奉的主要場所。

閱讀拓展

- 阿育王

阿育王是印度最著名的帝王，他使佛教傳播到世界各國家。右圖為「幼兒佈施圖」，相傳阿育王幼兒時曾用泥土做的餅佈施於釋迦牟尼的口中，釋迦牟尼預言他必定會成為偉大的國王，後來他果然成了統一印度的阿育王。

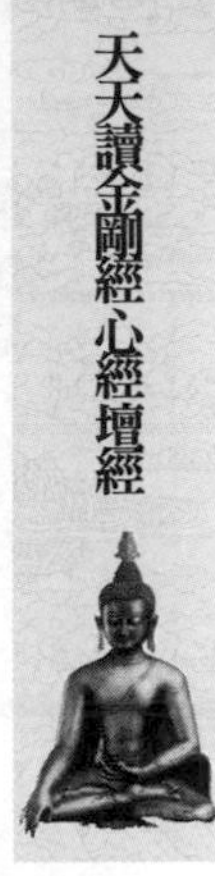

6 佛教在中國的傳播
漢傳佛教、藏傳佛教、南傳佛教

公元1世紀，佛教通過絲綢之路傳入中國，在隨後的十多個世紀中，佛教克服了中印兩國語言、文化的差異，消弭了中國本土宗教的排斥，形成了具有中國特色的佛教派系。

中國佛教的傳播

由於傳入中國的時間和路線不同，目前中國廣泛弘傳的佛教分為三大支：漢傳佛教、藏傳佛教與南傳佛教。前兩者屬於大乘佛教體系，後者則屬於上座部佛教體系。漢傳佛經基本為漢魏南北朝到隋唐時期歷代從梵文翻譯過來的漢文三藏；藏傳佛教大多為藏文譯本；南傳佛教經典則為巴利語譯本。

漢傳佛教

初傳時期——漢末、三國時期：公元64年（東漢永平七年），漢明帝遣使請來僧人，並帶回佛像和經書，隨後在洛陽建立了白馬寺，這是中國第一座寺廟的由來。三國時期，建立了中國的佛教戒律，以及出家受戒的規範，這是佛教戒律正式傳入的開始。譯經和理論的宣傳，也為魏晉南北朝時期佛教的發展奠定了思想基礎。

急速發展——魏晉南北朝時期：僧侶隊伍迅速擴大，寺院數量不斷增多，佛經典籍大量翻譯，高僧大德陸續湧現。

輝煌時期——隋唐時期：隋唐時期是開創佛教八大宗派的輝煌時期。「八大宗派」的建立，標誌著中國佛教理論日益成熟，已經脫胎於印度佛教而自成一體。

有起有伏——宋代以後：佛教中國本土化在隋唐時期已初步完成，而儒、釋、道三教的合流則是在兩宋時期。此後的佛教發展有起有伏。

知識鏈接

• 佛教是如何傳入中國的 •

中印文化的交流早在秦漢初期已經有了跡象，但佛教的傳入，大都認為是從漢明帝時代開始。據《後漢書》記載，東漢永平七年，也就是公元 64 年，因漢明帝夜夢金人，遣使秦景、蔡愔等人出使西域，到大月氏國，路遇迦葉摩騰、竺法蘭兩位法師，迎歸洛陽，安置在白馬寺，並譯出《四十二章經》，藏於蘭台石室，是為佛教傳入中國的開始。

佛教在中國的傳播

漢傳佛教八大宗派

隋代智顗創立，是中國佛教最早創立的宗派，其教義主要依據《妙法蓮華經》。本宗最大特色在於「教規雙美」。

隋代吉藏創立，因為此宗依據龍樹的《中論》、《十二門論》和提婆的《百論》三論立宗，故名三論宗。其主要學說是「諸法空性」和「中道實相論」。

唐朝玄奘創立，又稱為法相宗、瑜伽宗、慈恩宗。唯識宗的主要學說是「三性說」、「五重觀法」及「因明學說」。

唐代法藏（號賢首）創立，因為此學派依據《華嚴經》立宗，故得此名。主要學說是「法界緣起說」。

唐代善導創立，因其始祖慧遠曾在廬山建立蓮社，提倡往生淨土，故又稱蓮宗、白蓮社。主要宗旨是以修行者的念佛行業為內因，以阿彌陀佛的願力為外緣，內外相應，最終往生極樂淨土。

唐代慧能創立，因為該宗主張以參究的方法徹見心性，又名佛心宗。其主要宗旨是提倡眾生都有佛性，只要直指人心，就可以見性成佛。

唐代道宣創立，因為該學派依據五部律中的《四分律》建宗，也稱四分律宗。主要學說是戒體論。

唐時由善無畏、金剛智、不空等祖師傳入中國，其主要宗旨是眾生依法修習「三密加持」就能使身、口、意三業清淨，即能成佛。

閱讀拓展

- 鳩摩羅什

鳩摩羅什，是西域龜茲國人，他幼年隨母出家，初學小乘，後遍習大乘，尤善般若。東晉後秦弘始三年（公元401年），鳩摩羅什被姚興迎至長安，並被尊為國師。在長安期間，他帶領弟子翻譯了《金剛經》、《阿彌陀經》等佛教經典，共計74部，384卷，是中國四大譯經家之一。鳩摩羅什的譯經讓中國佛教邁入一個新的境界。

藏傳佛教

據可靠歷史文獻記載，佛教傳入西藏是在公元7世紀中葉松贊干布統治時期。他以拉薩為中心統一了青藏高原，建立了吐蕃王朝。他與一些佛教國家和地區交往密切，先後迎娶了尼泊爾尺尊公主和唐朝文成公主後，兩位公主入藏時都帶來了大量佛像，松贊干布也在她們的影響下皈依佛教，並大量修建寺廟道場，翻譯佛經佛典。

此後，佛教受到古代西藏原始信仰苯教的強烈抵制。直到公元8世紀中葉，藏王赤松德贊迎請印度高僧蓮花生入藏，建立了桑耶寺，成立了僧伽制度，並組織翻譯大批佛典，佛法得以弘揚。在公元9世紀中葉，藏傳佛教曾一度遭到破壞，即歷史上的「朗達瑪滅法」，西藏佛教史上則稱朗達瑪滅法之前的佛教為前弘期，之後重興的佛教為後弘期。

公元10世紀，佛教逐漸由西康、青海、阿里等地重新傳回衛藏地區，同時有一些人去印度求法，其中最有成績的是仁欽桑波，他翻譯出以密宗為主的不少顯密經典。1042年，印度最有知識的法師阿底峽被迎請入藏，向西藏僧俗傳授了顯宗及密宗的教理。自此以後，佛教逐漸在西藏復興，並形成了獨具高原民族特色的藏傳佛教。自11世紀至15世紀藏傳佛教成立了寧瑪派、噶當派、薩迦派、噶舉派和後期的格魯派五大宗派，藏傳佛教的派別分支最終定型。

南傳佛教

早在5世紀，與雲南省接壤的驃國（今緬甸）就有了上座部佛教的傳播。7世紀以後逐步傳入雲南傣族聚居地區。到了11世紀下半葉，上座部佛教受到緬甸蒲甘王朝的推崇而再次興盛，並傳入西雙版納形成潤佛派，傳入德宏等地形成擺莊派佛教。1596年，緬甸金蓮公主下嫁景洪宣慰使刀應勐，隨行的僧團攜大批佛像、佛經，在雲南景洪等地興建塔寺，用傣語和布朗語翻譯佛經佛典，南傳佛教在我國開始傳播。

知識鏈接

• 藏傳佛教特點 •

藏傳佛教的特徵是大小乘兼學，顯密雙修，兼行並重。另外，藏傳佛教傳承各異、儀軌複雜，也是藏傳佛教有別於漢傳佛教的一個顯著特點。

藏傳佛教

藏傳佛教五大宗派

藏傳佛教的宗派

寧瑪派

由於該派的僧人都戴紅色僧帽，所以也被稱為紅教。11世紀，該派僧人運用印度佛教和西藏本土宗教苯教的教義教規，開展集體活動，形成了寧瑪派，是藏傳佛教中歷史最悠久的宗派。寧瑪派的特點是沒有獨立的寺院，也沒有系統的教義和僧伽制度。

噶當派

1042年，阿底峽尊者入藏，他對西藏原有的佛教進行了整頓，有系統地整理了藏傳佛教的教理和規範。1056年，他的弟子仲敦巴在藏北建立了熱振寺，是噶當派創派之始。由於阿底峽的傳承，此派對藏傳佛教其他宗派都有重大影響。噶當派共有教典、教授、教誡三個主要支派。

薩迦派

1073年，西藏昆氏家族的昆·貢卻傑布在波布日山腳興建了薩迦寺，向以昆氏家族為主的信徒傳授以道果法為密法傳承的新的教法系統，是薩迦派創派之始。1260年，薩迦派五祖八思巴被元朝政府冊封為國師，自此之後，薩迦派的歷代領袖，都受到元朝政府的冊封和扶持，在西藏第一次確立了「政教合一」的地方政權。

噶舉派

由瑪爾巴譯師開創，經密勒日巴瑜伽師的傳承，直到達波拉傑大師時，才正式建立並成為正式的宗派。噶舉派的教法分為兩大系統：分別為瑪爾巴經密勒日巴傳承下來的達波噶舉和由瓊波南覺開創的香巴噶舉。在達波噶舉眾多支派中，噶瑪噶舉派是勢力最強、影響最大的一支派別，也是藏傳佛教中第一個採取活佛轉世制度的宗派，在藏傳佛教中佔有極其重要的地位。

格魯派

由於該派僧人戴黃色僧帽，所以又稱黃教。此外，格魯派創教人宗喀巴，原為噶當派僧人，所以該派又被稱為新噶當派。15世紀，格魯派興起，是藏傳佛教各大教派中最晚興起的一派。到了清代，該派的達賴與班禪兩大轉世系統都由清朝政府正式確認。格魯派一舉成為了西藏地方政權的執政宗派，也是藏傳佛教後期最有影響力的宗派。

閱讀拓展

• 蓮花生

蓮花生，烏仗那國（即今之斯瓦特）人，以神通力著稱。公元 752 年，蓮花生應赤松德贊邀請到達西藏，並參加了桑耶寺的修建。由於蓮花生將西藏原有信仰與傳統引入到印度佛教之中，並親自將重要顯密經論譯成藏文，所以被認為是藏傳佛教建立的功臣之一。

7 佛教重要經典 佛法浩如煙海

佛經是對佛教經典的一種簡略說法，主要是指釋迦牟尼所說的教法。釋迦牟尼入滅後，他的弟子為了不讓他的佛法失傳，於是召集僧眾舉行聚會。這些僧眾依靠自己對釋迦牟尼言教的回憶，將其以文字記錄下來，由此形成文字版的佛經。

佛經按典籍內容分類

按照佛經內容分類，可以分為經、律、論，合稱為三藏。經是釋迦牟尼所說的教法，被認為是佛教理論的基本依據，不過現存的佛經中，有很大一部分是後人根據佛教的基本思想所編寫的。律是佛教僧團的行為準則及道德規範。論是指佛弟子對經、律的解釋，最初論藏只是對佛教一些特定名詞的解釋，後逐漸成為佛教各個派別對經、律的解釋，並形成了深奧的佛教思辨哲學。三藏與三學相配，即經藏為定學，律藏為戒學，論藏為慧學。由於三藏包含了佛教的一切典籍，所以稱那些精通經、律、論的高僧為三藏法師。除了世人熟知的唐三藏玄奘法師外，中國佛教史上還有許多高僧被尊稱為三藏法師，如鳩摩羅什就是比較著名的一位。佛所說的一切法，皆可統攝為三藏。由於佛陀說法的方式、內容及體裁的不同，佛弟子又將經、律、論三藏分為十二部，統稱為三藏十二部經。

佛經按文字語言分類

按照佛經文字語言來分，可以分為漢文大藏經、蒙文大藏經、藏文大藏經、日文大藏經、巴利文大藏經等。大藏經，是將一切佛教典籍彙集起來編成的全集。起初稱為一切經，後來定名為大藏經，又稱藏經。因為大藏經的內容主要由經、律、論三部分組成，所以又稱為三藏經。目前，佛教大藏經中有三大系統，分別是漢文大藏經、藏文大藏經、巴利文大藏經。其中漢文大藏經和藏文大藏經都是誕生於中國，這也是中國佛教對世界佛教的巨大貢獻。

按照佛教派別分類，佛經還可以分為小乘佛經三藏、大乘佛教三藏和密宗三藏。

知識鏈接

• 四次結集 •

根據小乘佛教典籍的記載，印度佛教史上共舉行過四次有名的結集。所謂結集，是指釋迦牟尼入滅之後，由佛教弟子所舉行的回憶釋迦牟尼在世時的言論，並加以談論、核實的會議。經過這四次結集，小乘佛教三藏逐漸形成了一個完整的系統。

佛經

三藏十二部經

長行部(修多羅)

直說教義的長行經文，又稱長行經。

重頌部(祇夜)

以偈頌體裁讚頌前面的長行經文的佛經，又稱重頌經。

孤起部(伽陀)

直接以偈頌體裁顯示法義的佛經，又稱諷誦經。

授記部(和伽羅那)

佛向菩薩傳授成佛的教義及六道眾生所受果報的佛經，又稱授記經。

自說部(優陀那)

沒有佛弟子的請教而是佛直接宣說的佛經，又稱自說經。

因緣部(尼陀那)

解釋佛說法的本末因緣的佛經，又稱因緣經。

譬喻部(阿波陀那)

用譬喻顯示法義的佛經，又稱譬喻經。

本事部(伊帝目多伽)

講述佛弟子或菩薩過去的事蹟的佛經，又稱本事經。

本生部(闍陀伽)

佛講述修行及苦度眾生的因緣的佛經，又稱本生經。

方廣部(毗佛略)

一切大乘佛經，又稱方廣經。

未曾有部(阿浮陀達摩)

述說諸佛不可思議的法力的佛經，又稱未曾有經。

論議部(優波提舍)

以議論問答顯示法義的佛經，又稱論議經。

四次結集

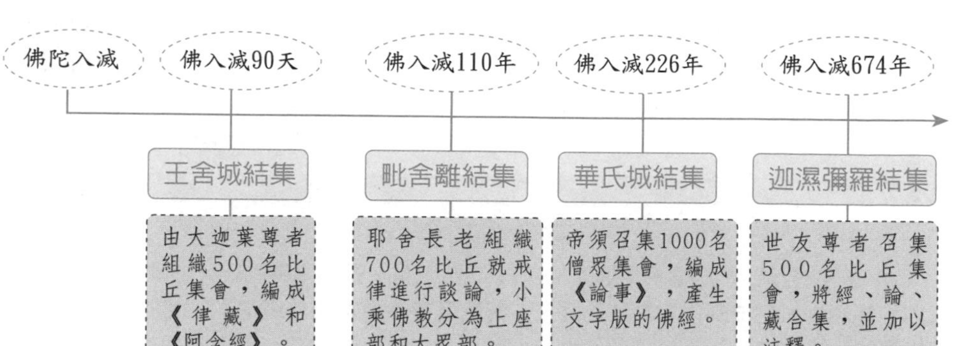

2500年來，三藏十二部經各種顯密經典可謂汗牛充棟，不勝枚舉。所謂「佛法浩如煙海」，本書將在後面分篇詳細介紹《金剛經》、《心經》、《壇經》的內容，在此僅介紹除這三部經書之外對我國佛教有重要影響的幾部佛經。

《楞嚴經》

《楞嚴經》全稱《大佛頂如來密因修證了義諸菩薩萬行首楞嚴經》，略稱《大佛頂首楞嚴經》、《大佛頂經》、《楞嚴經》等。唐般剌密帝譯，共10卷。在大乘佛教經典中，《楞嚴經》是一部開示修禪、二十五圓通、五蘊魔事等禪法要義的經典，此經從圓頓禪角度概述大乘心要的經典，說理透徹，清晰易懂，很容易閱讀，經文的文字也令人驚歎，被認為是古代文學的精品之作。

《法華經》

《法華經》全稱《妙法蓮華經》。後秦鳩摩羅什譯，7卷，是大乘佛教要典之一，也是古來流傳較廣的佛經。在大乘經典中，《法華經》屬於開權顯實的圓融教法，經中宣說了人人皆可成佛的理念，提出無論是什麼人，只要講說、誦讀、書寫、奉持此經，就會獲得無量功德，所以《法華經》的內容被認為是至高無上的，被稱為「經中之王」。

《無量壽經》

《無量壽經》全稱《佛說無量壽經》，是淨土宗的根本經典之一。全經以說明西方極樂世界的緣起為主要內容，透過講述西方極樂世界的情況和阿彌陀佛的四十八願，宣說了西方極樂世界的莊嚴和無量功德。《無量壽經》在中國佛教史上有很大的影響，被稱為「淨土第一經」，是淨土宗所依據的主要經典之一。

《大般涅槃經》

《大般涅槃經》又做《大涅槃經》、《涅槃經》。「涅槃」是指不生不滅的清淨境界，而「大般涅槃」是指「煩惱完全消除，極端平靜的狀態」。所謂「大般涅槃經」就是對佛陀的涅槃思想的詮釋。由於此經是佛陀涅槃前所說的最後一部佛經，所以也被認為是佛陀最後最高的教說，是大乘五大經之一。自從此經傳入中國以來，在中國影響很大，對中國宋明理學的形成產生了一定的作用。

知識鏈接

《華嚴經》

《華嚴經》全稱《大方廣佛華嚴經》，共80卷39品，是大乘佛教經典中最長的一部。《華嚴經》是釋迦牟尼成佛後對文殊菩薩、普賢菩薩等菩薩宣講法界情況的佛經，是大乘佛教很重要的一部經典。

佛教重要佛經

《楞嚴經》

《楞嚴經》的緣起是佛陀弟子阿難被淫戒所困，佛陀命文殊菩薩前往救助，並為阿難開示禪定、破魔神咒。由此，應阿難之情，佛陀示現了七處破妄、顯見、五蘊、六入、七大、十二處、十八界、二十五聖自證境界及楞嚴法門。最後，佛陀又說五十種陰魔事，因此《楞嚴經》的基本結構正是「從破魔始，至破魔終」，被稱為「破魔大全的寶典，諸魔的剋星」。

阿難，如右圖所示，是佛陀十大弟子之一。他是佛陀的堂弟，後隨佛陀出家，隨侍佛陀長達二十五年。由於他記憶超群，熟知佛法，所以被稱為『多聞第一』。《楞嚴經》就是佛陀為阿難開示楞嚴法門的佛經。

《無量壽經》

左圖是阿彌陀佛。阿彌陀佛是西方極樂世界的教主，因為他光明無量，壽命無量，無始無終，所以也稱『無量壽佛』，《無量壽經》就是佛陀讚歎阿彌陀佛的經典。

《無量壽經》是淨土宗的基本經典，詮釋了淨土宗的許多修行方法，被認為是淨土第一經，甚至有高僧盛讚此經是「小本的華嚴經」，將《無量壽經》與《華嚴經》相提並論。道隱大師稱此經是「專中之專，頓中之頓，真中之真，圓中之圓」，認為《無量壽經》不僅是淨土綱要，還是釋迦牟尼佛言極的指歸。

閱讀拓展

- 中國四大譯經家

譯經家	說明
鳩摩羅什	《妙法蓮華經》、《維摩詰經》、《金剛經》……共 74 部、384 卷。
真諦	《攝大乘論》、《世論》、《俱舍論》……共 100 多卷。
玄奘	《大般若經》、《廣百論釋》、《成唯識論》……共組織翻譯1315卷。
不空	廣譯顯密經教，名聲盛大，死後獲贈「司空」、「大辯正」的謚號。

8 佛教的信仰
正信

佛教的信仰，以三寶為中心，有信他和自信兩種。這三寶是：佛、法、僧。之所以稱之為寶，是取之不盡、用之不竭、非世間諸寶所能比的寶物之意，佛教用這三種寶物，救濟一切眾生，離苦得樂。

佛教是無神論

梁啟超說：「佛教是智信，不是迷信，是兼善而非獨善，是入世而非厭世。」瞭解佛教的信仰後，大多數人認為，佛教非但不是迷信，反而是為了「破迷開悟」的，也就是說，佛法就是為了破除迷惑。如果完全不了解佛教，卻對著佛像、菩薩像磕頭作揖，祈求升官發財，那才是真正的迷信。

佛教是沒有神的，釋迦牟尼是由凡人修行悟道而成為「佛陀」的。

他信——主持三寶

一般而言，人們由於自身能力的限制，對於宇宙人生乃至平日的繁雜瑣事，沒有完全的自信心，需要一種外在的依靠才有勇氣克服難關，這便是他信的力量。佛教給人們的信仰，便是佛、法、僧三寶，又稱為主持三寶。

佛寶是指修行圓滿，獲得正上正覺智慧的人。人人都可以成佛。

法寶是修行成佛的方法和教理。釋迦牟尼成佛後，將自己開悟的方法以及用他的智慧觀察宇宙人生的真理說出來，其弟子整理出來的佛法，即經、律、論的三藏教典以及高僧大德的注解、語錄，是指導人們修行的方法和依據。

僧寶是指正在修行，並且協助、護持他人修行的人，包括菩薩、羅漢以及凡夫僧尼。但在人世間，人們能接觸到的是比丘、比丘尼等僧眾，因此人間的佛寶便是比丘、比丘尼。事實上，凡是佛教弟子，如果能負起修行佛法並且傳播佛教的責任，便稱為僧寶。

知識鏈接

• 獨特的修行法門 •

每一尊佛、每一尊菩薩都有其獨特的修行法門，這個就是法寶。如《無量壽經》是阿彌陀佛的修行法門，《地藏經》是地藏菩薩的修行法門，《普門品》是觀世音菩薩的修行法門。他們都是從中受益，從中獲得解脫的，所以每一部經就是一部解脫的法寶，就是一扇解脫之門。

佛教的信仰

正信的佛教

所謂正信，就是正確的信仰、正當的信誓、正軌的信解、正直的信行、真正的信賴。正信的內容，要具備三個主要的條件：永久性、普遍性和必然性。一個宗教，若經不起時代的考驗，通不過環境的變遷或開啓不出新的境界，那便是迷信而不是正信。

僧寶

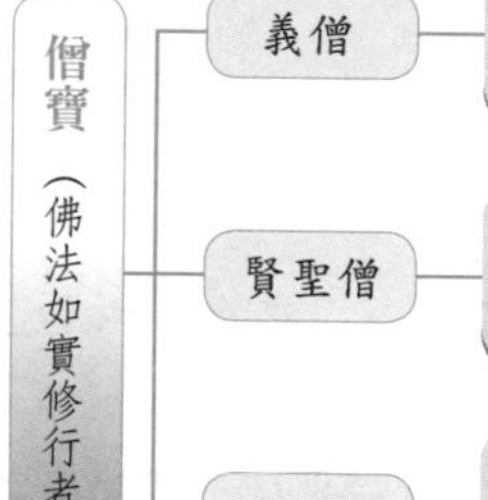

僧寶（佛法如實修行者）

- **義僧**：指那些以法相之身居於世間的佛，他們可以隨機緣幻化出不同的外相，而真實之相從來不曾被人所見，他們在暗中護佑著芸芸眾生。
- **賢聖僧**：指見道位以上的賢聖，在小乘指證得初果以上的境界，在大乘指初發心以上的菩薩。
- **福田僧**：指在凡夫位的出家僧人，雖未證道果，但也能庇蔭眾生。

閱讀拓展

- 主持三寶缺一不可

佛、法、僧，缺一不可。如果沒有佛寶，人們無法知道解脫的方法；如果沒有僧寶，解脫的方法便無法流傳至今。而信佛和敬僧其最終的目的是為了學習修行的方法，解脫世間一切煩惱，到達彼岸。

自信——自性三寶

自信即是信自己。佛陀說，只要開悟，人人皆可成佛。信仰佛教，便是相信佛陀告訴人們的修行方法，相信自己也可以成佛。這自信仍是「三寶」，稱為「自性三寶」。

自性佛寶

釋迦牟尼在菩提樹下大徹大悟後說：「奇哉！奇哉！一切眾生皆具如來智慧德相，只因妄想、執著而不證得。」也就是說每一個人都有如來的智慧、如來的德性，都有如如不動的清淨心，這些都是人本來具足的。只是因為妄念、執著使人們產生了種種煩惱，遮蓋住了原本的清淨心。如果人們能摒棄妄念，破除執著，不為外在的利益、損失、譭謗、榮譽、稱讚、譏笑、痛苦、快樂等所影響，那他就解脫了煩惱，見到了自己的自性佛寶。

自性法寶

在《金剛經》中，佛陀先向人們介紹了種種修行方法，最後卻說自己什麼佛法都沒有講。也就是說，所有的佛法並非是釋迦牟尼創造出來的，而是一直就存在的，他只是發現了這些方法，並向大家指出來而已。六祖慧能說：「既然自心是佛，那麼心外更無一法可得。」修行的人在尚未開悟時，需要他人傳授修行的方法，而一旦開悟，就會發現修行的方法原來就在自己的內心裡，這就是解脫煩惱的方法，也就是人們的自性法寶。

自性僧寶

人的自性中具備佛寶和法寶，當然也具備僧寶。僧除了清淨，還有「六和」之意，即融洽無間、和合一致、沒有煩惱。凡人往往因肉體和精神的不滿足和不順利而產生諸多煩惱，但僧人卻不求任何東西，甚至將自己最寶貴的身體也施捨出來，進而斷除一切煩惱，所以稱為僧寶。一個開悟的人，能從自性中生出萬法，在自性與萬法中得到解脫，所以說是自性僧寶。

知識鏈接

• 佛教是東方傳統文化的瑰寶 •

佛教自誕生以來，已經歷了2500多年，正是因為其信仰的合理性才使其具有如此的生命力。我國歷史上產生了許多與佛教有關的哲學家、文學家和藝術家，如唐代高僧玄奘大師、大詩人謝靈運、王維、白居易、蘇軾、大散文家韓愈、柳宗元、范仲淹、王安石、理學家朱熹、王陽明等等。至於歷代高僧大德更是燦若繁星，不勝枚舉。佛教思想也一直影響著東方人的物質生活和精神生活，是東方智慧的結晶，也是東方傳統文化中的瑰寶。

自信——自性三寶

自性佛寶

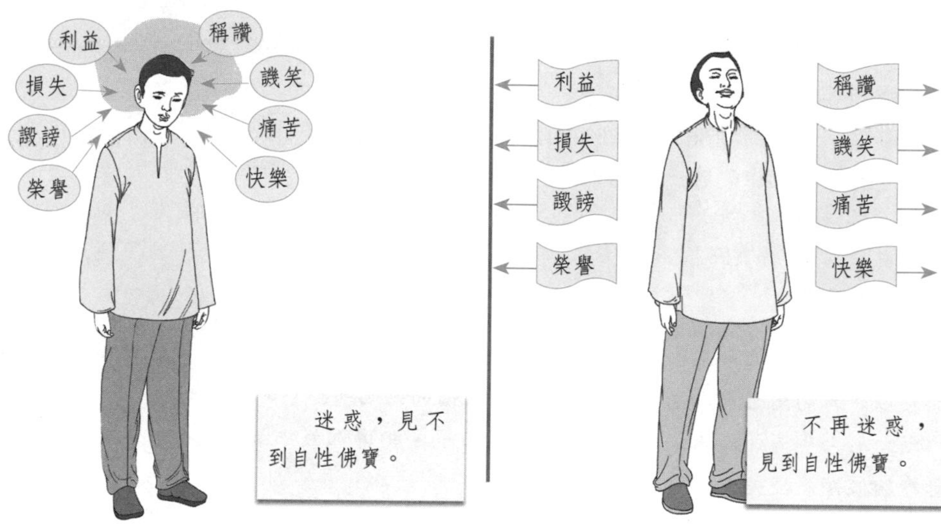

自性法寶

閱讀拓展

- 法寶的流傳

對於法寶的流傳，佛陀告知很多的方法。《無上依經》總合為持經的十種法行，如說：「一者書寫，二者供養，三者傳流（施他），四者諦聽，五者自讀，六者憶持，七者廣說，八者自誦，九者思維，十者修行。」

9 佛教的僧團
佛教弟子的稱謂

所謂僧團，就是佛教僧人在寺院中修行形成的一個群體，梵語稱為僧伽。最早的佛教僧團是釋迦牟尼悟道後在鹿野苑初轉法輪教化的耶舍等五位比丘。此後佛教弟子不斷增加，佛教的僧團逐漸形成。根據這些佛教弟子年齡、性別及要遵守的佛教戒律內容的不同，他們被劃分為七種人，即所謂的「七眾」。

出家二衆

比丘：年滿20歲正式出家的男性佛教弟子。關於比丘的含義，有一種說法認為，比的意思是破，丘的意思是煩惱，比丘就是破除煩惱的意思。

比丘尼：年滿20歲正式出家的女性佛教弟子，相傳佛教中最早的比丘尼是釋迦牟尼的姨母摩訶波闍波提夫人。

出家三小衆

沙彌：初期僧團中原沒有沙彌，直到佛陀之子羅睺羅出家時，才開始有沙彌的設置。佛教將沙彌列入僧團，是為了增添新生力量，所以沙彌主要以年齡已滿14歲但未滿20歲的少年出家者為主。但是，年齡已滿20歲的人，初入僧團，或因為師資不足，或因為衣缽未備，或因其他事故而未能受持比丘戒的，仍然屬於沙彌。另有60歲以上的老人要求出家，佛教是准許的，但卻不許他們受比丘戒了，所以也被列入沙彌之中。

沙彌尼：年齡已滿14歲但未滿20歲的少女出家者。最初的女性出家者，是可以直接受戒成為比丘尼的，後來出家的女性日益增多，為了防止偽濫，佛教便增加了沙彌尼、式叉摩尼兩個階段。

式叉摩尼：年齡已滿18歲但未滿20歲的沙彌尼。為了防止比丘尼懷孕，避免招致人們的譏諷，佛教便為女子出家增加了式叉摩尼階段。這個階段為兩年，主要是用這兩年的時間來磨練女子的性情，並觀察其是否受孕。

在家二衆

優婆塞：在家修行的男性佛教弟子，即皈依三寶的在家弟子。皈依是身心歸向、依靠之意，三寶是指佛、法、僧，皈依三寶是成為佛教徒的儀式。

優婆夷：在家修行的女性佛教弟子。

佛教的僧團

佛陀十大弟子

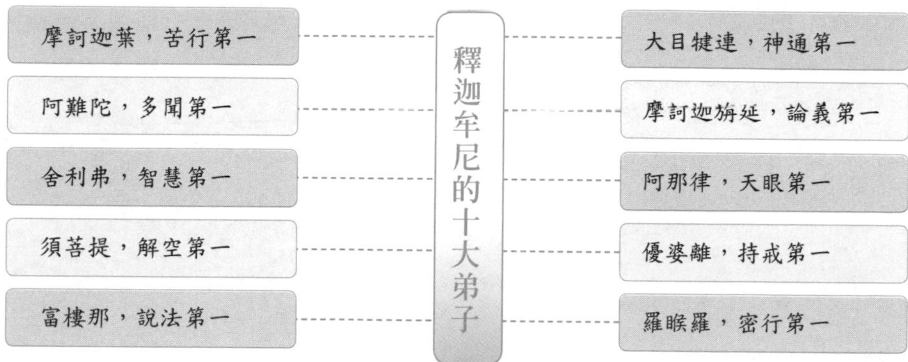

佛陀打破了當時古印度的四大種姓階級制度，度化了婆羅門種姓的摩訶迦葉、舍利弗、目犍連、須菩提等人。其中，舍利弗、目犍連當時也是六師外道之一的刪闍耶的弟子。

佛度化兒子羅睺羅

在悉達多未出家前，他曾與王妃耶輸陀羅育有一子，即為羅睺羅。羅睺羅小時候很調皮，經常說謊捉弄別人。一天，佛命羅睺羅端一盆水洗佛足，洗完後問他：「這水能喝嗎？」羅睺羅說：「不能。」佛又問：「能用這水洗菜嗎？」「不能。」佛說：「同樣的道理，一個人如果經常說謊，以後就不被人信任，也不會再受人珍視，只能被丟棄。」羅睺羅受到教訓後感到十分羞愧，他痛改前非，努力修行，後來佛陀讚歎羅睺羅乃「密行無礙第一」。

閱讀拓展

• 佛教弟子的其他稱謂

對於佛教的七眾弟子，前面介紹的稱謂是最正規的，但是還有一些稱謂，有時會經常使用。如沙門，音譯為室羅末拏，這是西域方言的轉音，意譯勤勞、靜志、修道等，在印度是出家人的總稱。和尚，音譯為鄔波馱耶，意譯為親教師、力生、依學、大眾之師，指德高望重之出家人，後世沿用為弟子對師父的尊稱。

10 佛教的世界觀
佛教對世界的認識

所謂「世界」，這一概念最早就是出自佛教。《楞嚴經》解釋「世界」一詞說：「世」是遷流的意思，指時間。因為時間就像流水似的從過去流到現在，又從現在流到未來。「界」是空間的意思，指方位，方位有東、西、南、北、東南、東北、西南、西北，還有上下十個方位。所以，世界的含義不外乎時間和空間，這和中國文化中「宇宙」的概念大致相同。

關於世界的起源

關於世界的起源，一直是人類最感興趣的話題之一。哲學的唯物論認為物質是產生世界的根源，唯心論則認為精神是產生世界的根源，而絕大多數宗教則認為世界是神創造的。對於這個問題，佛教則認為世界上一切事物的本質都是「空」的，都是「因緣聚合而生，因緣散失而滅」。緣是指事物存在的原因或條件，也就是說世間一切現象的產生與消失都是條件關係的作用，世界上所有的事物都處於一種相互依存的關係之中。

關於世界的結構

在世界的結構方面，佛教認為，世界在空間上是無限的廣大，在時間上則是無始無終。宇宙是由無數個世界構成的。以須彌山為中心，周圍環繞著九山八海、四大洲、太陽、月亮，鐵圍山為外廓，稱為一個「世界」。1000個如此的世界，稱為一個「小千世界」。1000個「小千世界」則為一個「中千世界」。1000個「中千世界」為一個「大千世界」。因為一個大千世界裡含有小、中、大三種「千世界」，所以又稱大千世界為「三千大千世界」。世界由無數個三千大千世界構成，所以是廣大無邊的。

知識鏈接

• 三界六道 •

根據佛教的理論，一個三千大千世界就是一位佛陀所教化的區域。人類居住的只是一小千世界中的一個世界，叫娑婆世界，是由釋迦牟尼佛教化的，而西方極樂世界是由阿彌陀佛教化，東方琉璃世界則是由藥師佛教化。在人類居住的世界裡，迷妄的衆生在生死變化中輪迴，稱為生死輪迴或六道輪迴，這六道是:天道、人道、阿修羅道、餓鬼道、畜生道、地獄道。六道中又分為三界，由下到上分別是欲界、色界、無色界。三界的果報雖然有優劣、樂苦之分，卻都屬於迷惑的世界。所以，人們學佛就是為了脫離三界六道的生死輪迴。

佛教的世界觀

六道輪迴圖

天道：眾生生活在擁有無數珠寶和光明的宮殿之中，沒有生、老、病的痛苦，是六道中最幸福的一道。但由於享樂的誘惑太大，天道眾生很難靜心修行，下生多投生於三惡道中。

地獄道：最重惡業者會投生於此道，歷經幾十萬億年才可能離開。地獄中的眾生要承受極大的痛苦，無暇修持佛法。

人道：六道中最難的一道，眾生雖無天道的好福報，但有苦也有樂，最適宜修持佛法，可借此機緣修行達到覺悟，超脫輪迴。

畜生道：因殺生而投入此道，要承受自然與人類的奴役之苦。因天生愚癡，大多缺乏修行的機緣。

餓鬼道：多因偷盜、見難不救、不肯施捨等業因投入此道。餓鬼們大多承受饑渴不堪的痛苦，因整日受苦，而無心修行。

阿修羅道：與天道福報相去不遠，但此道眾生因心中有妒恨之心，不思修行，常與天界作戰，死後墮入三惡道。

圖中轉輪聖王手抱六趣輪，順時針分別為天道、人道、餓鬼道、地獄道、畜生道、阿修羅道。根據佛教教義，除了佛、菩薩、羅漢外，一切眾生都要在六道中生死流轉，輪迴不止。

閱讀拓展

• 輪迴

佛教認為，人死後，靈魂會在六道中不斷反復流轉，這就是輪迴。輪迴到哪裡並不是人們自主選擇，更不是由天上的主宰來決定的，唯一能決定人們死後去向的只有人們過往的業力。所謂業力是指個人過去、現在或將來的行為所引發的結果的集合，當人們播種善因就會結善果，一旦善業因緣成熟時，就會轉生到三善道；而當人們播種惡因時就會結惡果，一旦惡業因緣成熟時，就會轉生到三惡道。

第2章 佛教的基本理論

1 緣起
一切都是因緣而起

緣起，即諸法由因緣而起。釋迦牟尼曾這樣解釋「緣起」：「此有故彼有，此生故彼生，此無故彼無，此滅故彼滅。」又說：「若見緣起便見法，若見法便見緣起。」這是說世界上的一切事物或現象，包括物質和精神都是緣起的結果，即因緣集合而生、因緣散失而滅。根據緣起論學說，世界上任何事物的緣起都離不開三大特徵，即果從因生、事待理成、有因空立。

果從因生

「果從因生」是說，世界上任何一種結果或現象的產生都不是偶然的，都有其必然的因緣條件。如果沒有因緣條件，任何事情都不會產生，任何現象都不會出現。好比一顆種子，這是「因」，是主要條件；水土、日光、空氣、肥料、人工等則是「緣」，是次要條件。不論是光有種子，或是光有水土等，都無法收穫果實。

事待理成

「事待理成」是說，任何事物或現象的形成從因到果都要遵循一定的規律，而不是毫無規律可循。這種規律就是「理」，是必然、普遍的，是因果現象的「事相」所不能違反的。仍以種子為例，若要種子發芽結果，種子、水土、日光等都俱足還是不夠的，必須要按照一定的規律按時澆水、施肥、除蟲等，種子才能發芽，否則仍然無法收穫果實。

有因空立

「有因空立」是指，「有」的存在是建立在「沒有」的基礎上。比如一段圓木，如果用火點燃，就成了燃料；如果沒有火，圓木就不會被稱為燃料了。圓木的「沒有」成就了燃料的「有」。

佛法無邊

• 因果關係 •

世界萬事萬物都是由因緣而起，這些事物的存在或壞滅也是有因可循、有理可據的，這種關係就是因果關係。世界上一切的事物和現象都處在因果結成的網中，人生也是無時無刻都在因果網中。在這個因果網中，人們所做的任何事都帶來一定的結果，這就是所謂的「種瓜得瓜、種豆得豆」。

緣起論

果從因生

因 + 緣 → 果

事待理成

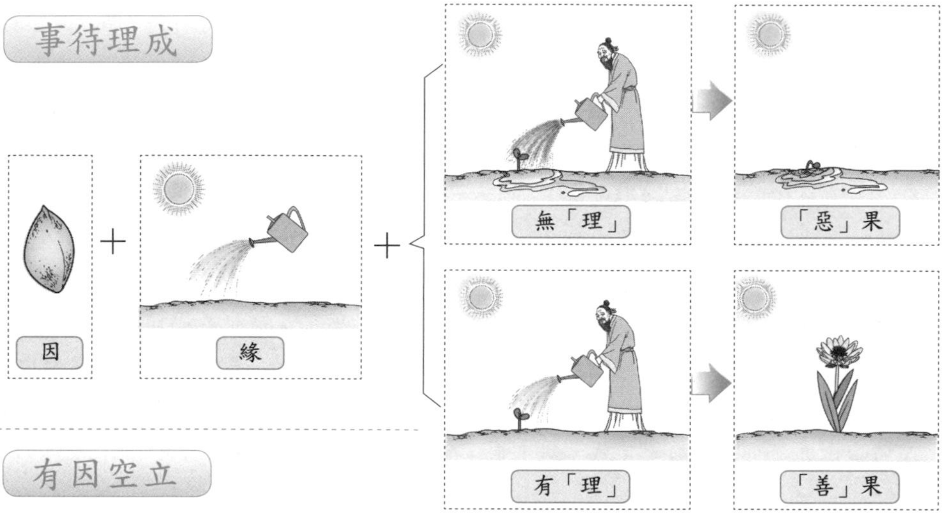

因 + 緣 + 無「理」 → 「惡」果

因 + 緣 + 有「理」 → 「善」果

有因空立

→ = 燃料

→ = 材料

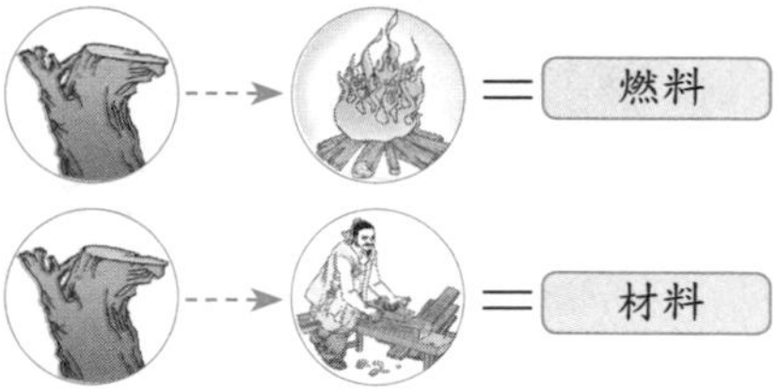

佛法小講臺

● 世間萬物都是互相聯繫的

在佛教原始經典《阿含經》中，有「諸法因緣生，諸法因緣滅，我師大沙門，常作如是說」的語句，這就是對緣起論的解釋。其中的「諸法」，是指世間的一切現象；「緣」，是指事物存在的原因或條件，也就是說世間一切現象的產生與消失都是條件關係的作用，世界上所有事物都處在一種相互依存的關係之中。

2 法印
印證是否合乎佛法的標準

法印，又譯為法本、本末、憂檀那等，是指佛教弟子鑒別佛法真偽的標準。法是指佛法，印是指能印證真偽的佛法之印。符合法印的為佛法，不符合的為非佛法。法印通常指三法印。

諸行無常

「諸」是此等一切；「行」是由因緣造作或者所作的法，「造作」是人們用心驅使身、口、意去做種種行為，分為身體（身、口）造作和心理（意）造作，凡是有造作都稱為「行」；「無常」是因為剎那生滅。

世間的一切事物沒有一樣是永恆的。世間萬物都有「成、住、壞、空」這四種變化。「成」就是形成；「住」就是它停留、保持一個時期、「壞」就是慢慢毀壞、「空」就是它會消失掉。比如一張紙，工人將它生產出來，稱為「生」；紙張在一段時期內保持原貌不變，就是「住」，但是隨著時間的推移它慢慢地褪色、消融，就是「壞」，最後它完全消失不見了，便是「空」。世間的物質都是如此變化，人的身體也同樣有生、老、病、死，人的心念更是時時刻刻生了滅，滅了生，所以說一切都是無常。

諸法無我

「諸法無我」是說，世間的一切事物，都找不到一個「我」的存在。「法」是某個事物保持某種狀況讓人感受到它的存在。佛說，這個世間根本沒有「我」，只不過是人們自己內心執著，根深蒂固地覺得有一個「我」。

涅槃寂靜

涅槃是梵文音譯，翻譯成中文稱為圓寂。「圓」是圓滿；「寂」是寂靜。「圓寂」的意思是滅生死、滅煩惱而達到解脫無為的境界。「滅生死」是指不用在三界六道中生死輪迴，「滅煩惱」是指放下了全部的煩惱。凡人因為有種種妄想而迷惑，見到有生、有死、有眾生、有我，認為實在而生起執著，實際上在生滅當中本來是不生不滅的，所以涅槃寂靜是指萬法本來就是不生不滅的，但凡夫卻不知不覺。

佛法無邊

• 四法印 •

按照佛教發展的順序，有三法印、四法印、五法印、一實法印之分。

法印

四法印

諸行無常　世間一切時刻在發生變化。

諸法無我　世間無我，眾生都是因緣聚合的產物。

一切皆苦　世間一切感受都是痛苦的。

涅槃寂靜　遠離一切妄想，本自寂靜。

佛法小講臺

五法印

五法印是《菩薩地持經》第八卷在四法印外，再加上「一切法空」，則成五法印。通常作：諸行無常，諸法無我，諸受是苦，一切法空，涅槃寂靜。

一實法印

大乘佛教則以諸法實相作為法印，稱一實相印。實相，即一切諸法的真實體相，又名諸法實相。「凡所有相，皆是虛妄，唯此獨實，不變不壞，故名實相。」佛教認為，宇宙間一切事物都是因緣組成、變化無常的，沒有永恆不變的自體，這就是「空」。這種空就是宇宙萬物的「真性」，也就是諸法實相。諸法實相是萬有的本性，所以又叫「法性」。

3 四聖諦
四條真理

「諦」是古印度梵文的音譯，意思是真實不虛，四諦就是指四條真理。又因為這四條真理為聖人所知見，故稱四聖諦。四諦是釋迦牟尼在鹿野苑對五比丘所說的佛法，是佛教一切教義的理論基礎。所謂四諦，分別是指苦諦、集諦、滅諦和道諦。

苦諦

苦諦，是指人生存在的本質是痛苦的，這包括肉體的痛苦、精神的痛苦和對永恆生命追求而不得的痛苦，這是佛教對人生現象的基本看法。苦，泛指逼迫身心苦惱的狀態。世間一切事物，不論有情、無情都是痛苦的。這也是佛教對人生及環境所做的評價判斷。佛認為，世俗的一切其本質都是苦的。苦有四苦、八苦之說，所有諸苦皆歸苦諦所攝。

集諦

集諦，又稱習諦，是指造成人生痛苦的根源是渴愛，這是造就一切欲望的根本。因為有渴望，所以有種種欲望，當這些欲望不能被滿足時，就產生了痛苦。

滅諦

滅諦中的「滅」是寂滅之意，是指世間諸種痛苦是可以被消除的，在滅除煩惱和生死之累後，人就可以擺脫六道輪迴，達到解脫的境界，進而得到永恆的幸福。

道諦

道諦，是指消滅痛苦的具體方法，主要分為八種，即「八正道」，分別是正見、正思維、正語、正業、正命、正精進、正念、正定。

佛法無邊

• 四諦因果 •

這四條真理是釋迦牟尼對人生的基本看法，是佛法的基本教理。如果以因果關係來看，集諦說明了人生痛苦的根源，應該是因；苦諦說明了人生痛苦的本質，應該是果；而道諦說明消滅痛苦的方法，應該是因；滅諦說明了擺脫痛苦的結果，應該是果，所以說，四諦應該是集、苦、道、滅的順序。但事實上人們所看到的四諦並不是這個順序，這是因為釋迦牟尼為順應眾生的根性，刻意這樣排序。他告訴眾生：你們的人生是痛苦的，這些痛苦的產生主要是因為人的貪念和執著，但是你不必因此感到絕望，因為你還是有希望擺脫這些痛苦的，因為他為你找到了解脫之道。

四聖諦

佛法小講臺

• 苦諦爲先

釋迦牟尼是從人最根本的痛苦開始精神探索的。他生為王子，享用世間一切榮華富貴。但從四門出遊後，他發現不論人們如何貧富貴賤，都一樣要受制於痛苦：病苦、老苦、死苦。為此他毅然決然地拋妻棄子，丟棄財富，孑然一身去尋找真諦。所以釋迦牟尼悟道後在初轉法輪時最先講的便是苦諦。

• 人生八苦

生苦	老苦
病苦	死苦
愛別離苦	怨憎會苦
求不得苦	五蘊皆苦

4 八正道
八種解脫的方法和途徑

八正道是釋迦牟尼告訴人們的修行的基本方法，即達到最終解脫的八種方法和途徑。它是佛陀針對婆羅門教和耆那教的苦行主義，和外道六師的享樂主義而提出的。

八正道是中道

八正道最初是釋迦牟尼佛針對婆羅門教、耆那教的苦行主義和六師的享樂主義而提出的修行方法。原始佛教十分重視這種不苦不樂的修行方法，並將其列為道諦的具體內容。

八正道的內容

在佛教學說中，八正道就好像是盤旋直上的八個階梯，沿著階梯人們就可以達到修行的最高境界。具體說來，八正道分別是：

正見：正確的見解，就是對緣起論、四聖諦等理解信服，並堅定不移地信奉。這是八正道中最根本的方法。因為有了正見，才能對事理有正確的認識，才能破除外道的邪見，只有將正見作為基礎，才能精進不懈地修行。

正思維：正確的意識或觀念，斷除邪惡的欲念，生起正當的欲念。正思維主要有三方面的內容：捨棄執著或自私之心、慈善仁愛、無害，這些是修行的意志決心。

正語：純正清淨的語言，合乎佛法的言論，也就是不說謊、不謾罵、不誹謗、不惡語、不暴語，而使用友善純潔的詞句。

正業：正當的活動、行為及工作，也就是不殺生、不偷盜、不邪淫、不作一切惡行。正語、正業這兩個階梯是很難攀登的，一旦登上這個高度，就已取得了相當了不起的自制能力，修行的前景就會變得清晰、寬闊。

正命：正當的謀生手段，就是按照佛教的標準來謀求生存的必需品，遠離一切不正當的職業。

正精進：正確的修行，使自己的身心臻於完善。到達這一階段的人將完全理解自己行為的目的，無論衣食住行、工作休息，都能毫不鬆懈地按照佛法行動，進而達到了至善至美的境界。

正念：正確的思維，也就是牢記佛法，念念不忘佛教真理。到達這一階段的人已完全拋棄了「我」的念頭，只考慮世界的真相，不再執著於不如實不如理的妄想。

正定：對佛法有堅定不疑的定見，專心一志精進佛法的修行。到達這一階段的人經由以上階段的修習，拋棄了無根據的信仰和妄想，不再混亂與恐懼，身心寂靜地修行。

八正道

中道

苦行主義

享樂主義

八正道

正見	正確的認識，即堅信佛法
正語	正確的言語
正命	用正當的職業謀生
正念	保持對事物的正確觀察和思維
正思維	正確的思考，即根據四諦的真理進行思維與分別
正業	正確的行為
正精進	專心致志地朝正確的方向努力
正定	正確控制自己的精神狀態

佛法小講臺

中道的由來

中道是由何而來的呢？當初，佛陀在長期苦行苦修後一無所獲，於是在近河的地方打坐。此時，他聽到河中船上的人在唱歌，大意是：「琴弦太鬆或太緊，都不能彈出悅耳之聲。」佛陀心有所悟，以此進行推想：以不追求痛苦或快樂的方式修行，才有可能擺脫生老病死與六道輪迴。

5 十二因緣 人生因果循環的輪迴關係

關於世界的由來，釋迦牟尼提出了緣起論，而在人生過程的形成和變化的具體問題上，釋迦牟尼在緣起論的基礎上提出了十二因緣的學說。十二因緣又名十二緣起，是以12個段落的因果關係，說明人生過程的12個環節。

十二因緣的內容

十二因緣是按照緣起論來對人生進行分析，它將人生過程分為十二個彼此成為互為條件或因果的環節：

無明：指心的無知，包括不明善惡因果，不明佛法教義，這是一切痛苦產生的根源。

行：因為無明而做出善或惡的行為。

識：因為人們過去的行為累積了一定的因果，進而投生於今世，成為了新的生命。

名色：因為轉生而感受生命的身心現象。識入胎後，身體和精神逐漸長成，慢慢產生了知覺。

六入：人在胚胎發育時，產生眼、耳、鼻、舌、身、意的感知能力。因為人們從這六處瞭解外界，所以稱為「六入」。

觸：人在出生後，對外界事物有所接觸。

受：由於與外界事物的接觸而產生苦、樂、憂、喜的感覺。

愛：對苦有強烈的憎恨，對樂有熱烈的渴望，這些強烈的欲求或渴望，就是愛。

取：為愛努力地追求。

有：因為今生為愛產生諸多行為，成為下一世的果報。

生：有了今生的業因，而受來生的生命。

老死：有生必有死。

「流轉門」

釋迦牟尼認為這十二個環節是互為因果的，構成了人生因果循環的輪迴關係。因為人的無明，所以造就了過去的行，產生了惑和業，招致了現在的識、名色、六入、觸、受的苦果。人因受到愛的誘惑而去索取，產生了今生的惑和業，招致了未來的生、老、死的苦果。這個鏈條一直循環反復，使眾生在生死之間流轉，在六道中輪迴而不得解脫，因而佛教將這種由無明到老死的循環稱為「流轉門」。

十二因緣

十二因緣與三世因果

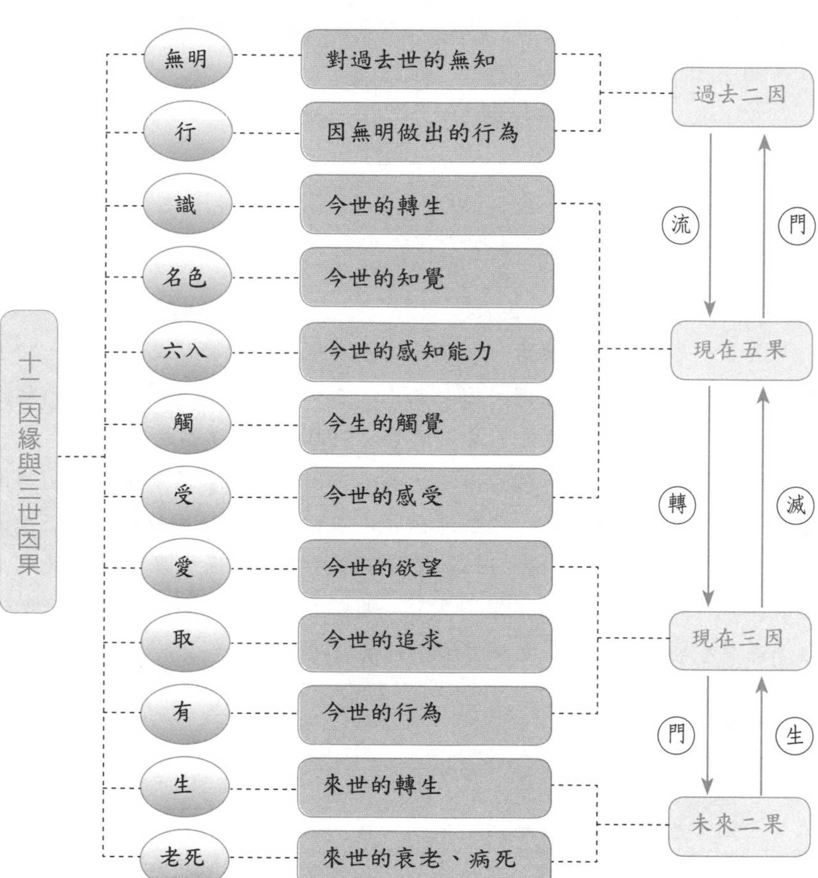

佛法小講臺

• 生命「無始無終」

佛教的因緣說不同於一般的生命起源說，一般生命起源說往往是直線式的，而因緣說是圓的。就像牆上掛著的時鐘一樣，從零點走到十二點，從十二點走到零點，很難從表面上看出它的起點和終點。像這種環行的時空觀、人生觀，就叫做「無始無終」。在佛教看來，生命便是如此，對過去是無始，對未來是無終。

6 宇宙的因果法則
因果業報

因果業報是佛教用來說明世界一切關係的基本理論，又作因果應報、因果業報、善惡業報。是指一切事物都由因果法則支配，善因必產生善果，稱為善因善果；惡因必產生惡果，稱為惡因惡果。

因果論

在佛教中，「因果」是用來說明世界一切關係的基本理論。佛教認為，世間一切事物都是由因果法則支配的。佛經中多處強調，因必生果，業必受報，是不會因人們的意志轉移的。一切眾生，不論高低貴賤，只要造了業，便會受到因果業報法則的影響。

佛教認為，眾生的行為都能引生異時的因果，善的業因必會有善的果報，惡的業因也必會有惡的果報，佛教稱之為善因善果、惡因惡果或者善因樂果、惡因苦果。在修行上，由於修行之「因」能招來成佛之「果」，所以稱為修因得果、修因感果。佛教教理上有「三世因果」之說，也就是認為現世的福報、罪孽、痛苦、快樂等，都是由於前世所造的善惡諸業的果報；而今生的善惡行為，也會影響來世的罪福報應。

業報論

業，音譯作羯磨，是「造作」的意思，指人的行為、作用、意志等一切身心活動。業報論與因果論聯繫密切，是指過去行為延續下來所形成的力量，善惡之「業」有生起苦樂之「果」的作用，稱為業力。業的果報，則稱業報，又稱業果。業本是印度自古以來流行下來的一個重要思想，佛教繼承並發展了這一思想，稱為佛法的重要內容。業力是一種自然力量，它的運轉也遵循宇宙間一切現象共同遵循的規律：緣起法則。

佛法無邊

• 業力與心力 •

「因果業報」雖然是佛教多次強調的普遍宇宙規律，但佛教卻並非宿命論者，因為佛教在強調業力的同時，充分肯定心力的作用。佛經中云：「遇善知識，修道修善，是人能轉後世重罪現世輕受。」「業果若不定，便成無因果；業果若決定，衆生不成佛。當知業可轉，如二水相投：熱多冷從熱，冷多熱從冷。」 徹悟禪師云：「業由心造，業隨心轉」，意思是說，心能造業，也能轉業，業力與心力是相互作用的。

因果業報

「自作自受」——種善因得善報，種惡因得惡果

佛教認為，種善因得善報，種惡因得惡果，因果報應絲毫不爽。人的一生所造作之業，關係到來世的前途，必須認真把握。同樣的道理，今世也並非由老天安排，更不是神明所為，而是自己在過去世一手造成的。所以，不論今世富貴貧賤，皆有因緣。明白因果事理後就該不卑不亢，安守其道。所謂「素富貴，行乎富貴，素貧賤，行乎貧賤」，絲毫無半點怨尤，才是消業之道。

不論是打漁的，還是砍柴的，農工商各有因緣福報。

業與輪迴

輪迴是佛教的基本理論，認為眾生處於不斷的生死迴圈之中，其道路有六條，即天道、阿修羅道、人道、畜生道、餓鬼道、地獄道。

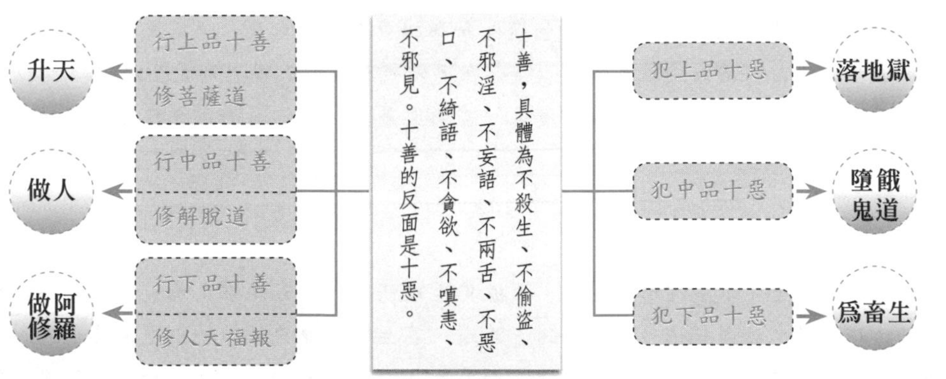

佛法小講臺

- 自殺會不斷循環

圖是自殺報應圖。在佛教中，自殺是非常嚴重的罪過，甚至被稱為受罪之始。相傳人在自殺時會產生極度的恐懼，因此在死後會有很重的果報，如圖中自殺者每日都在重現自殺時的痛苦。

7 三界六道 佛眼中的世界

三界六道是佛教關於世界構成方面的理論，是佛教的世界觀。三界是指眾生所居之欲界、色界、無色界。世間一切有情眾生都在生死中流轉，可以分為三個層次，即為三界。在三界中，生命以各種形態存在，根據其生理條件和外部條件，佛教將其分為六種類型，即六道。

三界

在前面佛教的世界觀中已經提到，釋迦牟尼描繪了一個以須彌山為中心，有太陽、月亮還有其他星球的世界。在這個世界裡，佛教又根據有情生命所居住的層次，把它們分為三界，即欲界、色界、無色界。所謂有情生命是指世間一切有情眾生，佛教的有情眾生，除了人類之外，還包括畜生、餓鬼以及諸天界眾生。

第一界為欲界，也就是說居住在這一層的眾生基本上都是生活在欲望之中。佛教把欲望歸為五欲：色欲、聲欲、香欲、味欲、觸欲。

第二界為色界。色界的「色」不是指顏色，也不是指女色，而是指物質。在色界，眾生已經沒有男女飲食的欲望，但卻還沒有擺脫物質的束縛。

三界的最高層為無色界。無色界的眾生不但擺脫了欲望的束縛，同時也擺脫了物質的束縛。根據所修禪定的不同層次，無色界也分為四重天：空處天、識處天、無所有處天、非想非非想天，前三處天的眾生還有心識存在，非想非非想天眾生則完全沒有心識了。

欲界、色界、無色界之果報雖有優劣、苦樂等差別，但都屬於生死輪迴之迷界，故為聖者所厭棄。

六道

在三界中，生命以各種形態存在，根據其生理條件和外部條件，佛教將其分為六種類型，即六道。這六道是天道、阿修羅道、人道、畜生道、餓鬼道、地獄道。其中天人、阿修羅、人屬於高級層次，被稱為三善道；而畜生、餓鬼、地獄的眾生屬於低級層次，被稱為三惡道。關於六道輪迴，請參見第一章第十節。

佛法無邊

• 人的「五欲」 •

根據人的感官，佛教有「五欲」之說。色欲，眼睛喜歡看漂亮的東西；聲欲，耳朵喜歡聽悅耳的聲音；香欲，鼻子喜歡聞美妙的香氣；味欲，舌頭喜歡品嘗可口的味道；觸欲，身體喜歡接觸舒適的環境。

三界

三界二十八層天

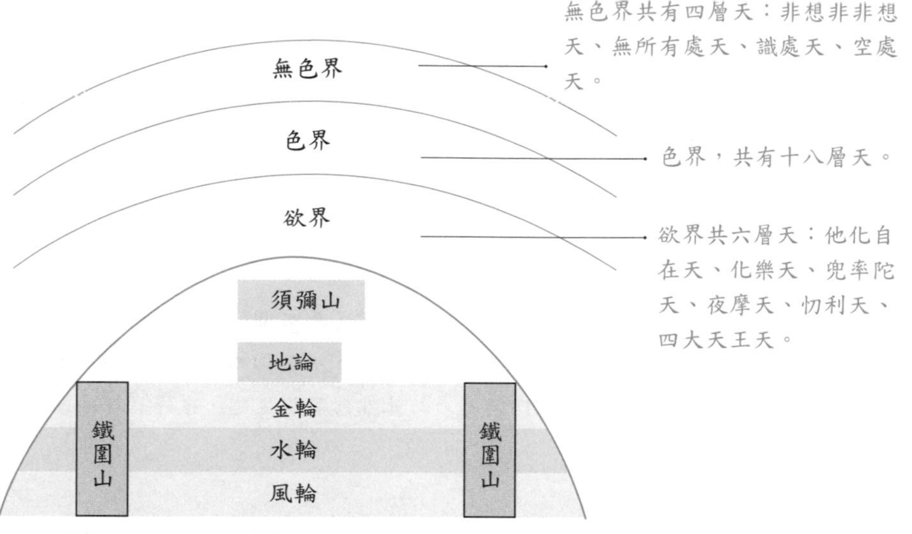

世間一切有情都在生死中流轉，依照他們的所居之境界可分為三個層次，即三界：欲界、色界、無色界，共計二十八層天。其中，色界的十八層天分別是：色究竟天、善現天、善見天、無熱天、無煩天、無想天、廣界天、福生天、福慶天、遍淨天、無量淨天、少淨天、極淨光天、無量光天、少光天、大梵天、梵輔天、梵眾天。

佛法小講臺

• 三界二十八天的果報

三界二十八天的果報雖然各有優劣、苦樂等差別，但都屬於迷界，仍然難脫生死輪迴之苦，因此《法華經》說：「三界無安，猶如火宅；眾苦充滿，甚可怖畏。」意思是說，三界充滿了諸多苦難，逼迫著眾生的身心，猶如一幢著火的房子，不能安居。因此眾生只有修行精進，以求出離三界，進而證悟涅槃，這才是究竟解脫之道。

8 三十七道品
三十七種修行方法和途徑

道品，為梵語一個辭彙的意譯，又稱「菩提分、覺支」。三十七道品又稱三十七菩提分、三十七覺支、三十七助道法、三十七品道法，是指追求智慧、獲得覺悟而進入涅槃境界的三十七種修行方法和途徑。三十七道品分七科門：四念住、四正勤、四神足、五根、五力、七覺支、八正道。

四念住

四念住又稱四念處。凡人往往執著於淨、樂、常、我四個顛倒，佛法告訴人們用不淨、苦、無常、無我四種正確的方法，來觀察身、受、心、法這個四個住處，以破除四顛倒，使人們不再迷惑而獲得覺悟。所以說，四念處是防止雜念妄想生起，獲得真理的四種法門。

四正勤

四正勤是非常努力地去實踐四種正確的修行方法。「正勤」是指沒有任何勉強成分的努力。

四神足

「神」是神通，「足」是基礎、依靠之意，四神足就是神通得以產生和憑藉的四種基礎。

五根

五根又作五無漏根，指五種能生起、增上一切善法的根本。也就是說，五根是修行的五個基礎和內在條件，在此基礎上才能產生和增長一切善法。

五力

五力就是五根增長所產生的力量，五根與五力密不可分，可以說是對相同內容的不同角度地表述。

七覺支

七覺支又叫「七覺分」、「七等覺支」、「七覺意」、「七菩提分」等，「覺」是「覺悟、智慧、菩提」之意。七覺支就是達到覺悟的七種次第或七種智慧，它是五根五力的增長所顯發的七種覺悟。

八正道

八正道又作八聖道，指通向涅槃解脫的八種正確途徑。具體內容見本章第四節所介紹。

三十七道品

七類三十七種

三十七道品	
四念住	身念處，念色身皆不淨；受念處，念眾生皆是苦；心念處，念識心無常住；法念處，念諸法因緣生。
四正勤	永遠斷除已生的惡業，未生的惡業令其不生，未生的善業令其產生，已生的善業令其增長。
四神足	因為欲念使修行圓滿，因為專心致志使修行圓滿，因為憶念使修行圓滿，因為思維使修行圓滿。
五　根	信根，篤信正道之根性；精進根，勤奮修行之根性；念根，記憶不忘之根性；定根，一心寂定之根性；慧根，明瞭諸法之根性。
五　力	信力、精進力、念力、定力、慧力。五力是破惡成善的力量，由五根生成。
七覺支	擇法覺分，辨明諸法真偽；精進覺分，精進修行諸法；喜覺分，因得真法而內心歡喜；除覺分，斷除內心煩惱；捨覺分，破除欲念執著；定覺分，明瞭禪定法門；念覺分，思維修行法門。
八正道	正見、正思維、正語、正業、正命、正精進、正念、正定。

閱讀拓展

所謂四念處，即觀身不淨，觀受是苦，觀心無常，觀法無我。凡夫無法看清真相，為表相迷惑。修行者則要提醒自己，不要執著虛幻無常的世間幻象，要追求真實永恆的自性，發心出離六道輪迴。

9 涅槃 一切爲了解脫

涅槃，意譯的話，是「寂滅、無生、離開、解脫」的意思。在佛教之中，涅槃是指清涼寂靜、煩惱不現、身心俱寂的解脫境界，具有不生不滅、不垢不淨、不增不減等性質。它是佛教修行的最終目的和最高境界。

四種涅槃

涅槃是佛教的中心思想，若離開涅槃思想，佛教就形同有生有滅的世間說法，只能稱為勸善，不能體會「因性本空、果性本空」這樣「非因非果」的深奧精義。

涅槃這種境界需要修證佛法才能達到。在佛教中，修行佛法可以達到四種涅槃，即本來自性清淨而有染汙涅槃、有餘依涅槃、無餘依涅槃、無住處大涅槃。

小乘佛法的修行人，能證有餘依涅槃與無餘依涅槃，最高境界名為阿羅漢境界。若還有五蘊色身存在於人間受苦，稱為「有餘依涅槃」；若修行人死亡，拋棄五蘊色身，稱為「無餘依涅槃」。

大乘佛法的修行人稱為菩薩，從發願成佛時起，直到將來成為佛，這中間共要經歷52個修證階段，歷時三大阿僧祇劫。修到第17階位時，可證「本來自性清淨而有染汙涅槃」，達到「清涼寂靜，煩惱不現，眾苦永寂」的境界；修到第41階位時，可證「有餘依涅槃」；修到第48階位時，可證「無餘依涅槃」。

無住處大涅槃境界，只有佛才能證得。當菩薩證得第52階位時，即圓滿完成四種涅槃的修證，進而獲得四智圓明，具有無邊法力，能夠隨意救度十方世界的一切有緣眾生。

涅槃四德

佛教《涅槃經》第二十二卷稱，涅槃具有涅槃四德，即常、樂、我、淨。涅槃境界是永遠不變的覺悟，所以稱其「常」；涅槃境界永遠自由自在、沒有任何束縛，所以稱其「樂」；涅槃境界沒有任何煩惱、汙穢，所以稱其「淨」，總而言之，涅槃境界是佛教最高境界。

佛法無邊

• 涅槃是一種絕對境界 •

值得一提的是，涅槃是修因感果而得，不是由因緣和合而成，因而是唯一不變的、永恆的，是一種超越生死輪迴之迷界而獲得覺悟、解脫的絕對境界。這種境界是一種不可言說、不可思議的超越人天福報的終極存在狀態。

涅 槃

心解脫

在釋迦牟尼的解脫方法中，最重要的是「心解脫」。心解脫後來又形成許多具有特殊意義的解脫，如無量心解脫、無相心解脫等等。其中，最具代表意義的是無量心解脫。它不僅表達了「心解脫」的基本意義，同時也正確地表現了佛陀的涅槃精神。所謂無量心，也就是四無量心。

慈無量心

以無限的慈愛，求得自己解脫，亦求一切人得解脫。

悲無量心

對於一切眾生都要有此悲心，要捨己為人。

喜無量心

喜與悲同是慈的根柢。

捨無量心

由於有了慈心、悲心、喜心，才顯出最後絕對平等的「捨」境。

閱讀拓展

- 無住處大涅槃

如果一個人沒有證悟，他便執著於我，執著於自己的身體。如果一個菩薩真的證悟了無住處大涅槃，他就可以在不同的地方出現，隨緣度化眾生。大乘經典裡說，釋迦牟尼佛之所以叫「千百億化身釋迦牟尼佛」，就是因為娑婆世界是佛度化的國土，裡面有千百億的南贍部洲，有「人」的地方佛都去度化。佛在各個南贍部洲度化眾生，也是示現成佛道來度化有緣人的，就像在地球上一樣。所以，釋迦牟尼佛在這裡雖已入滅 2500 多年了，卻在別的地方的菩提樹下示現成道。

10 自成一體的密宗法義
密宗獨特的體系

密宗是大乘佛教的一個支派，是印度後期佛教的主流。由於它有祕密傳授及充滿祕密內容的特徵，所以被稱為密宗，又稱密教、祕密教、祕密乘、金剛乘等。相對於密宗，其他的包括大乘、小乘的佛教流派則稱之為顯宗。由於密宗的教義系統具有顯著的特徵，因此單獨講述。密宗的法義，主要有以下幾大內容。

六大

「六大」是指地大、水大、火大、風大、空大、識大，這六大是構成有情無情世間一切萬法的根本要素。一切堅性的東西為「地大」，一切濕性的東西為「水大」， 一切暖性的東西為「火大」， 一切動性的東西為「風大」，一切無礙的東西為「空大」， 一切諸法的了別特性為「識大」。密宗認為，萬物皆有「心」：有情識的生物有心，叫「有情有心」；無情識的草木金石也有心，叫「非情有心」，只不過它們的心如同動物冬眠一般，了無波瀾。例如花木向陽盛開，是因為它們「有心」向陽。世間萬物由「地、水、火、風、空、識」六大構成，沒有一樣事物不具備六大的性質。

四曼相大

「曼」指「曼荼羅」。「曼荼羅」是梵語音譯，意譯通常有壇場、聚集、聚集聖眾等，有佛菩薩尊像等意思，密宗用來形容為「心髓」、「本質」，也就是「獲得本質」，獲得佛陀的無上正等正覺。密宗弟子在修行的時候，想想自己置身於曼荼羅中，達到「我」和「佛」合為一體，即身成佛的境界。

三密用大

「三密」是指身、語、意。三密用大即三密的作用遍佈整個法界，宇宙中的一切皆為三密。一切形色如山高水長、日光月色、紅花綠葉等是佛的「身密」，一切音聲如流水潺潺、鳥語蟬鳴等是佛的「語密」，一切觀想意念是佛的「意密」。這就是佛之三密，這三密攝盡一切萬法的業用，故說「用大」。

佛法無邊

• 衆生之三密 •

三密還有「衆生三密」之說，即衆生要身結印契（身密）、口誦真言（語密）、意觀本尊（意密）。佛之三密加護、攝持於衆生之三密，稱為三密加持。佛之三密與衆生之三密相應融合，稱為三密相應（三密瑜伽）。若修行者能與本尊三密相應（三密瑜伽），達到與本尊一體化，則可以即身成佛。

密宗法義

大日如來

密宗的兩部根本經典是《大日經》和《金剛頂經》，《大日經》中說的「菩提心為因，大悲為根本，方便為究竟」就是密宗的基本思想。右圖為「大日如來」。大日如來又名毗盧遮那佛，是密宗的根本佛，是密宗最高階層的神祇。根據密宗經典，密宗的一切佛、菩薩都自大日如來所出，大日如來是密宗尊奉的最高神明。

密宗

密宗	
根本經典	《大日經》和《金剛頂經》
教　理	以大乘佛教中觀派和瑜伽行派思想為理論前提。
實　踐	以高度組織化的咒術、禮儀、本尊信仰崇拜為特徵。
修　行	重視導師的引導和祕密的儀式。

閱讀拓展

象徵主義

在密宗的修行過程中，佛堂是不可缺少的場所，法器也是必不可少的助物。在一些儀軌中，修行者使用金剛杵和金剛鈴，同時手指形成各種意義的手結契印，展現了密宗象徵主義的特點。

在修行過程中，金剛鈴是驚覺、勸請諸尊而搖振的法器，因為它能宣告空性之聲，也被稱為金剛法鈴。

第3章 佛教的修行和戒律

1 修行的終極目標 放下一切苦和煩惱

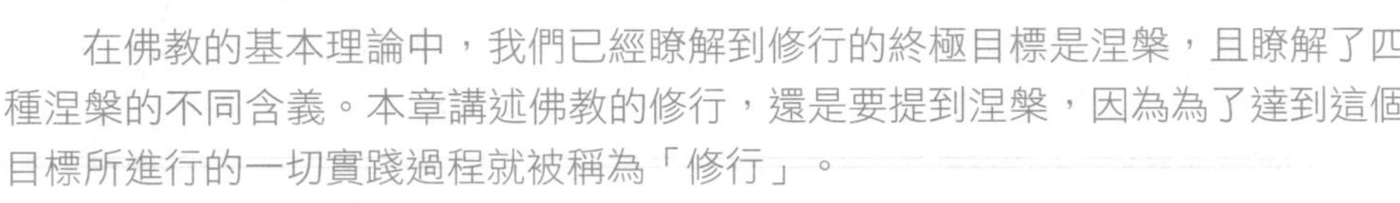

在佛教的基本理論中，我們已經瞭解到修行的終極目標是涅槃，且瞭解了四種涅槃的不同含義。本章講述佛教的修行，還是要提到涅槃，因為為了達到這個目標所進行的一切實踐過程就被稱為「修行」。

修行的終極目標——涅槃

一般說來，修行主要包括行為方面的規範、言語方面的約束、意識品行方面的提升和智慧方面的覺悟。釋迦牟尼說過，一切有為法皆不可得。為了避免修行者誤入歧途或者為「修行」而「修行」，有必要對修行的最高目標——涅槃做進一步的瞭解。涅槃，是梵語音譯，意為不生不滅，主要指超越生死和痛苦，斷盡一切煩惱的境界。

三毒

釋迦牟尼說，世間一切事物和現象的產生都是依據條件而生，但事實上凡夫俗子卻不明白這樣的道理，他們不僅認為世間有一個真實的自我，並因為愛，對事物產生了貪（執著的欲望）、嗔（排斥）、癡（對真相的無知，且導致恐懼）的欲望，也稱為三毒。這三毒不斷惡性循環，使人們煩惱不已。這些苦難是人們不可避免的，如果凡夫認識到這一點，並透過個人的修行來破除一切錯誤的知見和行為，消滅貪、嗔、癡，這樣就能看到事物的真相，能達到解脫，這就是涅槃的境界。

涅槃的迷思

關於涅槃，人們常常陷入以下的迷思：人們經常把涅槃誤認為是死亡，其實不然，因為按照十二緣起論中業力的牽引，人的死亡往往是新生命的開始，而且眾生是完全不能自主選擇輪迴去處的，所以死亡並不等於真正的解脫。實際上，除了釋迦牟尼的死亡是不生不滅的涅槃境界，眾生的死亡都算不得是涅槃。

大師的話

關於人生的欲望，釋迦牟尼從未說過人應該停止對欲望的渴求。相反的，他說的是：不要執著於欲望，不要被欲望所束縛，而是應該努力發現自己重要的事物，順其自然地生活。

修行的終極目標

涅槃

右圖是釋迦牟尼涅槃圖。圖中的釋迦牟尼側臥於婆羅雙樹下，呈圓寂之狀。在他的周圍，眾多佛門弟子、道家神仙及凡間男女紛紛前來弔唁。根據佛教理論，釋迦牟尼的圓寂表示他已得到真正的解脫，進入了不生不滅的涅槃境界。

三毒

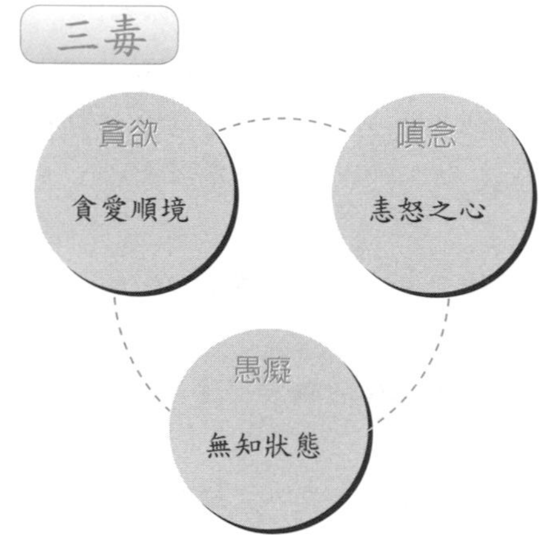

佛海拾慧

佛教認為，人生一切皆苦，苦的根源在於人有欲望。佛教講苦，是從佛陀的悲智觀照所得的結論，佛陀站在生死之流的岸上來看眾生飽受生老病死之苦，無一倖免，唯苦無樂。縱然有樂，就像搔身上的瘡一樣，搔時相當快活，搔完痛苦即至。

欲望無限 →絕不滿足→苦

2 修行的基本方法 八正道和三無漏學

釋迦牟尼為人們指出修行的終極目標後，又告訴了人們修行的基本方法，這就是八正道和根據八正道內容總結而成的戒、定、慧三無漏學。

八正道的修行要義

在第二章佛教的基本教義中，我們已經介紹了八正道的內容，在此，我們將介紹八正道的修行要義。為了更加契合修行的要義，我們分五個層次來說明：

正定、正見：這是八正道最重要、最核心的部分。正定就是要以正確的禪定集中意志和精神，收攝散亂的身心，培養完美的人格。

正念：人們在生活當中時刻離不開色（物質）、受（感受）、想（認識）、行（行為）、識（意念）等，也就是「五蘊」。如果在五蘊的變化中仍然可以有念念分明的心，拋卻一切妄念，這就是正念。正念是強調當下的，是當下仍能把握世界的真相，沒有我執，而不是過後反省推敲思維的結果。

正思維：佛陀說，正思維，即離欲思維、無恚思維、無害思維。與之相對的三個錯誤思維則是欲思維、瞋思維、害思維。

正語、正業、正命：就是正確的語言，正確的行為，正確的職業。這是從外表最容易觀察到的。長期控制外在的行為，內心的思維也會改善。

正精進：是一種精神，一種執行力，橫跨了所有的八正道，是八正道的精神，代表以上所說的各項都能持續、認真地去執行。

三無漏學

戒：包括正語、正業、正命、正精進。在這一階段，主要是對修行者的身體進行約束，還未涉及到修行者的思想意識，這時修行者還是一種被動的狀態。

定：包括正定。在這一階段，主要是對修行者的精神狀態進行嚴格控制。當修行者經過「戒」的階段後，就會化被動為主動，積極地研究佛法。在印度早期佛教時期，「定」的內容比較具體，很容易把握，但隨著佛教的發展，「定」的內容日益增長，越來越複雜了。

慧：包括正見、正思、正念。在這一階段，主要是對人的認識進行正確引導。在「定」的狀態下，修行者已領悟了佛法的真諦，獲得了最終解脫，這是修行的終點。

大師的話

為了便於記憶將八正道按照內容進行了分類，這種分類後來被總結為戒、定、慧三學。這三學是一個依次上升的過程，即透過「戒」來達到「定」，再達到「慧」。

八正道和三無漏學

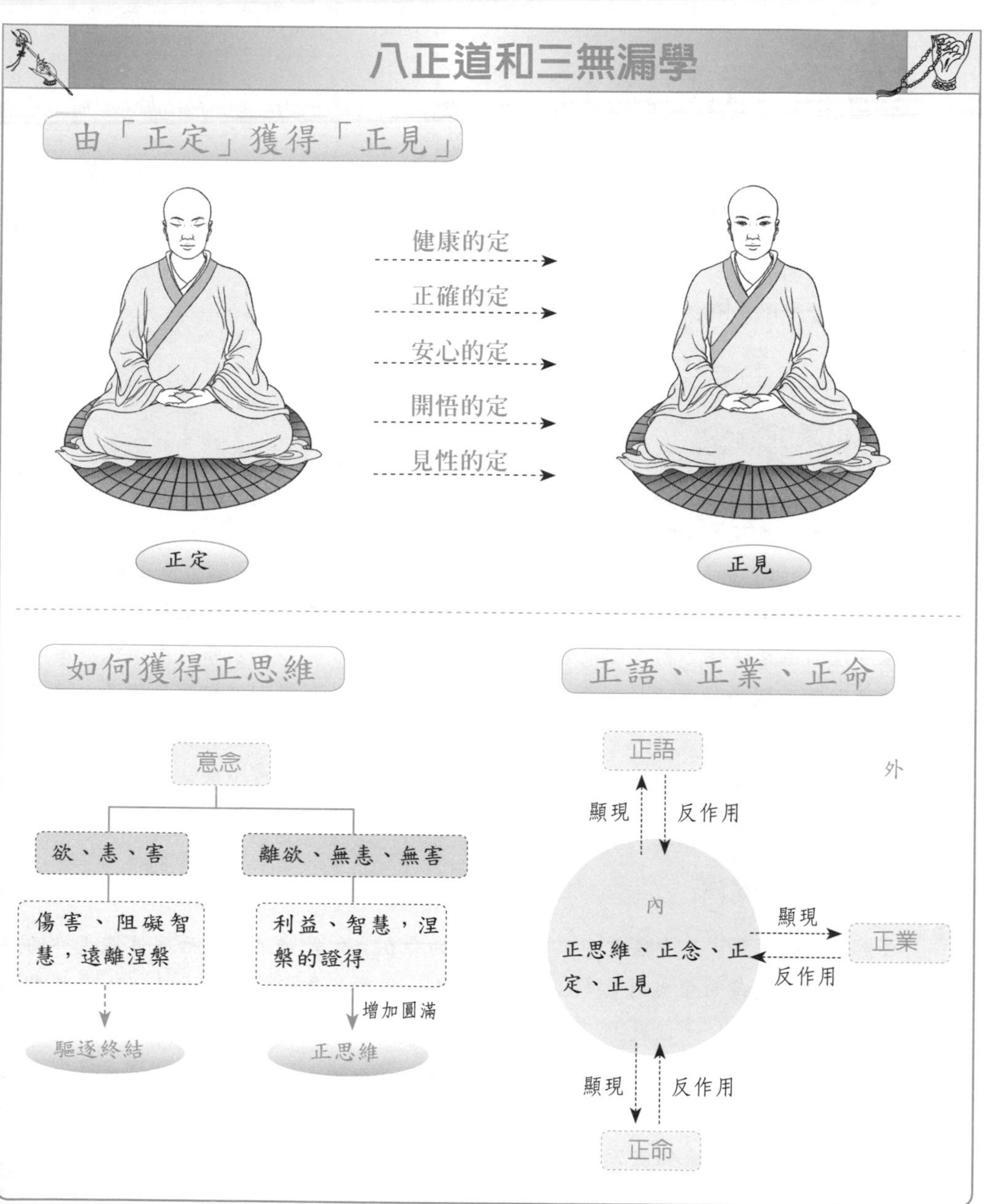

佛海拾慧

- 三無漏學

釋迦牟尼在世的時候，隨緣教化，說了很多佛法。總體說來，這些佛法都在戒、定、慧三無漏學的範疇內。何為三無漏學呢？佛教稱，學了戒、定、慧這三項，就可以防止所有成果的漏失，直到成佛為止。而世間其他可學的東西，都是苦樂相對的、有限的、得失交替的、變動無常的，佛教稱其為「有漏之學」。三無漏學緊密相連，缺一不可，如同一物的三個支點。

3 修行的器量 大乘和小乘

從佛教立場講修行，有大器和小器之分，也就是大修行和小修行之分。所謂小乘是相對於大乘來說的。小乘只要能獨善其身就可以了，而大乘不但要自己修行，還要幫助所有的人修行。

大乘小乘的產生

在佛陀入滅後，原始佛教逐漸產生分裂，並逐漸分為二十多個派系。這些派系在師承、見解、區域、語言等方面各有不同，缺乏統一的領導和組織。

直到西元1世紀，佛教內部出現了新的動態。隨著居士佛教的活躍，在家的佛教弟子逐漸形成了集團。相對於出家弟子對佛陀教法的信仰，這些集團則以釋迦牟尼的人格為信仰，依據佛陀的慈悲精神，創造了代替佛陀而實踐慈悲的菩薩形象，並提出拯救眾生的口號，這種像菩薩一樣的行為就被稱為「菩薩行」。隨著信仰菩薩行的信眾的增多，大乘佛教就此興起。

自大乘佛教建立後，他們將信仰佛教原始教義的集團貶稱為「小乘」，此後兩派形成了長期對抗的形勢，紛爭不休。

小乘佛教的修行

小乘佛教一般主張「我空法有」，否定自我的存在，但是卻未完全否定客觀世界的存在，比如承認事物的基本組成因素「極微」的存在。在對釋迦牟尼的看法上，小乘佛教一直把他看做是一個導師、一個教主，是一個修練達到徹底覺悟的人。

在修持方法上，小乘佛教主張修持三學，即戒、定、慧（即透過守持戒律，修習禪定而獲得智慧）、八正道（八種正確的思維和方法）。

與大乘佛教相比，小乘側重於自度，修行的最高目標是證得阿羅漢。

大乘佛教的修行

大乘佛教主張「人法兩空」，既完全否定自我的存在，也否定客觀世界的存在，認為一切法都是因緣聚合的結果，即「緣起性空」。

在對釋迦牟尼佛的態度上，大乘佛教將其超人化、神格化，即將釋迦牟尼塑造成一個法力無邊、全知全能的佛，並認為除了釋迦牟尼佛外，還有十方三世無數佛的存在。

在修持方法上，大乘佛教除了修持三學、八正道外，還要修持六度、四攝的菩薩行。

在修持目標上，大乘佛教除了自度而且還要度人，以普度眾生為修行宗旨，以成佛作為最高的修行目標。

修行的器量：大乘和小乘

大乘佛教和小乘佛教

小乘

大乘

三世佛

大乘佛教認為除了釋迦牟尼佛外，還有十方三世佛的存在，其中三世佛又分為橫三世佛（阿彌陀佛、釋迦牟尼佛、藥師佛）和豎三世佛（燃燈佛、釋迦牟尼佛、彌勒佛），他們是大乘佛教的主要崇拜對象，多被供奉於大乘佛教寺院中。

佛海拾慧

大乘佛教的菩薩中，有四大菩薩在中國民間最為流行。四大菩薩，即觀世音菩薩、文殊菩薩、普賢菩薩、地藏菩薩。他們分別代表了慈悲、智慧、實踐和願力，是四種理想人格的代表。

4 大乘佛教的修行 五個層次

大乘並不比小乘高明，只是修行的層次不同罷了。一個連自己都不會游泳的人更別提去下水救人了，「度人」首先必須要「自度」。所以說，大乘之中也包含了小乘。大乘佛教的修行共有五個層次：人、天、聲聞、緣覺、菩薩。

人

成佛是從做人開始的，凡人只有發心成佛、受持戒律、誠懇做人開始，一點一滴地、一步一步地接近佛陀，才有可能稱為佛陀。如果連人都做不好，成佛更是不可能的。

天

佛教認為，只有一個好的在家人才可能成為一個好的出家人。如果一個人在家尚且不能做到孝順父母、撫養兒女等基本社會道德，那麼這個人是沒有資格稱為佛教弟子的。所以說，佛教其實是主張入世的，它認為沒有入世的基本道德訓練，就不可能出世。「天」是指各國家、各民族、各時代的一切宗教所信仰的對象及所嚮往的境界。人人都嚮往天上神仙，佛教認為，只有做好了人，並有堅定的信仰，才有升天的可能。

聲聞

「聲聞」，是指聽到佛說法、僧說法或從經典上看到脫離生死的方法而修行證果的。意思是一個好的在家之人走上了出世之路。「出世」並不一定是「出家」。在家之人也同樣能證得佛果。「聲聞」有四個不同的階段：初果須陀洹（七返生死），二果斯陀含（一返生死），三果阿那含（不還生死），四果阿羅漢（解脫生死）。

緣覺

「緣覺」和「聲聞」的意義一樣，只是修行入門的方法不同而已。「緣覺」是在沒有人說佛法，也沒有佛經可看的時候，從自然界某種現象的啟發中開始瞭解佛法的真理。

菩薩

菩薩是菩提薩埵的簡稱，含有兩層意思：自己已經覺悟，並且幫助他人覺悟的人。一個普通人開始信仰佛教並願意照著佛陀所說的成佛之法修行，這便是初發心菩薩。從最初一級的菩薩到最後的成佛階段，要經歷52級。

修行的層次

聲聞與緣覺

聲聞

緣覺

菩薩五十二位

高 ← 低（由右至左：十信心 → 十住心 → 十行心 → 十回向心 → 十地心 → 等覺 → 妙覺）

低 → 高（由上至下）

妙覺	等覺	十地心	十回向心	十行心	十住心	十信心
妙覺：菩薩最高位。人法俱空，已斷十二分無明，自覺覺他，覺行圓滿，可與佛相提並論。	等覺：覺悟之菩提內容，與佛相當，但德修上比佛差一些。	四無量心	救護一切眾生離相回向心	歡喜心行	發心住	信心
		十善心	不壞回向心	饒益心行	治地心住	念心
		明光心	等一切佛回向心	無嗔恨心行	修行心住	精進心
		焰慧心	至一切處回向心	無盡心行	生貴心住	慧心
		大勝心	無盡功德藏回向心	離癡亂心行	方便心住	定心
		現前心	隨順平等善根回向心	善現心行	正心住	不退心
		無生心	隨順等觀一切眾生回向心	無著心行	不退心住	回向心
		不思議心	如相回向心	尊重心行	童真心住	護法心
		慧光心	無縛解脫回向心	善法心行	法王子心住	戒心
		受位心	法界無量回向心	真實心行	灌頂心住	願心
聖		凡				

佛海拾慧

在佛教諸尊中，菩薩的地位僅次於佛，也是傳播佛法、救民眾於水深火熱之中的人。在最開始流傳時，菩薩的形象是男子，後來隨著人們對菩薩的敬重和喜愛，人們覺得所理解的菩薩應具有更多的人情味，慢慢地，菩薩就成了溫柔賢淑的女性形象了。

5 大乘菩薩的修行方法
六度

大乘菩薩的主要修行方法，叫做六度，又稱為「六波羅蜜」。六度是用六種方法由有生死有煩惱的凡夫俗子這一邊，到無生死無煩惱的那一邊去，也就是從生死的苦海到達涅槃，從煩惱的凡夫轉成菩提。

佈施

佈施就是把自身所擁有或所知道的施予他人。除了財物、肉身的施予外，還包括佛法的傳揚和信心的給予。

持戒

持戒包括三方面：防止一切惡行，修集一切善行和饒益有情。意思是，戒除所有不該做的壞事，不再做已戒除的壞事，去做沒做過的好事，已做過的好事要不斷地做下去。簡言之，諸惡莫作，眾善奉行。持戒能除去惡業。

忍辱

忍辱，是為有情眾生故，不把任何對自己或教義的侮辱放在心上，坦然面對苦難，終不放棄救度眾生的志願。忍辱能除去嗔恚。

精進

精進是為了神聖的誓願，花最大的努力、不灰心、不退縮地勤奮修行，毫不懈怠。無論是對於日常生活中的持戒，還是信仰生活的維持，都不要半途而廢。精進能除去懈怠。

禪定

禪定則為心無雜念，不為世俗迷惑顛倒。禪定有三種不同的境界，也可以說是三個階段，分別是：身心平衡、物我合一、物我雙亡。禪定並非只是靜坐，靜坐只是禪定的一種最基本的方法而已。靜坐不一定就是禪定，只是開始修行禪定時需要靜坐的基本訓練。禪定能除去散亂。

般若

般若是從前面的修行：佈施、持戒、忍辱、精進及禪定五種方法中所得的悟境。佛教修行的最終目標就是獲得般若智慧，擺脫煩惱。般若生則煩惱滅，修行悟境越高，般若越深則煩惱越薄。

六度

六度

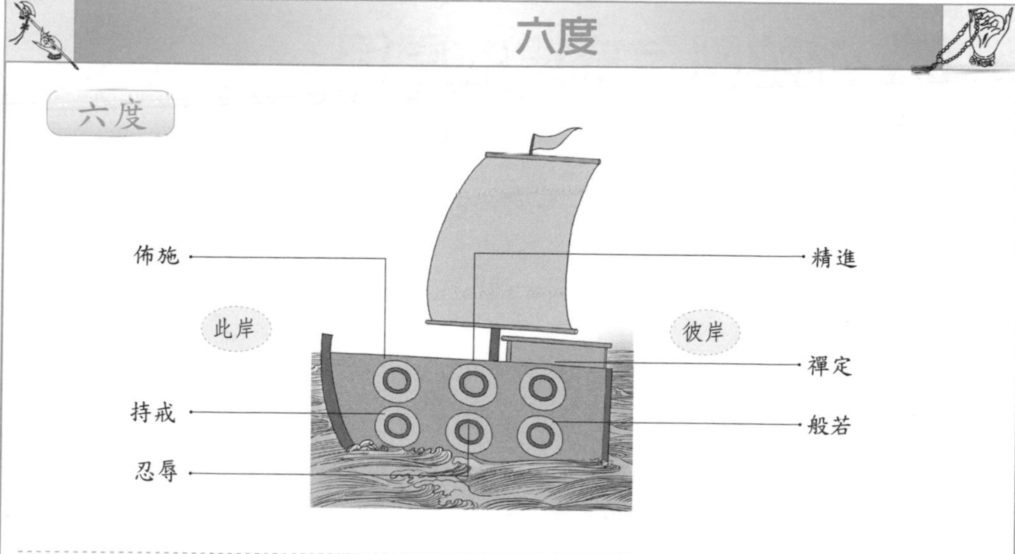

佈施

釋迦牟尼在世時說過，一個人即使沒有錢財，也有七樣東西是可以佈施的，這就是無財七施。

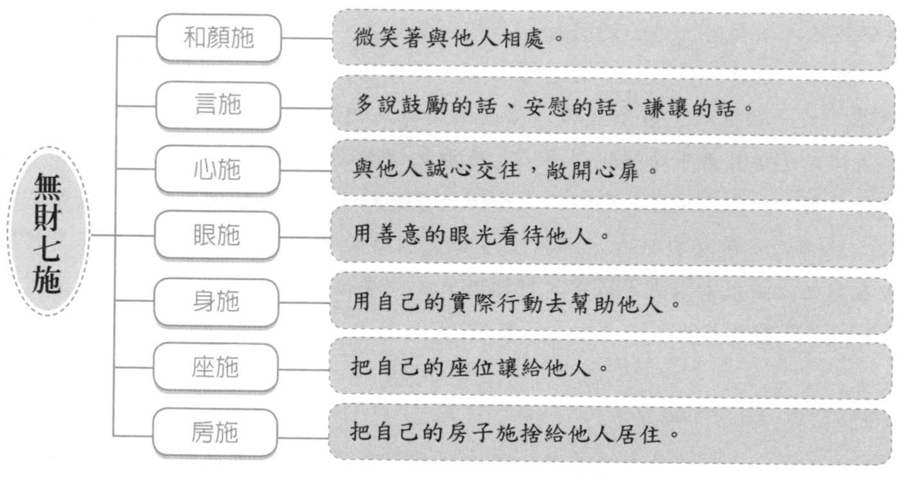

佛海拾慧

- 六波羅蜜

六度可度人們的煩惱，也能度眾生到彼岸，所以它也叫六波羅蜜。波羅，意為「彼岸」;蜜，意為「到」。佈施——檀那波羅蜜;持戒——尸羅波羅蜜;忍辱——羼提波羅蜜;精進——毗梨耶波羅蜜；禪定——禪那波羅蜜；智慧——般若波羅蜜。

6 佛陀制定戒律的原因 佛法長存

佛陀傳教之初、僧團成立後一段時間內，弟子們以佛陀為信仰中心，共同過著梵行自律的清淨生活，是一個和樂的僧團。隨著佛法的弘傳，僧團的日益壯大，成員日趨複雜，開始陸續出現一些不和諧的因素。佛陀為了維護和諧共處，隨緣制定了一些戒律。

和合共住

據《摩訶僧祇律》卷一所載，佛陀制戒的因緣，是為了使僧團大眾和合相處；藉著和合清淨的僧團風範來攝受僧眾；以法來調伏個性較頑劣的眾生；使僧眾知過懺悔後，內心得到清淨；使僧眾言行有所規範而斷除現在煩惱；使僧眾斷除現在煩惱之後產生定力，斷除未來世的煩惱；使不信眾生生起信心；使已生信心的弟子，更加堅定；使未來戒法常在，修行梵行者，能安住於佛法中；使正法久住，佛法長存。

戒律的重要性

當年佛陀快入涅槃時，弟子們問他：「佛入涅槃後，以誰為師？」佛陀說：「以戒為師」。由此說來，戒律就佛教弟子的老師一樣，引導他們走入悟境。不少人可能認為戒律是對佛教弟子的一種束縛，若無戒律，佛教弟子才能更自在地研習佛法。其實恰恰相反的，遵守戒律才是佛教弟子的解脫之道，也是佛教僧團的防腐劑。如果沒有戒律作為佛教僧團的行為準則，佛陀入滅後的佛教只會如同一盤散沙，非但不能儘早悟道，恐怕佛教也早已消亡。從佛教發展歷史來看，佛教沒落時很重要的一個原因是出家人變得怠惰、腐敗，造成在家之人對出家人失去敬重，對佛教更是失去信心。而佛教興盛時，出家人往往依循經典和戒律，勤奮修行，讓在家人心生敬仰。

戒律是修行的基礎

戒律防非止惡，是修行佛道的基礎。學佛如果不遵守戒律，那就不是學佛，更談不上修行。戒律就如同法律、規則，必須遵守，一旦違反便與覺悟成佛之道背道而馳，漸行漸遠。只有依戒才能生定，依定才能發慧，得道解脫。所以，戒與定、慧共稱三學。

大師的話

戒律並非死板、食古不化的教條。佛陀當初制定戒律，也是適時改變不合理的戒律，以幫助持戒者和說法者斷除疑惑，真正達到弘法的目的，這是佛教的進步之處和慈悲精神。真正的佛教三寶弟子，也有責任丟棄不切實際的邪見和妄執，善意修訂符合實際需要的戒律，這才是佛教真正的利他精神。

佛陀制定戒律的原因

防止三方面過失

戒律是為了防止行為、語言、思想三方面的過失。在佛教中，戒律對於皈依佛教的信眾來說，是保護傘，而不是枷鎖，受戒可以獲得戒體，能有效地成就信眾的法身慧命。

佛海拾慧

「戒」是禁止佛教弟子作惡，若作惡便是犯戒，即諸惡莫作。除此之外，「戒」也有禁止不作善之意。前面三十七道品中就有「已生惡令滅，未生惡令不生，未生善令生，已生善令增長」之句。因此，戒是禁止佛弟子作惡，並禁止佛教弟子不作該作的善。

＋

「律」是要求佛教弟子堅持不斷地去作善，不作善者也是犯戒，即眾善奉行。很多對佛教不了解的人都以為戒律僅是消極地防非止惡，卻不知道戒律有積極行善的一面。

總而言之，「戒」是不能如此，「律」是應當如此，「戒」、「律」合起來，便是「止」、「持」，停止和前進。這是佛教的道德責任規範，是做人的根本原則，也是修習一切善法的基礎。

7 佛教的根本戒律 五戒

佛教的戒律雖然有出家戒、在家戒的區別，但是一切戒律都是依據五戒為根本，所以五戒又稱為根本大戒。五戒，通常是指在家居士即優婆塞、優婆夷應持守的五條戒律，即不殺生、不偷盜、不邪淫、不妄語、不飲酒。

殺生戒

佛說眾生皆具佛性，都可成佛。眾生包括胎生的、卵生的、濕生的、化生的四類，所以佛教認為除了不能殺人外，也不能傷害畜生、蟲蟻等。不但戒直接殺害，而且也戒殺因和殺緣。

偷盜戒

偷盜是指竊取有主之物。不管是採取直接的形式，如竊取、搶劫，還是採取間接的形式，如貪汙、舞弊；無論是明顯的，如勒索、詐欺，還是隱蔽的，如假公濟私、渾水摸魚，凡是以不正當的手段獲取不應得的財物，都被稱為盜。

邪淫戒

邪淫戒分為兩類，出家人是從根本上戒除一切淫念，在家修行的居士戒除配偶之外的一切性關係。至於心中戀慕卻未付諸行動，雖然沒有觸犯根本戒，但心中不清淨，有煩惱和妄想，而持邪淫戒的目的主要是使身心清淨。

妄語戒

妄語是指不真實的話，包括兩舌、惡口、妄言、綺語四種。兩舌，即搬弄是非；惡口，即出口傷人；妄言，即胡言亂語，欺騙他人；綺語，即花言巧語，言而不實。妄語依其性質又可分為：大妄語（沒有證果的人說自己證果了）、小妄語（見言不見，不見言見；是說非，非說是；乃至知而不言，不知而言）、方便妄語（善意的欺騙）。

飲酒戒

因為飲酒會使人心神不清醒，自律性下降，進而引發其他罪惡，觸犯以上四戒。飲酒戒雖明指酒，但是凡能刺激神經、使人喪失理智、敗壞德行的東西都在此戒內，如大麻、鴉片、嗎啡等等。

五戒

五戒

殺生戒

偷盜戒

邪淫戒

妄語戒

飲酒戒

佛海拾慧

佛教的在家居士以受持五戒為基本原則。在家居士可根據自己的實際情況，先受持五戒的一戒、二戒，然後精進受持，逐漸達到五戒圓滿。人人的行住坐臥都和戒律息息相關，如果能精心護持，長期堅持，定能熏習成性。五戒是做人的根本道德，也是倫理的基本德目。

8 佛教戒律的主要種類 不同信衆有不同戒律

僧團最初成立時，並沒有約制團體的戒律，後來隨著問題不斷地發生，佛教為了有效地對僧團進行管理，逐漸開始隨機制定戒律，這些戒律主要分五戒、十戒、具足戒一些等級，要求七眾遵守的戒律等級也各不相同。

受具足戒者

比丘與比丘尼要受具足戒。具足戒，又稱近具戒、大戒，略稱具戒。出家人只有受過此戒才能成為比丘、比丘尼。關於具足戒的條目，釋迦牟尼入滅前，為比丘制定的戒律已達二百多條。隨著佛教戒律的完善，現在南方國家所傳比丘戒是227條，西藏是253條，漢地為250條，各地戒律的內容大體相同，只有條目和分類有所區別。另外，比丘尼所受的具足戒條數是多於比丘的，如漢地比丘尼的具足戒是348條。

受十戒者

沙彌和沙彌尼，他們雖然不受具足戒的約束，但也要受十戒，即不殺生、不偷盜、不邪淫、不妄語、不飲酒、不塗飾、不歌舞及旁聽、不坐高廣大床、不非時食、不蓄金銀財寶。另外，沙彌日常還要遵守十四事和七十二威儀。

受四根本戒和六法者

式叉摩尼，她們專修四根本戒和六法。四根本戒是指不殺生、不偷盜、不邪淫、不妄語。六法是指身體不得與成年男子相觸、不得盜一針一草、不得故意殺害異類眾生、不得說謊、不得在中午之後進食、不飲酒。

受五戒者

優婆塞、優婆夷是在家弟子，他們要受五戒，即不殺生、不偷盜、不邪淫、不飲酒、不妄語。五戒是佛教的基本戒律，其根本精神是不侵犯。例如不殺生，就是不侵犯別人的生命；不偷盜，就是不侵犯別人的財產；不邪淫，就是不侵犯別人的名節；不妄語，就是不侵犯別人的名譽。所以說，守五戒也就是守法，不侵犯別人自然可以免除恐懼而獲得身心的自由與平安。

佛教戒律主要種類

具足戒

波羅夷：戒律中的根本戒，即殺生、偷盜、邪淫、妄語四罪。一旦觸犯，就會被趕出僧團，死後也會墮入地獄。

僧伽婆師沙：僧眾犯了此戒，就如同殘廢一樣。如隨便誣賴別人、譭謗別人，就屬犯此戒。

不定：是否犯戒及犯何戒還沒有查明，還在懷疑判斷之中，為比丘獨有。

捨墮：由於貪心而積蓄無用的物品，如要悔過就應捨棄多餘的財物。如收藏多餘的缽或衣服，就屬犯此戒。

單墮：犯戒後不用捨棄財物，只要向他人懺悔就可以得到原諒。如惡口辱罵、打人傷害，就屬犯此戒。

波羅提提舍尼：輕罪的一種，必須向其他比丘懺悔。如飲食不當，就屬犯此戒。

眾學：關於比丘、比丘尼的生活禮儀等細則，在《四分律》中，將眾學總結為百戒，所以又稱百眾學法。如比丘或比丘尼食衣住行的威儀不端正，就犯了此戒。

滅諍：當佛弟子生起爭執時，要面對面地互相表白，解除彼此的誤解，事後也不可再進行議論或搬弄是非。

具足戒

佛海拾慧

大小乘佛教的戒律有所不同。例如小乘有五戒、八戒等；大乘有三聚淨戒、十重等。小乘五戒為：殺生、偷盜、邪淫、妄語、飲酒。八戒為：在五戒外另加臥高廣大床、著香華、非時食。大乘三聚淨戒為：攝律儀戒、攝善法戒、攝眾生戒。十重禁戒為：殺生、偷盜、邪淫、妄語、飲酒、說四眾過罪、自讚毀他、慳惜加毀、嗔心不受悔、謗三寶。

第二篇

《金剛經》

《金剛經》傳入中國後大受人們歡迎，經歷各朝各代後，其帶來的深遠影響，已成為中華文明不可缺少的重要組成部分。人們把《金剛經》與儒家的《論語》、道家的《道德經》並列為釋儒道三家的寶典。本篇重點介紹了《金剛經》的基礎知識、內容、重點經段解讀、般若智慧和修持方法。

第4章 《金剛經》的基礎知識

第5章 《金剛經》的內容

第6章 《金剛經》重點經段解讀

第7章 《金剛經》的般若智慧

第8章 《金剛經》的修持方法

第4章 《金剛經》的基礎知識

1 《金剛經》釋義
《金剛經》的經題與翻譯

據說《金剛經》約於西元前994年左右（約當中國周穆王時期）在古印度成書，是阿難記載釋迦牟尼與長老須菩提，以及眾弟子的對話而成。

《金剛經》的經題

《金剛經》全稱《金剛般若波羅蜜經》，所謂「金剛」，既指世界上最堅硬、最珍貴的寶貝，又有威力廣大之意。在佛教中，一般被用來比喻佛教教法的堅固，不但不被外道所破壞，還能破斥外道。「般若波羅蜜」的意思是經由無上智慧，找到通往涅槃的道路。所以，「金剛般若波羅蜜經」的全意就是靠著無上智慧的指引，成就金剛不壞的法身，超越三界，到達涅槃的彼岸。

《金剛經》的翻譯

魏晉南北朝時期，《金剛經》傳入中國。當時，在中國文化界，玄學十分流行，這種老莊、虛無的學說與「緣起性空」的大乘般若學說頗為相似，於是玄學家紛紛開始研究般若學說，而一些僧人為了迎合時勢，也開始用老莊學說來詮釋般若思想，形成了般若學研究的浪潮。在這種浪潮的影響下，一些般若經論被譯為漢文，《金剛經》就是其中之一。

在中國佛教史上，《金剛經》有多個譯本，而最早的譯本是由鳩摩羅什翻譯。後秦年間，鳩摩羅什率弟子僧肇等800多人在長安翻譯了許多般若經典，《金剛經》、《妙法蓮華經》、《中論》、《百論》等經典都被翻譯出來。除了鳩摩羅什翻譯的《金剛經》外，現存就有元魏菩提流支翻譯的《金剛般若波羅蜜經》、陳真諦翻譯的《金剛般若波羅蜜經》、隋笈多翻譯的《金剛能斷般若波羅蜜多經》、唐玄奘翻譯的《能斷金剛般若波羅蜜多經》、唐義淨翻譯的《佛說能斷金剛般若波羅蜜多經》。

在現存的六種譯本中，以鳩摩羅什翻譯的《金剛經》流傳最廣，無論在語言的簡練方面，還是義理的忠實方面，其他譯本都不能與之媲美。文人或喜歡經文的優美文字，或鍾愛經文的豐富哲學，而修行者則將《金剛經》視為修心的寶典、念誦的功課。

略知一二

自從《金剛經》譯出以後，有許多高僧為《金剛經》注疏，如三論宗吉藏的《金剛般若疏》、天臺宗智者的《金剛般若經疏》、華嚴宗智儼的《佛說金剛般若波羅蜜多略疏》、唯識宗窺基的《金剛般若經贊述》等。在近現代，太虛、慈舟、印順、圓瑛等高僧也很重視此經，各有相關的論述和講記。

《金剛經》的經題與翻譯

《金剛經》的譯本

《金剛經》

朝代	譯者	經名
姚秦	天竺三藏鳩摩羅什	《金剛般若波羅蜜經》
元魏	天竺三藏菩提流支	《金剛般若波羅蜜經》
南朝	天竺三藏真諦	《金剛般若波羅蜜經》
隋	三藏笈多	《金剛能斷般若波羅蜜經》
唐	三藏法師玄奘	《能斷金剛般若波羅蜜多經》
唐	義淨	《佛說能斷金剛波羅蜜多經》

《金剛經》的經題

金剛 ＋ 般若 ＋ 波羅蜜 ＝ 金剛經

金剛：佛法堅不可摧

般若：無上智慧

波羅蜜：到彼岸

佛學博覽

「金剛」，金中最堅硬的剛，是堅固的意思。經論中常以「金剛」比喻武器或寶石。喻其堅固、銳利，摧毀一切，且不被萬物所破壞。如帝釋天及密跡力士所持之法器，稱為金剛杵，它不會被任何物摧破損壞，還能摧破一切物。

法器：十字金剛杵
可消除自身一切罪障

2 《金剛經》的傳入 鳩摩羅什的一生

鳩摩羅什（344年～413年），音譯為鳩摩羅耆婆，又作鳩摩羅什婆，簡稱羅什。其父名鳩摩羅炎，母名耆婆，屬父母名字的合稱，漢語的意思為「童壽」。東晉時後秦高僧，著名的佛經翻譯家。

鳩摩羅什的出生

鳩摩羅什誕生於古代西域的龜茲國（今新疆庫車），他的父親是印度人，母親是龜茲的公主。他生活的時代是在中國的東晉十六國時期。當時的西域是佛教重鎮，鳩摩羅什在母親的影響下從小學佛，聰明伶俐。到20歲時，他的佛學造詣已經很高了。據說每當他講經時，國王們都跪坐在高座之側，鳩摩羅什踩著國王們的膝頭登上高座。

被困涼州16年

鳩摩羅什的名聲遠播，傳到了長安。當時的前秦皇帝苻堅想迎請他來國，便派出大將呂光前來攻打龜茲。西元384年，呂光攻破龜茲城，殺了龜茲王白純，俘獲了鳩摩羅什。當呂光回到涼州時，國內發生政變，苻堅兵敗淝水，又被姚萇殺害了。呂光於是乾脆駐紮下來，自立為帝，國號涼（史稱後涼）。這一停留，就是16年。這也是鳩摩羅什的人生中最困難的16年。後人為了紀念他在涼州的16年經歷，在涼州（今天的武威）建設了鳩摩羅什寺，寺中有塔。

長安譯經

姚萇殺死苻堅建立後秦後，虛心請鳩摩羅什蒞臨，但是呂氏的王族由於懼怕鳩摩羅什的神奇智慧被姚萇所用，而危害到自己利益，一直不准鳩摩羅什東行。直到姚萇死後，太子姚興繼位，終於透過武力解決了問題。西元401年，58歲的鳩摩羅什終於抵達長安，以國師的身分入住西明閣和逍遙園，開始翻譯佛經。鳩摩羅什通曉佛理，又精通梵文，瞭解各國文字，在涼州的16年也學會了漢語。因此，他在翻譯經典時，自然生動而契合妙義，締造了傳譯的空前盛況。在他翻譯的眾多經論中，便有《金剛經》。

略知一二

在中國，鳩摩羅什譯有《大品般若經》(《金剛經》就是其中一品)《中論》、《百論》、《十二門論》、《法華經》、《大智度論》、《維摩詰經》等等。依《出三藏記集》卷二記載，共有35部，297卷。他所翻譯出來的作品，皆屬上乘。他在翻譯的過程中，也並非一味翻譯，而是相互討論，表達流暢，文字優美，就算放在古典作品裡，也毫不遜色。他也被稱為「四大譯家」之首。

鳩摩羅什的一生

鳩摩羅什的坎坷歷程

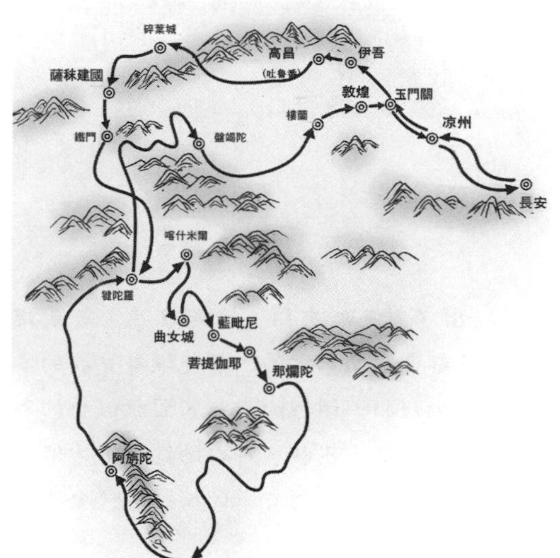

鳩摩羅什

鳩摩羅什譯經

鳩摩羅什在滯留涼州的16年時間裡，不僅精通了漢語，還瞭解了國土人情的特殊因緣，這是他能夠翻譯出如此膾炙人口的經典文字的重要原因。他後來到達長安之後，翻譯《大般若經》，其中有一品就是《金剛經》，但鳩摩羅什對《金剛經》進行了單獨翻譯，可見他對《金剛經》的重視。鳩摩羅什的《金剛經》譯本是六種譯本中最早的一本，也是流傳最廣的一本。

佛學博覽

- 《金剛經》的注解

僧肇大師是最早對《金剛經》作注解的大師，他是鳩摩羅什的得意弟子，有《金剛經注》一書。其他還有不少對《金剛經》注解的大師，如天臺智者大師從天臺宗的角度注解的《金剛般若經疏》一卷，吉藏大師從三論宗的角度注解的《金剛般若疏》四卷，宗密大師從禪教融合的角度注解的《金剛般若經疏論纂要》，還有藕益大師的《金剛破空論》，這些典籍都被收藏在了《大正新修大藏經》裡。

3 《金剛經》內容略說
宗經寶典

《金剛經》的緣起是佛陀弟子須菩提向佛陀請教如何發心，如何調整與掌控學佛的心，如何才能克服錯誤的認識和患得患失的心理。圍繞這些問題，釋迦牟尼進行了解答，《金剛經》也由此展開。

空的智慧

《金剛經》透過須菩提和佛陀的問答，提出了「凡所有相，皆是虛妄；若見諸相非相，即見如來」的理論，意思是事物的本來面目都是虛而不實的，都是沒有實在的本性。如果眾生在意識中執著於肉身的表相、七情六欲的表相、團體的表相、因緣假合的表相等相狀，就會背離萬物的真實。只有對諸種名相採取不住、不執、不取的態度，才能見到如來，得到佛果。這種「虛幻」的學說也就是大乘佛教「性空幻有」的精神，《金剛經》也因此被認為是對空的智慧的介紹。

跨越宗教的大智慧

在《金剛經》中，佛陀提出「一切聖賢，皆以無為法而有差別」，意思是說古今的一切聖賢，都已經得道，並沒有本質的區別，只有個人程度、傳化方式的不同。根據這一點，《金剛經》也被稱為「徹底破除了一切宗教的界限」，被認為是跨越了宗教界限的大智慧。

修行和福德

在修行實踐上，《金剛經》提出「應無所住而生其心」的法門，即以空靈自在的心態應對世間的萬事萬物。如在佈施方面，《金剛經》指出「三輪體空」的佈施精神，意思是將能佈施的我、受佈施的人、所佈施的財物這三輪（要素）都視為虛妄。如果對這三者心存分別，凡佈施一物，就在心中算計累積的功德，就不是平等的佈施。

此外，釋迦牟尼佛在《金剛經》指出盡虛空、遍法界的一切佛，以及他們證得的佛果，都可以自這部經獲得。甚至說理解、受持此經的四句偈詩並為他人解釋的福德非常多，不僅遠勝於佈施恆河沙粒般三千大千世界的七寶，還勝於每天佈施三恆河沙那麼多身體和生命的福德。如果修行者書寫、受持、誦讀、為人解說此經，更會獲得無比多的福德。由於此經的廣大福德，所以很受修行者的重視，被視為極為殊勝的經典。

《金剛經》內容略說

三分科經

為了更清楚地瞭解佛經的主旨，讓百姓容易接受深奧的佛理，東晉時期，道安法師將佛經的內容分為三個部分，即序分、正宗分、流通分。這種分法被稱為三分科經。

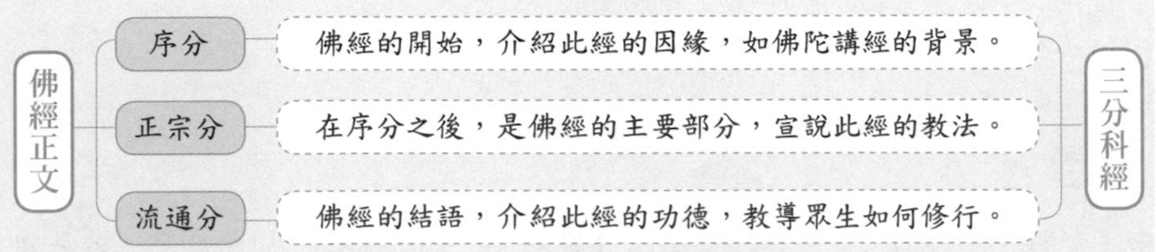

《金剛經》的結構

自《金剛經》翻譯為漢文以來，科判者眾多，其中以南朝昭明太子蕭統的三十二分則最為著名。所謂三十二分則，是將《金剛經》分為容易傳誦理解的三十二個分則，這也是後人解讀《金剛經》時最常用的分類方法。

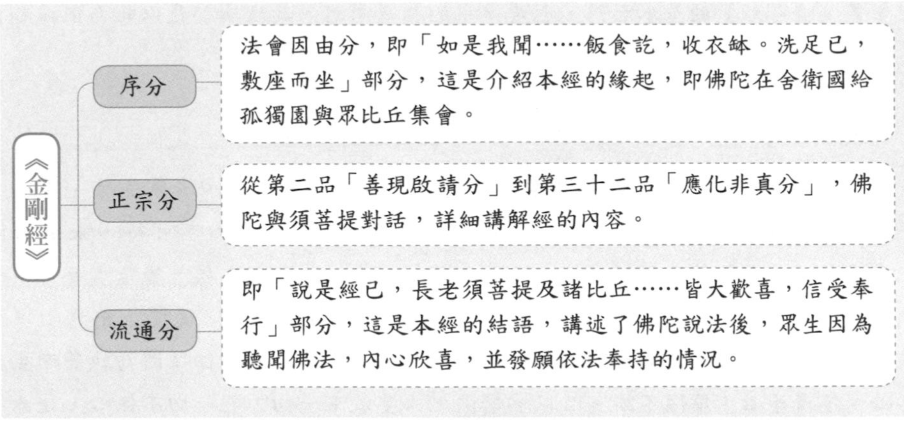

佛學博覽

伴隨著《金剛經》的傳播，中國古代的印刷、雕刻、繪畫等藝術都在不同程度上受到了它的影響。世界上現存的最早的雕版印刷品就是唐咸通九年（868 年）印刷的《金剛經》的木刻本。現存最早的木刻版畫也是《金剛經》扉頁的佛教繪畫。在中國文化史上，《金剛經》的影響隨處可見。

4 《金剛經》的宗旨
「空」和「無」

《金剛經》宣揚了世界一切事物空幻不實的大乘般若空觀思想。「般若學是大乘佛教理論的基礎，認為世界萬法緣起性空，是由緣而生的假有，沒有固定不變的自性，修行者只有把握性空之理，才能證悟佛智。」瞭解《金剛經》首先要把握它「性空」和「無所住」的基本宗旨。

「性空」

在《金剛經》的正文中，佛陀多次反復說到：「凡所有相，皆是虛妄。若見諸相非相，即見如來。」「如來說一切諸相，即是非相，又說一切眾生，即非眾生。」「無我相，無人相，無眾生相，無壽者相」，他在最後還有四句偈是：「一切有為法，如夢幻泡影，如露亦如電，應作如是觀。」其實，佛陀反復強調的意思是：世間萬事萬物都是虛幻不實的，他們不過是因緣虛幻而成的表象，又隨因緣不斷變化，轉瞬即逝。沒有一個事物是真實不虛的，萬物的本質都是空。人們只有認識到「性空」的本質，才能破除妄見，才能不執著於表象，才能祛除貪念，進而解脫煩惱，獲得般若智慧，這也是成佛的基礎。「性空」是《金剛經》的基本思想，也是禪宗的指導思想，其理論都是以此為依據和出發點的。

「無所住」

「無所住」即不要執著。《金剛經》中說：「不應住色生心，不應住聲、香、味、觸、法生心；應無所住而生其心。」，「過去心不可得，現在心不可得，未來心不可得。」意思是，不要執著於任何事物。既然「萬物皆空」「凡所有相，皆是虛妄」，那就不要執著於萬物的一切表象，讓心「無所住」。若心「無所住」，便能生出真心、清淨心、慈悲心、平等心、利他無我心等等，這便是「佛心」。而人們往往因為執著而生出貪心、妄心、不清淨心，煩惱不斷。所以，學佛之人要放下一切，則一切不住心，這才是成佛之道。「應無所住」是大乘般若理論的核心內容，也是《金剛經》的中心思想。

知識鏈接

《金剛經》告訴人們世間一切事物、概念甚至佛法都是假有的，是要捨棄的。但是，人們在否定一切假象的同時又容易陷入一種虛無之相。其實這種「虛無之相」是因為執著於「無」而生的一種新的「有」，也是要捨棄的。

「性空」和「無所住」

「性空」

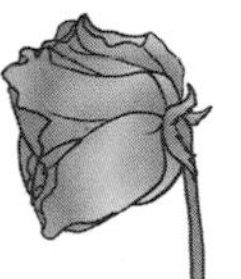
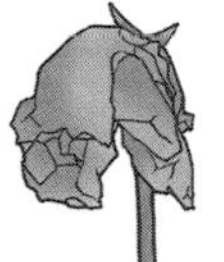

整個世界中的每一個事物，其實都如同這玫瑰花一樣，很快就破滅了。曾經的美麗就像是空幻中的景象，並不真實，也如同泡沫一樣，轉瞬即逝。萬物都是虛幻不實的，「空」才是其本性。

「無所住」

執著利

執著名

佛法博覽

據《壇經》記載，禪宗六祖慧能曾受到《金剛經》與《楞伽經》的啟示，後來慧能也用《金剛經》的教義來啟發大眾。《金剛經》是禪宗思想的重要淵源，《金剛經》中的觀點也成為禪宗的指導思想。在現代社會，《金剛經》更是受到眾人的推崇。由於它指出了安定心靈的重要性，對現代人的生活與工作都有所啟發。

5 《金剛經》的價值觀 一切平等

價值觀就是人們對於世間各種物質的價值的看法。比如在一般人看來，金光燦燦的金子比隨處可見的小石子的價值要高得多。但在真正擁有般若智慧的人看來，金子和小石子只不過是因緣顯示出來的不同表相，世間一切都是平等的，並無高低之分。

「一」與「多」的平等

在一般人看來，「一」是少，「多」就是很多。但在《金剛經》看來，「一」就是「多」，「多」也就是「一」。「一花一世界，一葉一菩提」，佛教認為一粒沙可見三千大千世界，而一個三千大千世界也如同微塵。萬物皆空，一多平等。

「有」與「無」的平等

一般人看來，「有」便是有，「無」便是沒有。但以《金剛經》的般若智慧看來，有與無其實並無分別。世間萬物緣起緣滅，轉瞬即逝，而空性純然如一。「有」是世法，是生活的法用；「無」是出世法，是生命的本體；佛法，就是空有相融的中道之行，是真空妙有的圓融中道。

「大」與「小」的平等

一般人總從表面來區分大小，《金剛經》中，佛陀問須菩提：「須菩提，虛空可思量否，東方南西北方可思量否？」須菩提說不可思量。諸法無相，既是無相，便無大小之分，是超越大小的。甚至人們對「大」、「小」的分別心也是不可得的，「過去心不可得，現在心不可得，未來心不可得」，因為在時間的流程裡，遠近、大小的分別都是不可得的。所以，大小平等。

略知一二

《金剛經》的般若智慧並不是普通的智慧，是指能夠瞭解佛法、悟道、修證、了脫生死、超凡入聖的智慧。普通的智慧可能是知識和經驗的累積，而般若智慧是一種根本的智慧，是用身心兩方面投入求證、得到的關於生命的本源、本性的智慧。所以，般若的內容包含智慧，但智慧卻無法代表整個般若的含義。《金剛經》在學術分類上歸入般若部，所以又叫《金剛般若波羅蜜經》。

一切平等

一多平等

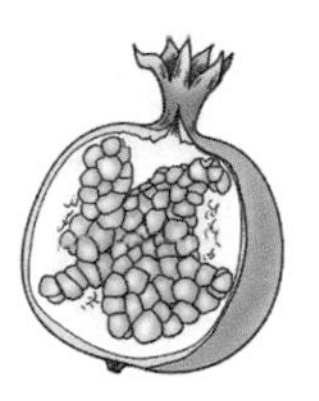

有無平等

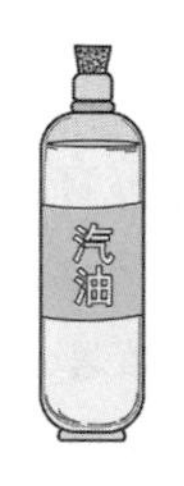

世間萬物都是因緣生滅的，很多東西我們表面看似靜立不動，實則一直隨著因緣的變化而變化。

大小平等

諸法無相，般若無相，超越了大小，更無大小之分。

佛法博覽

《金剛經》的般若智慧有：文字般若、觀照般若、實相般若。文字般若就是我們看到的經文。若讀不懂經文，沒有文字般若，便無法生出觀照般若。沒有觀照般若便無法生出正觀的智慧來觀般若，也就無法獲得實相般若。簡而言之，般若是由文字般若而起觀照的般若；由觀照的般若，而達到實相的般若。

1 法會因由分
本經的緣起

《金剛經》總共有三十二分，「法會因由分」是第一分，這一分講述的是釋迦牟尼佛說法聚會的因緣由來，即佛陀在舍衛國與眾比丘聚會說法。

「如是我聞」

佛經往往以「如是我聞」開頭，意思是著述經書的人自己曾親耳聽佛祖這樣說過，後面再交代時間、地點、見證人物，以表明自己是真佛法，取得人們的信任，後世稱之為證信，也叫通序，就像交響樂的序曲一樣，在說法前有一段「前奏」。《金剛經》的特殊之處在於，它的序曲是從普通日常生活開始的。它在「如是我聞」之後，首先交代了時間、地點、人物。

時間——「一時」，就是「那個時候」。《金剛經》中說：「過去心不可得，現在心不可得，未來心不可得」，所以時間是相對來說的。「一時」，就是無古今，也無未來，眾生不要執著於具體的時日，「不住一切」，這也是《金剛經》的一個中心思想。

地點——「舍衛國祇樹給孤獨園」。這是佛陀經常說法的地方。佛由35歲開始說法，直到80歲入滅，期間的45年，他基本上都是在舍衛國的祇樹給孤獨園傳教。當時的舍衛國是古印度經濟文化發達的地區，社會風尚也很適合弘法。

人物——「千二百五十人」。就是佛陀的隨眾弟子，總共1250人，是一個比較大的僧團，可見當時印度的佛教已經初具規模。

平常是道

一般人總覺得，佛就是腳踏蓮花、騰空而去的神仙。《金剛經》告訴我們，佛也跟其他的修行者一樣，每天要穿戴整齊、挨家挨戶地去化緣，吃完飯後還要收好袈裟、洗好飯缽、洗淨雙腳，最後才能打坐入定。佛陀就是經由吃飯、穿衣、洗腳等最平常的事情，告訴修行的人，佛的境界其實就是最平凡的境界，平常就是道。

名詞解釋

世尊：世尊是佛的另外一個代號，佛經裡所稱的世尊，是指世界上最值得尊敬的人。這個「世界」並非指人世間。佛學的世間是：器世間（就是我們所說的物質世界）、國土世間（就是地球上各個分別的國土）、有情世間（有情就是一切衆生，有生命有靈知性存在的地方）。

次第乞：佛陀在舍衛國是挨家挨戶地去化緣，沒有專門向窮人乞食，也沒有專門向富人乞食。化緣後，他拿著飯缽回到住處吃飯，很有威儀的樣子。

法會因由分

「如是我聞」

時間：沒有一本佛經記載確定的時間，都是以「一時」開頭，表示「那個時候」。

地點：舍衛國。佛從35歲開始說法，直到80歲涅槃，其中的45年間他大部分是在舍衛國教化。

1250人，這是佛陀的隨眾弟子，佛到哪裡他們就跟到哪裡。

持缽乞食

釋迦牟尼雖然弟子很多，但他每天還是親自乞食、整理衣冠、洗足，沒有叫任何人服侍他。這在當時等級制度森嚴的社會背景下，是非常進步的思想。右圖是佛陀持缽圖。缽是比丘乞食所用的食具，也是供養佛陀的器具，有治療眾生饑苦、受無上法味的寓意。佛教認為，種田會傷害土裡的生命，犯下殺戒，所以佛教弟子不能種田，也不能做飯。佛教弟子靠化緣為生，此制度已隨時代變化而改變。

高人指點

食時：佛教的戒律是「日中一食」，也就是每天中午吃一餐。佛教認為，早晨是天人吃飯的時間，中午是人道吃飯，晚上鬼道吃飯。佛教以人道為中心，日中一食，所以佛教的制度是，佛弟子們過了中午一點就不吃飯了。

乞食：當時佛教的戒律規定佛弟子不能種田，以化緣為生。同時也規定，夏天不能出來乞食，因為會踩死很多蟲蟻，到秋涼後開始化緣，並備好夏天的糧食。

2 善現啓請分
須菩提發問

就在釋迦牟尼吃完飯、收好衣缽、洗完腳、正準備入定的時候，一位叫須菩提的長老從圍繞世尊的僧眾中站了起來。他向佛陀請教如何保持清淨、至善的心，佛陀讚賞了他，並開始為之說法。

如何降服其心

須菩提長老斜披著袈裟，袒露右肩，右膝跪地，雙手合十，非常恭敬地讚歎釋迦牟尼：您念念不忘地護持眷念著眾菩薩，如此殷勤地付託和囑咐眾菩薩，實在是稀世難求。當時，釋迦牟尼只是照常吃飯、洗腳，並沒做出什麼了不起的事情，須菩提為什麼要稱讚世尊稀有呢？

原來須菩提是一位佛法高深、福德渾厚的智慧之人，他發現佛陀這一連串看似很平常的舉動其實是實相般若，可惜其他的僧眾都沒看出來。這也是佛陀後面為什麼一再強調「如來無法可說」的原因，因為佛法並沒有什麼定法，佛陀是用實際行動：化緣、吃飯、整理袈裟、洗足、打坐這一連串的動作，來告訴僧眾，佛法就是一切不住表相，沒有虛妄心，所以「安住其心」的方法要從最平常的日常生活中著手。可惜，佛陀的良苦用心只有須菩提一個人看明白了，所以，須菩提一方面讚歎了佛陀，另一方面想到要讓佛陀說一個令僧眾都能明白的文字般若，於是他問道：「云何降服其心？」——如果有善男子、善女人立下誓願，一心要追求無上正等正覺的佛道，該如何來使心中的誓願落實不消退，如何降服無明的妄心？

這樣降服其心

佛陀見須菩提明白了自己的用意，並能為僧眾請法，感到很高興，稱讚了他，然後回答道：「應如是住，如是降服其心。」——就這樣做，就這樣降服其心。也就是，像他剛才那一連串的實際行動一樣，化緣要「次第乞」，不住滋味；「收衣缽」、「洗足」等都是一心一意，沒有任何虛妄之心，一切都是那麼從容自然。這樣就降服了無明的妄心。

名詞解釋

善護念：就是好好地照顧自己的思想、心念、意念。如修佛之人就要好好地護持住自己的佛心，不要讓其他的煩惱之心來擾亂自己。

阿耨多羅三藐三菩提：「阿耨多羅」四字是梵文，中文譯為「無上、至高無上」；「三」是梵文音譯，「正」的意思；「藐」是等、平等。整體的意思就是「無上正等正覺的心」。由於該詞是佛果位的名稱，所以保留不翻，直接音譯。

善現啓請分

佛陀的示範

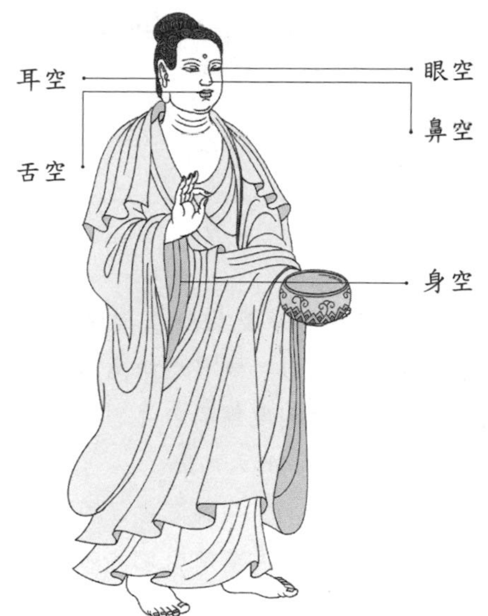

佛陀透過日常生活中的穿衣、吃飯、化緣等行為，告訴僧眾要做到眼空、耳空、鼻空、舌空、身空，這樣才能安住真心。以舌空為例，若僧眾無法做到不住味，那麼必然會貪戀佳餚美食，進而產生了虛妄之心，那就無法安心做到「次第乞」。

啟請

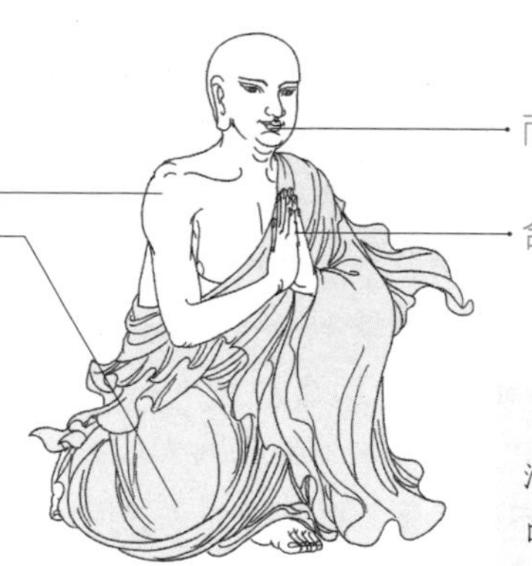

此圖表示三業清淨——清淨其心、清淨其身、清淨其口，向佛請法。

佛學博覽

- 什麼是「唯然」

須菩提一看世尊的樣子，明白無相般若就是實相般若，沒有言語可表，沒有跡象可尋，便很自然地應道：「唯然！」「唯」就是一種應諾。「然」是表示贊同，的確是這個樣子，果然沒錯。雖然他心裡明白了，但他知道這是佛要開始說法的機緣，便接著說道：「世尊！願樂欲聞！」

3 大乘正宗分
降伏其心的方法

前面佛陀用實相般若告訴須菩提，就「這樣」便能降服其心。但實相般若並不能讓僧眾明白了悟，佛陀見說法的時機成熟，便開始講述文字般若。在本品中，佛陀為菩薩指明降伏其心的方法，即度化世間一切眾生，不能執著於我相、人相、眾生相、壽者相。

發心成佛

佛陀說，對於一切發善心的大菩薩們，應該這樣來克服制止其煩惱之心：對一切眾生，不論是卵生、胎生、濕生、化生，還是有形、無形，或有思維意識，或沒有思維意識的，我都要讓他們消除一切煩惱，超脫生死輪迴，達到涅槃的境界。也就是說，「降伏其心」首先是要發心成佛，要有「讓一切眾生得到解脫」的大志願。

然而，佛陀接下來卻說道：「實無眾生得滅度者」。剛說完要發願度盡眾生，又說沒有眾生可度，這不是自相矛盾嗎？其實，佛陀的意思是，雖然我們的確應該發願度眾生，但不管我們度了多少眾生，也不能生起任何一點「我要度眾生」的念頭。

菩薩不住四相

為什麼不能生「我要度眾生」的念頭呢？因為如果你有了這樣的念頭，那就說明你心裡有了你、我、他的分別，那你就稱不上是菩薩了。菩薩，有兩層含義：自覺和覺他。菩薩既是「覺悟的眾生」，又是以覺悟他人為己任的有情。如果菩薩有了我相、人相、眾生相和壽者相，那他就不是菩薩。何為我相？就是認為存在一個能夠度眾生的「我」，因為了「我」的觀念，自然生起「別人」的區別心，就是「人相」。別人不止一個，還有千千萬萬，就是「眾生相」。因為有「我」而生起對「我」的生死壽命的執著，便是「壽者相」。如果一個菩薩有了這四相，就做不到捨己為人地去度眾生。不僅無法度眾生，更是連自己也無法開悟，所以，他不是菩薩，也不可能成佛。

名詞解釋

摩訶薩：意為「大覺有情」、「大眾生」。「摩訶」意為「大」；「薩」為「薩埵」的略音。「薩埵」，意為「有情」或「眾生」。摩訶薩指有大心，能救度極多眾生，使得度脫生死的菩薩。

無餘涅槃：與之相對的是有餘涅槃。涅槃為音譯，意思是「滅度」、「寂滅」、「解脫」。有餘涅槃是指生死惑業已盡，但尚存有漏身所依之苦果。無餘涅槃則是一無所餘。

大乘正宗分

十類眾生

卵生：從卵殼而出生的生命。	無色：無色界中沒有物質形體的生命，無色界天人。
胎生：在母胎中受形而後出生的生命。	有想：一切有心識的眾生，有想天人。
濕生：在潮濕中蘊育而成的生命。	無想：一切無心識的眾生，無想天人。
化生：憑業力凝結而成的生命。	非有想：不能說有想的眾生，無所有天人。
有色：欲界、色界中一切有物質形體的生命。	非無想：不能說無想的眾生，非想非非想天人。

四相

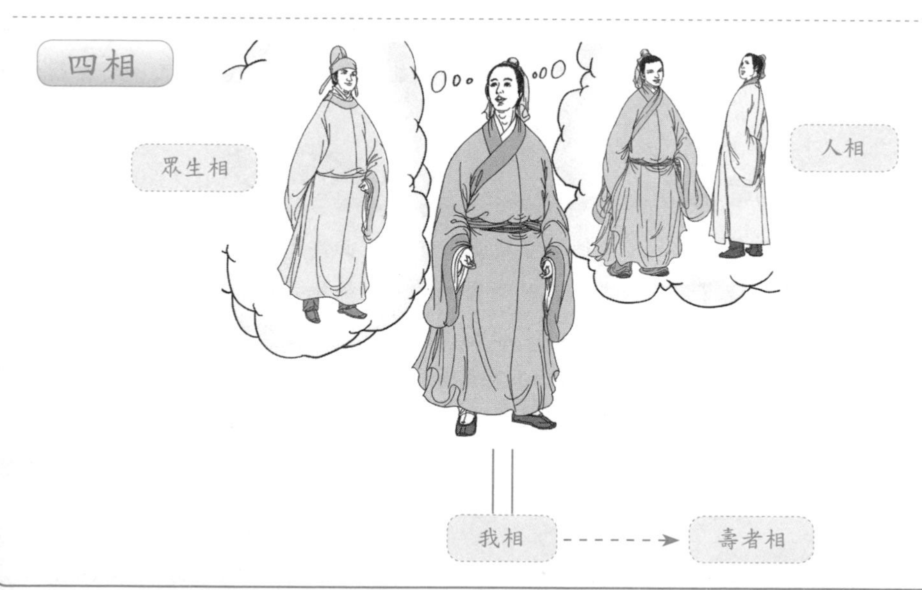

高人指點

根據佛教理論，生命依緣而起，並無自性可得，而凡夫俗子誤以為世間有恆常不變的生命主體，因而產生四種妄執，謂之四相。《金剛經》的經文就是圍繞這四相展開。本品中菩薩的境界，應該是去掉了一切執著之相，心無掛礙，才能普度眾生。

4 妙行無住分
不住相佈施

前面佛陀說菩薩要離一切相，不執著我、人、眾生、壽者四相。如果執著這四相，就不是真正發菩提心的菩薩。現在佛陀再一次把不要執著的這個道理作更進一步的說明。

不住相佈施

佛陀進一步說道，菩薩對於佛法是沒有執著的，更要以不執著和平等的態度來對所有事物進行佈施，不應以色相、聲音、氣味、味道、觸覺、意識的不同而實行不同的佈施。也就是說，不要執著於事物的性狀表相來進行佈施。佈施是六度之一，也是統攝其他六度的關鍵，所以《金剛經》中多次提到佈施、佈施的福德等。

佈施就是把自己擁有的東西施捨給他人。修菩薩道，立誓成佛，本身就是一種極大的佈施，因為要「捨我」去普度眾生，所以，既然連「我」都捨棄了，那麼其他的佈施更是應該的。佛教認為，修行者佈施得越多，得到福利的人更多，修行者的修行才能進步更快。凡人佈施，總想著有否回報，或者就是功利性的佈施。這裡佛陀說，佈施要不住「色、聲、香、觸、味、法」，只有這樣的佈施，才能有無量的福德。反之，則會產生無盡的貪念、煩惱和痛苦。

不住相佈施的福德

佛陀說「菩薩不住相佈施，其福德不可思量」，一方面為了打消僧眾「不住相佈施，是否一無所得」這樣的疑慮，另一方面這也是佛陀的一種鼓勵式教育方法。他說，住相佈施，雖然也會有福德，但那畢竟是有限的；而不住相佈施，則會得到不可思量的福德。這種不可思量的福德，就好像東南西北四方的無邊無際一樣，大得不可思議。僧眾心裡所想的那些佈施的好處，比起這大福德來，簡直是微不足道的。佛陀以此比喻，告訴僧眾不要計較眼前的利益得失，同時也暗示僧眾，佛教修行將有不可限量的美好前景，他們應該對佛教信仰產生堅定不移的信心。

略知一二

色、聲、香、味、觸、法：佛法稱此六者為六塵，稱眼、耳、鼻、舌、身、意為六根。六根和六塵一一對應，如渠與水的關係。眼睛所看的為「色」，耳朵所聽的為「聲」，鼻子所聞的為「香」，舌頭所嘗的為「味」，身體所接觸的為「觸」，心中所思想的為「法」。這樣從六根對六塵的攝受而產生的判別標準和意識，稱為六識。

四維：指東北、東南、西北、西南四個方位。再與通常的四方上下合稱十方。

妙行無住分

三輪體空

三輪體空是指佈施時應有的態度，而不應有佈施之心，又稱為三事皆空、三輪清淨。具體是指佈施時住於空觀，不執著於能施、所施及施物。

施空：能施之人體達到我身本空，懂得並沒有一個實實在在的能施的我，佈施的時候就不會有求福報的心。

受空：既然懂得並沒有一個實實在在能施的我，那對於受施的人也不會起輕慢之心。

施物空：懂得所施的一切資財珍寶都是空的，萬物皆空，那對所施的物品就不會起貪念。

什麼是「色」

在佛法中，「色」分別有表色、無表色、極微色、極迴色。

色

- 有表色：世界上一切可以表示出來的光色，青、黃、藍、白、黑，以及長、短、高、矮等，包括我們肉體在內的物質世界。
- 無表色：無法表示出來的、精神方面的、抽象存在的東西，如原子能、磁。
- 極微色：肉眼無法看見的，極其微小的東西，如原子、分子一類。
- 極迴色：無限大的意思，延伸到銀河系統那一邊的，稱為極迴色。

高人指點

什麼是「虛空」？虛空即空間，佛教中屬於無為法之一，強調的是永無變易而無邊無際的彌漫狀態。虛空的特徵是沒有障礙，沒有窮盡，遍一切處，寬廣高大。

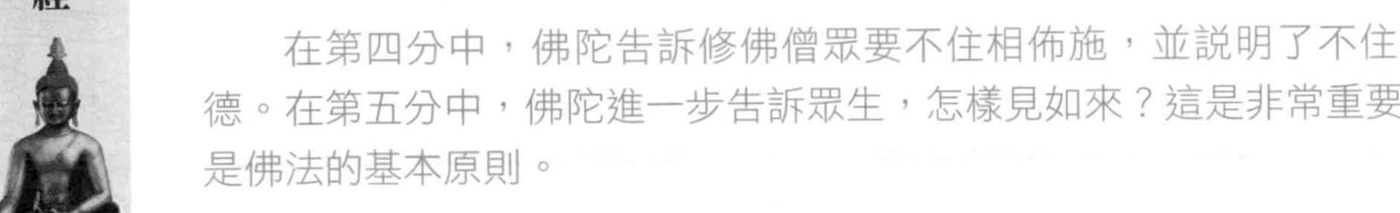

5 如理實見分
怎樣見如來

在第四分中，佛陀告訴修佛僧眾要不住相佈施，並說明了不住相的無量福德。在第五分中，佛陀進一步告訴眾生，怎樣見如來？這是非常重要的內容，也是佛法的基本原則。

不能以身相見如來

佛陀說完不住色、聲、香、味、觸、法佈施後，提出了一個很嚴重的問題：是否可以依據如來的身體相狀認識如來的真實體性？這是關於佛法本質的問題，須菩提是解空第一，他早已悟到人空、法空等空理，便回答說「不也，世尊」。為什麼呢？大乘佛教認為，佛有三身：法身佛、報身佛、應身佛，佛為了方便度化眾生而顯示的肉身就是應身佛。法身佛是佛的本體，即如來，他是無始無終、不生不滅、無形無狀、無處不在的，所以不能以身相見如來。報身佛則是法身佛本體中顯現出來的、具足萬德莊嚴身相的佛，如阿彌陀佛就是報身佛。

由於如來證得了法身理體，所以他的應身佛有三十二相、八十種隨形好，身相莊嚴。這是他與凡人相狀的區別之處。三十二相就是他獨有的相狀，有四十齒相、垂手過膝相、白毛相等三十二種，還有八十種跟隨他這種特別身相的好，如他一出來就可以放光，這些都是凡人沒有的。佛證得這三十二相、八十種隨形好，是他多世修行累積的果報。

一切有形有相的，都是虛幻的

為什麼不能以身見如來呢？佛說：「凡所有相，皆是虛妄。若見諸相非相，則見如來。」這四句是《金剛經》的一個中心思想，因此不少學者認為，佛陀後面所說的「受持本經四句偈」中的四句偈就是指這四句話。佛教認為，世間萬物都是因緣而生、因緣而滅的，一切有形之相，都是因緣表現出來的虛相，是時刻流動、變化的，是虛幻不實的，所以說「凡所有相，皆是虛妄」。如果認識到這一點，明白虛相之理，不執著於任何相狀，那麼這才是認識了如來的真正體性。即「若見諸相非相，則見如來。」

名詞解釋

身相：即佛陀的三十二相和八十種隨形好，這是佛陀的報身。佛教認為，凡是大悟得道之人，父母所生的色身是報身，也是肉身。一切衆生所有的身體就是報身，此生幸福是過去善報所得的報身；此生痛苦，也是過去所種不善之因而招致的報身。修佛之人將報身修到完全圓滿時，就具備了一切神通。

如理實見分

三身佛

法身佛，即如來，所以不能「以身相見如來」。

應身佛

法身佛

報身佛

「凡所有相，皆是虛妄」

所有的相狀都是因緣表現出來的現象，是虛妄不實的。如同積木堆成不同的形狀一樣，不要把「房子」、「機器人」這些現象當做本體。

高人指點

「凡所有相，皆是虛妄」並非說世間一切相都是不存在的，而是說當實證一切相的實質是無相時，內心就不會受一切相的影響。俗話說，事不關己，關己則亂。之所以亂，是因為考慮到了自身的利益，覺得那些人、事、物、狀況等對自己非常重要。修行的人，首先要承認自己本身是虛妄的，進而體會自己的身心感受也是虛妄的，這樣才不會受外界環境影響，才能真正做到「凡所有相，皆是虛妄」。

6 正信希有分
一念生淨信

佛陀告訴須菩提佛法的基本原則，是「凡所有相，皆是虛妄，若見諸相非相，則見如來。」須菩提聽到如此高深的妙理，深有感觸之餘不免生出懷疑來，在此品中他對佛陀敘說了自己的疑問，並得到了佛陀的回答。

會有眾生相信嗎？

須菩提擔心「凡所有相，皆是虛妄，若見諸相非相，則見如來」這樣高深的佛法妙理，令僧眾無法參悟，不能了悟就無法生出對佛法的信心。於是問道，這樣經典的言說和章句，眾生聽了會真真實實地生出一種信心嗎？以須菩提的聰明智慧理解此法尚屬不易，何況那些根性較差的人，所以，他的疑問也是合情合理的。

但佛陀很果斷地回答「莫作是說」——你不要這麼說。這是比較嚴厲的言辭，因為須菩提的疑問，實際上是對佛法的質疑，所以對他的這種思想，釋迦牟尼是斷然否決的。接下來，佛陀又進行了解釋，為什麼不要這樣說呢？因為眾生的佛性是平等的，不只有你須菩提能理解佛法，其他的眾生聽到這些言辭章句同樣能產生清淨的信心——正信，即真實正確的信仰，因真正理解佛法而信仰，這樣就不是迷信、盲信。

佛法如筏

佛陀進一步解釋說，為什麼說眾生的佛性平等呢？因為佛性就是人們沒有染欲的清淨心，只要眾生不再執著於我相、人相、眾生相、壽者相，就能掃除一切欲望、妄念，顯現人本來的清淨心。換而言之，清淨心人人與生俱來，只是因為四相執著，產生諸多妄念掩蓋了人們的清淨心。一旦尋回了本心，自性清淨，那就是「見如來」。

正是因為法源自於內心，莫向外求，所以，佛陀在此告誡眾比丘，「知我說法，如筏喻者」。也就是說，佛陀所說的一切佛法，就像過河用的船筏一樣，過了河就要把船筏捨棄。因為船筏只是幫助你過河的一種工具，並非最終的目的地。佛法也一樣，佛陀說的種種法，都是為了幫助眾生見到自己的本性，「見性」則「成佛」，佛法再高深卻無法「見性」那也是枉然。

名詞解釋

善根：又作善本、德本，即產生諸善法的根本。比丘知善、知善根，是謂成就見、得正見，於法得不壞淨，入於正法中。無貪、無瞋、無癡三者為善根之體，合稱為三善根。不善根則為貪、瞋、癡等，即稱三不善根，或稱三毒。善法為得善果的根本，故亦可稱為善根。

正信希有分

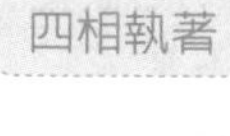

一念生淨信

四相執著

佛法

凡人往往執著於四相，進而產生諸多妄念，掩蓋了自身的佛性。佛法就如同春風一般，破除四相執著，吹散妄念的迷霧，使人們的本來清淨心顯現出來。

佛法時代

正法時代	像法時代	末法時代	
一千年	一千年	一千年	一万年
佛在世及滅度後第一個一千年。	佛滅度後第二個一千年，只有佛像、佛經。	第三個一千年，連佛經都沒有了，只有迷信。末法時代有一萬年。	

高人指點

- 佛性平等

佛法如筏。筏的目的是載人到達彼岸，佛法的目的是幫助眾生顯現本來的清淨心。不論是凡人，還是聖人；也不管是人，或是畜生，其佛性都是平等的。所以，佛教不把佛陀當做唯一的神來崇拜，佛的本義是「大覺悟者」。一切大覺悟者都是佛。

7 無得無說分 佛法實際是不存在的

佛陀講完「佛法如筏」後，又問須菩提有何感想。在第七分中，佛陀進一步地告訴僧眾，無上正等正覺不是真實存在的，如來宣說的法義實際上也是不存在的。

兩個問題

說完佛法如筏後，佛陀在本品中向須菩提提了兩個問題：「如來得阿耨多羅三藐三菩提耶？」「如來有所說法耶？」阿耨多羅三藐三菩提，是梵文音譯，翻譯成中文為「無上正等正覺」，這是佛教悟道的最高境界，也就是釋迦牟尼達到的境界。這是實際存在之物嗎？第二個問題是，如來說過法嗎？如來就是釋迦牟尼，釋迦牟尼35歲得道後，直到80歲涅槃，長達45年間一直在說法傳教，然而他在此問須菩提自己是否說法，這是何用意呢？

佛法無定法

須菩提不愧為解空第一，他深知佛陀用意，答道「無有定法名阿耨多羅三藐三菩提，亦無有定法，如來可說。」為什麼呢？因為實際上沒有一種叫「阿耨多羅三藐三菩提」的東西，也沒有能讓佛祖講授的固定佛法。既然沒有，那就無所謂「得」或「未得」了。「阿耨多羅三藐三菩提」只是佛陀為了方便教化眾生，對佛法本性的一種描述，一個命名而已。

「無有定法，如來可說」，是因為如來所說法，是「不可取、不可說、非法、非非法」的。前面已經說過，如來本真，即佛的法身佛是無始無終、不生不滅、無形無狀、無處不在、如如不動的……他並不是一個固定的、確定的法。而釋迦牟尼為眾生講說的佛法，是隨眾生機緣幫助眾生開悟的一種方法，這種方法是與機緣相伴相生的，並非如來本真。所以，這句話也是告訴僧眾，聽聞佛法，要具體問題具體分析，不能生搬硬套。

最後，佛陀總結道「一切聖賢，皆以無為法而有差別」。一切聖賢，是指佛教的三賢十菩薩，他們雖然現在的果位、層次不同，但都取得了一定的佛果，將來都有可能成佛。一切的聖賢，都是在真正徹底的無為之法上，從隨俗的角度來談論差別的。換而言之，一切聖賢，在不生不滅、不增不減、無處不在的真實法性前，是完全相同、毫無差異的。

名詞解釋

無為法：是相對於有為法來說的，屬於非因緣而起，沒有生死變易的存在範圍，像涅槃就在無為法中。

無得無說分

無有定法

不論是打罵、言教，還是懲罰、誇獎，這都只是教育的不同方法，其最終的目的都是為了打開他人的智慧之門，大徹大悟。所以說，阿耨多羅三藐三菩提沒有定法。

佛的境界

佛教認為，眾生就像盲人摸象一樣，因為不同的個人主觀感受而各執一端，以為自己感覺到的就是道，別人的都不是道。其實，真理只有一個，那就是無為法的無生無滅、清淨平等，認識到這一點後，才能從不同的角度來談論差別。由此可見，佛的境界是包容萬象的。

高人指點

須菩提說「如來所說法，皆不可取，不可說，非法非非法」，就好比他剛吃了一個香甜味美的蘋果，此時將蘋果的美好滋味告訴僧眾，然而就算他形容得再貼切，僧眾體會到的滋味卻並不是那個蘋果當時的真實味道。佛法就如同這個蘋果，說出來的，表達出來的，已經不是它了，所以說「法不可取，不可說」。

8 依法出生分
受持本經的福德

《金剛經》從第一品到第七品，基本上都是順著須菩提的一個問題——如何降服其心而來。佛陀由此及彼，從告訴他「應無所住而生其心」，一直到佛法也要無所住，完整地回答了這個大問題。到第八品，佛陀主動向須菩提提出了另一個問題。

佈施的福德

佛陀提出的問題是關於佈施福德的較量：七寶佈施與四句偈佈施福德大小的比較。前面已經說過，以須彌山為中心，四面有四大部洲，一個太陽、一個月亮，合起來是一個「小世界」。一千個「小世界」為「小千」，一千個小千為「中千」，一千個中千為「大千」。大千，由小千、中千、大千三千疊加而成，所以又稱三千大千世界。如此可見，三千大千世界何其大！而三千大千世界所有的七寶：金、銀、琉璃、玻璃、硨磲、赤珠、瑪瑙都佈施出來了，其福德又是何其大！但如此大的福德，卻抵不過受持《金剛經》哪怕四句偈的福德，為什麼呢？首先，佛教認為，財佈施是有漏福德，總有窮盡的時候；而法佈施，則是無漏佈施，其福德不可限量。另外，從佛教修行來看，佈施的目的是為修行，也就是為了眾生能見性成佛，顯現眾生佛性。法佈施是直接幫助眾生了斷煩惱，增長般若智慧，比財佈施來得更直接，也更徹底，所以說「其福勝彼」。

《金剛經》——諸佛之母

受持《金剛經》會有如此大的福德？眾人不免生疑，佛陀又進一步說道，一切成佛的、大徹大悟得阿耨三藐三菩提的，都是從《金剛經》裡參透來的。換而言之，《金剛經》裡有一切佛及佛法的智慧。因為《金剛經》的核心是般若，的確是易讀易懂方便，般若是佛母，方便是佛父。「一切諸佛皆從此經出」，意為，諸佛就像世間的兒子來源於母親一樣，來源於《金剛經》，所以《金剛經》又被稱為諸佛之母。

然而，佛陀剛肯定完《金剛經》，立刻又否定了佛法，「所謂佛法者，即非佛法。」其實，這裡跟前一品「無有定法」同一道理，《金剛經》也是幫助眾生開悟的一種方法，一種途徑而已。透過《金剛經》可以開悟成佛，但《金剛經》卻不是佛法本身。

名詞解釋

福德：修善所得之福利。泛指一切善行。
四句偈：偈，意為「頌」。偈有二種：一通偈，一別偈。

依法出生分

佈施

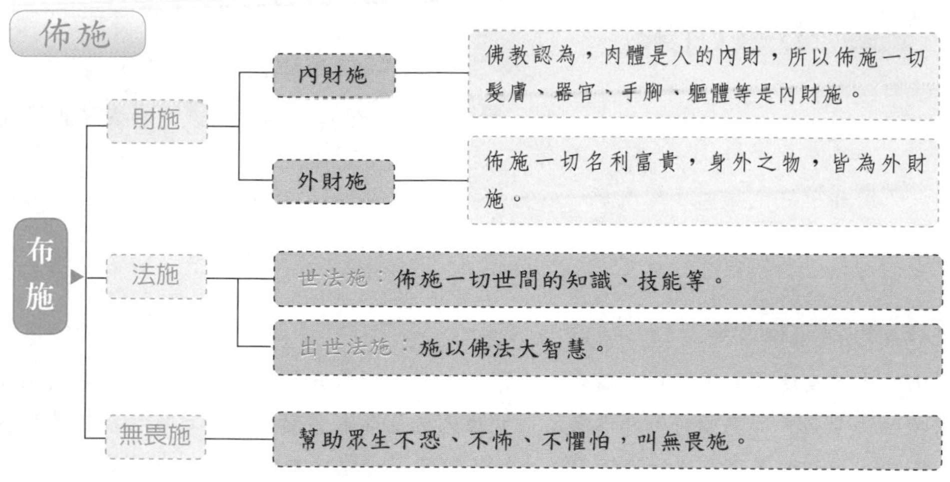

諸佛之母《金剛經》

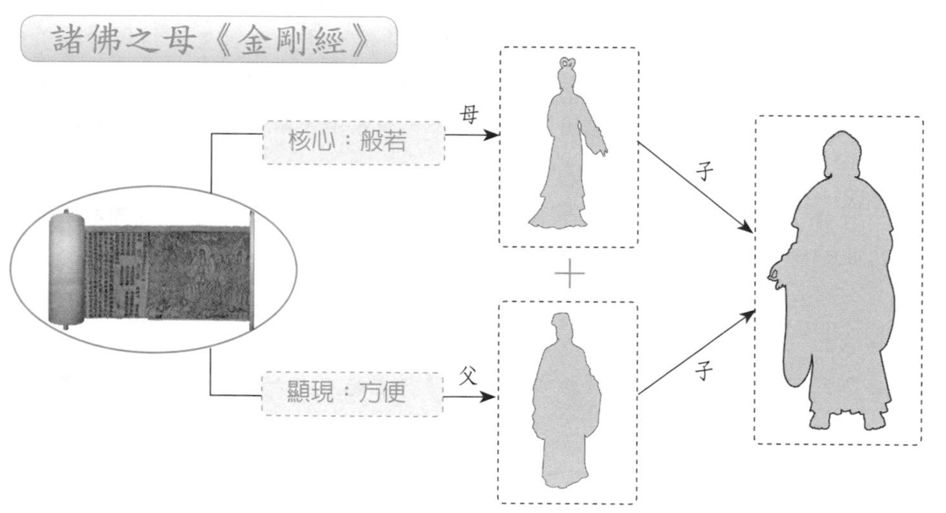

《金剛經》完美地將佛法的核心般若與說法的方便結合在一起，被稱為「諸佛之母」，所以，佛陀說「一切諸佛皆從此經出」。

高人指點

《金剛經》四句偈是哪四句？對於此問題，佛學界一直爭論不休，有人認為是「凡所有相，皆是虛妄；若見諸相非相，即見如來。」，有人認為是「一切有為法，如夢幻泡影，如露亦如電，應作如是觀。」還有其他很多意見。其實，無論是哪四句，只要覺得這四句與個人自身相應，常常念誦，並為人講說就行。《金剛經》說要「離一切諸相，是名諸佛」，對於四句偈同樣不要執著。

9 一相無相分
小乘四果

第九分是說無我相、無人相、無眾生相、無壽者相，所以昭明太子蕭統將這一分命名為「一相無相」。在這一分裡，佛陀闡述了須陀洹、斯陀含、阿那含、阿羅漢這四大果位只是虛名，如果修行人執著於這些虛名，就不能證得佛果。

佛果的比喻

佛陀說完受持《金剛經》的福德後，擔心僧眾不明白實相般若的道理，便又提出了聲聞階段的四果位。因為當時聆聽佛法的1250位大比丘常年追隨佛陀，已經經歷過聲聞四果位，所以，以這四果位來詳細講解離相的般若智慧，會讓他們有更切身的體會。

在前面第三章佛教的修行和戒律中已經說過大乘佛教修行的五個層次：人、天、聲聞、緣覺、菩薩。人、天兩個層次的修行屬於世間佛法，是由凡入聖的初級階段；而聲聞、緣覺、菩薩三個層次，是出世之法，是超出三界、永離生死的究竟學問。聲聞由於眾生有不同的根器與因緣，而有四種不同層次的果位：須陀洹、斯陀含、阿那含、阿羅漢。

聲聞四果

須陀洹是初果，意為「入流」，也就是凡人由凡入聖的最初階段。證得此果的修行者還未了脫生死，只是明白了不住色、聲、香、味、觸、法六塵的道理，但仍無法擺脫六塵虛相的誘惑。

斯陀含是二果，意為「一來」，證得此果的修行者能不為六塵所動，但其見思惑只斷了一大半，還有一部分未斷盡。

阿那含是三果，意為「無還」或「不來」，證得此果的修行者徹底斷盡了欲界的見思惑，了斷了欲界的一切煩惱，也了脫了生死，不在欲界受生死之苦，轉而投生到色界、無色界。三果聖人雖然了斷了欲界的煩惱，但還在三界之內，還需要繼續修行。

阿羅漢是四果，意為「殺賊」或「無生」，這是聲聞乘的最高境界。證得此果的修行者能斷除色界的貪、無色界的貪、慢、掉悔以及癡等五賊，所以意為殺賊。四果聖人了脫三界生死，不再受生死輪迴之苦。

證得這四果的修行者都了斷了我執，也無四相的執著，更無果位的執著。因為連「我」都沒有，談何「我」的果位。所以，在本分中，須菩提對於佛陀的問題都回答：「不也，世尊。」

一相無相分

佛教修行層次

- 出世之法
  - 菩薩 — 無上正等正覺
  - 緣覺
  - 聲聞
    - 須陀洹 — 「入流」，凡夫初入「聖道」。
    - 斯陀含 — 「一往來」，悟到四諦之道。
    - 阿那含 — 「不還」、「不來」，脫離凡世。
    - 阿羅漢 — 「殺賊」，殺盡煩惱之賊。
- 世間佛法
  - 天
  - 人
  - 天、人 — 初級階段，超凡入聖階段。

（由下而上：人 → 天 → 聲聞 → 緣覺 → 菩薩）

高人指點

羅漢是小乘佛教的最高果位，阿羅漢是音譯，阿是無的意思，阿羅漢就是無生，永遠沒有煩惱，所以一譯「不生」，永入涅槃不再受生死果報之意。阿羅漢沒有魔障，心中之賊永遠消除了，所以二譯為「殺賊」，殺煩惱賊之意。另還有三譯成「應供」，當受人天供養之意。釋迦牟尼曾令16個大阿羅漢常住人世，濟度眾生。右圖為十六羅漢像，中間是釋迦牟尼像，兩側有兩個弟子和八個羅漢，前有脅侍、四大天王，下方右側為施主，左為承嗣。

10 莊嚴淨土分 不住莊嚴淨土

在第九分中，佛陀告訴須菩提等僧眾不要住小乘的四果，但是佛陀又擔心僧眾可能會想，聲聞四果是小乘的聖人果，的確不應該執著，但是佛果或者菩薩那就不一樣了。為了破除他們的這一念想，佛陀又以佛作譬喻進一步說明不住果的道理。

莊嚴淨土在哪裡

佛陀與須菩提討論了修小乘四果的境界後，又拿自己的經歷來談論，問如來當年在燃燈佛處修行時是不是得到了什麼。很多世以前，佛陀在燃燈佛那裡修行，並得到了燃燈佛的授記印證。授記，就是授予一個記號，預示他將來要做佛。釋迦牟尼回憶起此事，是為了說明自己並沒有執著於燃燈佛的授記，也沒有從燃燈佛那裡得到什麼真法，只是自己的一心清靜，沒有執著之心，得到了燃燈佛的認可。所以他說「如來在燃燈佛所，於法實無所得。」

說完授記之事後，佛又說到了「莊嚴淨土」，以進一步破除僧眾對於相的執著。修行佛法之人往往非常嚮往那一片沒有煩惱、欲望及任何垢染的莊嚴佛土。有些人甚至會想像那裡富麗堂皇、遍佈珠寶、仙境一般……佛陀在這裡告訴僧眾「莊嚴佛土者，則非莊嚴，是名莊嚴」，真正的莊嚴佛土，是不能具體描述的，更不是你想像中的那莊嚴的相狀，而是一種絕對的清靜、絕對的空。其實，人們清淨無垢的心地才是真正的佛土，真正的莊嚴淨土是心空，一念不生的清淨心才是淨土。

法身無量無邊

佛陀告訴僧眾，所有一切的菩薩摩訶薩應該生清淨心、沒有執著的心，不應該執著於色、聲、香、味、觸、法而生心。接著佛陀又問「身如須彌山王」的人身體大不大，這裡佛陀是要進一步破除眾比丘對於大果報的執著。在凡人看來，有須彌山那麼大的身體當然是非常大，可須菩提也能理解佛陀的用意，答道「佛說非身，是名大身」。真正的如來法身是無相無狀、無處不在的，而世間一切相都是因緣和合的虛相，所以，如果執著於須彌山大的身體，仍然沒有見性成佛。

名詞解釋

莊嚴佛土：「莊嚴」就是「使……莊嚴」的意思，有裝點、美化之意。「佛土」，就是佛所居住和教化的地方。「莊嚴佛土」即為裝點美化，使佛土莊嚴的意思。

莊嚴淨土分

授記

授記又作「預記」，指的是佛對於修行者所作出的將來得佛果或者成佛的預言。根據佛教經典，授記可分為無餘記和有餘記。

授記

- 無餘記：佛現身授記某人於某劫中作佛，號某如來，如是有國土眷屬。
- 有餘記：告眾生汝於未來某佛時當畢此罪，某甲如來為汝授記之類。

燃燈佛圖，又名錠光如來，據說他出生時四方大放光彩。▶

須彌山

本品中有「譬如有人，身如須彌山」之句，在這裡，佛陀所說的須彌山意指法身，法身是不生不滅、不垢不淨、不增不減的，所以法身也是大身，也叫做無邊身。右圖為須彌山唐卡，畫面中央為須彌山，上部代表「天堂」，下部代表「地獄」。

高人指點

須彌山又名妙高山，原是印度神話中的山名，後來佛教宇宙觀中把此山當做宇宙的中央，相傳此山周圍環繞著七山七海，東勝神洲、西牛貨洲、北俱盧洲、南贍部洲分佈在周圍。在《金剛經》中，佛陀用須彌山來比喻人的身材高大。

11 無為福勝分 有漏福德和無漏福德

上一分佛陀講到了「大身」的問題，也就是法身，不生不死的大身。在這一分中，佛陀轉而講述福氣的問題。修行者要得到不生不死的大身，那需要多大的福氣！這個福氣就是無為之福，「無為福勝分」中佛陀就探討了福德問題，「無為福勝」即清淨的福氣高過世間一切功名富貴的福氣。

不可計數的福德

談完「大身」後，釋迦牟尼以印度最著名的恆河為喻，考量了受持《金剛經》的無量福德。「如恆河中所有沙數，如是沙等恆河」，恆河是印度最著名的大河，發源於喜馬拉雅山脈，經印度、孟加拉匯入印度洋。恆河源頭落差很大，傾瀉而下，有如從天而來，所以恆河的原意為「天堂來」。恆河是印度人的聖河，釋迦牟尼成佛後常年在恆河兩岸說法，所以慣用恆河做比喻。他說，恆河中的沙粒是不可計數的，而世界上像恆河這樣的河流又不計其數，如此多的河流裡的沙粒總數量那就更不可計數了。如果有善男子和善女人，用能裝滿像所有恆河沙一樣多的三千大千世界的七寶來佈施，那此人的福德是不可計數的。

受持四句偈的福德

佛陀說完用「恆河沙數三千大千世界」的七寶佈施能獲得很多的福德後，又緊接著說道，如果有另一個善男人或善女人能夠領悟奉持《金剛經》，哪怕只是向他人講解其中的一個四句偈，那麼「此福德勝前福德」——他的福德比以不計其數七寶佈施的人的福德還要多！因為七寶佈施，是財佈施。財佈施是有漏、有為、有相的功德。受持《金剛經》四句偈是法佈施，是無漏、無為、無相的功德。七寶再多，有漏功德終有窮盡之時；法佈施，教人掃除妄念、生清淨心，解脫煩惱，其福德不可限量。無漏雖少，卻比有漏殊勝；無相雖少，卻勝於多。所以勝前福德。

名詞解釋

四句偈：指由四句所成之偈頌。在佛教經典中，無論字數多寡，凡由四句組成的頌言都可稱為四句偈。一般而言，四句偈往往能涵蓋佛法的要義，以四句偈教人，或受持四句偈，都有很大的功德。

無為福勝分

七寶

七寶是指佛教的七種珍寶，由於這七寶代表了佛家的光明與智慧，蘊育著深刻的內涵，所以成為了珠寶中的靈物。

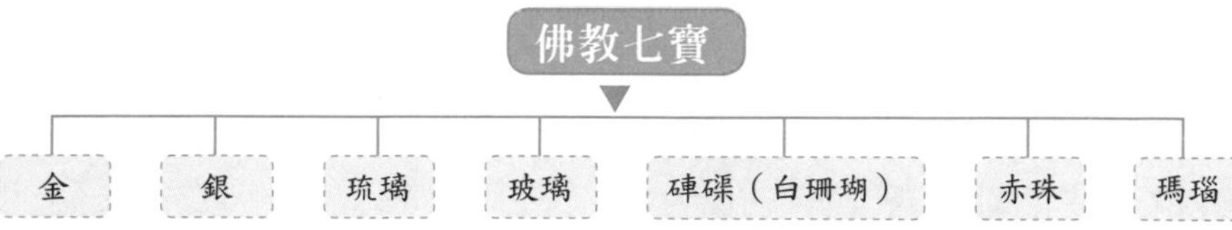

福德

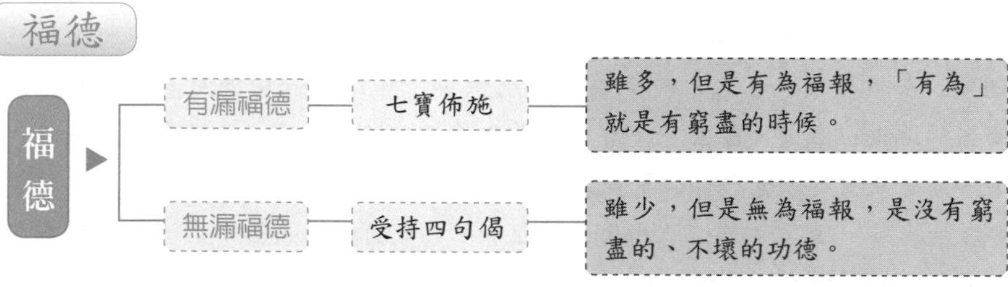

以七寶充滿恆河沙數三千大千世界來佈施，是有漏福德，總有窮盡的時候；受持金剛經，其福德是無漏的、不壞的。所以，無漏福德要勝於有漏福德。

高人指點

佛陀告訴須菩提，修行者受持《金剛經》，哪怕只是四句偈，其福德也不可限量。「受」就是心裡領受；「持」就是執持，就是身心奉行，不僅心裡記住它，還要身體力行地去行持它。但是佛陀在前面多次強調，要離一切相，所以做功德也不可住相，若執著於「我」做了功德，那便是住了我相、人相、眾生相、壽者相，那便沒有功德，只有當「我」空，「我」無漏時，那才有無漏功德。

12 尊重正教分
本經的功德

佛陀講完受持《金剛經》的無漏福德後，又吩咐了須菩提關於《金剛經》的奉養、供奉地等問題，這就是第十二分——尊重正教分的內容。在這一分裡，佛陀宣說了《金剛經》的無量功德，凡是受持、誦讀此經者，都能成就最上稀有之法，都應受到供養。

講經之人能得到供養

弘揚佛教的一個重要途徑便是講經，不斷增強信眾對於佛教的信仰之心，也不斷吸納新的信眾。所以釋迦牟尼對於宣講《金剛經》的人給予了高度讚揚，說一切善道眾生對於傳佈《金剛經》的人和地點都要恭敬供養，燒香膜拜，就像奉養佛塔廟宇一樣。在經文中，佛陀說「一切世間天、人、阿修羅，皆應供養」。這「一切世間」本應包括「天、人、阿修羅、地獄、餓鬼、畜生」六道，但是這裡只說了三善道，並沒有說三惡道，是因為三惡道不容易來供養三寶，所以僅僅說這個世間的人、天和阿修羅。

以佛教的觀點，講經說法也有因緣，釋迦牟尼就是隨機緣為僧眾講法。所以對於講經的機緣，佛教有四種緣之說：隨說之人、隨說之義、隨說之經、隨說之處。也就是說，不論是何人，不管說的道義深淺、方式（只要法義正確），不管說的是哪部經，甚至哪段經文，也不管是在什麼地方，只要講說佛法都會有無量的福德。可見宣說佛法是不拘一格、不論形式的，也足見釋迦牟尼對宣說佛法的重視程度。

本經所在就是佛所在

佛陀說，隨時隨地講說《金剛經》的人不僅人間的眾生要供養他，就是天上的眾生也應該來供養他，可見本經功德之大。他又進一步說道，能夠完全領受、信奉、誦讀這部經書的人，已經成就了至高無上的、稀世難有的佛法。所以只要是《金剛經》所在的地方，就有佛的存在，也就有尊重佛的弟子的存在。換而言之，《金剛經》就如同佛的法身，凡是見著這本經書的人，都要像弟子尊敬師父那樣尊敬它。可見這本經書多麼重要。

名詞解釋

一切世間：「世」是「遷流、破壞」的意思；「間」是「中間、間隔」的意思，「一切世間」泛指世俗世界及生活在其中的有情眾生。

天、人、阿修羅：是六道眾生中較有福報的三者，合稱為「三善道」。

供養：又稱「施捨」或者「佈施」，指眾生以香、花、燈盞、衣食等物品供給菩薩或者僧尼等。

尊重正教分

供養

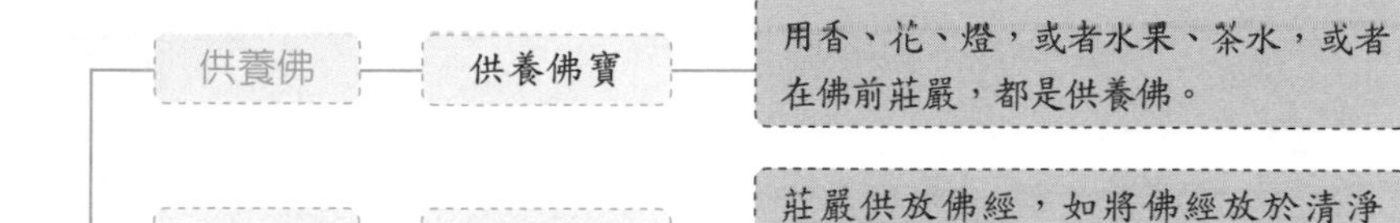

- 供養
  - 供養佛 — 供養佛寶：用香、花、燈，或者水果、茶水，或者在佛前莊嚴，都是供養佛。
  - 供養法 — 供養法寶：莊嚴供放佛經，如將佛經放於清淨之處、高處，細心愛護佛經。
  - 供養僧 — 供養僧寶：
    - 飲食：一碗飯、一碗菜。
    - 衣服：出家人穿的衣服。
    - 湯藥：一些藥品，以防出家人生病。
    - 臥具：一些打坐、就寢的工具。

高人指點

在本分中，佛陀說《金剛經》所在的地方就是塔廟。在這裡不應該迷信文字，以為拿著一本《金剛經》就能消災祛病、排除萬難。其實，佛陀的意思是，有金剛般若波羅蜜多智慧的地方就有佛法，如果你悟到了此智慧，那你的心地就是佛塔，你就是佛。

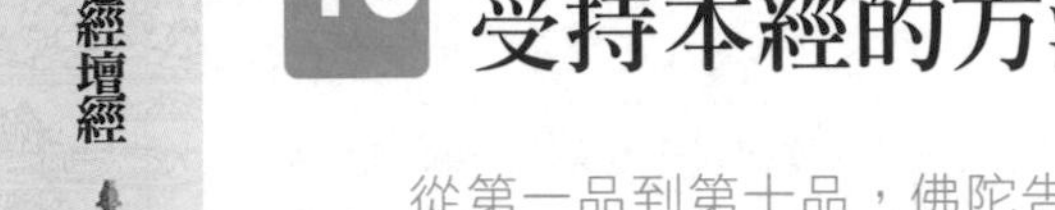

13 如法受持分
受持本經的方法

從第一品到第十品，佛陀告訴了我們「應無所住」的修持方法。第十一、十二品又分別介紹了《金剛經》的重要性及如何尊重。到第十三品，佛陀告訴僧眾受持本經的方法。也就是在本品中，佛陀確切地提到了本經的名字，而此名正是眾多《金剛經》注疏者喜好剖析之處。

真正的大智慧

佛陀說完「經典所在之處，則為有佛，若尊重弟子」後，須菩提提出了兩個問題：本經叫什麼名字？如何信奉持受？釋迦牟尼回答，本經叫《金剛般若波羅蜜》，就按照這個名字的含義去奉持。「金剛」是世間最堅最利之物，喻此經能破斥一切外道，而不為一切外道所破，堅固不破；「般若」是本經的核心智慧，它與「方便」巧妙結合，讓眾生了脫生死，到達不生不滅的彼岸。「波羅蜜」就是到彼岸的意思。從名字上看，就能引起人們生發信心和智慧，樂意奉持，也能明白奉持本經的方法，就是破除一切虛象，生出般若智慧，進而到達涅槃的彼岸。

說完經名後，佛陀又立刻否定道「佛說般若波羅蜜，則非般若波羅蜜」，這是因為他擔心僧眾聽說了本經的妙處後，執著於本經之法，有了法執。因此，他解釋道：「佛」也罷，「金剛般若波羅蜜」也罷，都只是一種方便法門，一件外衣而已，都是要擺脫的。真正的智慧成就，「即非般若波羅蜜」，智慧到了極點，便沒有了智慧的境界。

不要住相

為了進一步破除僧眾的法執，釋迦牟尼進一步闡述「如來無所說」的道理。世間萬物都是因緣而生、因緣而滅的，相對於世界本真的清靜無為、如如不動來說，它們都是一種「假有」，一種「假名」而已。釋迦牟尼說法，也是有因緣的，真正的法是「不可說、不可取、非法、非非法」的。同理，不論是三千大千世界，還是微塵，亦或是如來的三十二相，都是虛幻不實的，都是要破除的對象，只有透過「無住、無相」才能去偽存真，悟得「空」的真理。本品的最後，佛陀又再一次說到了受持本經四句偈的福報，遠勝於以不可計數的身命佈施的福報。

名詞解釋

微塵：極為細小的塵埃。

三十二相：又稱三十二大人相，是只有佛才有的吉瑞之體相特徵。

如法受持分

金剛般若波羅蜜

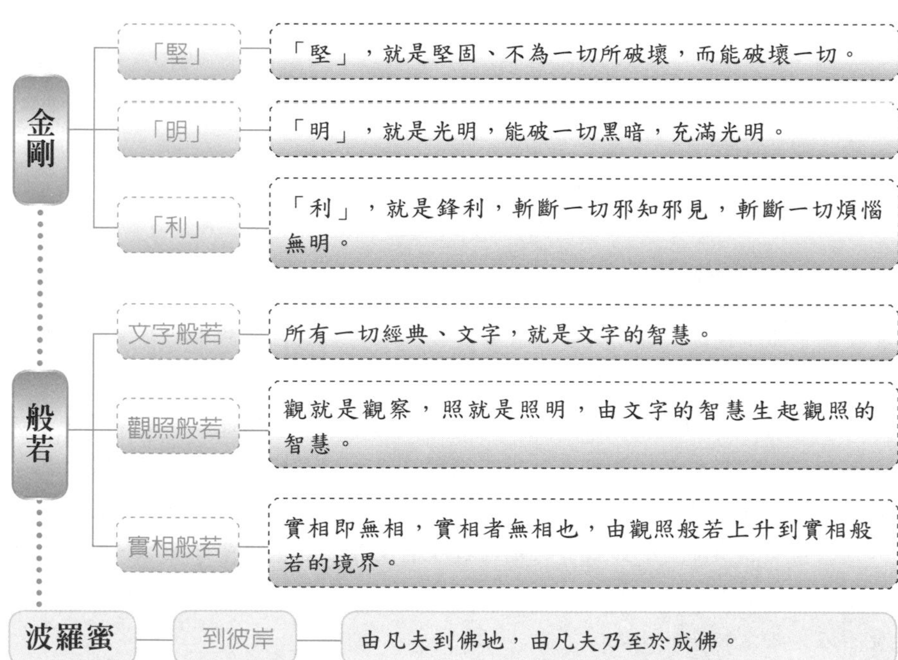

彼岸是相對於此岸而來的，沒有此岸就沒有彼岸。此岸是生死，彼岸是涅槃，從生死的此岸，經煩惱的中流，到達涅槃的彼岸，就是波羅蜜。《金剛般若波羅蜜》就是一部了生死、去煩惱、達涅槃的經書。佛說，這是佛法的根本智慧、佛法的根本所在，所以有金剛般若波羅蜜的地方，就是佛塔，就是佛法的化身。

高人指點

微塵是佛學裡的名詞，又叫外色塵，相當於現代物理科學上所說的電子、核子、原子一類。此外還有內色塵一說，佛教認為，修禪到了極點，心物一元時，可以變幻成另一個人的模樣，這就是內色塵的力量。

14 離相寂滅分 信心清淨

在第十三分中，佛陀說用恆河沙那麼多的身命佈施，也不及受持《金剛經》四句偈的福報多。因為受持《金剛經》，由凡人覺悟乃至成佛，那就是救度眾生的法身，那種功德是無法比擬的。當須菩提聽完佛陀這些話，他深刻地明白了其中的義理，不禁喜極而泣。

意趣深刻的經典

須菩提聽了佛陀說的《金剛般若波羅蜜多經》智慧，明白了其中的義理，激動得不禁淚流滿面。須菩提能有如此大的反應，原因在於他是解空第一，內心寂滅無住，深感此經妙理難得，感受到佛陀的大慈大悲之心，也為自己能有機緣聽聞此法而慶幸萬分，既感動又慶幸，不免流露出了自己的真情。他說「我從昔來所得慧眼，未曾得聞如是之經」——自他得慧眼以來，從未聽過如此深刻透徹的經義。同時，他也感慨道「得聞是經，信解受持，是人則為第一稀有」——如果有人聽到這樣的經義，並生出清淨之心，那麼他就會瞭解世界萬事萬物的真相，像這樣的人就已經成就了至高無上、世間罕有的功德了。這都說明了《金剛經》之意趣是如此之深。

稀有之人

須菩提深感《金剛經》妙理難得，又為自己能親耳聆聽佛陀的巧言善說慶幸，此時他不免為後世之人擔憂了。等到500年過後，佛法進入末世，釋迦牟尼涅槃無人巧妙解說佛法，那時候的人們能理解《金剛經》的妙處嗎？還能相信、接受並且奉持這部經書嗎？如果那時還有一個人能完全信奉、理解並奉持本經，能透過本經離一切妄相而生清淨心，進而頓悟實相般若，那這個人真是難得的稀有之人。因為他破除了我相、人相、眾生相、壽者相的執著，證悟到世間一切相皆是虛妄，了悟到不生不滅、不變不壞的真空理體才是唯一的實相。

釋迦牟尼完全贊同須菩提的看法，又補充說，如果有人聽到了此經，能夠不驚恐、不害怕、不畏懼，那麼可以推斷這個人就是稀有之人了。

名詞解釋

慧眼：佛教用語，又稱靈眼，是智慧之眼，譬喻得到修習智慧後所具有的觀察能力、觀照能力，亦泛指能照見實相的智慧。

實相：佛教專用術語，「實」，非虛妄之義；「相」，無相也，是指萬有本性之語。

離相寂滅分

稀有之人

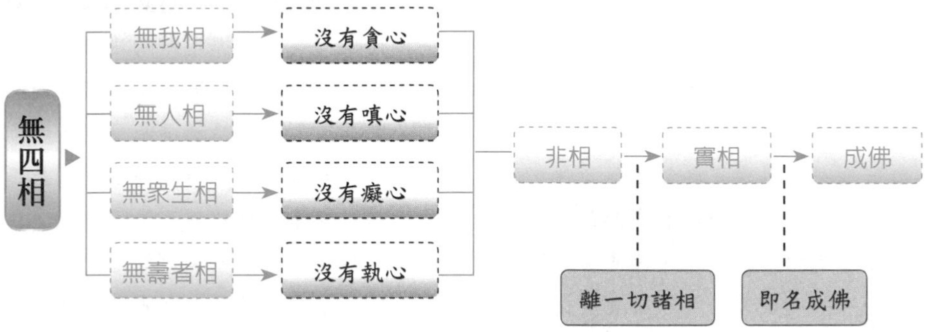

為什麼說這個人最為稀有呢？因為他「離一切相，即名諸佛」——他離開了一切的非相，就是實相；得到了實相，就得到了諸佛自性的理體，他就一定會成佛。

凡人與稀有之人

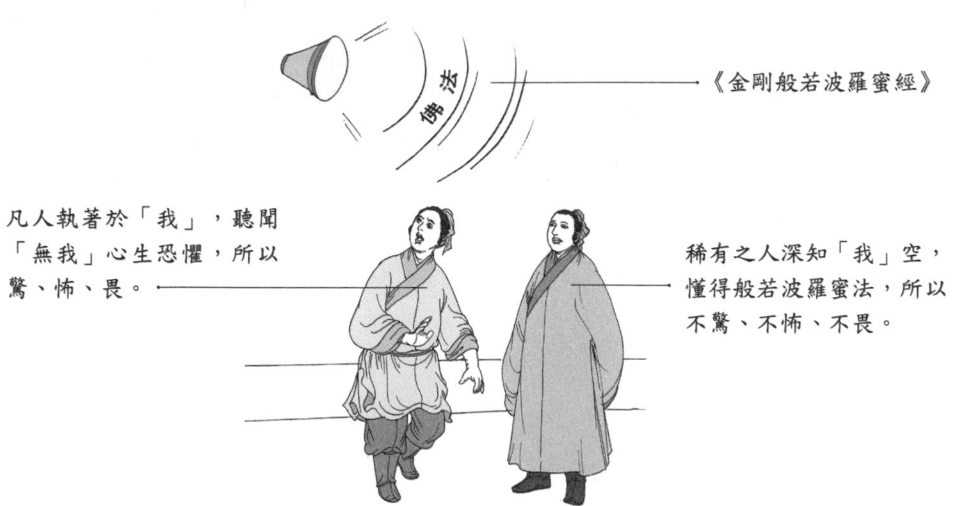

高人指點

須菩提為什麼說自己「信解受持，不足為難」呢？因為他曾經供養無量諸佛，種諸善根。諸善根有 11 種：信根、慚根、愧根、無貪、無嗔、無癡、精進、輕安、不放逸、不害、行捨。

佛陀說完稀有之人後，又接著講述《金剛經》的大智慧。他告訴僧眾要隨時無住，隨時不著相，隨時隨地無願。無住、無相、無願，這就是大乘的心印。

第一波羅蜜

前面第三章第五節講述大乘佛教的修行方法時，說到從生死的此岸到達涅槃的彼岸，主要是靠六波羅蜜：般若、佈施、持戒、忍辱、精進、禪定。六波羅蜜本是一個整體，沒有順序，更無高低貴賤之分。本品中，釋迦牟尼說到第一波羅蜜，是指的般若波羅蜜。般若是六度的引導，不論是佈施、持戒、忍辱、精進還是禪定，都需要有般若智慧的引導，即都要無所住、無所取、無所得，離一切諸相。為了說明此道理，佛陀以自己的親身經歷來做比喻。他說，當年他未成佛時被歌利王截割身體，沒有住我相、人相、眾生相、壽者相。被截割身體就是忍辱，忍辱不住四相才是真正的忍辱修行。若是執著四相，必會生出嗔恨之心，那就會造成惡果。這裡佛陀再次強調，不論是般若波羅蜜還是忍辱波羅蜜，都是一種假名，並無實有。再次破除僧眾對於法相的執著，進而生發出無上正等正覺的智慧之心。

無所住心

釋迦牟尼說「應無所住而生其心」，無住，就是不執著。這是釋迦牟尼對須菩提一開始提出的問題「應云何住，云何降服其心」最直接的回答，也是貫穿整部《金剛經》的中心思想。禪宗的六祖慧能便是聽聞此句而開悟的。本品中，釋迦牟尼強調，要不住色、聲、香、味、觸、法六塵生心，也就是不住世間萬物的一切虛象。「若見諸相非相，即見如來」，若能破除一切虛象，掃除心中一切妄念，那麼清淨心自然就顯現了。在實際的修行過程中，要做到不住佈施。如果執著於事物的表相進行佈施，就如同人走在黑暗之中，什麼都看不見；如果不住相佈施，就如同人走在白日中，形形色色看得清清楚楚。為了強調「無住生心」的重要性和真實性，釋迦牟尼還賭咒一般地強調「如來是真語者、實語者、不誑語者、不異語者」，以增加僧眾的信心。

名詞解釋

第一波羅蜜：即最勝的波羅蜜。

未來之世：也就是未來的世界。佛經中預言，佛入滅後的頭一千年，為正法時代；次一千年為像法時代；之後一萬年，為末法時代。再之後，直到 56 億年後彌勒佛降世，再次傳法，普度衆生。

離相寂滅分

六波羅蜜

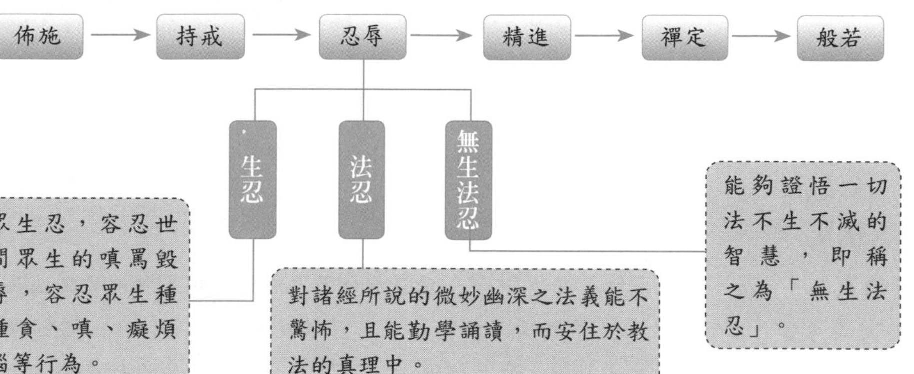

忍辱是六度的中心，也是最難修持的。佛陀以自身的經驗告訴須菩提，只有獲得真正智慧、徹底悟道的人，才知道忍辱波羅蜜本身並沒有「堅忍的忍和感受」如果有，那就不是忍辱波羅蜜，無法到達彼岸了。

三毒

三毒，又稱三根，分別指貪、嗔、癡，由於這三者是一切痛苦的根源，所以稱三毒。

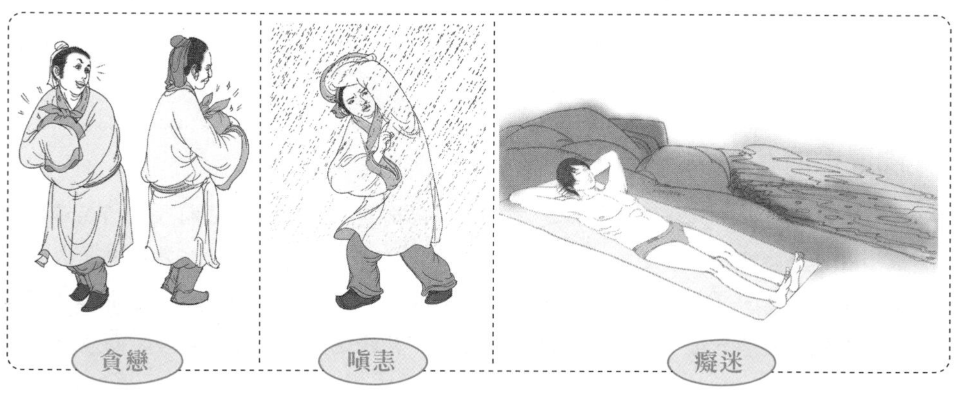

高人指點

貪，對於順境有快樂的感受，而起貪欲之根，是餓鬼之源。嗔，對於逆境有痛苦的感受，而起嗔恚之想，是地獄之源。癡，對於順、逆諸境，產生愚癡之想，是畜生之源。

15 持經功德分
本經不可思議的功德

佛陀説完佛法無實無虛後，説到了受持、誦讀本經不可思議的功德。他説即使用與恆河沙相等的身命佈施也是無法比擬的。

大根之人

前面第十一品無為福勝分中，釋迦牟尼已經說過七寶佈施，也就是財佈施與法佈施的福德之間的考量。本品他又以恆河為喻，將身佈施與法佈施的福德進行了一番較量。他說，如果有善男信女每天早上、中午、晚上都用恆河沙那麼多的身體來進行佈施，並且堅持千萬億個大劫那麼久的時間，那麼他會得到無量的福報。但是，如果有另一個人聽聞了《金剛經》後，能夠深信不疑，並能信守，不起違逆之心，那麼他所得的福報比前一個的福報還要大很多。如果再有一個人能夠書寫、接受、奉持、誦讀且為他人解說《金剛經》，那麼這個人的福報更是無量無邊了。總而言之，奉持傳誦《金剛經》有著不可思議、不可衡量的功德。

接下來，釋迦牟尼又說道，《金剛經》本來是為上乘者說的，是為那些有大根之人說的。所以，如果有人能夠領受、奉持、誦讀且為人解說《金剛經》，那麼這個人就可以承擔無上正等正覺智慧傳播責任的重擔，將來他會有不可計量、不可估計、沒有邊際、不可思議的功德。而那些修行小乘之道的人，執著於「我見、人見、眾生見、壽者見」——自己的見解、別人的見解、眾生的見解，以及永恆不變的見解，使得自己的見解有所滯礙，所以不能領受、奉持、誦讀並為人解說《金剛經》。

佛塔之所在

如同第十二品尊重正教分一樣，釋迦牟尼在本品的最後又說到《金剛經》的供養問題。他說，無論在什麼時間、什麼地點，只要此經存在，就都應該得到世間所有的天、人、阿修羅等善道眾生的供養。《金剛經》存在的地方，就相當於佛陀所在的佛塔，所有善道眾生都應該恭恭敬敬地環繞著行禮，用花、香供養。由此可見釋迦牟尼對《金剛經》的重視。

名詞解釋

初日分、中日分、後日分：就是一天中的早、中、晚三段時間。

信心不逆：簡單地說，就是心中不起任何抵牾的意念。徹底相信金剛般若波羅蜜大智慧的自性自度的道理，完全相信自心自性，沒有任何違背。

作禮圍繞：在古印度，環繞佛塔右行三圈或者多圈，是表示恭敬的一種禮儀。

持經功德分

法佈施無量功德

佛塔

佛塔最初是指為了安置佛陀舍利等物而以磚砌成的建築物，如釋迦牟尼圓寂後，火化得到一石六斗舍利，由八國造塔供奉。後來泛指佛陀生處、成道處、轉法輪、涅槃、經行處及安置諸佛菩薩像、祖師高僧遺骨的建築物。

佛塔是佛教建築的代表。由於佛塔在佛教的教法和建築上具有重要的地位，所以佛陀把《金剛經》與佛塔相提並論。

高人指點

信心不逆其實是很難做到的，許多修行者在佛學理論上雖然瞭解甚多，可在自己的行為上，在做人做事方面，都與佛法相違。比如說，有些修行者勸誡他人行善是循循善誘、面目可親，可當他自己面對需要幫助的人卻無動於衷，這便是信心有逆。

16 能淨業障分
奉持本經的果報

在能淨業障分中，釋迦牟尼恐怕眾生不明白大乘實相的妙法，而生出一種疑惑：為什麼有好人念誦《金剛經》卻會被人輕視呢？佛陀擔心眾生因此而生出對《金剛經》的懷疑，便又一次講述了本經不可思議的果報。

重罪輕受

釋迦牟尼說，如果有人領受、奉持、誦讀《金剛經》，但是卻被眾人輕視，那是因為此人前世所造惡業太多，如果按照此人的業報，原本應當墮入地獄，但是因為他領受、奉持、誦讀《金剛經》，所以才只遭受了眾人的輕視，而他今生所受的輕視會抵消前世所造的惡業，因此也可以得到無上正等正覺。換而言之，輕賤可以消除修行者前世的罪業，並能使他得到阿耨多羅三藐三菩提。也就是說，如果修行者在念經時，有人來罵他、侮辱他，那麼這個修行者反倒應該感謝這個人，因為是這個人使他前世的罪業消除，就如同太陽使積雪消融一般。當修行者業盡情空，那他就可以證得佛果了。

持經功德

在本品中，釋迦牟尼再次說了受持《金剛經》的無量功德，這一次他不再以恆河做喻，而是以自己的親身經歷來說明。他回憶起自己往昔在無量久遠的阿僧祇劫中，在燃燈佛住世之前，遇到過的八百四千萬億那由他的諸佛。對於每一位諸佛，他都盡心盡力奉養，從不錯過。但是，釋迦牟尼說，他奉養如此多佛的功德，卻比不上一個在末法時代領受、奉持、誦讀《金剛經》的人。甚至說，他奉養諸佛的功德還不及那個人的百分之一、千分之一、萬分之一，甚至億分之一，其中的差別之大是無法用數字或者譬喻表達的。如此一番說明受持《金剛經》的無量功德後，釋迦牟尼似乎認為這樣說，還不足以引起僧眾的重視，又補充說道「所有功德，我若具說者，或有人聞，心則狂亂，狐疑不信」——如果將受持《金剛經》的功德一一列明，只怕有人聽了會心神錯亂、心有疑慮了。也就是說，此功德之大已經超出了凡眾的想像力。

名詞解釋

罪業：業分為善惡兩種，惡業即罪業。
惡道：六道中的三惡道，又稱惡趣。
那由他：即無量數的意思。

能淨業障分

八大自在我

「我念過去無量阿僧祇劫」中「我」是釋迦牟尼的自稱。釋迦牟尼成佛後，證得八大自在我。「我」是自在無礙之義，也是涅槃所含常、樂、我、淨四德之一。八大自在我，又作八變化、八自在、八神變。

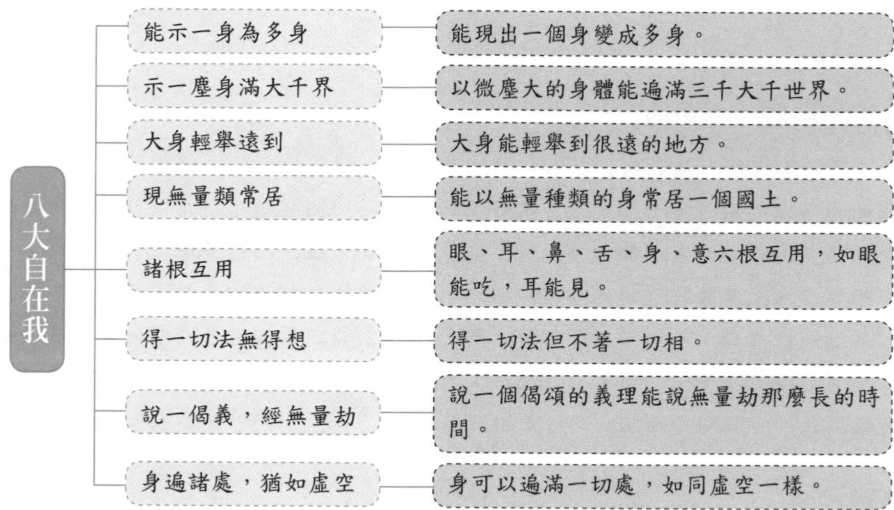

三大阿僧祇劫

劫，是佛教的計時單位，表示極長的時間。與之相對的是「剎那」，表示極短的時間。三大阿僧祇劫，是指菩薩由發心至成佛的修行期間要經歷的三個時間段。

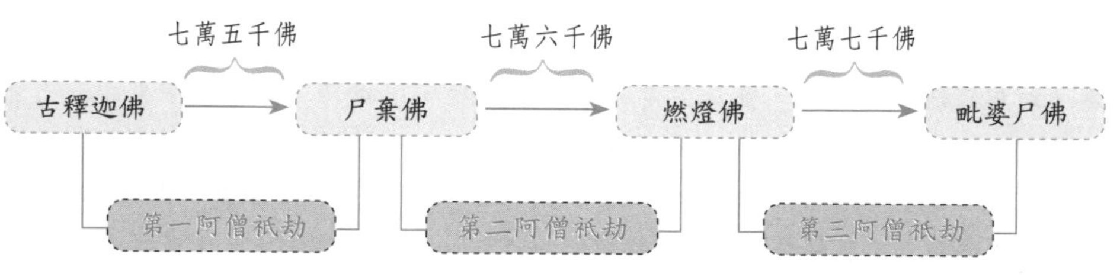

高人指點

佛教說因果報應，可為什麼好人倒楣，壞人走運呢？佛教認為，佛法是建立在三世因果、六道輪迴上的，善人有惡報，是因為他過去的惡業沒有報完，而今生的善業會於他的未來世回報。

17 究竟無我分 法是不可得的

佛陀說完受持《金剛經》的不可思議功德後，須菩提聽見佛陀如此稱讚這部經的功德，不禁又提出了自己的疑問。本品為第十七品，是《金剛經》下半部分的開始。佛陀從這裡又回轉頭來，重新講述佛法義理。

同一個問題

從第二品須菩提問「應云何住？云何降服其心？」到第十六品，佛陀其實已經詳細解答了這個問題。但是到了十七品，須菩提好像又問了同一個問題，這是為什麼呢？原來他第一次發問時，還執著於有一個心可以發，即執著於有一個「阿耨多羅三藐三菩提」的心可以發。所以，佛陀基於此告訴他要破除四相執著。當他深解佛陀義趣，明白了「我空」之理後，又進一步提問，如何降服那個發「阿耨多羅三藐三菩提」的心？佛陀又基於此告訴他「法空」的境界，使他明白人空法空、究竟無我的妙理。所以說，須菩提的提問看似是「同一個問題」，實際是兩個不同層面的問題。

無有定法

對於須菩提的第二次發問「云何應住？云何降服其心」，釋迦牟尼回答說，大乘菩薩修行時要發心去滅度一切眾生，但是心中又絲毫不能有一切眾生被我滅度的念頭。許多大乘菩薩都發過這樣的心，如觀世音菩薩立誓說：「眾生不成佛，我誓不成佛。」地藏菩薩也立誓言：「眾生度盡，方證菩提。」他們立此誓願時，都沒有「我執」，沒有「我」與「眾生」的區別。在他們看來，眾生就是自己，自己就是眾生，所以，眾生成佛時他們才成佛，這就是無我通達的境界。所以，釋迦牟尼說：「當生如是心，我應滅度一切眾生。滅度一切眾生已，而無有一眾生實滅度者。」

要達到無我通達的境界，並無固定的方法和途徑，所以釋迦牟尼接下來說到「實無有法如來得阿耨多羅三藐三菩提」。他說，如果覺得自己得了一個「阿耨多羅三藐三菩提」，那就是法執，那燃燈佛就不會給他授記：「汝於來世，當得作佛，號釋迦牟尼。」所謂條條大道通羅馬，菩薩在修行的道路中堅持不懈，以無法為法，就能證得正果。

名詞解釋

法無實法：法就是大徹大悟，就是悟到沒有一個固定的東西或方法可以稱之為法，若覺得有法可學、有道可得，那便是住了我相、人相、衆生相、壽者相。

究竟無我分

「同一個問題」

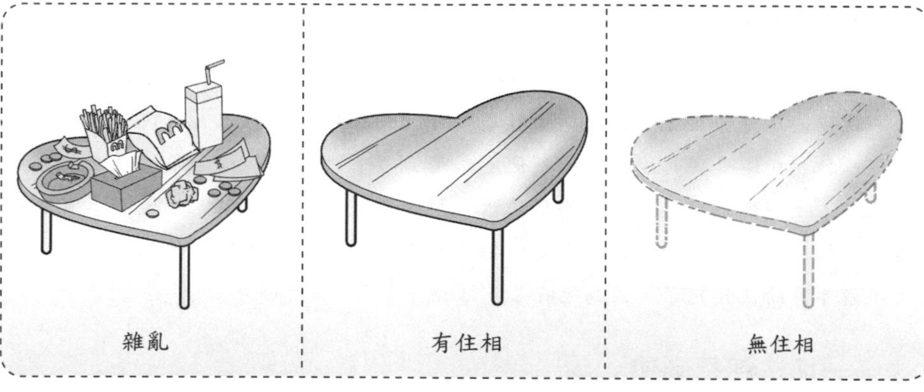

第一次提問 → 第二次提問

大乘菩薩業

大乘佛教的修行主張「我法兩空」，一邊證我空，入涅槃；一邊證法空，度眾生。如此自利利他才是成佛之道。

高人指點

釋迦牟尼說：「當生如是心，我應滅度一切眾生。滅度一切眾生已，而無有一眾生實滅度者。」修行菩薩道的人要發心度一切眾生，但心裡也不應有眾生的概念。也就是說，如果一個菩薩心裡有一點點自認崇高偉大或自覺了不起的想法，那他就已經住我相、人相、眾生相、壽者相了，這樣的人「即非菩薩」。

佛陀問「如來於燃燈佛所，有法得阿耨多羅三藐三菩提不」的時候，須菩提的回答並沒有表示完全的確定，他說「如我解佛說義」，就是根據他的理解，他認為如此。接下來佛陀對他的回答表示了確切的肯定。

燃燈佛授記

前面佛陀說完如何降服發「阿耨多羅三藐三菩提」的心後，又說到了如何得佛果。他以燃燈佛給自己授記為例，教導僧眾如何正確對待佛果。他說，當年燃燈佛之所以給他授記，是因為燃燈佛看到他已經悟到了真理實相。釋迦牟尼之所以成佛並不是像凡人所想像的那樣，是因為其前世被燃燈佛授記了。所以，他說「無有法得阿耨多羅三藐三菩提」。如果他認為有一個「阿耨多羅三藐三菩提」的法可得，那燃燈佛當年就不會給他授記了，因為他有了「法執」。

一切法都是佛法

釋迦牟尼說燃燈佛授記之事是為了說明,從法的本質上來說，佛法是無所謂得的。因為諸法空相，不增不減、不生不滅。但是也不能說沒有佛法，因為從凡人修行到成佛，的確存在諸多修行之道，這修行之道就是佛法。不管是「水路」、「海路」還是「陸路」，甚至「空運」，只要能從生死的此岸到達涅槃的彼岸，那就是佛法，所以釋迦牟尼說「一切法都是佛法」。但這佛法並非具體地指某一條確切的路線，並不是說「水路」或「陸路」就一定能到達彼岸，很可能中途遇上大風大浪或自然災害就一命嗚呼了。同樣的道理，佛法也講究機緣，六祖慧能僅聽聞《金剛經》一句「應無所住生其心」就能開悟，但有些人卻念了一輩經也無法悟道。釋迦牟尼所說「無實無虛」，即佛法沒有真實可言，也沒有虛妄可言，一切萬法都是佛法，一切事物都是佛道。

既然佛無所得，佛法也無定法，那菩薩就更不能執著於「滅度無量眾生」的功德了。如果一個菩薩執著於自己所做的一切，認為「我」在度「眾生」，那他就有了四相執著，不是真正的菩薩。真正的菩薩會把「我」、「人」、「眾生」視為一體，將眾生脫離苦海視為自己脫離苦海。

名詞解釋

佛土：又稱佛界、佛國等，指佛所住之處，或佛教化之國土。一般而言，佛土不僅指淨土，即使是凡夫居住之現實世界（穢土），因其為佛教化之世界，亦稱佛土。

究竟無我分

燃燈佛授記

相傳燃燈佛遊歷世界時，有一個修持梵行的童子為了避免燃燈佛的雙足被泥道所汙，就把自己的頭髮放在泥道之上讓燃燈佛踏過，燃燈佛被童子的善心感動，預言他在來世成佛，這個童子就是釋迦牟尼佛的前世。《金剛經》用燃燈佛為釋迦牟尼佛授記來說明世上並無無上正等正覺。左圖是燃燈佛授記圖。

一切法都是佛法

從佛法的本質上來說，佛法又叫宇宙法，是整個宇宙萬事萬物的本性、自性。所以，整個宇宙中的一切法都是佛法。就如同右圖中的大山一樣，大山中的一草一木、一蟲一獸都是佛法，並不是一定要爬到山頂才是佛法。凡人總是身處其中而不自知，「身在此山中，雲深不知處」。

高人指點

什麼是如來？如來就是一切諸法都如如不動，如來如去。如如不動，就是沒有任何相狀，無名、無色、無相。佛陀所說的「諸法如義」的意思即是如來，若有法可得，那就不是「如義」；若有法可表，那也不是「如義」。

18 一體同觀分
佛法的五眼

前面釋迦牟尼說了菩薩沒有度眾生的相，也沒有莊嚴佛土的相。在這一品中，佛陀主要介紹了如來的五眼，並指出如來用這五眼照見諸法實相，用智慧覺知眾生妄心。

如來五眼

前面佛陀一直強調無我、無法，本品中他突然提到如來五眼，有何用意呢？五眼，其實是佛的五種認知層次，是成佛後才具有的能力，連菩薩都不具有。如果菩薩具足了五眼，那說明他成就了無上正等正覺，成佛了。佛透過這五眼能感應到一切外部資訊，這種感應並不全是透過眼睛「看見」，有些能力就好像蝙蝠靠聲波辨別方向一樣，但為了方便溝通，籠統地稱之為眼。

五眼分別為：肉眼、天眼、慧眼、法眼、佛眼。肉眼就是肉體器官所能見到的凡塵俗物，這種認知能力非常有限，往往見表不見裡，見近不見遠，見前不見後。天眼的認知能力比肉眼高，能夠由表及裡，由遠及近，由前而後，這是透過修行獲得的一種思維能力，與現代人的望遠鏡、顯微鏡不同。慧眼是以大智慧，透過現象看到事物的本質、因緣、變化、結果等邏輯認知能力，是一種理性思維能力，但又不同於現代人的一些公式、定理。法眼不僅能像慧眼那樣透過現象看本質，還能將這種能力無私地傳遞出去，以利於普度眾生。如觀世音能聞聲救難，就在於他具有法眼。最後是佛眼，這是佛才具有的能力，佛眼的認知能力是最高級的，能無事不見、無事不知、無事不聞，將世間、非世間一切存在的思想、學問、見識等等都融會貫通，完全、徹底地「看清」一切萬事萬物的。五眼具足，是覺行圓滿的大覺者，是佛。

如來洞悉眾心

正是由於佛具足五眼，所以雖然無數眾生有無數種不同的心，但佛陀都能夠洞悉知見。因為，眾生的心雖然看似有如恆河沙一般多得不可計數，但卻都只是虛幻的現象而已，就如同世間萬物因緣而生、因緣而滅一樣，這些心都是瞬間的、短暫的幻想，都不是真正的心。所以，釋迦牟尼說「過去心不可得，現在心不可得，未來心不可得。」

名詞解釋

若干種心：「心」，泛指所有的精神現象，即通常所說的心、意、識。

一體同觀分

佛陀的五眼

五眼是指了照諸法事理的五種眼，分別為肉眼、天眼、慧眼、法眼、佛眼。

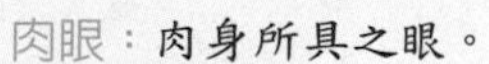

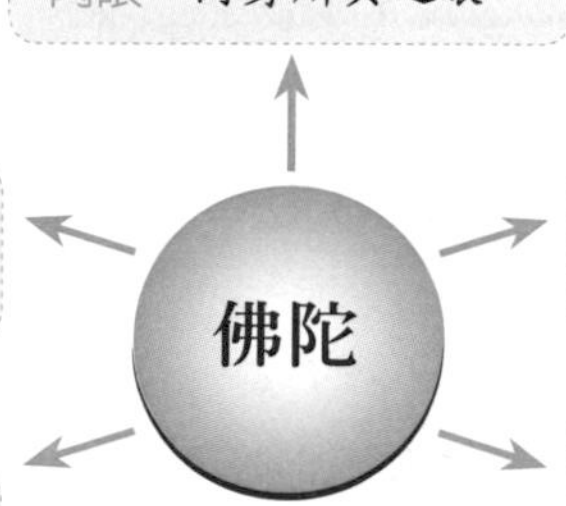

天眼：因修禪定所得之眼，能見內外晝夜上下。

佛眼：能見世間諸物，乃至無事不知、不聞。

慧眼：羅漢可證，能識出真空無相。

法眼：初地以上的菩薩可證，能照見一切法門之眼。

諸心皆非心

我執的「諸心」——煩惱心

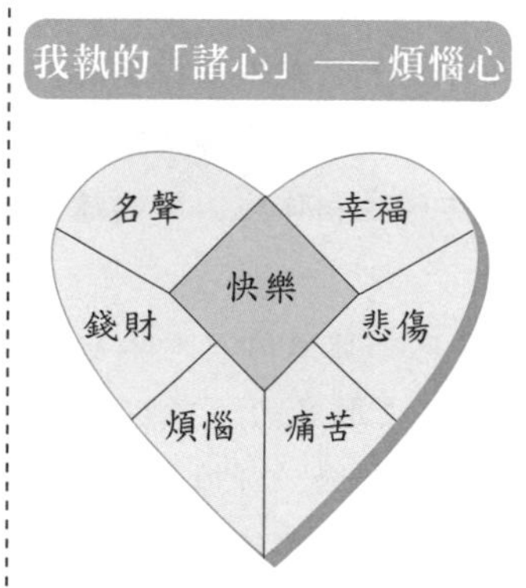

眾生的一切思想、心理、意識的變化，不過是真正的心所引起的一種現象變化而已，並不是真正的心。「心無所住」，心中無物，無心，才是「真心」。

眾生把心的現象變化看成了心。其實，心也是虛空的，沒有昨天、今天、明天，無窮無盡。

空

虛空

高人指點

本品是一體同觀分，同觀是見道之見，明心見性之見。佛陀說「過去心不可得，現在心不可得，未來心不可得」，是告訴眾生不要在現象界裡去求無上阿耨多羅三藐三菩提，因為現象是時刻變化的。所謂「不可得」，並非有，也並非空，是介於空與有之間的一個真現量。當你有的時候就是有，空的時候就是空，平實而尋常。所以，當人們悲傷的時候心有悲傷，但悲傷一過，便是空，空了就說明悲傷不可得。快樂也是同樣的道理，過了就空了，不可得。

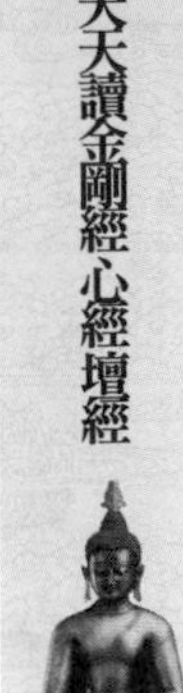

19 法界通化分
福德是空

佛陀在上一品中說完三心不可得後，又另起了一個關於福德的問題。在《金剛經》中，佛陀說完最高智慧成就後，往往要接著說到最大的福報。因為，福、智二莊嚴是佛學的重點內容，一個人要從凡夫成佛，必須要有智慧的莊嚴、福德的莊嚴，並且有真正的福德才能有真正的智慧。

佈施生福德

佛教以緣起論為基本教義，講究因果關係：有因必有果，有果必有因，沒有無緣無故的因，也沒有無緣無故的果。佛陀從佈施因緣說到福德，福德就是由佈施因緣所生。換言之，佈施是因，福德是果。佈施是佛門中的大事，連佈施也不離緣生，不離因果，可見佛教其他一切都是以緣起為基點。另外，說到福德，也必然會說到報身，因為福德多，才能證得報身。這裡須菩提答「如是」，是因為他深解義趣，同時，他也告訴其他僧眾，以七寶佈施之人因緣得福很多，僧眾要明白諸法緣生的道理。

福德是空

前面說道，以七寶佈施因緣得福很多，但是也要不住相佈施。只有不住相佈施，其福德才無邊無量；反之，則是執著於我相、法相。因為有我執，才能有「我得福德多」的心念；因為有法執，才能有「福德多修行快」的心念。如果是這樣住相佈施，那福德就非常有限。

這裡釋迦牟尼說：「若福德有實，如來不說得福德多；以福德無故，如來說得福德多。」也就是說，福德並沒有一個實體，它是當體即空、無法形容的，所以才能說它「多」；如果有實體的話，那就無所謂「多」了。因為前面已經說過，哪怕是恆河沙數那麼多的恆河裡全部的沙，那也不叫多，總有盡的時候。凡人生於世間，總渴望很多很多的福報，如數不盡的財寶、非常大的名聲、沒有盡頭的壽命……殊不知，世間的福報並不是實在的，就如同流星一樣，倏忽不見。短短幾十年的壽命轉眼即盡，再多的財富、再大的名聲……不過是彈指之間就失去了。所以佛陀說「以福德無故」。

名詞解釋

因緣：凡任一事物生起，有主要的、根本的、決定性的原因或依據，稱為「因」；而輔助性的條件稱為「緣」，詳解參見第二章。

法界通化分

因緣福德

佛教認為，世間萬物都處於因果關係網中，互為因果。甲為乙因，乙為甲果，乙又為丙因……福德也不例外。

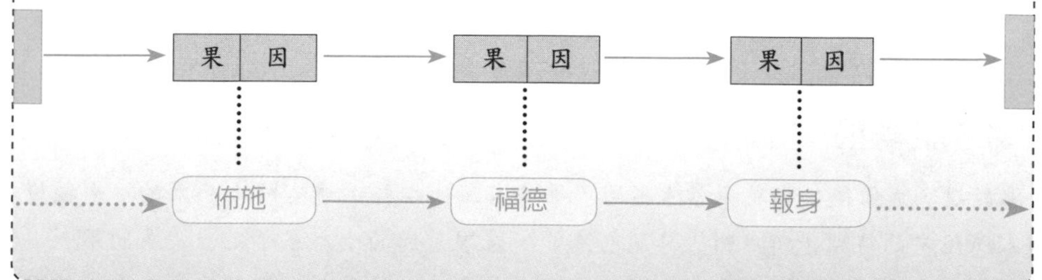

福德本空

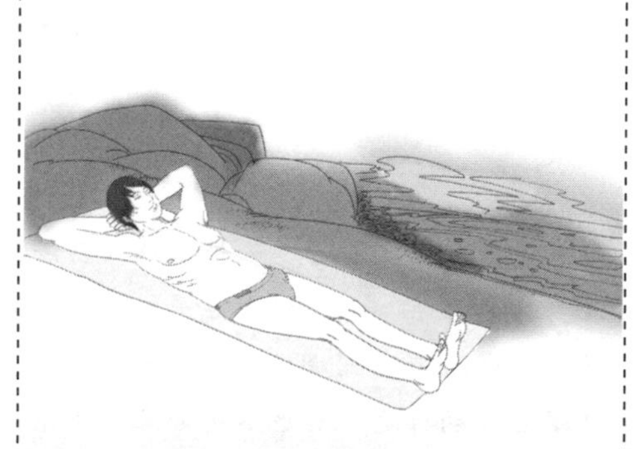

人生就如同蠟燭，發光發亮只能持續一段時間，總有燃盡的時候。人間的福報亦如此，總有用盡的時候。

真正的福報其實是清靜無為，無得無失，無樂無憂。然而，凡人往往在真正清閒的時候，又會去自尋煩惱。

高人指點

佛陀說「以福德無故，如來說得福德多」，既然世間無福德，那如來為什麼說得了很「多」福德呢？因為如來證得了空性，悟道而成佛，這才是真正的大福報、大成就。要想悟道成佛，就要眾善奉行、諸惡莫作，以此得來一切福德，培養大智慧。若僅修有為福德，沒有大智慧參悟無為福德，那仍然不能成佛。成佛需要大智慧，大智慧是從福德中修來的，福德又是從一切善行的功德所修來的。

20 離色離相分
遠離一切色相

《金剛經》的上半部大都是須菩提提問，佛陀答覆。到了下半部分，則大都是佛自己主動提問說法。慈悲為懷的佛陀恐怕僧眾心中有疑，就詳細為大家解說。本品中，佛陀再一次指出必須遠離一切色相，從無身中見一切身，才能見如來。

如來的身相

佛教說，成佛後的相貌與常人不同，佛具有三十二相，還有隨之而來的八十種好，是普通人所沒有的特點，所以叫「具足色身」。據說，佛的十大弟子之一「多聞第一」阿難當年就是因為看到佛陀的色身如此圓滿美好而出家的，結果他被佛陀斥責一番，並因此遭受了劫難。一些小乘佛教甚至認為，女性要成佛，必須先轉為男性。但是《金剛經》則推翻了這此理論——佛，是不可以具足身色而來的。關於佛的身相，有三身說、四身說、十身說等。三身說，即法身、報身、應身。這是大乘佛教最普遍的說法，法身即佛性，不生不滅、不增不減的；報身即具足色身，有三十二相等特徵，是修行的果報；應身是佛為教化眾生而化現的佛身，也叫化身。

不以身相見如來

如來雖然有三十二相狀、八十種隨形好，但其色身並非其法身。如果以為只要修得如來的色身就能成佛，那就大錯特錯了。如來的法身才是佛性，而佛的本性是一念不生的清淨心，只有掃除一切妄念，不住一切相，才能讓自己的清淨心顯現出來。如果一味執著於如來的完美身相，即使修行到更完美的身相，具足更大的神通，那也不是如來。所以，如來也是源自於內心，莫向外求。

本品中，須菩提的回答看似矛盾——「如來說諸相具足，即非具足，是名諸相具足」，實則是從不同的角度來回答釋迦牟尼的問題「如來可以具足諸相見不」。「如來說諸相具足」，這是按照俗諦的說法，說如來具足三十二相。「即非具足」，這是按照真諦的說法，「具足」皆空。「是名諸相具足」是從圓諦的角度來說，這不過是個假名而已。

名詞解釋

色身：物質之身，就是圓滿無缺的物質之身。釋迦牟尼入滅後，其弟子出於對他的懷念，開始了佛陀崇拜的歷史，並產生了現實身（色身）的佛和永遠身（法身）的佛的觀念。色身，就是釋迦牟尼佛的身體，是有生滅的物質之身；法身，是不滅的教法，是永恆不滅的。

離色離相分

報身

圖中為釋迦牟尼報身，具有兩耳齊平，鼻高且直、其孔不現，聲音威遠清澈等三十二相狀。

圖中為無量光佛像。無量光佛是西方極樂世界的教主阿彌陀佛的報身，是阿彌陀佛極久遠以來所做一切功德的載體。阿彌陀佛是應化身，他的法身稱無量壽佛。

高人指點

「如來不應以具足諸相見」，對於修行者來說，不是說具足了如來的圓滿相狀就顯示他成佛了。佛性自在本心，無需外求。色身所具有的外在神通也是因緣變化的，它根本不是如來本體。

- 佛的十身

眾生身，以眾生作自身，國土身，以國土作自身；業報身，以業報作自身；一聞身，以一聞作自身；緣覺身，以緣覺作自身；菩薩身，以菩薩作自身；如來身，以如來作自身；智身，以智作自身；法身，以法作自身；虛空身，以虛空作自身。

21 非說所說分
無法可說才是佛法

本品同樣是釋迦牟尼主動提出來的，他指出，佛所說的一切法都是空的、皆無實體，只有「無法可說」、「非說所說」才是真正的佛法。

謗佛和佛法

佛陀告訴僧眾不要執著於佛的色身相後，又說到不要執著於佛所說的法。釋迦牟尼35歲時於菩提樹下悟道後，開始了長達49年的說法，直到他涅槃。但他在說法的過程中，卻多次否定了自己的說法，這種「自相矛盾」往往令凡眾無法理解。所以，佛教中有不少教派一直堅持不肯接受佛陀親口否定佛法的觀點。但在本品中，佛陀又一次明確地表示：「若人言：如來有所說法，即為謗佛，不能解我所說故。」這是釋迦牟尼以非常嚴肅的口吻聲明：我從未說過佛法。如果有人說釋迦牟尼說過法，那這個人就是誹謗佛。

前面已說過，釋迦牟尼說法是隨機緣變化而說的，是有一定因緣的。如《金剛經》的機緣就是釋迦牟尼與僧眾一起持缽乞食的平常生活，因解空第一的須菩提有感發問，而引發釋迦牟尼的即興演說。也就是說，《金剛經》也是真如本性在某種機緣下表現出來的一種現象，它並不是真如本性的佛法本身。另一方面，佛是不住一切相的，無我相、人相、眾生相、壽者相，無一切諸相。一無說者，二無聽者，又何來說法？釋迦牟尼就這樣說一切法，掃一切法，隨說隨掃，隨說隨清理，以免眾生產生法執。所以，佛什麼法都沒有說。而什麼法都沒有說，這才是真正的佛法。

佛與眾生

須菩提是解空第一，他明白了佛法本空的道理，也就荷擔了如來慧命，所以在此稱為慧命須菩提。雖然他自己明白了法空之理，但他又擔心未來世的眾生聽了這樣的話，不能生起對佛法的實信，所以問道「聞說是法，生信心不？」佛陀並沒有直接回答「會」或「不會」，而是回答「彼非眾生，非不眾生」——根本就沒有眾生。為什麼呢？還是無四相，佛即眾生，眾生即佛。人人佛性平等，無須擔心世人不生實信。

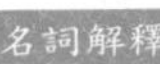

名詞解釋

慧命：法身以智慧為壽命。智慧之命夭折，則法身之體也就失亡，智慧為法身壽命，故曰慧命。

非說所說分

佛法本空

釋迦牟尼說法，就如同水中印月一般，是對真實法體的一種顯現。水中的月影並非月亮本身，但它是月亮的真實反映，所以也可以說是月亮。

如果認為釋迦牟尼所說的法就是佛法，那就是住相，如同猴子撈月一般。

佛與眾生

當眾生掃除一切妄念，顯現原本的清淨心，那就是佛。所以從佛性來說，眾生即佛，佛即眾生。

高人指點

佛法其實是一種教育法。佛陀的所有說法，包括三藏十二部經都是方便，都只是為了讓眾生懂得涅槃的真諦。如果把教育的方便當成了教育的目的，那就犯了根本性的錯誤，並且語言的表達又極容易出現誤解，造成詞不達意，或眾生理解有誤。據佛經上記載，釋迦牟尼悟道後，原本打算立刻涅槃，但是由於帝釋天人的極力跪求，佛陀才決定「說法」。

22 無法可得分
佛法無法可得

佛陀說完「非眾生，非不眾生，是名眾生」後，須菩提又提出了自己的問題。在這一品中，佛陀告訴眾生，佛法是無法可說、無法可得的，眾生的自性和菩提心是本性固有的，無所失亦無所得。

須菩提的疑問

須菩提聽釋迦牟尼說佛既無我相，又無一切相，就聰明地推斷佛果也是不存在的。「佛得阿耨多羅三藐三菩提，為無所得耶。」既然沒有這個人的存在，沒有這個人的一切存在，那麼就更不存在這個人得到了什麼的說法了。阿耨多羅三藐三菩提，即最高佛果無上正等正覺。佛回答說：「我於阿耨多羅三藐三菩提乃至無有少法可得」——我甚至連一點點實性法都沒有得到。為什麼呢？無上正等正覺是一切法的實相，是宇宙法的真如本性，是完全平等的佛性。它不增不減——真心性空，對成佛者無增多，對癡迷眾生無減少；不生不滅——真性沒有開始也沒有壞滅，它不像人的肉身有生有滅；不垢不淨——真性有如蓮花一般出淤泥而不染，出清水而不沾。沒有無垢，也沒有潔淨。所以，對於這種真性是沒有毫釐或些許可得的。

無法可得

阿耨多羅三藐三菩提，原本不過是一個假名而已，並沒有一個真正的實體。而且，阿耨多羅三藐三菩提這個假名所代表的東西，並不是從外得來的，它一直就在人們固有的自性中，如同自家的珍寶掉在自家的角落裡，從未被發現而已。釋迦牟尼證得了阿耨多羅三藐三菩提，不過是發現了它。所以，他無所謂得，也無所謂失。所謂「衣裡明珠，不假外求」，釋迦牟尼告訴眾生，你衣服裡的珠寶，不要去外面尋找，如果一心向外尋求，那只會越走越遠，永遠找不到。相反的，簡單地揭開「衣服」的遮蓋，便能見性成佛。

名詞解釋

阿耨多羅三藐三菩提：梵文音譯，意思是「無上正等正覺」。「無上」是指其至高無上，無人可凌其上；「正」，不偏不邪之義；十法界同為一體，謂之「等」；不同於凡夫外道的見解，稱「正覺」，「正覺」，就是佛智，或稱作「一切種智」，是十方三世的一切諸佛修行所得的智果。無上正等正覺就是圓滿佛果，自在菩提。

少法可得：哪怕得到了很少的一點法，那就是住相了，那就不能證得阿耨多羅三藐三菩提，所以佛陀說「無有少法可得，是名阿耨多羅三藐三菩提。」

無法可得分

阿耨多羅三藐三菩提

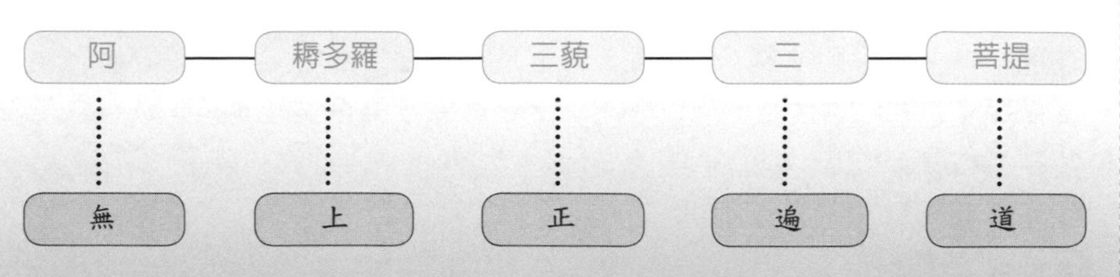

阿耨多羅三藐三菩提，統而譯之，為無上正遍道，新譯為無上正等正覺，為真正平等覺知一切真理之無上智慧。

無法可得

佛陀告訴僧眾，真正悟道的人，一切皆空，了無所得。就如同一個已經進入夢境的人，腦子裡絕對不會有「我睡著了嗎」這樣的想法，相反的，腦子有這種想法的人，那肯定是「沒睡著」。

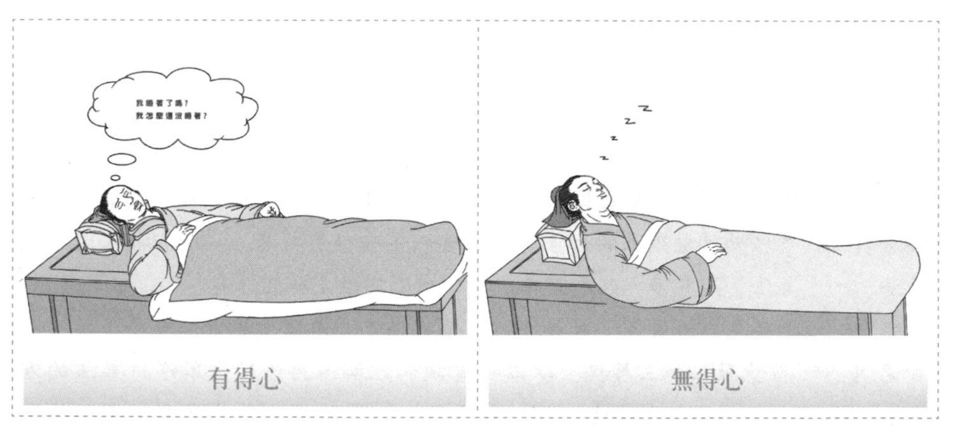

有得心　無得心

高人指點

在本品中，釋迦牟尼告訴僧眾，佛法無法可得。這也是後來的禪宗六祖所悟道的「本來無一物，何處惹塵埃」的真諦。由於《金剛經》直指人心、見性成佛的般若智慧，禪宗對其極為推崇，並以之印心。禪宗在汲取金剛般若精髓上，形成了超悟峻峭的機鋒公案和睿智靈動的詩歌偈頌。這對於中國傳統文化的發展產生了巨大的影響。

23 淨心行善分
要修一切善法

在前面的五六品中，佛陀一再要求眾生不要著相，不要執著於一切法。而在本品——淨心行善分中，佛陀說要執著於一種法，即善法。他說要修一切善法，並解釋了真正的善法是不抱行善之念、沒有希求福德之心，只有這樣才是真正的「淨心行善」。

修一切善法

佛說「是法平等，無有高下」。前一品已說到，法的實相真如本性，是不增不減、不生不滅、不垢不淨的，沒有高低貴賤之分。另外，修法之道也是平等的，不論是參禪、修密宗、修止觀，還是其他八萬四千法門，都是平等的，沒有差別。這與前面佛陀說過的「一切賢聖皆以無為法而有差別」，道理是相通的。

前面幾品佛陀一直在告訴眾生不要住相、不要住色、不要住法……什麼都不要住，基本上是否定了一切。那要成佛，僧眾只需參禪、打坐、念經嗎？在這裡，佛陀說：「以無我、無人、無眾生、無壽者，要修一切善法。」不住四相修一切善法，而不行一切惡法。「願斷一切惡，願修一切善，誓度一切眾生」，便是善法。一切惡斷了，一切惡就不生；一切善修了，一切善根就增長，修一切善根，就能證得無上正等正覺。修一切善法的前提是「不住四相」，只有不住四相，才能真正做到「修一切善法」；否則，若住有我相，必然去做一切利於「我」的「善法」，那樣就不是「修一切善法」了。

不抱行善之念

若是為了求佛果、求福報及功德而修一切善法，那就是人天果報、凡夫的修法、凡人的為善。真正的善法是菩薩道果的行善，雖行善而不住行善之念。「所言善法者，如來說即非善法」，「善法」是有諦，也是空諦，更理想的認識是非空非有。

本品中，釋迦牟尼告訴僧眾，對善法的正確認識是「是法平等，無有高下」，並將這種法命名為「阿耨多羅三藐三菩提」以方便言說和理解，再告訴僧眾修持善法的方法是「以無我、無人、無眾生、無壽者，修一切善法」，最後否定善法實有，不要執著於善法。其教育方法和思路非常奇特而又清晰明瞭。

名詞解釋

復次：就是其次的問題，或者另一個問題。

是法平等：真正的佛法是平等的，八萬四千法門沒有高下之分。

淨心行善分

修一切善法

修一切善法，首先要發心行善，即有按照無為的態度來行善的願望。而行善會增長般若智慧，般若智慧又會指導行善，這是良性循環。

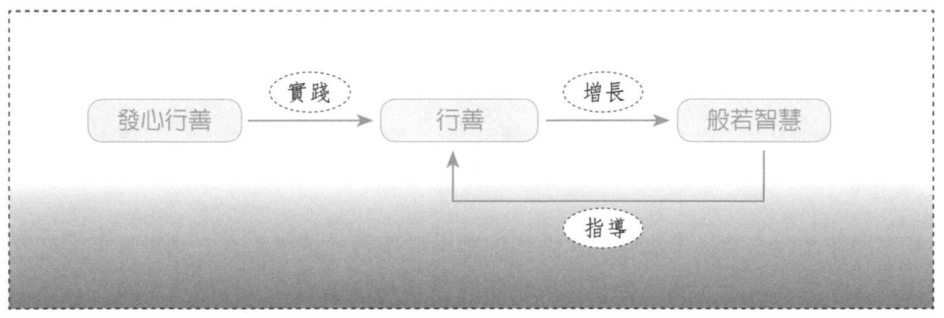

是名善法

佛陀說，等到完全開悟的時候，就一切都放下了，萬物皆空。所謂善法者，非善法，是名善法。所謂ABC者，非ABC，是名ABC……這就相當於一個公式。

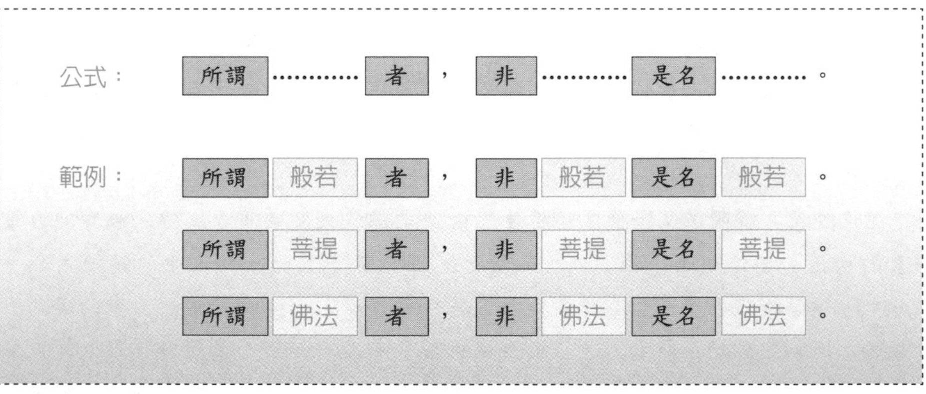

高人指點

佛陀常常會說到，世間一切都是虛幻的，如同水中月、鏡中花一樣「不可得」，但「不可得」並不是「不存在」。水中月、鏡中花的背後都存在一個實體。佛陀並沒有說它們是絕對不存在的，而只是說，它們是虛幻的、不實在的，是偶然暫時的存在而已，是把握不住的、無常的。

24 福智無比分 不能計算的福德

本品是連接上一品而來的，相當於一個小結。福智無比分，就是講述修佛的福報和智慧。前面已經多次提到過福報了，這裡再三重複，是為了承接上一品「修一切善法，即得阿耨多羅三藐三菩提」，「所謂一切善法者，即非一切善法，是名一切善法」，也就是說，修菩薩道要不執著於行善。本品便是對上品的一個總結。

佈施

在前面第十三品中，佛陀已經說過，法施比財施所得福報更大。這裡又重複強調了法施的重要。很多人信仰宗教，往往帶有很強的功利思想或目的。對於這樣的人，佛陀說，如果真希望得到功利，想花小錢得大利，那就必須要行一切善，拿相當於須彌山那麼大的財富來佈施，縱然得不到福德，其福報也是很大的。

另外，他又說到，如果有人修持《金剛般若波羅蜜經》這本經書的道理，不論他是否懂得此經的全部意義，哪怕他只懂得四句偈子，卻能受持誦讀，為人解說，那他的福報比前面以須彌山多的七寶佈施的人要大得多。

無法言說的巨大差別

以七寶佈施的福報與受持《金剛經》四句偈的福報差別多大呢？佛陀說，後者的福報要遠遠地超過前者。以七寶佈施的人所得到的福報還比不上領受、奉持、誦讀《般若波羅蜜經》者的百分之一、千分之一、萬分之一、億分之一，任何數字和譬喻都不能說明他們之間差別之巨大。

這裡佛陀再次說明了弘揚佛法的重要，也就是佛法教育的重要。佛法教育的力量和它所培養的功德，遠遠超過了物質佈施的功德。因為那是幫助一切人生的精神生命，簡稱「慧命」。須菩提就在第十二品中被稱為「慧命須菩提」。慧命是智慧壽命的觀念，屬於慧命教育，所以它的功德特別大。「於前福德百分不及一，百千萬億分，乃至算數譬喻所不能及。」這裡佛陀再次考量財佈施與法佈施巨大的福德差距，一方面強調了佈施對修行的重要性，另一方面從側面反應出佛陀對《金剛經》般若智慧的高度重視。

名詞解釋

諸須彌山：「諸」：所有。「須彌山」是梵語，翻譯成中文為「妙高山」。意思是，在三千大千世界裡，有很多妙高山。

福智無比分

修佛資糧

佛教修行很重視兩個資糧，一個修行人能修到什麼程度，能得到多少利益，決定於這兩個資糧的多少。資是資助，糧是糧食，修道就像古人遠行，要有善根福德正法等糧食資助其身，才能到達。修持佛法都必須要累積福德與智慧二資糧才能成就。累積福德資糧主要是佈施、造善業。

不能及的福德

一個三千大千世界，就有一百億個小世界，每一個小世界，有一個須彌山王；那麼，這個三千大千世界，就有一百億個須彌山王。這個須彌山王，出水有八萬四千由旬那麼高。聚集所有須彌山王的七寶，如此不可數的財寶，卻遠不及受持誦讀《金剛經》哪怕四句偈所得福報。可見金剛經的福報何其大！

高人指點

資糧的重要性：佛教經常說開悟見道，就是修到見道位，這需要多大的福報和智慧資糧呢？從福報講，要有七世天子命的福報；從智慧講，要有九朝狀元才的智慧。具有這樣的福報和智慧的人才有開悟的可能性，可見福報和智慧資糧對於修行者是多麼的重要。

25 化無所化分
人人自度

前面一品佛陀說完以諸須彌山王的七寶佈施，其福德遠不如以四句偈為人說的福德大後，又問了須菩提的想法。此品也是佛陀的一種總結性言論，「化」就是「使感化」，使人得到感化，使人變化，其實就是教育的意思。

佛不度衆生

本品中釋迦牟尼總結道「汝等勿謂如來作是念：『我當度眾生。』」——你們不要以為如來有「我來度眾生」的念頭。如果有這樣的念頭，那說明你有了四相執著。佛在前面幾品中已說過，佛證得的佛果「阿耨多羅三藐三菩提」是空，佛法的本質是「空」，眾生的本質也是「空」，佛與眾生平等。所以，釋迦牟尼所說的一切法都只是因緣的現象，並非法本身。既無說法之人，也無可說之法，更無聽法的「眾生」。所以佛說，「實無有眾生如來度者」——沒有實實在在地眾生能讓如來去度。

另外，佛陀沒有「度眾生」，是因為佛陀已經悟道，破除我執，如來和眾生便是一體。沒有所謂的「如來」，也沒有所謂的「眾生」，那「如來」又如何度「眾生」呢？禪宗六祖曾對五祖說：「迷時師度，悟時自度」，迷的時候，就要師父度徒弟；若開悟了，就發現是自度。同樣的道理，眾生迷惑之時，佛陀來度眾生；眾生一旦開悟，就自度。而開悟是自己開悟，並非佛陀開悟，所以，佛沒有度眾生。

衆生自度

釋迦牟尼為什麼說「凡夫者，如來說即非凡夫，是名凡夫」呢？因為在佛的眼裡，一切眾生「皆有佛性，皆當做佛」，「佛觀一切眾生，皆是過去的父母，未來的諸佛」——一切眾生的佛性與菩薩、佛毫無區別，只是被厚重的煩惱妄念所覆蓋而無法顯現出來。「凡夫」不過是一個代號，以示他們和得道聖者之間的差別。但在凡夫自己的眼裡，因為執著於「我」的習慣思維方式，容易產生對佛的色相、神通、果位等的執著，認為佛與自己相差太遠，也認為有一個真實的我需要佛陀來度。其實，一切眾生一旦找到自己的本性，便能成佛。所以，後世禪宗經典中的心、佛、眾生，三無差別。悟道了，心即是佛；未悟道，佛即是凡夫。

名詞解釋

我當度衆生：「度」，亦即「度脫」之意，即使其離生死大流而達涅槃彼岸的意思。
凡夫之人：梵語「波羅」，指的是對色相有所執著，尚未覺悟之人。

化無所化分

佛不度眾生

所謂「平等真法界，佛不度眾生」，佛與眾生是平等的，在地位上，佛並不比眾生高級；在福分上，眾生並不比佛少多少，大家是完全平等的。所以，佛陀說「實無有眾生如來度者。」

眾生自度

「如來說有我者，即非有我，而凡夫之人，以為有我。」

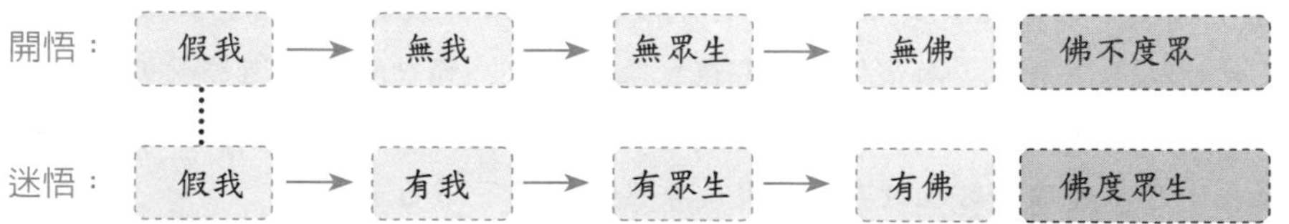

高人指點

- 何爲凡夫？

凡夫無法認識到五蘊假和的道理，是識淺凡庸之人，無法見到真我。真我是本來就存在於自心本性之中，無須外求的。凡夫因無明遮蔽，無法顯現真我。只要凡夫了悟，便不再是凡夫，而在尚未領悟時，暫且假名凡夫。

26 法身非相分
不以相見如來

本品是金剛經的一個重點內容，佛陀在此指出，如果想以色相、音聲觀見如來，是永遠見不到如來的法身之體的，更不能達到真正的覺悟境界。

轉輪聖王

釋迦牟尼告訴眾生，不可以三十二相來觀想如來，見如來。「若以三十二相觀如來者，轉輪聖王則是如來。」佛教認為，太平盛世時期，全世界唯一的太平帝王就叫轉輪聖王，分為金輪聖王、銀輪聖王、銅輪聖王、鐵輪聖王四種。轉輪聖王具有七寶莊嚴，也有三十二相，與如來的三十二相相似，但有細微差別。佛陀在很多佛經中讚歎轉輪聖王的福德是與佛一樣的。佛教認為，一切眾生修一切善法，才能產生一個太平盛世，才能出一個轉輪聖王。「轉輪」的意思是，把一個時代歷史扭轉過來，扭轉到太平盛世。所以，轉輪聖王的功德也是無量的，因為他使成千上萬的百姓過上了太平安樂的生活，實際上就如同佛陀度化眾生的煩惱一樣。反過來，要有與佛一樣的功德，才能成為轉輪聖王。

轉輪聖王雖然具足三十二相，也有很大的福報。但他不是如來，他僅能夠成為統治世界的有福報之大王，卻不能修行、悟道、證果。

四句偈

佛陀說完不能以三十二相見如來後，又開口說出了下面的四句偈：「若以色見我，以音聲求我，是人行邪道，不能見如來。」佛有三十二種相狀、八十種隨形好，有六十種美妙梵音。如果執著於透過色相、音聲的修行來悟道，那是不可能開悟的。有些修行者修行或禪定到某種境界時，就會覺得佛的完美身相就在眼前，或聽到佛用美妙聲音跟自己說話，這不是說明你開悟了，而是你入了邪道，此時就要「遇神殺神，遇佛殺佛」。因為萬法皆空，那些佛相、音聲都是虛相，是魔而不是佛。南懷瑾先生就說過，如果有了佛相、佛音的反應，應該趕快去醫院檢查，肯定是身體哪裡出了問題了。

名詞解釋

轉輪聖王：音譯為「遮迦越羅」，古印度傳說中的聖王，據說自他出世，便能自天感得輪寶，進而降服四天下。佛教襲用這種說法。

法身非相分

轉輪聖王七寶

轉輪聖王又稱「轉王」，相傳他出世之後，能感覺到七種寶物，能用神力轉動七寶制服四方。

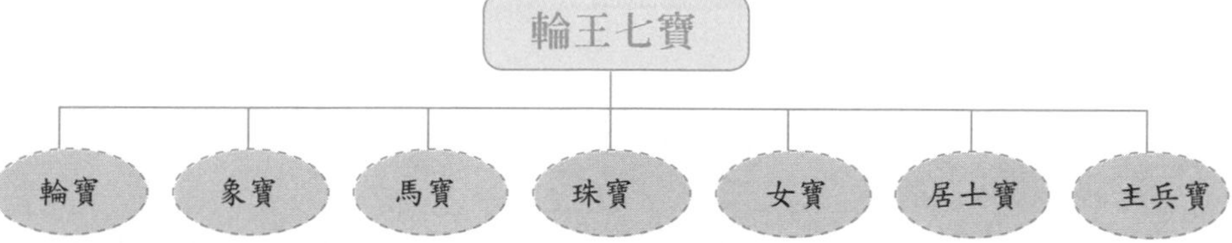

輪寶

轉輪聖王出現時，天下太平，人民安樂，沒有天災人禍。這是因為轉輪聖王在過去世中修持世間福業，卻未修出世慧業，所以僅能成為統治世界的有福德的大王，卻無法證得佛果。因此，轉輪聖王尚未斷惑，未出三界。右圖為輪寶圖。相傳在輪轉聖王出現時，會有七寶出現，幫助轉輪聖王教化百姓，《金剛經》用轉輪聖王證明不能以三十二相觀如來。

高人指點

若以色見我

以音聲求我

不住一切聲色，一切不住，這是大乘的心印。「無住、無相、無願」是《金剛經》的三個要點。只有真正到達了這三個境界，離開了聲色，才能見道，真正「見」到佛，真正「見」到真我。

27 無斷無滅分 不說斷滅相

佛陀說完法身非相分後，擔心眾生產生這樣的懷疑：既然不可以三十二相觀如來，那佛有沒有三十二相呢？於是，佛陀說了本品——無斷無滅分，指出真正發心、欲證菩提的人是不說常法，也不說斷法的，只有無斷無滅，不落斷滅，才合乎佛法。

不要有這樣的念頭

釋迦牟尼前面說「不應以三十二相觀如來」，並沒有說如來沒有莊嚴的身相。釋迦牟尼未成佛前，曾於多世中刻苦修行，廣為佈施，修一切善法，累積了無量的福德。當他悟道成佛時，這些無量福德就成就其圓滿的莊嚴相狀。所以，如果說他沒有這些莊嚴相狀，那他就沒有證得阿耨多羅三藐三菩提，佛教的因果理論、緣起論就是荒謬的。所以，佛沒有三十二相的說法是錯誤的，是一種邪知邪見。

不說斷滅相

如此一來，既不能說有三十二相的就是如來，又不能說如來沒有三十二相，那到底應該如何理解呢？釋迦牟尼說，「發阿耨多羅三藐三菩提心者，於法不說斷滅相」，一個真正發心修行想求得大徹大悟的人，是不能說斷滅相的。前面釋迦牟尼說了很多世間的假象、虛象，不要執著於一切虛象，這些虛象就是人們的「常見」。「常見」的彼端就是「斷見」。既然世間一切相都是虛象，那世間的實質就是「空」？如果落於「空」。認為佛法的空間是空的，見到了「空」果，這就是斷滅相。

凡夫往往認為，對於一切現象，要麼有，要麼沒有，但佛教認為，這是兩種邪見，即「偏有」和「偏空」。上一品中，佛陀說到不能以三十二相觀如來，因為「以三十二相觀如來」也是虛妄的、不真實的，是執著於相的，無法認識到法的真體。這是佛陀提醒僧眾，不要執著於佛的三十二相狀，即不要陷入「常有」、「偏有」的迷思。而本品佛陀又說道「如來不以具足相故，得阿耨多羅三藐三菩提」，這是從另一個角度提醒僧眾，也不能說佛不具足三十二相，不具足諸相，即不要陷入了「斷見」、「偏空」的迷思。

證得無上正等正覺者，講究中道，不說斷法，也不說常法。既不執斷，亦不執常，不落於兩邊，這才是真正的中道。若落於斷常二見，那就不是佛法，不能成佛。真正的「空」是超越有、空兩邊的，如果對存在現象全部放棄，這就是斷滅一切的空無，如此可能會將自己困滯在執著空無的境界，這同樣是一種執著。

無斷無滅分

偏空與偏有

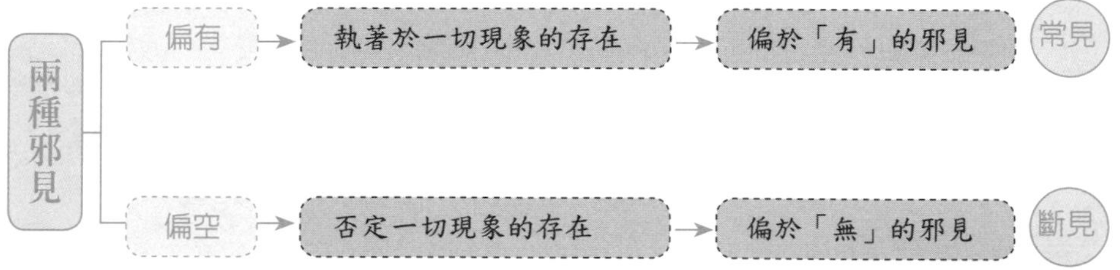

佛法是中道

佛法是中道，既「離相」，也「離法」。於相，不執著於表相，亦不否定表相；於法，不說斷法，也不說常法。

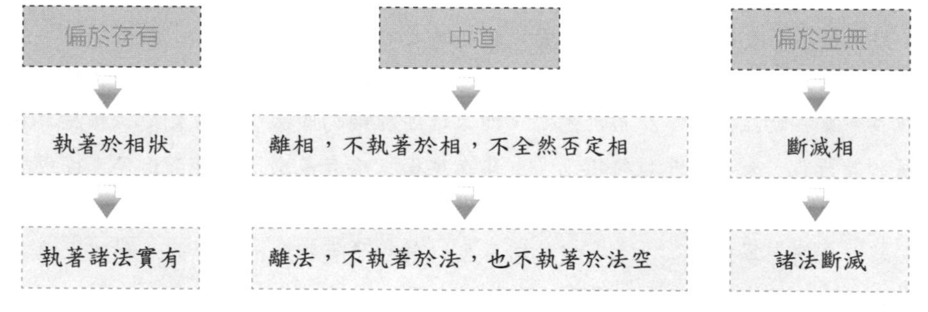

高人指點

佛教的「空」與很多人自認為的「空」是完全不一樣的。世間有很多人由於屢次遭受挫折，失去信心，或者深知無力改變而產生的一種「看開了」、「空了」的絕望或灰心的心理。這並不是佛教的「空」。佛教的「空」其實只是一種方便的說法，是用來形容涅槃的境界的，它並非是真正的空得一無所有。若認為「空」便是什麼都沒有，那就是一種斷滅見，而不是空見。

28 不受不貪分 菩薩不受福德

在前面幾品中，佛陀已經多次談到了福德。在本品中，佛陀宣說了菩薩的福德，指出不貪不受世間的一切福德，就能得到世間無可比擬的福報。

菩薩不受福德

釋迦牟尼說，假如有一個菩薩用恆河沙那麼多大千世界的七寶來進行佈施；另有一個菩薩則了悟一切佛法無自性的道理，進而達到無生無滅的境界，那麼後者所得的功德要遠遠地勝過前者。前面佛說福德的較量，都是說的善男子、善女人，即初發心的凡眾。這裡說到菩薩佈施，菩薩已經達到了聖位，是取得了很大修行成就的修行者。菩薩了知一切輪迴與涅槃的一切，都不存在一個實有的自性，即「知一切法無我」，對於這個見解，菩薩要毫不動搖地安住，即「得成於忍」。

「得成於忍」是一個很關鍵的辭彙。它的梵文直譯有「無我」、「無生」、「法忍」的意思。概括來說，是在此境界，能達觀諸法無生無滅，處於安住不動心的狀態。鳩摩羅什翻譯為「知一切法無我，得成於忍」，即本書所採納的版本。另有玄奘翻譯此句為「若有菩薩於諸無我、無生法中獲得堪忍」。雖在字面上略有差別，但都突出了「得成於忍」三個重要訊息：即生忍、法忍和無生法忍。

生忍：又稱「眾生忍」，意為儘管諸眾生以種種惡害相加，卻對此忍耐不生嗔恚。如第十四品中，佛陀受歌利王割肉羞辱，即為眾生忍。

法忍：即對佛所說的法信受不疑，如第十四品中「若復有人得聞是經，信心清淨，則生實相，當知是人，成就第一稀有功德。」這個人就是法忍。

無生法忍：即本品中所說的「得成於忍」，把心安住在無我、不生不滅的境界上。證得無生法忍時，此功德遠勝於財佈施的功德。

菩薩不貪福德

佛陀告訴須菩提，「得成於忍」的菩薩不貪受福德，所以他的功德很大。為什麼說菩薩不受福德呢？凡人往往對於他人的讚揚、稱頌、逢迎拍馬欣然接受，這是「受」；對他人的辱罵、詆毀甚至相反意見卻很抗拒，這是「不受」，但「不受」的本質還是「受」了，不過是「受」的滋味不同罷了。而菩薩則不論是面對讚揚還是詆毀，都是安然不動的，所以叫「不受」。既然「不受」，就沒有沒有受多受少之別了。

不貪不受分

菩薩不受福德

	佈施	功德
菩薩一	滿恆河沙等世界七寶佈施	大
菩薩二	知一切法無我，得成於忍	更大

不貪著福德，是故說不受福德。

很多人可能會想，菩薩怎麼還要佈施呢？其實連佛也是要佈施的，因為做功德是無窮無盡的。不論是菩薩還是佛，如果覺得自己已經功德圓滿，至高無上，無須再做功德，那這樣的「菩薩」或「佛」，就不是真正的覺者。佛的偉大之處就在於他永遠在以身作則，不斷行善培養功德。一切菩薩修持善果，修持佈施，都是無窮無盡的。

得成於忍

得成於忍其實就是了開悟的境界，真正懂得了一切法無我的道理，進入了無我之境，就自然進入了無生法忍的境界。

生忍

法忍

無生法忍

高人指點

何為「一切法無我」？一切法，包括所有的佛法，如四諦、十二因緣、六度、六根、六塵、十二處、十八界等等，不論是世間的一切，還是出世間的一切，甚至證得羅漢境界、菩薩境界，乃至於成佛，證得無為涅槃之果，都屬於一切之內。一旦了悟一切法本身無我，即我空後，就沒有了我執，也沒有了法執，連空執都沒有了。

29 威儀寂靜分 如來無來無去

佛陀講完不受不貪分後，又擔心僧眾懷疑如來「有來有去」，再一次住相，所以在威儀寂靜分中，闡述了如來的法身威儀，指出如來的法身常住寂滅，遍滿一切處，不但不生不死，而且不坐不臥。

無來亦無去

佛往往有很多名號，如世尊、如來、善逝、無上士、佛等。如來，是一個通稱，任何佛都可以稱為如來。也就是說，如來就是佛，佛就是如來。民間俗稱的「如來佛」其實是錯誤的稱呼，但由於流傳久遠，便成了一種約定俗成的說法。釋迦牟尼說，如果有人說「如來時來時去，時坐時臥」，那麼這個人就沒有真正理解佛法。因為如來的含義就是無所從來，亦無所去，就是因為這樣，才能稱為如來。

佛陀說：「如來者，無所從來，亦無所去，故名如來。」「如」是好像的意思，「來」是來了，「去」是走了，連起來便是如來好像來了，好像走了，其實它是不來也不去的。因為如來是遍滿一切處的，既然無處不在，就無所謂來，也無所謂去。若是開悟之人，山河大地、世間一切都是如來的法身，也能「見」到如來的真身——悟「空」；若是迷悟之人，就會一味執著如來的相狀，覺得如來「能來能走、能坐能臥」，甚至是腳踏蓮花、騰雲駕霧的仙人。

何為如來

佛陀在前面已說過，「過去心不可得，現在心不可得，未來心不可得」，「如來」其實就是說明心性本來的各種現象倏忽即逝。就如同某人的心情一樣，此時愉悅，轉眼又很悲傷，後又很開心。愉快、悲傷和開心的心情好像來了，又好像走了。一旦此人悟到了清淨空相之理，他就會發現原來不管心情如何變化，他的「真心」一直如如不動，好像動了又好像沒動，因為凡事不住心，一切無所住，即來即走，如如不動。

名詞解釋

如來：音譯「多陀阿伽陀」、「答塔葛達」、「怛佗儀多」等，「佛」的十號之一。「如」亦名「如實」，即真知，指佛所說的「絕對真理」；循此真如達到佛的覺悟，故名如來。

威儀寂靜分

威儀寂靜

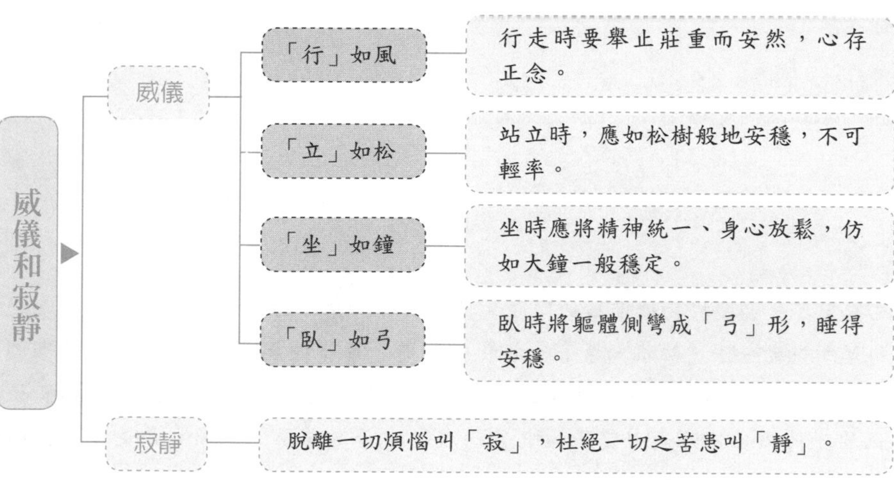

所謂威儀者，即三十二相、八十種好，是萬德具足、莊嚴圓滿之相；而寂靜，即無去無來，非動非靜，寂然之體。

如來

這是佛像，一般見於寺院、壁畫中，多為泥塑、金屬材質。《金剛經》中用如來「若坐若臥」來形容不解佛法之人。

高人指點

本品威儀寂靜分，實際是佛陀告訴僧眾要破除「如來」的名相，要了悟到「來」與「去」都是無所執著、無所分別的，這才是真正的「如來」。如果一心執著於「來」、「去」，那仍然是世俗動靜的一種相。

30 一合理相分 不要執著於一合相

在上一品中，佛陀講述了如來自性之相——「無來亦無去」，本品則接著講到如來的法身本體——空，並指出一合相是物質世界的現象，是虛妄、空無的幻想，不能對此有所執著。

微塵

佛陀提出了一個關於物理世界的問題。他說，三千大千世界都是由微塵構成。微塵就相當於科學所說的分子、離子、原子一類最小結構。隨著科學技術的發展，科學家們又發現，原子又由原子核和核外電子構成的，除了氫（氘）原子的原子核是由一個質子構成外，其他原子的原子核都是由質子和中子構成，中子、質子這一類元素是由更基本的單元——夸克組成的，那麼夸克和電子又是由什麼組成的呢？物理學家發現，再小的物質仍然可以繼續細分。不論是夸克、電子還是更細微的結構，釋迦牟尼告訴世人，世界是由微塵構成的。微塵是「空」性的，但「空」並不代表沒用，原子彈的威力已是驚人的恐怖，而最後的「空」的力量幾乎不敢想像。所以，佛說「若是微塵實有者」，也就是說，根本沒有微塵，一切都是由空所形成。既然沒有微塵，所謂的電子、原子、夸克等都是不存在的，不過是一些假名，這些東西究竟是空的。

一合相

佛教認為，物質世界由微塵構成。也就是說，微塵構成了三千大千世界，三千大千世界分解開來就是一大堆的微塵，兩者的本質是一體的。這種本質就叫做「一合相」，「一合相」是本性，是真實存在的。但「一合相」卻很難被眾生準確地理解，眾生所想像的、所認為的一合相並不是真正的一合相。釋迦牟尼說，一合相就如同佛法真理一樣，是無法用言語來表達的。但是凡夫們總是執著於相，依然貪戀著一個真有實體的一合相。

名詞解釋

一合相：指的是衆生因緣和合而形成的一種相狀。

一合理相分

一合相

在《金剛經》中，釋迦牟尼佛提出「一合相」的概念。所謂「一合相」，是指眾生認為眾塵和合而組成了一個實際存在的世界，針對此種觀點，釋迦牟尼則指出世間沒有實際存在的世界，即「非一合相」。

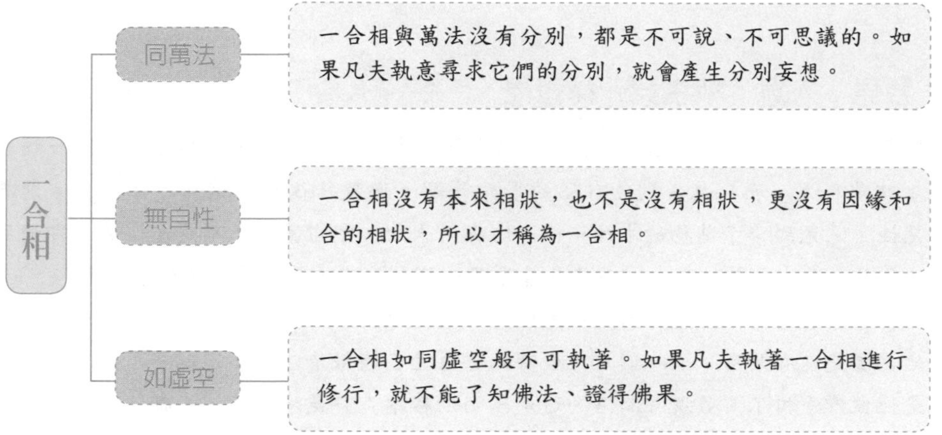

不要執著一合相

世界由無數微塵集合而成，人體由四大、五蘊合成，都可以說是一合相。

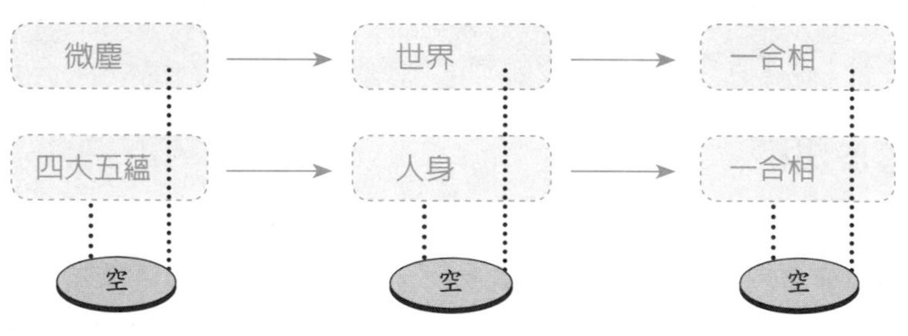

高人指點

《華嚴經大疏演義鈔》中解釋:「一合相者，眾緣和合故，攬眾微以成於色，合五蘊等，以成於人，名一合相。」簡單說，一合相是由眾多極微分子合成的一個有形物質。《金剛經》則認為，並非真有一合相，一合相不過是個假名而已。微塵、三千大千世界、一合相都是隨因緣假合而生，都是虛而不實的，當因緣離散的時候，即是壞空無實。

31 知見不生分
不執著於「知見」

說完一合相後，佛陀又轉到另一個方向，提出「見」方面的問題。本品知見不生分，指出發願求無上菩提心的人應遠離世間的妄見，於一切佛法都不能執著於「知見」。

我見、人見、衆生見、壽者見

前面佛陀在很多品中都講到「相」：我相、人相、眾生相、壽者相，要破除一切相。「相」就是現象，而「見」則是自己的思想見解。佛教往往稱悟道為「見地」，意思是明心見性，「見到」了萬物的本性——一切山河大地、宇宙萬有，都是虛空的，即悟到了空。此「見」非「看見的見」，並非是看見了一個什麼現象，或看見了什麼境界。

所謂「知見立知，即無明本，知見無見，斯即涅槃」，也就是說，如果知道自己的境界，他其實是沒有開悟。如一個人打坐時知道自己已經很清淨了，這就是「知見立知」，也就是他住清淨相了，並沒有開悟，這是無明的根本；若是他連清淨心都沒有了，那就是「知見無見」，接近涅槃了。

所以，「知見無」才是佛法真諦。若是知見「清淨」、「涅槃」……那都是住相，相不是道，道不在相中。同樣的，「我見、人見、眾生見、壽者見」那都不是佛法，不是明心見性。另外，這些名稱都只是一個方便的表達方法而已，並非實有，而是假有。所以，不論是釋迦牟尼，還是其他的法師，都會因為方便使用到「我」、「你」、「他」、「眾生」這樣的名稱，如果一聽他們使用這些詞就說他們有了四相執著，那反倒是心理有了「離四相」之相，有了另外的執著。

不執著於法相

最後，佛陀說，凡是發心求取無上正等正覺者，對於一切法，都應該這樣去認識、去判斷、去瞭解、去信奉，而不應執著於法相。什麼是法相呢？南懷瑾先生認為，一切現象、觀念都是表象，眾多的現象和觀念長期影響人的意識，人的意識裡便容易形成一種固定的、牢不可破的構想或者說幻想。在佛教中，這種牢不可破的臆想就是法相。比如有些修行者禪定時構想出大徹大悟是一片光明的景象，在潛意識中就形成了這種固定的法相。一旦某天修行時感到光亮無比，就以為自己開悟了。這就是住了法相。

名詞解釋

法相：佛教術語，指諸法顯現於外之相狀。包含體相（本質）與義相（意義）二者。

知見不生分

破除一切執著

不執於四相，是要去除心外對於表象的執著。

不執於四見，是要去除心內對於見解的執著。

不執著於法相

真正發阿耨多羅三藐三菩提的人，想求得大徹大悟，都應「如是知，如是見，如是信解」。

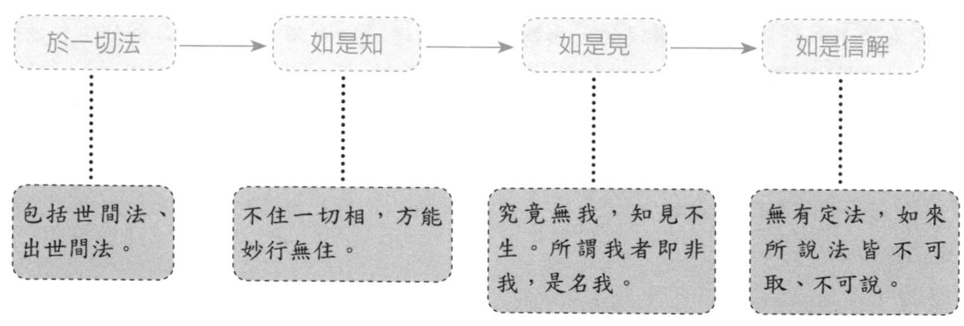

高人指點

本品中，佛陀告訴我們，所謂法相，「即非法相」。「所謂……即非……是名……」這是《金剛經》中的特殊公式，需引起重視。這其實也是佛陀的一種特殊教育方法，即方便的方法。佛陀擔心後人緊緊抓住他的教育方法不放，而不懂得他教育的真正內涵，所以往往在說過之後立刻否定。

32 應化非真分
受持、讀誦本經的功德

本品是《金剛經》的最後一品，佛陀再次強調了受持本經的無量功德，並指出一切有為法都是虛幻不實的。

持經的功德

《金剛經》能告訴人們破除一切執著與障礙，的確具有不可思議的功德。所以，釋迦牟尼在這裡再次考量佈施的福德。他說，以能夠盛滿數不盡阿僧祇世界的七寶來進行佈施，其福德也比不上用菩提心來領受、奉持、誦讀，甚至為他人解說《金剛經》的人的福德。佛陀在這裡說到的「發菩提心者」是什麼意思呢？菩提就是覺悟，是覺悟般若波羅蜜的人。悟道是菩提心的體，菩提心的相與用是大悲心，大慈大悲。所以，真正發菩提心的人是自然發出大慈大悲心的人，是無須勸化的。

四句偈

既然法佈施有如此大的福德，那應該怎樣為他人演說呢？釋迦牟尼說，演說的關鍵是要不執著於事物的表面相狀，以諸法的真實相狀來對待事物，因為「一切有為法，如夢幻泡影，如露亦如電，應作如是觀。」這是《金剛經》非常著名的一個四句偈，表示一切法都是虛幻不真實的，是無常的，就像夢、幻、影、泡、露、電一樣倏忽即逝。

有為法是相對於無為法來說的，無為法是涅槃境界，是法身理體，是如如不動的。有為法卻像夢幻泡影般無常，如同朝露和閃電般短暫。所以，一切有為法皆為虛妄，一定要認識清楚，不要住相。

佛陀講解完此經，所有的長老諸比丘、比丘尼、優婆塞、優婆夷，以及一切世間的天、人、阿修羅聽了佛所講的佛法，都非常歡欣高興，對此經產生了很大的信心，並從此領受、奉持、修行此經。

名詞解釋

比丘尼：亦譯為「比呼尼」，意譯為「乞士女」等，俗稱「尼姑」。屬出家四眾或五眾之一。

優婆夷：亦譯為「優婆斯」、「優婆利」等，意譯為「近信女」、「近事女」、「清信女」等。指接受五戒的在家女信徒，也就是女居士。屬於佛教在家二眾之一。

應化非真分

一切有為法

在《金剛經》的偈頌部分，釋迦牟尼指出「一切有為法，如夢幻泡影，如露亦如電，應作如是觀」，意思是世間一切事物、物質、精神，以及所有現象都是短暫的、虛而不實的，這也是《金剛經》最著名的偈頌。

一切有為法

- 幻：世間的一切都在變幻，沒有永遠不變的事物或現象。
- 夢：做過的夢很快就忘記了，只留下一些回憶，象徵人生如夢。
- 泡：水面的泡沫很快就會破碎，象徵生命的短暫無常。
- 影：眾生的業力如影隨形，一直隨著眾生在六道中流轉。
- 電：閃電在空中一閃而過，象徵生命的短促與空虛。
- 露：當太陽升起，清晨的露水就會消失，無法繼續存在。

高人指點

• 不取於相，如如不動

「不取於相，如如不動」，這是修行成功的佛與阿羅漢們的心。他們面對一切世間的境緣，心裡不產生執著。不取於相是指他們不執著世間的任何一種事物；如如不動是指他們心的平靜狀態，指他們面對一切事物，心理上完全以隨緣與平靜來應對。

• 應化非眞

昭明太子將本品命名為「應化非真分」是何含義呢？「應化」就是隨緣應機度化，佛陀在本經中所說的每一個文字、每一個形象，都是為了度化眾生而說的，並不是真正實有的。所以，在最後一品，佛陀仍不忘隨說隨泯，破除眾生對於文字、佛法等的執著，進而顯示真正的般若佛理。

第6章 《金剛經》重點經段解讀

1 衆生自度 不執四相

重點經文：「諸菩薩摩訶薩應如是降伏其心！所有一切眾生之類：若卵生、若胎生、若濕生、若化生；若有色、若無色；若有想、若無想、若非有想非無想，我皆令入無餘涅槃而滅度之。如是滅度無量無數無邊眾生，實無眾生得滅度者。何以故？須菩提！若菩薩有我相、人相、眾生相、壽者相，即非菩薩。」

衆生自度

簡單來說，凡是有生命的動物、植物乃至細菌，皆可稱為眾生。人，不過是眾生中的一種。佛教把一切眾生，分為十類。卵生，如雞、鴨等；胎生，如人、馬、豬等；濕生，如魚、蝦等；化生，如蟬、蝴蝶一類變化的東西；有色，即是能讓人看見的、有形的物體；反之，則是無色；有想無想，則是指有無思想感覺。這十類眾生，共同組成了一個有情世間。釋迦牟尼生而為人，是萬物之靈，而且他已悟道，擁有大智慧，他要令一切眾生「入無餘涅槃而滅度之」，就是要使不計其數的一切眾生永遠擺脫煩惱，不再受六道輪迴之苦。然而，話雖如此說，事實上，那不計其數的一切眾生並不是釋迦牟尼滅度的，因為眾生滅度最終靠的是他們的「自性」，而非釋迦牟尼的大智慧。所以，釋迦牟尼說「如是滅度無量無數無邊眾生，實無眾生得滅度者。」

不執四相

釋迦牟尼說要滅度一切眾生，這是他的一種願力，以拯救蒼生為己任。可以說，這是非常偉大的抱負，值得世人讚歎、欽佩。然而，釋迦牟尼自己卻不這麼認為，他非但不覺得此想法偉大，更覺得這種想法就好像日光自射、風雨自來、大地自然生長一般，再正常不過了。為什麼呢？因為「若菩薩有我相、人相、眾生相、壽者相，即非菩薩。」一個修佛之人，心無所住，掃一切法、離一切相，更無我、你、他的分別心。如果自認為是佛，他人是眾生，那就是有了分別心，住了相，那他就不是佛。殊不知，眾生即佛，佛即眾生。無佛無眾生，又何來「佛度眾生」之說。所謂的偉大、高尚，那都是世人的虛妄心罷了。

佛法提示

我相、人相、衆生相、壽者相：衆生不懂得五蘊假合而成的色身，而以為存在一個實實在在的我，由此產生對「我」的執著，產生有「我」的分別心，即我相。因為有「我」，自然會站在「我」的立場產生「他人」，即人相；成千上萬的他人就構成了衆生，衆生相。因執著有「我」，自然希望「我」能永存，這就是壽者相。

衆生自度

十類眾生

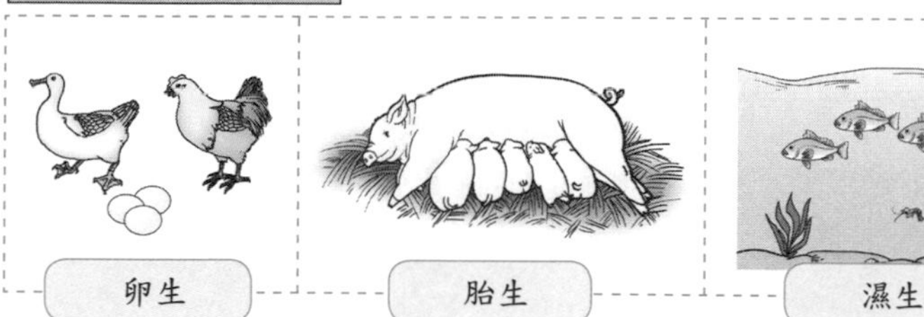

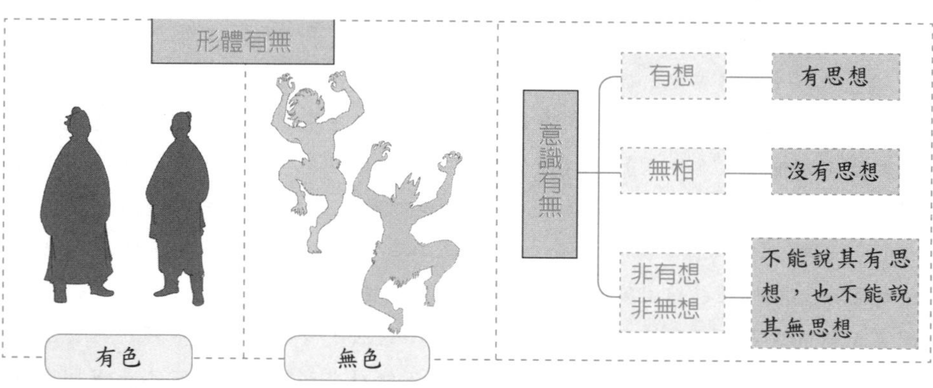

四相

看穿了「我」的本質是空，就不會有人相、眾生相、壽者相。所以，四相關鍵是破除我執。

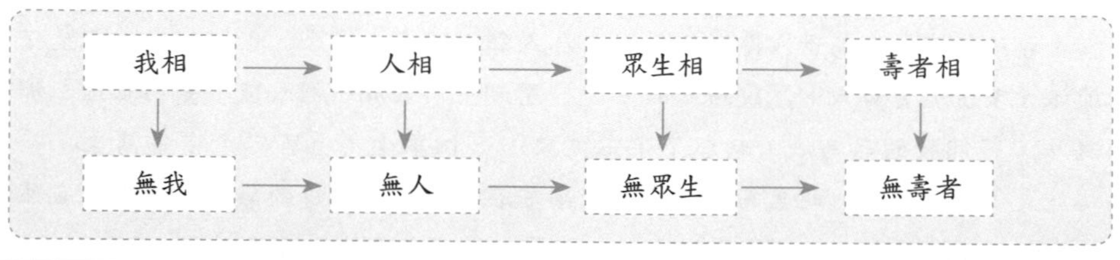

佛光普照

破除四相，說來容易，做來難。佛經上曾用「如斷四十里激流」來形容破除我執之難。40 里的大瀑布要一下子截斷，讓其斷流，何其艱難。儘管艱難，但並非不能做到。只要修行者時時刻刻動心起念，不想自己，而想眾生，並堅持付諸實踐，假以時日，「我執」就自然沒有了，這種方法稱為「大而化之」，即把自己的心量無限擴大，時刻謹記「捨己為他」。

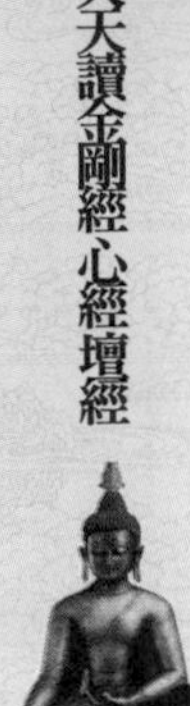

2 佛無定法 無法可說

重點經文：「如我解佛所說義，無有定法名阿耨多羅三藐三菩提，亦無有定法，如來可說。何以故？如來所說法，皆不可取、不可說、非法、非非法。所以者何？一切聖賢，皆以無為法而有差別。」

佛無定法

定法，就是固定的方法。釋迦牟尼說法就如同孔子講學一般，對不同的人要用不同的教育方法。所謂因材施教，有些人要循循善誘地鼓勵教育，而對另外一些人則要譏諷刺激。不論哪種方法，只要能打開他的智慧之門，讓他開悟，證得無上正等正覺的佛果，這就是佛法。所以說「無有定法名阿耨多羅三藐三菩提」。同樣的，如來也沒有定法可說。佛的三藏十二部經，《金剛經》、《圓覺經》、《法華經》、《楞嚴經》……汗牛充棟的佛經各說各有理，但他們都不是佛法。釋迦牟尼說過，他所說的法就如同渡河用的筏一樣，過了河就要立刻忘掉。如果一直念念不忘，不僅無法證得佛果，還將誤入歧途。所以，《金剛經》等佛經也如同筏一樣，只是個比喻，並非佛法。

那真正的佛法究竟怎麼樣呢？佛陀說「如來所說法，皆不可取、不可說、非法、非非法。」真正的佛法沒有具體可以描述的相狀，也不能用文字來表達，它不是世間存在的一切相狀，但它也不是否定世間存在的一切相狀。它就如同酷夏的清涼、寒冬的爐火，只可意會，不可言傳。

以無為法有差

佛法無邊，它是一個智慧之海，包含了人類豐富的智慧，已經超越了宗教的範圍。這也是《金剛經》多年人為世人傳誦的原因。自人類文明產生以來，世間不知道產生了多少學派流派、多少聖賢哲人，眾說紛紜的學說、思潮中，只有一個永恆不變的真理，那就是「無為法」。佛教的無為法，包容了宇宙萬象、一切眾生，也否定了宇宙萬象、一切眾生，這就是「無為法」。此無為法就是釋迦牟尼在菩提樹下證得的無思、無為、寂然不動的心法：如如不動。所以，須菩提說「一切聖賢，皆以無為法而有差別。」

佛法提示

最偉大的智慧往往是最平凡的智慧，最博學的人往往也回歸於一種無知無識的境界。老子說「道法自然」，釋迦牟尼說「自性成佛」，他們都是說要保持赤子之心，發揮人的天性、本性才是真智慧。這種本性、自性也就是無為法。

佛無定法

佛無定法

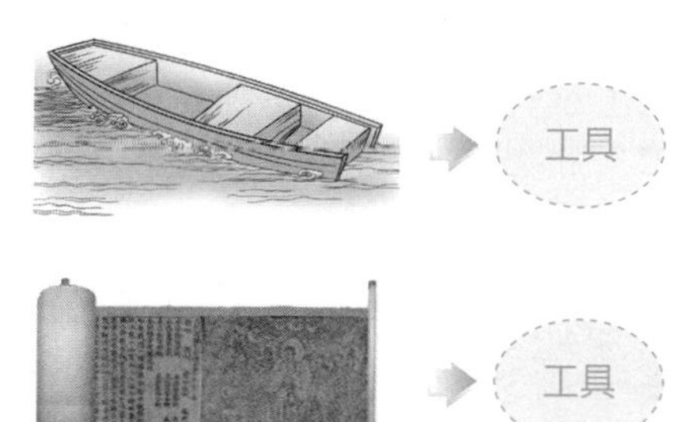

條條道路通羅馬，只要能從生死的此岸到達涅槃的彼岸，不論用何方法，都是佛法。所以說，佛無定法。

法不可取

佛法就如同某人食用過的一份美食一樣，能給當事人帶來非常美妙的感覺，但對於其他人來說，不論如何描述，這份美食已不復存在，其滋味已「不可說、非法、非非法」。

佛光普照

「一切聖賢皆以無為法而有差別」，無為法，是無因緣造作的絕對真理，是一種賢聖的體驗。而有為法，是有因緣造作的相對真理，是凡人的體驗。無為法就如同陽光普照大地一樣，聖賢之人、愚笨之人，以及鳥獸、花草、樹木皆在接受陽光的照射，不過是有的能感受其光芒，有的視而不見，有的身處其中而不自知……。

3 不住六塵 生清淨心

重點經文：「諸菩薩摩訶薩應如是生清淨心，不應住色生心，不應住聲香味觸法生心，應無所住而生其心。」

不住色

色是指一切外物的形態，也就是能用眼睛視覺感知的一切。凡人總相信「眼見為實」，總覺得親眼所見，必是實情。殊不知世間萬象都是因緣和合而生，小至芥子，大至三千世界，都是和合而成。凡眼所見的一切或明或暗的質礙，都能汙染人的眼根，遮擋人的清淨心，所以稱色塵，故《金剛經》云「不應住色生心」。

不住六塵

除了色塵外，還有五塵，也能汙染人的清淨心，合稱六塵。聲塵，因耳朵能聽到各種聲音，如動靜美惡等，能汙染耳根；香塵，因鼻子能聞到各種味道，如通塞香臭等，能汙染鼻根；味塵，因舌頭能嘗到各種滋味，如鹹淡甘辛等，能汙染舌根；觸塵，因身體能感受到各種感覺，如離合冷暖，能汙染身根；法塵，因心意能知覺各種境界，如生滅善惡等，能汙染意根。與六塵相對的根，則為六根。六根就是眼根、耳根、鼻根、舌根、身根、意根，是一個人接觸外境的六種器官功能，人們通過它們接受到外在世界的六塵，而六塵就如同塵土一般，覆蓋人們的清淨心，使人們迷失自性。所以《金剛經》說「不應住聲香味觸法生心」。

無所住

《金剛經》是實相般若，為最上乘者說，以開啟人的大智慧。縱觀整部《金剛經》，可以說是「破相顯體」，即破除一切妄想而顯露人的真性本體。但唯有「應無所住而生其心」一句是體顯並用。「應無所住」是體，「而生其心」是顯，體不離顯，顯不離體。禪宗六祖慧能當時便是聽聞此句而開悟。「應無所住」就是一切不住，當心不住一切時，便會顯露實相般若，此時生的心，便是清淨心。既生清淨心，更無我執、煩惱、生死、無明，而是生起自性的真心：菩薩心、慈悲心、平等心、利他無我心等，就是佛心。而凡人因有所住，心不清靜，不能悟得自性，生起各種妄心、業識心等，即是眾生心。「應無所住而生其心」，乍看似乎矛盾，實則道出佛法真理。

不住六塵

不住色

凡人往往執著於外表美好的事物，而厭棄醜陋的事物，這就是住色。人因住色而生煩惱心。修行之人懂得因緣和合的道理，不論美醜、善惡，都是一時的因緣，都非本相。

十二處

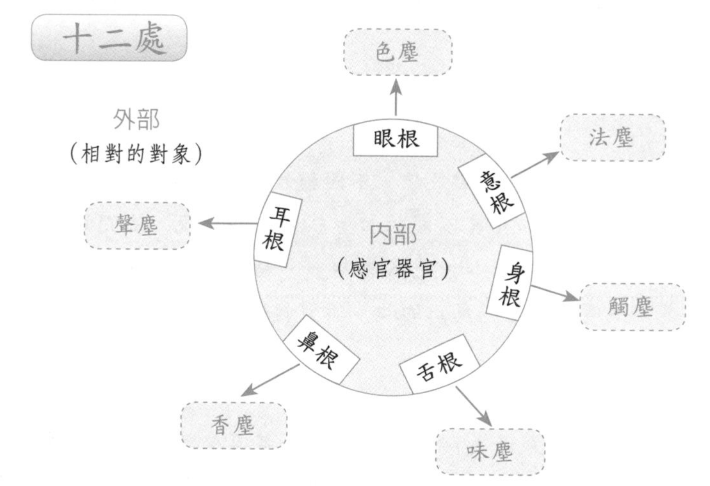

六塵能汙染人們的清淨心，使真性不能顯發，又名六境，即六根所緣之外境。六根和六塵相結合，生成了人們的一切心理活動，所以又合稱「十二處」。

佛光普照

凡人生存於世，無法離開六根，人們時時刻刻受到色、聲、香、味、觸、法六塵的影響，並受其誘惑而產生無盡的欲望：佔有一切美好事物，讓肉體享用無盡美食，為了更多名利虛榮……佛教認為，六根產生的欲望為「六欲」：色欲、語言聲音欲、形貌欲、威儀姿態欲、細滑欲、人相欲。六欲毀掉了無數人的清淨心，導向了罪惡的深淵，因此，在塵世中，不迷惑六欲、貪戀六欲，是非常難能可貴的。

4 三心不可得 去妄心顯道心

重點經文：「爾所國土中，所有眾生，若干種心，如來悉知。何以故？如來說：諸心皆為非心，是名為心。所以者何？須菩提！過去心不可得，現在心不可得，未來心不可得。」

佛陀的眼

釋迦牟尼證悟後，擁有五種眼力，即肉眼、天眼、慧眼、法眼、佛眼。根據南懷瑾先生的理解，釋迦牟尼在第十八品中說到他以五眼悉知眾生心，有如下含義：人類只知道以肉眼看世界，不知道自身具有的其他幾眼能力的存在，釋迦牟尼開悟後明白了真相，並在此告訴人類這一真相。其次，人類用肉眼來認識和瞭解世界，與釋迦牟尼用其他眼力認識的世界有很大的不同。最後，人類的肉眼無法看到世界的本質，而釋迦牟尼能用佛眼看到，所以，佛陀對世界真理的描述完全值得眾生相信。圓瑛法師則認為，佛說五眼，是為了告訴眾生平等實相般若的本體。凡夫和佛一樣擁有肉眼，所以，凡夫與佛平等；諸天與佛一樣擁有天眼，所以，諸天與佛平等；小乘弟子具有慧眼，與佛平等；菩薩具有法眼，與佛平等；諸佛具有佛眼，更與佛平等。

眾生的心

如來說，他悉知國土世間一切眾生的心。不同民族、不同種姓的人有不同的心，花鳥蟲魚、飛禽走獸，器世間一切有生命的眾生都有其不同的心。然而，佛陀說，他們的「心」都不是真正的「心」——「若干種心，皆為非心，是名為心」。為什麼呢？因為，它們的「心」都是一些思想、心理、意識的變化，是「真正的心」所引起的一種現象變化而已。

妄心時刻流轉

世界的本源是不變的，不論是地球，或是太陽系、銀河系，甚至整個宇宙的本體都是無盡的虛空，沒有白天、黑夜之分，更沒有過去、現在、未來之別。白天、黑夜的交替是虛空一個現象的變化，過去、現在、未來都沒有盡頭，也無從分斷。何為過去，「此刻」之前都是過去，而「此刻」從未停留。所以，佛陀告訴眾生，不要被這些變化不實的現象所蒙蔽，更不要執著於虛妄不實的感受，把這些變化的「感受」當成了「心」。

三心不可得

佛陀的眼

肉眼

肉身之眼，見各種形色。

天眼

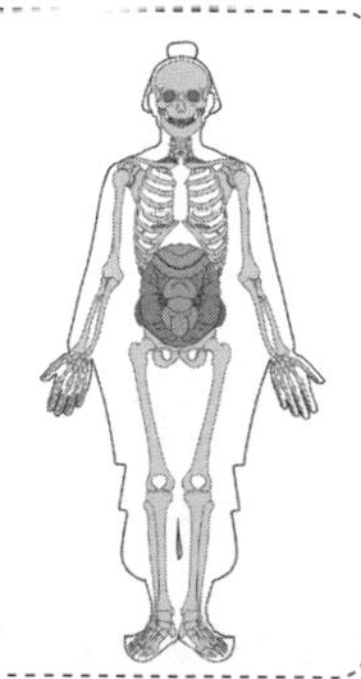

色界天人之眼，見內外晝夜上下。

慧眼

聲聞、緣覺聖者之眼，能照見諸法皆空，體悟空諦。

法眼

菩薩之眼，能見一切法妙有，體悟假諦。

佛眼

佛陀之眼，見一切法非空非有，體悟中諦。

三心不可得

過去心不可得

現在心不可得

未來心不可得

佛光普照

三心不可得，是因為三心時刻流轉變化，得了，就變化了；變化了，又得了，所以了無所得。眾生的心隨著這種變化而變化，產生種種妄心。六祖慧能曾就「風動」和「幡動」爭論說：「不是風動，不是幡動，仁者心動」。

5 佈施功德 受持金剛經

「若有人以滿無量阿僧祇世界七寶持用佈施，若有善男子、善女人發菩提心者，持於此經，乃至四句偈等，受持讀誦，為人演說，其福勝彼。云何為人演說，不取於相，如如不動。何以故？」「一切有為法，如夢幻泡影，如露亦如電，應作如是觀。」

堅持佈施

佈施是六波羅蜜之一，是大乘修行者修菩薩道的重要內容。佈施，說來容易做來難。要捨棄錢財已是非常不易，何況還要捨棄自己的身體，乃至生命。但釋迦牟尼卻為天下蒼生施捨了他的一切，做到了「忍人所不能忍，行人所不能行」的佈施。他曾以身飼虎，佈施頭目手足，更於千百世的輪迴中堅持佈施。

沒有功德心

前面已說過，佈施有財佈施、法佈施、無畏佈施三種。雖然這三種佈施都是無上美德，都具有功德，但釋迦牟尼卻說，佈施不要有功德心，而要像陽光、微風、細雨一樣，普向大地，滋養萬物。據佛經記載，對於自己的佈施功德，釋迦牟尼說：「我雖獲得佛陀如海一般功德，但我從不以為此乃為我單獨所有，一切眾生都可盡情受用此等功德，焉能謂我一人可盡占天下眾生共有之福德？因此即便我擁有佛陀如海之功德，我亦不會有任何貪執，不會生起貪戀及受納之心。我只不過對寂滅、空性法門有一定信心，但也從未認為這些法實有不滅，從未認為這些法有實相存在。」儘管我們要不住佈施，但對於佈施的功德，《金剛經》還是花了很大的篇幅來講述法佈施超越財佈施的功德。

四句偈

有因緣造作之法，叫做「有為法」；無因緣造作之法，即叫做「無為法」。一切有為法，都是仗因托緣而生起的，有因而無緣，有緣而無因，都將不生；因緣時刻變化，所以它也隨著變化。五蘊、六根、十二處、十八界都是虛妄，這些虛幻構成的有為法更是虛幻。所以說，世間一切法，虛幻無常，就如同夢幻泡影一樣，即刻消失變化。然而，世人卻執著於這些虛幻為「有」，進而生起太多的妄念。所以，佛陀告訴眾生，不要被這些變化不實的現象所蒙蔽，更不要執著於虛妄不實的感受，把這些變化的「感受」當成了「心」。

佈施功德

堅持三種佈施

財施

把自己的錢財施捨給需要的人。

法施

宣揚佛法，勸人修善斷惡。

無畏施

不顧自身安危解除他人的怖懼。

佈施的功德

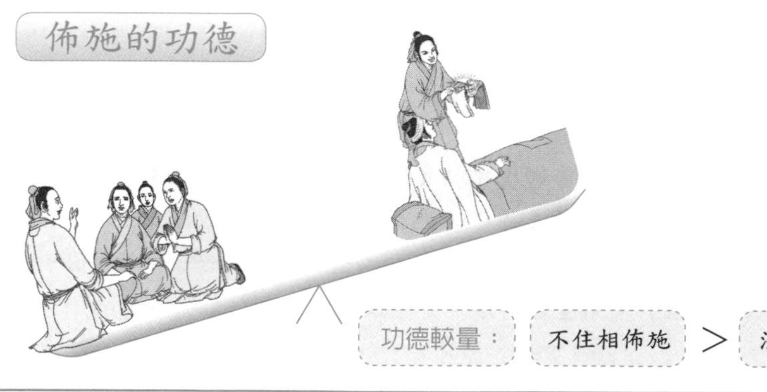

功德較量： 不住相佈施 > 法佈施 > 財佈施

佛光普照

財佈施，就相當於六波羅蜜中的佈施；無畏佈施，則相當於持戒、忍辱波羅蜜，因為無畏之人，能忍受一切凌辱，也能堅持戒律。《金剛經》中的忍辱仙人即如此。法佈施，說法前，必定禪定修行。在宣揚佛法勸誡眾人行善斷惡的過程中，則更精進地修行，應機說法，增加般若智慧，所以相當於精進、禪定、般若三波羅蜜。

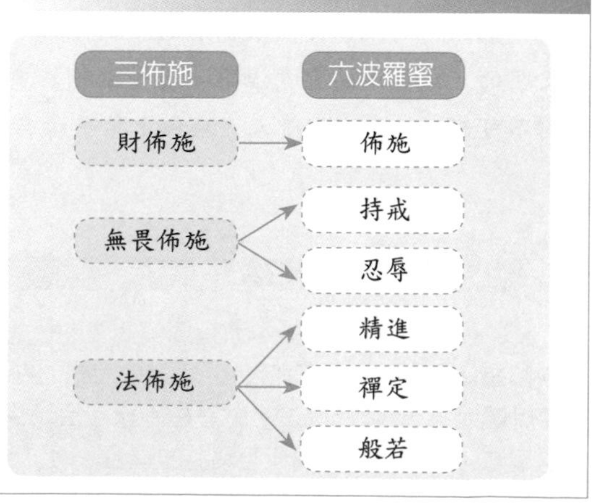

1 「法」的智慧 一切法皆是佛法

《金剛經》中有一個使用極其頻繁且又非常重要的字眼：「法」，如果能明白每一個「法」的真正含義，那麼讀懂《金剛經》不是難事；反過來，如果弄不明白「法」字，那只會令人一頭霧水，甚至產生很多錯誤的理解。在《金剛經》中，「法」字分別有三種不同含義。

一切萬物表象為「法」

「法」的第一個含義，是代表宇宙中一切現象，涵蓋了一切大小、有形、無形、存在或者不存在的一切現象。這種「法」又分為「色法」和「心法」。「色法」是指一切物質現象，「心法」則是指一切心理現象。佛教認為，宇宙中一切現象是無分別概念的，換而言之，「色法」和「心法」並無差別。如《金剛經》中，「菩薩於法，應無所住，行於佈施」；「一切法，無我、無人、無眾生、無壽者」；「若取非法相，即著我人眾生壽者，是故不應取法，不應取非法」……這些句子中的「法」即此種含義。

佛陀的言教為「法」

為了教化眾生，使眾生明白宇宙中一切現象的實際相狀，釋迦牟尼隨機緣講述了很多道理、法門，並由其弟子整理成冊，這便是佛經。也就是釋迦牟尼對世間弟子所說的法，屬於語言文字可以描述的層面。如《金剛經》中「若有眾生，於未來世，聞說是法，生信心不」，此「法」即為《金剛經》文字記錄的法，是可以「聽聞」和「述說」的。

究竟涅槃為「法」

此法是釋迦牟尼在菩提樹下開悟證得的究竟真理，是關於世間一切表相的最終本質的內容，未開悟的凡人是無法瞭解的。這種法不是佛典記載的語言、義理或者法門，而是超越文字的，是真正的究竟涅槃。《金剛經》中，「無有定法如來可說，如來所說法皆不可取、不可說」；「當知是人成就最上第一稀有之法」……這兩句中的「法」即為此含義。

佛法智慧

於法，《金剛經》中還有兩個重要的概念：無為法和有為法。佛教認為，世間萬事萬物都是因緣而生的，而有情生命則是因業力在六道中輪迴，唯有修行佛法，證得涅槃才能擺脫輪迴之苦。「有為法」就是指因緣和合而生的一切理法。而「無為法」則是無因緣造作的理法，有時也被視為「涅槃」的異名。

「法」的智慧

「法」的三種含義

佛教認為，世間一切萬事萬物，都是因緣而生，有相皆妄的，唯有自性能生萬法，妄體不離本真，如果能轉迷為悟，回相歸性，那麼世間一切的法都是佛法，佛法之外再無他法。

一切萬物表象

佛陀的言教

究竟涅槃

無為法與有為法

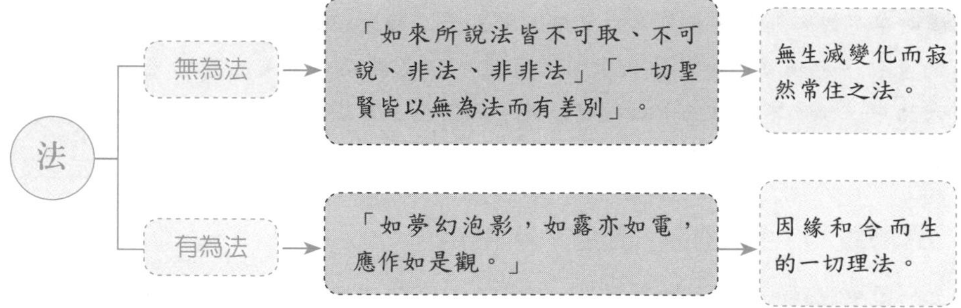

佛法一點通

《金剛經》中提到「一切法」的地方很多，如「是故如來說一切法，皆是佛法。須菩提！所言一切法者，即非一切法，是故名一切法。」這是《金剛經》的特殊公式，從「假有」與「空」來分析一切法，說明「一切法」的「真有」狀態是「非空非有」。另外，「一切法無我、無人、無眾生、無壽者。」強調「一切法」是無四相的。

2 「相」的智慧 看透世間一切表相

在佛教中，「相」是指物質的形相或狀態之意，是對於物質的性質、本體來說的，即指諸法之形象狀態。換而言之，相是「表現於外」而能「想像於心」的各種事物的相狀。如人們用肉眼看到並能在心中想到蘋果的圓形相狀，而香蕉則是長形相狀。《金剛經》中釋迦牟尼反復闡述了「離相」、「無相」等內容，瞭解相的不同含義，對於瞭解金剛經般若智慧至關重要。

世間相狀：四相、一合相

在《金剛經》第十二品尊重正教分中，我們已瞭解到世間分為：「有情世間」(有情眾生）和「器世間」（物質）構成。有情眾生因五蘊假合而成，往往執著於四相，生起顛倒之心，進而生起無盡煩惱，受六道輪迴之苦。所謂「四相」，即我相、人相、眾生相、壽者相。《金剛經》中，佛陀多次反復提醒眾生，要遠離四相，因為這是獲得般若智慧的基點，也是破除煩惱的方法。物質世界由極微的微塵聚合而成「世界」的相狀，這就是「一合相」。微塵本空，並非實有；因此「世界」也是空性，不可執著。但「空」並非「無」，也不可執「無」。「一合相」也不過是假名相而已。

如來身相：三十二相、具足諸相

釋迦牟尼說，如來具有完美的身相，有三十二種圓滿的相狀，這就是三十二相。這種完美的身相，也稱為「具足諸相」。「具足」就是圓滿、完美的意思。但《金剛經》第二十六品中，說「不應以三十二相觀如來」，因為如來法身遍滿法界，無一處不是如來的法身理體，不能住相觀如來。

萬物表相：假名相、法相、無相相

上一節中說到，一切萬物表象是一種「法」，法相就是宇宙一切現象所表現的相狀。《金剛經》認為，此種法有三種相：假名相，謂世間一切事物及眾生，只有假名，實無自性；法相，是五蘊、十二處、十八界等諸法之相，也是因緣所生法，沒有實體；無相相，也就是離假名相、法相之相，即無相之相。眾生往往迷於假名相，執為實相，進而生出無盡煩惱。

佛法智慧

除了以上三種，《金剛經》還有第四種相：實相。實相是真實的本體，是一切現象的本質、根本。也就是釋迦牟尼所說的法性、真如、法身，「實相」即是空。

「相」的智慧

四相

《金剛經》對所有對象都一再提醒要離四相。

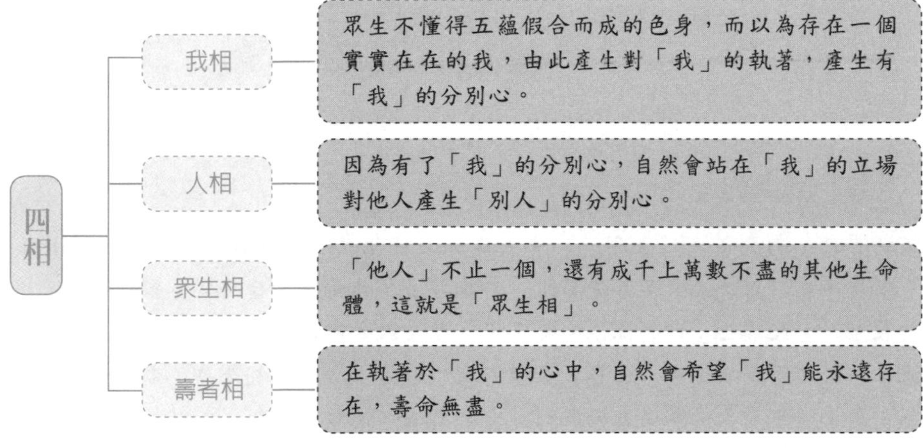

如來身相

象徵如來完美理想身形的三十二相，也是不可執著的。

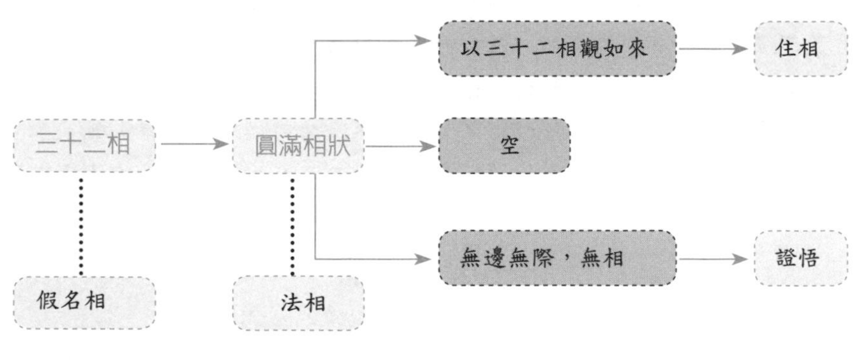

佛法一點通

《金剛經》以「菩提心」為基點，講述空的智慧。釋迦牟尼告訴我們，智慧的實相就是「如如不動」。實相是無相，無相而有相，是為實相。 無相的相，方是實相。這是一種肯定、否定、再肯定、再否定、再肯定的邏輯法則。「凡所有相，皆是虛妄」，破除了一切相，就是破除了一切妄念，就能回歸本心「如如不動」。所以說，「如來所說法，皆不可取、不可說、非法、非非法」，不執著於一切法，一切法皆非法。

3 「不住」的智慧
不住一切

《金剛經》中提到「住」或「不住」的地方非常之多：「云應何住」、「不住色佈施，不住聲香味觸法佈施」、「不住相」、「不住法」……總共有21處之多，可見對「住」的瞭解，是讀懂《金剛經》的關鍵。

「住」的含義

關於「住」的含義，《金剛經》中主要有兩種意思：「止住、保持」和「執著、迷戀」。《金剛經》第二品中須菩提發問：「善男子、善女人，發阿耨多羅三藐三菩提心，云應何住？」，此「住」即為保持，善男子、善女人如何保持阿耨多羅三藐三菩提心，也就是止住，停留固定在那裡。世界上各種宗教的修行方法，大都是為了求得心念寧靜，佛教也不例外。學佛最大的難處在於控制心中的思慮、情緒、妄想。所以，《金剛經》全書由此問題展開，也是為了使凡眾袪除所有的妄念，思想專一，並止住、保持在這種專一的心境上。

「不住」的要義

「住」的第二層含義是「執著、迷戀」，《金剛經》闡述此含義的內容非常之多，用詞主要是「不住」、「不應住」、「無所住」，也就是不要執著、沒有執著的意思。《金剛經》整部經書幾乎都在講「如何住」和「無所住」的問題。釋迦牟尼在回答「云應何住」這個問題時，第一句話就是說「應如是住，如是降服其心」，也就是說，當你「一切無所住」的時候，當你的心無所謂降，不需要降的時候，就已經「住」了。為了讓僧眾明白這個「看似不像實為答案」的答案。釋迦牟尼又從僧眾的思維角度出發，具體從三個方面講述如何做到「不執著」：不執著地佈施、不執著而生起清淨心、離一切諸相。

佛法智慧

如何做到「不執著」：首先，「應無所住，行於佈施」——不要執著於任何色、聲、香、味、觸、法六塵來進行佈施。換而言之，佈施要在「無所住」心境下進行，利益衆生。其次，「應無所住而生其心」——當你的心境「無所住」的時候，清淨心就會自然顯現。最後，「要離一切相」——當你不執著迷戀一切虛象時，你的心就安住了。當你真正「安住」心的時候，才發現，並沒有什麼「心」需要「安」，也並沒有「安」與「不安」之分，一切歸於本真。

「不住」一切

「住」的含義

「止住、維持」是心念空空如也，沒有一絲雜念，連「空」的意念都沒有。「執著、迷戀」是因為有了分別心，有了多少、高矮、苦樂、美醜……等的比較而偏好一方。總之，只要有分別心，就有了執著。

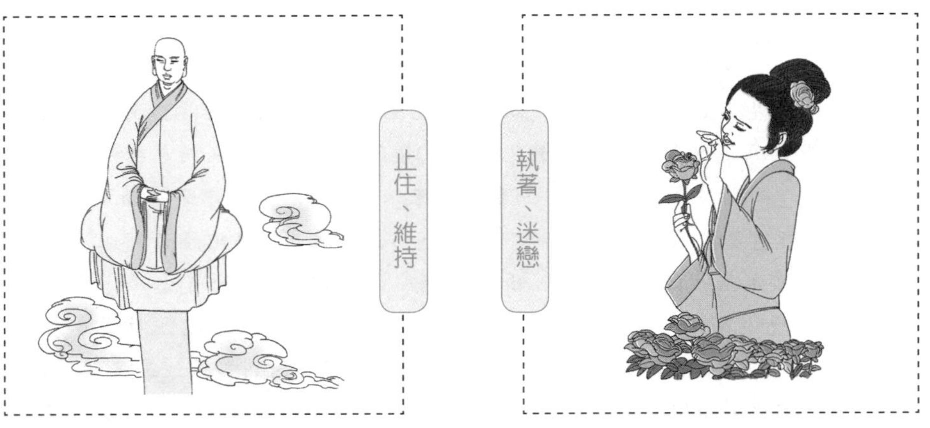

「不住」的含義

釋迦牟尼具體從「佈施」、「生清淨心」、「離相」三個方面來闡述如何使「心無所住」。「心無所住」也就是須菩提「應云何住，云何降伏其心」的答案。

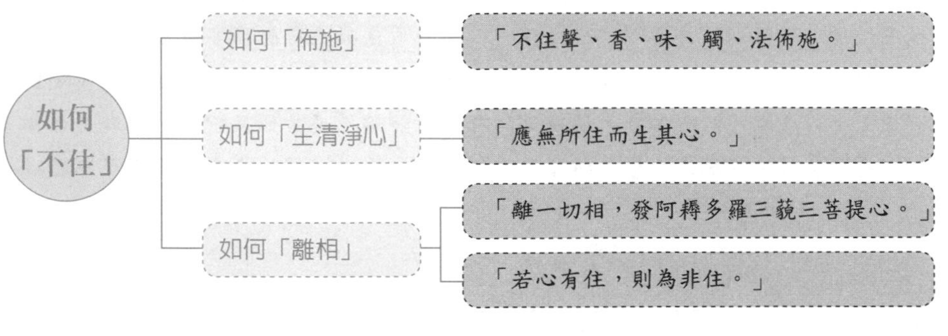

佛法一點通

《金剛經》說：「應無所住而生其心」。「無所住」即是一切都不執著。離開一切塵垢、離開一切妄念，什麼煩惱、悔恨、快樂、生死……統統拋卻。「而生其心」就是顯露出自我本心，就是生清淨心、菩提心、智慧心、平等心、利他無我心等等。

4 「果」的智慧——無所得

凡人修行佛法，往往具有一定的功利心，或為了人天福報，或為了超出六道輪迴，或為了自覺覺他。為了更好地教化凡眾，佛陀設置了修行的果位，但他又擔心凡眾住果，誤入歧途，便一再告訴凡眾如來「一無所得」。

四相果位的含義

就如同孔子設置「文、行、忠、信」四相教化弟子一樣，釋迦牟尼設置了須陀洹、斯陀含、阿那含、阿羅漢四相果位，以教化凡眾。須陀洹是「入流、而無所入；不入色、香、味、觸、法」；斯陀含是「往來，而實無往來」；阿那含是「不來，而實無不來」；阿羅漢則是「實無有法名」，不住我、人、眾生、壽者相，此即名阿羅漢。

《金剛經》第九品一相無相分中，須菩提說：「世尊！我若作是念：『我得阿羅漢道』，世尊則不說須菩提是樂阿蘭那行者！以須菩提實無所行，而名須菩提是樂阿蘭那行。」如果一個人認為自己獲得了果位，那他就是住相了。因為四果位是一個「假設」，是佛陀用來教化眾生的階梯，不是實際存在的。假設「有」，其實是為了表現「沒有」。就好比一個箱子，空空如也是它的本性，無所謂「空」。當人們將它填滿物什，再一件件拿出物什，就會覺得它越來越「空」，最後空無一物，殊不知它只是恢復本性罷了。

實證一無所得

既然四果是佛陀「假設」的，那麼最大的果位呢？阿耨多羅三藐三菩提也是佛陀假設的嗎？《金剛經》第十七品中，「如來於燃燈佛所，有法得阿耨多羅三藐三菩提不？」，如來在燃燈佛那裡得到了什麼嗎？如來說：「實無有法如來得阿耨多羅三藐三菩提。」意思是，什麼都沒有，一切皆空，沒有「有」，也沒有「無」，連「空」都沒有了，就如同宇宙一樣，十方虛空，歸於本真。這裡真的有一位燃燈佛嗎？如果說有，那就是住相了。其實，這不過是釋迦牟尼佛給僧眾講述的一個故事，透過這個故事來說明「了無所得」的道理。

佛法智慧

釋迦牟尼佛為了方便教化衆生，除了設置佛果的比喻之外，還設置了「莊嚴佛土」、「須彌山」等相。如第十品莊嚴淨土分中，佛陀說道「莊嚴佛土者，則非莊嚴，是名莊嚴。」這也是釋迦牟尼佛從凡衆的思維角度，破除衆生將佛土想像成自己理想中的夢境而住的相。事實上，真正的佛土就是凡衆一念不生的清淨心。

一無所得

果位的比喻

如果釋迦牟尼佛直接告訴凡眾，佛法的最高境界是「實無所得」，尚未開悟的眾人必然無法理解，甚至可能失去對佛法的信心。釋迦牟尼只好曲徑通幽，先按凡眾的思維模式設置佛果，再破除凡眾對佛果的執著，如此教育便能讓凡眾明白空的智慧。

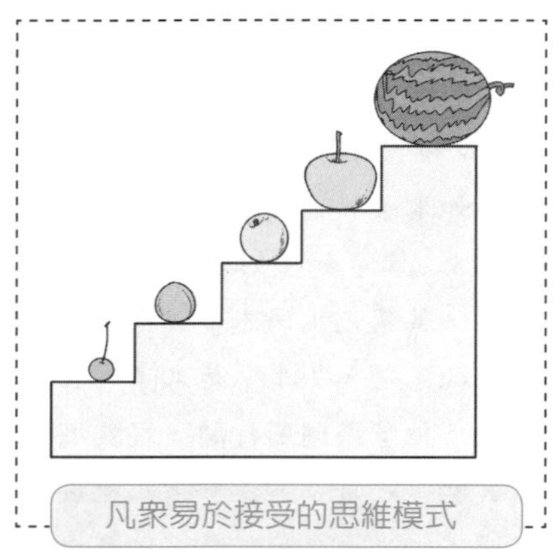

凡衆易於接受的思維模式

實際情況

空的含義

「空」是相對於「滿」來說的，釋迦牟尼為了讓凡眾更好地理解「空」，就先將「空」填「滿」，再破除「滿」，空的含義就顯而易見了。

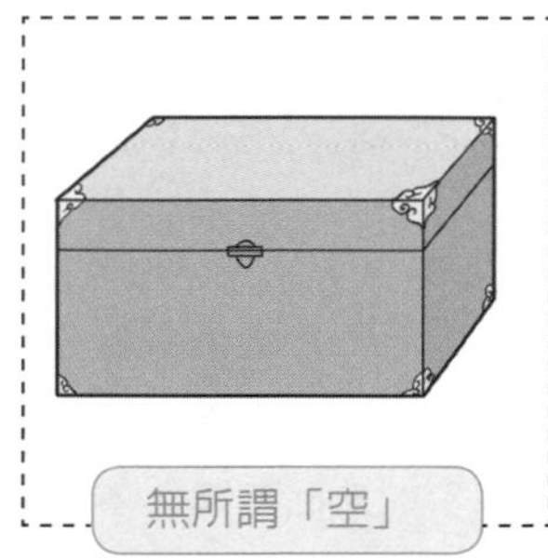

無所謂「空」

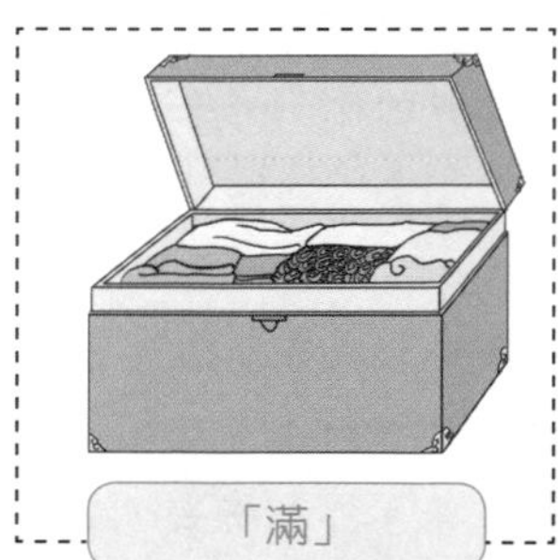

「滿」

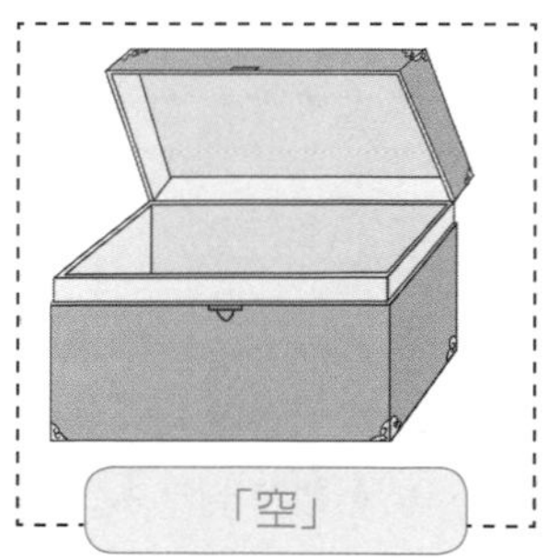

「空」

佛法一點通

四相果位和佛法的其他比喻，雖說是釋迦牟尼為方便教化所設，但並不能說它們是假的、沒有的。這個道理就如同「如來所說法，皆不可取、不可說、非法、非非法」，佛法修行的確存在不同的幾種境界，這四果只是對這四種境界的一種描述，所以，四果並非境界本身，卻是境界的代名詞。

5 「如來」的智慧
無來無去

縱觀《金剛經》全文，「如來」二字的使用頻率極高，多達87次。如此多的「如來」都是指釋迦牟尼自己嗎？當然不是，綜合來看，《金剛經》中「如來」二字基本可以分為以下三層含義。

佛號的通稱

前面已經介紹過，任何一個佛陀都有十個名號，如佛、世尊、如來、善逝、無上士等。「如來」是一個通稱，任何已成佛的都可以稱為「如來」。《金剛經》中「如來所說法」、「如來常說」等處都是此用法。我國民間習慣把「佛」和「如來」合起來稱之為「如來佛」，其實這是錯誤的稱法，就好像叫某某人為「某某先生同志」一樣。為何稱悟道成佛之人為「如來」呢？從字面上看，「如」是好像的意思，「來」是來了。在未開悟的凡人看來，萬物本體本真的作用就如同開燈關燈一樣，把電燈開關打開，燈就亮了；再一關，燈又滅了。「電」好像來過了，好像又走了。其實，「電」並沒有來，也沒有走，不過是凡人無法了悟罷了。所以，「如來」的名號說明了心性本來的現象，也可以說是一種心相。

無執心

前面講三身佛時已說過，法身佛就是如來，是道之本體、本性，是無始無終、不生不滅、無形無狀、無處不在的……《金剛經》第十七品中「如來者，即諸法如義」，這句話翻譯過來就是「如來的意思是，諸法體性空寂，如其本來之義。」簡單說來，一切現象的本真、本性（諸法），就如同它所示現的樣子，沒有任何分別心與執著心（如義）。

無來亦無去

「如來」的第三層含義，也就是終極含義，在《金剛經》第二十九品威儀寂靜分中有具體的描述：「如來者，無所從來，亦無所去，故名如來。」當人們修行悟道，證得法身之體後，就會體悟到，如來是無所從來，亦無所去，不來也不去，不生也不死，不坐也不臥的境界。這個境界其實就是人們生起清淨心的境界。

佛法智慧

佛法的最高境界其實是最平凡的。《金剛經》中「如來者，無所從來，亦無所去，故名如來」的道理，就同《中庸》中的「極高明而道中庸」、「天命之謂性，率性之謂道，修道之謂教。道也者，不可須臾離也，可離非道也」道理一樣。

無來無去

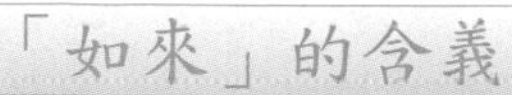

「如來」的含義

佛法一點通

佛的十個通號分別是：「如來」，是乘如實之道，來成正覺，就是成佛了；「應供」，意思是應當受人天的供養；其餘八個為「正遍知」、「名行足」、「善逝世間解」、「無上士」、「調御丈夫」、「天人師」、「佛」、「世尊」，每一位佛都有這十種名號。「如來」這兩個字：「如」是無所不知，「來」就是無所不來。佛法的本體是如，佛法的用就是來；佛的體如如不動，來而不來，那麼到什麼地方去呢？《金剛經》上說：「如來者無所從來，亦無所去。」

1 修行的起點
發心成佛

《金剛經》第二品善現啟請分中，須菩提問：「善男子、善女人，發阿耨多羅三藐三菩提心，應云何住，云何降伏其心？」這是釋迦牟尼解說《金剛經》的起點，也是《金剛經》修持的起點。簡而言之，發心成佛是修持的起點，若沒有「發菩提心」，又談何「降服妄心」呢！

發大乘菩薩心

《金剛經》第三品大乘正宗分中，釋迦牟尼回答須菩提的問題，首先說道：「諸菩薩摩訶薩應如是降伏其心……我皆令入無餘涅槃而滅度之。」意思是，善男信女修行佛法首先要發願度盡一切眾生。對於平凡的善男信女來說，他們因為妄念迷住本心，住我相、人相、眾生相、壽者相，因有我執而有我、人、他之別。所以，釋迦牟尼為方便教化，從凡人的角度說，善男信女的修行首先要發大乘菩薩心，即要發願度盡一切眾生，把自己當成是菩薩。這就是初發心。它與阿耨多羅三藐三菩提心不同，並不是指無上正等正覺。鑒於此，第二品中須菩提的問題：「善男子、善女人，發阿耨多羅三藐三菩提心」，此「阿耨多羅三藐三菩提心」也是指的「大乘菩薩心」，所以《金剛經》的其他譯經家如玄奘、義淨將此處翻譯為「發趣菩提乘」，若僅從此處來看，玄奘、義淨的翻譯比鳩摩羅什的翻譯讓人更容易理解。

發阿耨多羅三藐三菩提心

《金剛經》第十四品離相寂滅分中，釋迦牟尼說：「菩薩應離一切相，發阿耨多羅三藐三菩提心，不應住色生心，不應住聲香味觸法生心，應生無所住心。」善男信女發大乘菩薩心，並經過一定的修行後，破除了對虛象的執著，此時才能發「阿耨多羅三藐三菩提心」，即無上正等正覺。所以說，這是修行者發心的第二個層次，是大菩薩發的心。

得阿耨多羅三藐三菩提

《金剛經》第十六、第十七品中，分別說到「當得阿耨多羅三藐三菩提」、「無有法得阿耨多羅三藐三菩提」，此「阿耨多羅三藐三菩提」是大徹大悟之意，是釋迦牟尼、如來的境界，也是佛法修行的最高境界。

佛法妙諦

不論是大乘菩薩心，還是阿耨多羅三藐三菩提心，《金剛經》中最後都給予了否定，因為真正的佛法、真正的悟道是超越「有」與「無」的二邊概念的。

發心成佛

初發心和菩薩發心

初發心——大乘菩薩心

菩薩發心——阿耨多羅三藐三菩提心

不同修行層次的人發不同心

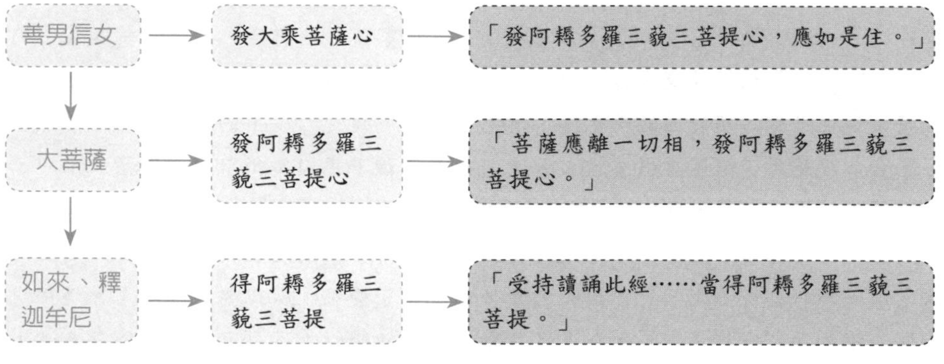

修行指南

《金剛經》第二十三品中，佛陀解釋了什麼是阿耨多羅三藐三菩提：「是法平等，無有高下，是名阿耨多羅三藐三菩提」，並告訴眾生如何獲得阿耨多羅三藐三菩提：「以無我、無人、無眾生、無壽者，修一切善法，則得阿耨多羅三藐三菩提。」但在十七品中又說道「無有法得阿耨多羅三藐三菩提」，那到底是「有」得還是「無」得呢？其實，阿耨多羅三藐三菩提是在無智無得的狀態下體悟的，超越人類語言文字所能解釋，它存在於發心者本身，無求於外，也就無所謂得或不得。

2 日常行為中的修行 六度

大乘佛教修行的基本方法為六度：持戒、佈施、忍辱、精進、禪定、般若。在《金剛經》中，釋迦牟尼用自己的實際行動告訴僧眾，在日常行為中應該如何修行六度法門。

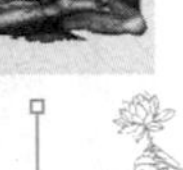

以身示教的智慧

《金剛經》第一品法會因由分中「世尊食時，著衣持缽，入舍衛大城乞食。於其城中，次第乞已，還至本處。飯食訖，收衣缽，洗足已，敷座而坐。」這不到50個字，詳細地描述了釋迦牟尼用自己的行動來向僧眾傳教。他將修行的六度法門蘊藏在日常的衣、食、住、行中，彰顯了「無言勝有言」的教育智慧。

日常行為中的六度修行

詳細分析釋迦牟尼的一系列舉動，就能參悟到他用心良苦的身教。

首先，「著衣持缽」。乞食的時候要穿好袈裟，端著符合規定的飯缽，這其實是佛教的戒律。釋迦牟尼以身作則，在生活中最尋常的穿衣、吃飯上也嚴格遵守戒律，以告誡修行者持戒要從最細微之處做起。

其次，入城「次第乞」。進入舍衛城後，要挨家挨戶地乞食，不能有貴賤貧富的區別心。在乞食的過程中，難免會遭受到各種白眼、歧視、侮辱，甚至唾罵或直接被趕出來，這個時侯就要忍辱，不能因此而生氣、憤怒、憎恨。這是六度中的忍辱修行。另外佛教認為，乞食制度是為了讓眾生供養僧人，進而為自己種下福田。所以，對於僧人來說，乞食則是給眾生送福田，是一種佈施，所以又是佈施修行。

再次，「收衣缽，洗足」。吃完飯後，要認認真真地把袈裟收起來放好，還要洗乾淨雙腳。因為那時都是赤足而行，出去乞食必定汙染了雙足，所以要「洗足」。這裡說清潔和整理，都是佛陀在暗示僧眾，在平日要勤奮不懈地修行，不可有絲毫的倦怠之心，也就是六度中精進修行。

最後，「敷座而坐」。就是在蒲團上盤膝打坐，這很明顯是禪定修行。佛教認為，人的體形結構非常適合坐禪，因為肢體盤曲，全身的氣自然在丹田周圍聚斂，對於禪定冥想極為有益。在一天的圓滿生活後，認真修行以上五度，自然能獲得般若，這也是般若波羅密。

佛法妙諦

釋迦牟尼說過，僧人是衆生培植福田的根本，所以袈裟又稱為福田衣，是由一塊一塊的布拼湊而成的，就好像是農民種的莊田一樣。

日常行為中的修行

佛陀的一天

修行指南

佛教中「次第乞」規定，乞食時要以平等心挨家挨戶行乞，不能棄貧從富，也不能捨富就貧，且乞食不能超過7戶人家。一般缽滿則止，若乞完7戶缽還未滿也要停止乞食。

乞食「還至本處」後，要將食物分為三份，一份施給貧病者，一份施給水陸眾生，再與同行者分食。

3 禪定修行 佛教修行的核心

佛陀以身示教的最後一項是「敷座而坐」，也就是禪定修行。從表面看來，禪定似乎就是僧人們吃完飯，收好衣缽就打坐休息了。其實不然，禪定是佛法修行的重要手段，與休息截然不同。

什麼是禪定

禪定是以靜坐冥想的方式，平息內心散亂的思緒，讓心地變得純淨明潔，進而體悟到般若智慧。這是佛教修行最核心最重要的方法，釋迦牟尼未成佛前，修習禪定和苦行歷時六載，後在菩提樹下結跏趺坐，端身正念，靜思冥索，經過七七四十九天，終於證得宗教體驗和智慧，稱為「無上菩提」，就是整個佛教教義的精髓所在。這種「無上菩提」，也就是後來所謂的般若。《金剛經》第一品之後釋迦牟尼的言教基本上都是禪定的智慧。

禪定的兩個方面

佛教的禪定，包括了兩個方面。第一個方面，稱為「止」，也叫「息內」，就是平息心緒，掃除內心的一切雜念，顯現自己的清靜無為之心。要做到「息內」，在《金剛經》第三品中，佛陀說首先要破除四相執著。眾生有太多煩惱、妄念皆是因為執著於我，進而生出我、人、眾生、生死壽命的念頭，並產生「我」的快樂、痛苦、欲望以及對他人的憎恨、熱愛、煩惱等等諸多妄念，妄念充斥於心，無法平息。所以說，「止」的第一步就是破除四相執著。

禪定的第二個方面，稱為「觀」，也叫「慧觀」，即產生正智慧。當人們心中妄念已去，清靜無為的本心就會顯現，就如同雲霧散去現太陽一樣，破除了一切虛相就能證得真空理體，證得涅槃。所以，對於「不住相」的智慧，《金剛經》多次從多方面強調，如「不住相佈施」、「若見諸相非相，則見如來」、「 一切諸相，即是非相」等等。

「止」和「觀」是禪定的兩個方面，也是兩個不同層次。對於初學佛的人來說，重點是「止」；而對於久修佛的人來說，重點是「觀」；而對於一個嫻熟的修行者，則要將「止」與「觀」巧妙融合，隨心所欲，游刃有餘。

佛法妙諦

禪定是一種漸修的過程，需要修行者堅持不懈、持之以恆地參禪修定，才能越來越接近般若智慧，它是悟道的必由之路。但是禪定也離不開頓悟，其實頓悟與漸修是一個質變與量變的過程，沒有量變的累積就無法完成質變，質變是建立在量變的基礎上的。

禪定修行

禪定的兩個方面

禪定修行，首先要「止」，即祛除心內一切妄念，而後「觀」，證得真空理體。最後兩者結合，隨心所欲。

「止」一切妄念

「觀」般若智慧

漸修與頓悟

漸修是累積

頓悟是突破

修行指南

禪定是一個專注的過程，不需要思維和觀察，只要讓心裡的諸多雜念，如好運、晦氣、詆毀、美譽、抬舉、譏諷、快樂等，通通消散，不留心中，使心安定下來。當雜念越來越少，就越來越顯現離欲的清淨心，身心安住，獲得禪定的寧靜喜悅。

4 佈施修行 福慧雙修

佈施是六度修行之一，是大乘修行者實踐菩薩道的重要方法。《金剛經》花了大量筆墨來講述佈施修行：從物質層面的佈施，談到身體性命的佈施，再到精神層面的佈施，逐層遞增，內容精彩而詳實。

佈施是修福

福有四種：人間有限的、無常的俗福，天上的洪福，二乘聖人的清福以及菩薩無相之福。其福報是逐次遞增的，即俗福不及洪福，洪福不及清福，清福不及無相之福。修福就是種福，如同農夫播種於田，努力耕耘，必有收穫。修福的人勤奮撒播福田，就會收穫福報的果實。佛經中說，福田有敬田、悲田、報恩福田、功德福田、貧窮福田、苦田、恩田等種種福田，如此多的福田其實也就是佈施的種種方式，如悲田，就是要有慈悲之心，救濟幫助貧苦之人，是一種財施。又如功德福田，是恭敬三寶，侍奉如來，是身佈施。簡而言之，修福其實就是佈施，即多做善事利益別人，進而獲得相應的福報。《金剛經》全經共32品，其提到佈施或佈施福德較量的足有10品之多，可見佈施對於修行的重要。另外，修行的六度中，不論是持戒、忍辱、精進、禪定還是般若，最後都要透過佈施來利益眾生，解除眾生的煩惱，而這正是佛法的根本。所以說，佈施就是累積福德。

不住相是修慧

《金剛經》第四品妙行無住分中，釋迦牟尼首次提到佈施修行時，便說道：「菩薩無住相佈施」其福德有如東南西北四維上下虛空一樣不可思量。這就是不住相佈施。如果有人為求得回報或福報佈施，那是住相佈施，他未能破除四執，無法獲得般若智慧。只有不住相佈施，真正利益眾生，才能證悟佛法般若智慧。

福慧雙修才能成佛

修福不修慧，不能明白道理，辨別是非，更不能斷煩惱，了生死；修慧不修福，不能廣結人緣，廣種福田，所修之慧，只是窮慧。只有福慧雙修，才能獲得無量功德，才是成佛之道。

佛法妙諦

菩薩無相佈施，沒有四執，也就是沒有一個能施的「我」，沒有一個受施的「人」，亦沒有能施之物，這就是三輪體空。三輪體空所得的福報既大且勝，不可思量。

佈施修行

福慧不雙修

古人做偈云：「修福不修慧，大象掛瓔珞；修慧不修福，羅漢托空缽。」只修福不修慧，福固然大，終是癡福；修慧不修福，羅漢只能托著空缽，沒有人供養他。

住相佈施無慧

不佈施無福

福慧雙修

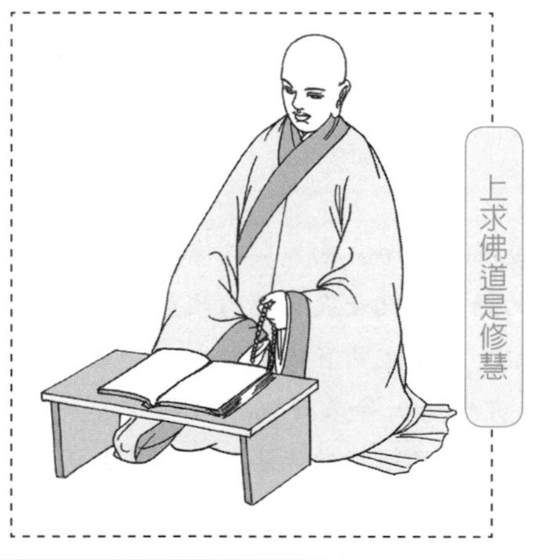

上求佛道是修慧

下化眾生是修福

修行指南

《金剛經》中多品都談到佈施的福德較量，並說不住法、不住相佈施才是最高境界的佈施，才能有無量福德。其福德大於法佈施，法佈施的福德又大於身佈施，身佈施的福德大於財佈施、寶佈施。但不管是哪一種佈施，釋迦牟尼的根本目的都是告訴僧眾，福慧雙修才是成佛的大道。

5 修行與佛法
佛法非法

對於初入佛門之人來說，要獲得佛法智慧，最常見的一個方法是聽聞或研習佛法，這是修行的一個重要手段。然而釋迦牟尼在《金剛經》中卻多次強調，「所謂佛法者，即非佛法」，那麼對於修行者來說，應該如何看待或研習佛法呢？

修行離不開佛法

《金剛經》第六品正信希有分中，釋迦牟尼說：「汝等比丘，知我說法，如筏喻者；法尚應捨，何況非法。」意思是，佛法就如同過河用的船筏一樣，登岸就要棄舟，意思是不要執著於法，產生法執。這是對於那些精通佛法並且修行到一定程度的人而言的。而那些初入佛門、完全不懂佛法之人卻不同。仍以船筏作喻，如果一個人聽說「佛法非法」便棄筏不用，那說不定一下水就被淹死了；而若有人還未到彼岸就放棄船筏，那也同樣到不了彼岸。所以，對於一般的修行者來說，研讀佛法，從佛法的文字般若中獲得觀照般若，進而產生實相般若，是成佛的重要途徑。《金剛經》也屬於佛法，佛法的重要性可以從《金剛經》的重要性中窺見一斑。釋迦牟尼在多品中都說到受持本經四句偈的無量功德。如第二十四品福智無比分中「如若人以此《般若波羅蜜經》，乃至四句偈等，受持、為他人說，於前福德百分不及一，百千萬億分，乃至算數譬喻所不能及。」要受持、解說四句偈自然必須先要通曉佛法。

佛法無定法，修行無定式

透過前幾章的諸多分析，「佛法無定法」的道理已顯而易見。對於修行來說，也同樣沒有一個固定的修行模式可供模仿、複製。修行的過程，就是從生死的此岸到達涅槃的彼岸的過程，只要能達到彼岸，不論是坐船筏、快艇、油輪或是直接游過去，都是正確的修行模式。《金剛經》第七品無得無說分中，「無有定法，如來可說。何以故？如來所說法，皆不可取、不可說、非法、非非法。」就連釋迦牟尼所說的佛法，也只是為你提供渡河的一種工具，至於你能不能用這個工具渡河，那就要看你個人的造化了。

佛法妙諦

要修行到無上正等正覺的最高境界，需具備兩大法門：其一，以般若空慧，通達法空平等性，不取著我等四相；其二，修行施、戒、忍等一切善法，累積無邊福德。

修行與佛法

修行離不開佛法

佛法是修行的一個重要工具。

開悟後發現「佛法非法」，應該捨棄。

修行無定式

掃地是修行

砍柴也是修行

修行指南

從《金剛經》來看，佛法修行應力求簡明易行，使人們既容易理解又容易操作。但是，由於佛教發展歷史悠久，且各種佛經汗牛充棟，不易理解，致使佛法修行被蒙上了很多神祕色彩，不僅佛門之外的人心生畏懼，就連佛門之內的人也深感迷亂，難求正道。

第三篇

《心經》

《心經》是佛教經典中字數最少的一部著作，只有 260 個字，卻包含了佛教的基本學說，被視為般若智慧的集大成者。它文字簡練，內涵豐富，影響深遠。本篇主要講述了《心經》的基礎知識、內容、重點經段解讀、般若智慧和修持方法。

第9章 《心經》基礎知識

第10章 《心經》的內容

第11章 《心經》重點經段解讀

第12章 《心經》的般若智慧

第13章 《心經》的修持方法

第9章 《心經》基礎知識

1 《心經》釋義 《心經》的經題與翻譯

《心經》全稱為《般若波羅蜜多心經》，是大乘佛教的重要經典之一。經文雖然短小，卻囊括了大乘佛教的基本義理，是佛教弟子早晚必誦的佛教經典。

《心經》的經題

所謂「般若」即指大智慧，不同於普通人的智慧，是能顯示世間一切實相的無上智慧。為了顯示對般若智慧的尊重，古代譯師並沒有意譯，而是選擇了音譯。在佛經中，「般若」又稱真性、實相、首楞嚴、中道、畢竟空等，但都是指了知一切法、通達一切法無有障礙的境界。一般而言，佛教的般若有三種，分別是實相般若、觀照般若、文字般若，而佛經是詮釋佛陀的言教，屬於文字般若。

「波羅蜜多」原意是完成目標、達到彼岸，後被佛教沿用，將佛教修行的完成稱為波羅蜜多。在《般若波羅蜜多心經》中，「波羅蜜多」指的是達到佛教修行的最高目標，也就是涅槃。

「心」字則有兩層意思，既是強調本經的中心，也是說明調心的重要性。因此，所謂的「般若波羅蜜多心經」意思就是經由無上智慧，找到通往涅槃的道路。

《心經》的翻譯

在佛教諸多經典中，《心經》是翻譯次數最多、最常被人念誦的佛經。光是從姚秦到宋代的600年間，就有8種譯本，分別是姚秦天竺三藏鳩摩羅什翻譯的《摩訶般若波羅蜜大明咒經》、唐三藏法師玄奘翻譯的《般若波羅蜜多心經》、唐三藏沙門義淨翻譯的《佛說般若波羅蜜多心經》、唐摩竭提國三藏沙門法月翻譯的《普遍智藏般若波羅蜜多心經》、唐罽賓國三藏般若共利言翻譯的《般若波羅蜜多心經》、唐三藏沙門智慧輪翻譯的《般若波羅蜜多心經》、唐三藏沙門法成翻譯的《般若波羅蜜多心經》、宋西天譯經三藏施護翻譯的《佛說聖佛母般若波羅蜜多經》。

在《心經》的眾多版本中，以玄奘的譯本最為流行，他省去了原經的序分、流通分，使經文變得文短精粹，十分容易持誦，因而廣為流傳。

略知一二

釋迦牟尼在菩提樹下證悟後，第一句話說的是：「奇哉！奇哉！一切眾生皆具如來智慧德相。」就是說眾生都具備如來智慧德相的本心，因此佛教的所有經典都是幫助眾生恢復自己的妙明真心。《心經》的「心」就是掃除妄見、恢復眾生初心的意思。

《心經》釋義

「心」的兩層含義

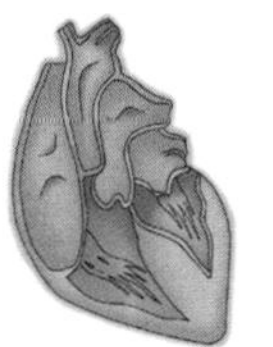

「心」，一方面強調人心的作用，另一方說明人的心性原本清淨，只是被妄念汙染。《心經》就是幫助修行者掃除一切妄念，恢復原本的清淨心。

《心經》的流通版本

「略本」（短的）

- 《摩訶般若波羅蜜大明咒經》後秦鳩摩羅什譯
- 《般若波羅蜜多心經》唐朝玄奘譯

廣本（長的）

- 《普遍智藏般若波羅蜜多心經》唐朝法月重譯
- 《般若波羅蜜多心經》唐朝般若共利言譯
- 《般若波羅蜜多心經》唐朝法成譯
- 《般若波羅蜜多心經》唐朝智慧輪譯
- 《佛說聖佛母般若波羅蜜多經》宋朝施護譯

閱讀拓展

《心經》原本並不是一部獨立的經典，它本是出自玄奘大師翻譯的《大般若經》。在《大般若經》的「學觀品」中可以找到與《心經》幾乎完全相同的經句。由於《大般若經》多達600卷，部帙龐大，不方便受持。所以古代賢德之人將其中最精要、最核心的部分摘錄出來，單獨流通，這便是《心經》。

2 《心經》的譯者 三藏法師玄奘

玄奘是我國歷史上偉大的思想家、哲學家、翻譯家、旅行家、外交家、中外文化交流的使者。他西行5萬里，歷時17年，到印度取經，並窮盡一生譯經1335卷。他的足跡遍佈印度，影響遠至日本、韓國用至全世界。他的思想與精神如今已是中國、亞洲乃至世界人民的共同財富。

玄奘西遊

玄奘生於隋文帝開皇年間，即西元600年前後，確切的生平不詳。他俗姓陳，本名禕，河南洛州緱氏縣（今河南省偃師縣南境）。玄奘很小就住在洛陽淨土寺，並開始學習佛經。他11歲就熟習《法華經》、《維摩詰經》。13歲時在洛陽剃度為僧，破格入選。此後，他一直勤奮學習經典，到處參訪名師。當時唐朝佛法昌盛，但各地講筵所聞，異說不一，特別是當時流行的《攝論》、《地論》兩家有關法相之說不能統一。玄奘很想得到總攝三乘學說的《瑜伽師地論》，以求會通一切，於是決心往印度求法。那時出國之禁很嚴，他正式表請赴印，卻未得許可，他只好偷偷從長安出發前往印度，越過了嚴密的軍事關防一路西行。在當時地理知識缺乏、交通極為不便的情況下，要從中國中部徒步走到遙遠的印度是非常艱難的。但玄奘最終在他人的幫助下，成功越過險惡沙漠和天山屏障，到達印度，並在當時印度最高的佛教學府那爛陀寺學習佛法。

玄奘譯經

唐朝貞觀年間，玄奘攜帶梵文經典520匣、657部回到長安。這些經典都是經過他精心挑選的，有的重要經典有多種不同的版本，玄奘兼收並蓄，從根本上力求翻譯底本的品質。回到長安後，玄奘得到了當時的最高統治者唐太宗的支持，組織了大量的人力、物力協助玄奘進行大規模的譯經活動。在其後的19年間，玄奘共翻譯了佛經75部，1335卷，《心經》和他一心嚮往的《瑜珈師地論》都在其中。玄奘的譯本文字流暢優美，且忠實於原意，他所翻譯的經、律、論三藏聖典最為精確，數量在中國歷史上也最多，玄奘被譽為「三藏法師」。

略知一二

600 部的般若經可以濃縮為一部《金剛經》，5000 字的《金剛經》可以濃縮為一部《心經》260 字。所以說，《心經》代表了 600 卷的般若，是如來一代時教的精華，攝無不盡。

玄奘的一生

玄奘與大雁塔

陝西西安的玄奘塑像

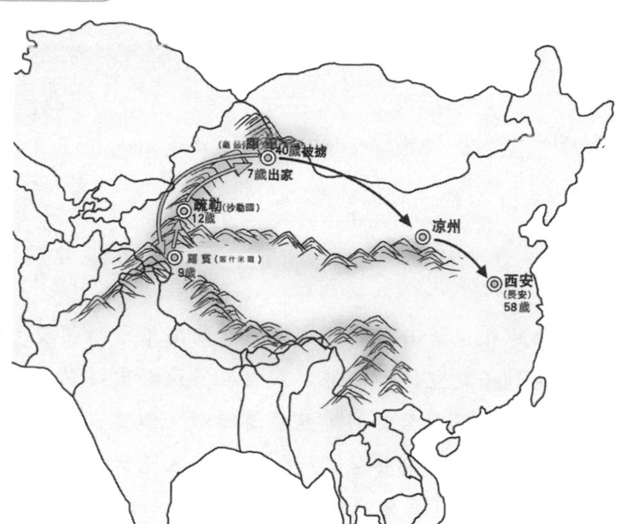

玄奘收藏佛經的大雁塔

三藏法師

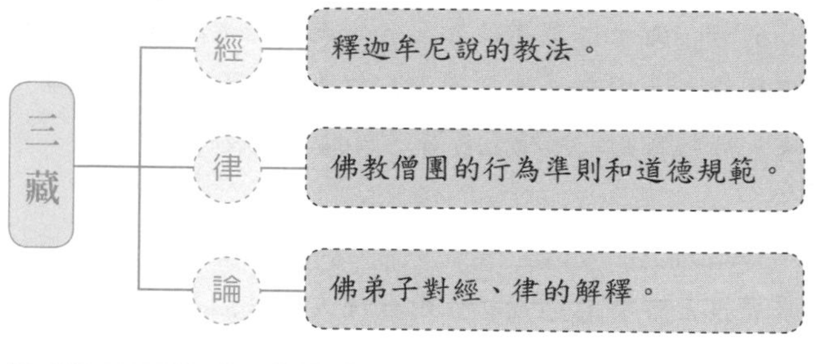

凡精通經、律、論三藏者均為三藏法師，玄奘是三藏法師之一。

 閱讀拓展

玄奘譯經數量之多，歷代任何一位譯師無人能望其項背。其譯經品質之精粹也無人能及，幾乎達到了現代人對翻譯的最高要求「信、雅、達」，可以說他是中國第一個偉大的翻譯家，也是最偉大的翻譯家之一。《大般若經》的翻譯，費時四年，幾乎耗盡了玄奘的全部心血。此後他雖然還想再譯《大寶積經》，但已力不從心，沒多久他就在玉華寺與世長辭了，終年65歲。

3 《心經》內容概述 260字真義

作為《大般若經》的心髓，《心經》囊括了大乘佛教的般若法門和緣起性空的精義，在佛教界有著舉足輕重的地位。它為眾生指出了成佛的道路，被認為是成佛的寶典，廣受世人的愛戴。

《心經》內容綜述

《心經》的緣起是佛陀在靈鷲山中部，為諸菩薩聲聞弟子所圍繞，當時觀自在菩薩正在修行般若波羅蜜多，舍利子就空性的問題對觀自在菩薩提出疑問，觀自在菩薩一一予以解答，佛陀對觀自在菩薩的回答非常贊同，並歡喜讚歎。觀自在菩薩是玄奘法師對觀世音菩薩的譯名。觀世音菩薩是中國四大菩薩之一，相傳她大慈大悲，能觀照萬法，救助眾生的苦難，隨眾生的機緣拔苦與樂，自由自在，無所障礙，所以又稱觀自在。

雖然《心經》經文只有260個字，卻闡述了佛教的基本理論，指出了般若智慧能度一切苦、得究竟涅槃的奧義，因而被譽為是600卷《大般若經》的精髓。所謂《大般若經》，是宣說諸法皆空的大乘般若類經典的彙編。在此經中，提出了大乘即是般若，般若即是大乘的思想，並說明了諸法「性空幻有」的道理，即世間的萬事萬物都是因緣和合，並沒有真正的自性，只有透過「般若」對世俗認識的否定，才能把握佛教真理，達到解脫的境界，這也是大乘佛教的基礎理論。正因為《大般若經》指出了大乘性空的理論，所以被認為是大乘佛教中甚深的妙法，被稱為是「諸佛之智母，菩薩之慧父」。

《心經》的構成

關於《心經》的構成，有學者指出經文的絕大部分出自《大般若經》第二會觀照品第三十二，而「般若波羅蜜多是大神咒……真實不虛」一段出自《大般若經》第二會功德品第三十二，密咒部分則出自《佛說陀羅尼集經》第三卷。正因為《心經》集合了《大般若經》的精華，所以被認為是般若部的心要、《大般若經》的心髓。

略知一二

《心經》雖然篇幅極短，卻包含了佛教的基本教義，如五蘊、十八界、四諦等理論，並囊括了大乘佛教的般若法門和緣起性空的精義，為衆生指出了成佛的道路。因此在佛教界有著舉足輕重的地位。此外，《心經》簡短精粹、便於持誦，因此在中國僧衆中廣為流傳，被列為佛門必讀經典之一。

《心經》內容概述

《心經》的內容

在《心經》的諸多譯本中，玄奘的譯本省去了原經的序分、流通分，只餘下正宗分，不僅短小精悍，而且便於持誦。

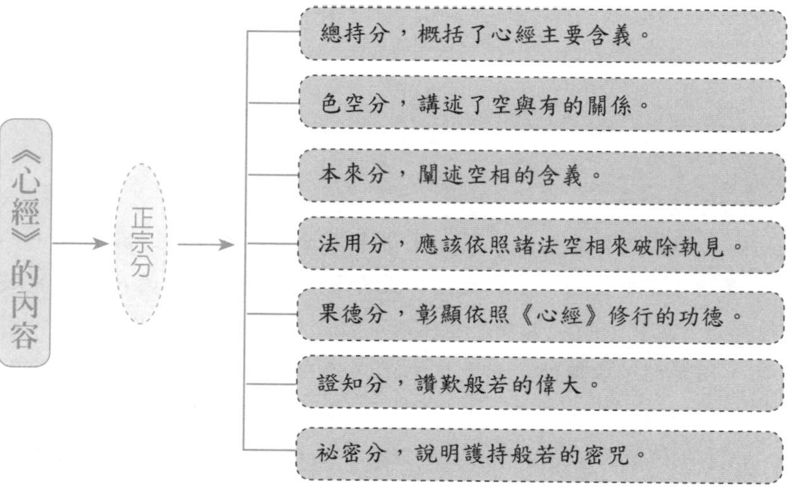

《心經》與《大般若經》

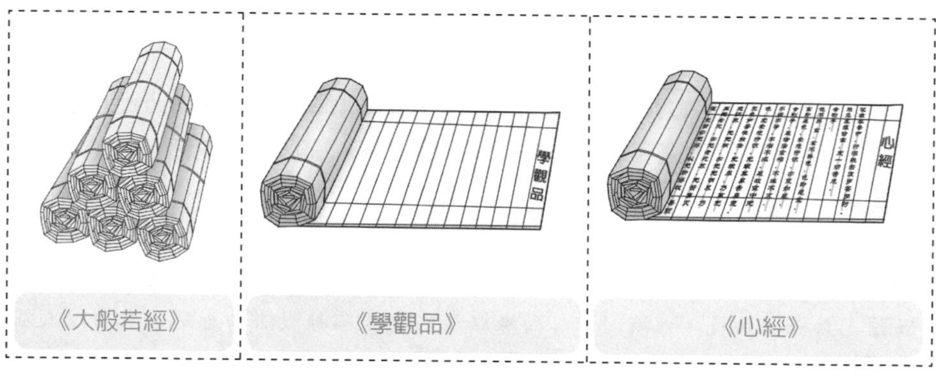

《大般若經》　《學觀品》　《心經》

閱讀拓展

如上圖所示，《心經》是《大般若經》的一部分。釋迦牟尼圓寂時，將大小乘的八萬四千法門交付於阿難尊者，並跟他說，如果把除了般若波羅蜜多之外的所有八萬四千法門全忘記、損毀了，那也沒事；但如果把般若波羅蜜多當中的一個四句偈忘記、損毀了，那就要嚴加責難。

4 《心經》的核心要義
諸法皆空

讀《心經》便會發現，《心經》中有大量的「空」字：「五蘊皆空」、「色不異空、空不異色」等等。「空」就如同《金剛經》中的「法」一樣，「如來說說法……不可說……」其無上甚深義是不可說的，其特性是：無質無礙、不生不滅、不增不減……「空」是佛教的基本思想，也是《心經》宣說的要義。

佛教的基本思想：空

大乘佛教最基本的思想即是空義，「空」是用來表達「非實」、「非有」、「非存在」的一個概念。釋迦牟尼曾說過，空的道理，是令眾生破迷啟悟、轉凡入聖的癥結所在。根據佛教的緣起論，世間一切現象都是各種因緣聚合而成的幻象，因緣而生，因緣而滅，都不是實有的、固定的、常態的，而是虛幻的、流動的、變態的。因為各種因緣條件瞬間變化，這些虛象也隨之發生變化，並沒有一個真正存在的實體。眾生因為不懂得「空」性的道理，以為一切萬物都是實有的，所以對一切世間諸法產生一種執著心，因為執著而產生煩惱，陷入生死輪迴之苦。釋迦牟尼最先悟證成佛，他以大慈大悲之心，廣說諸法空性之理，教化眾生明白一切法皆以無性為自性，這就是佛教的理論基礎。「空」能夠破除眾生對諸法的執著，當無所執時，眾生的自性就會無拘無束、無惑無動、自由自在。

《心經》宣說「空」的要義

《心經》是宣說般若類經典「諸法空性」的重要經典。般若類經典的般若智慧可以說都立足於一個「空」字。《金剛經》屬於般若類經典，所以它也不例外。熟稔佛經之人談到般若經典，都認為600部般若經可以濃縮為一部《金剛經》5000字；5000字的《金剛經》可以濃縮為一部《心經》260字，這一部《心經》就代表了600卷的般若，是如來一代時教的精華，攝無不盡，所以有人說讀懂《心經》就「一經通，一切經通」。《心經》經由對五蘊、六根、六境、六識、十二因緣以及四諦和各種教法的否定，來論證人空和法空，最後得出「一切皆空」的結論。

略知一二

佛教認為，世間萬物由地、水、火、風四大因緣或生或滅，四大無自性，由四大與空聚合而成的萬物亦無自性，萬物之有是由衆緣所聚，此有故彼有，並非真有，所以稱為萬物自虛，是名四大皆空。

《心經》的核心要義

諸法空性

世間萬物就如同這河水一樣，是隨因緣變化而不斷變化的，不是實際存在的。世人因不懂「空」的道理而產生諸多煩惱。

《心經》宣說「空」的要義

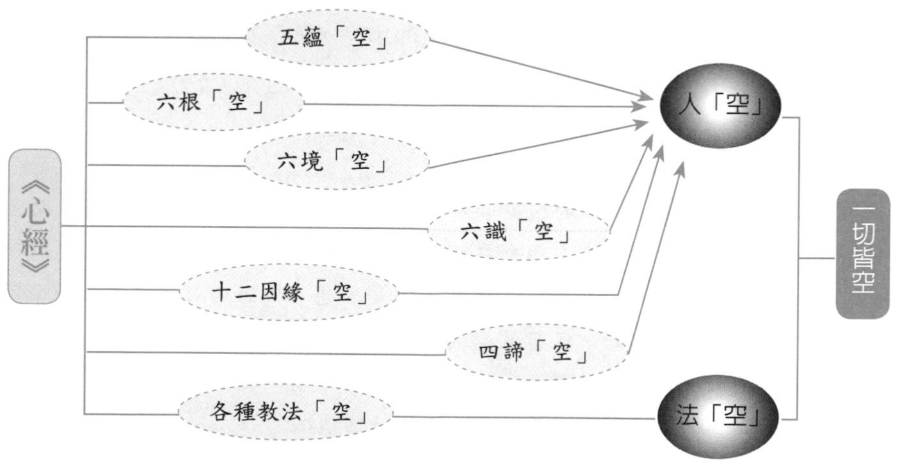

 拓展

《心經》的目的是否僅為了讓世人認識到「一切皆空」的道理？答案是否定的，因為「一切皆空」只是修行過程中所應達到的一個較淺層次的認識，有了這種認識才能擺脫由於執著而產生的愛憎取捨所帶來的煩惱，達到一種「自在」的精神狀態。

第10章 《心經》的內容

1 總持分 觀自在菩薩的修行

《心經》第一品總持分介紹了本經說法的因緣，又直接言明要修行成佛，必須修行至「大自在」的境界。自己自在，更能廣度眾生使眾生獲得自在。本分則的四句話：「觀自在菩薩，行深般若波羅蜜多時，照見五蘊皆空，度一切苦厄。」它總持了《心經》全文要義，所以名為「總持分」。

說法因緣

與《金剛經》第一品法會因由分一樣，本經一開始也介紹了說法的時間、地點、人物、說法因由。由於本書選擇的是玄奘所譯《心經》略本，經文中未交代佛陀和觀自在菩薩開示本經的時空背景，但在諸多廣本中很容易找到詳盡的說法。據唐朝法月重譯的《普遍智藏般若波羅蜜多心經》：「如是我聞，一時，佛在王舍大城靈鷲山中，與大比丘滿百千人，菩薩摩訶薩七萬七千人俱。其名曰：觀世音菩薩、文殊師利菩薩、彌勒菩薩等，以為上首……」 從此廣本中，我們很容易得知《心經》說法地點是在王舍城的靈鷲山，這裡是佛陀經常居住和說法的地方。靈鷲山因其形狀似鷲鳥，且山上多鷲鳥而得名。時間仍然是「一時」，既無古今，也無未來。人物是佛陀、大比丘眾滿百千人，菩薩摩訶薩七萬七千人。《心經》說法因緣則是佛陀和這麼多的比丘、菩薩在一起時，觀世音菩薩向舍利子說法，並因此而得到佛陀的讚賞。

觀自在菩薩

觀自在菩薩其實就是世人熟知的觀世音菩薩，她聽聞眾生的悲苦，並及時救助，所以名為「觀世音」。那又為何稱她為「觀自在」？因為她擁有廣大的菩薩智慧，觀照一切無掛無礙，名曰「觀自在」。觀，並非用眼睛看，而是觀想，觀照內心，讓內心掃除了一切妄念，顯現寂寂無念、如如不動、了了常知的清淨心，這是佛教修行的關鍵。「自在」就是無憂無愁、無掛無礙、沒有任何煩惱，對一切都安然灑脫。觀自在菩薩已經修行到了不住一切法、不住一切相的本空自性，擺脫了世間的一切煩惱。

【名詞解釋】

菩薩：梵文音譯，全稱為「菩提薩埵」，簡稱「菩薩」。「菩提」漢譯為「覺悟」；「薩埵」漢譯為「眾生」或「有情」，即一切有情眾生。所以，菩薩全譯是「覺有情」，包括自覺和覺他兩層含義。自覺，就是自己覺悟，不再癡迷；覺他，就是使眾生覺悟，所以，菩薩以度眾生為己任。

說法因緣和觀自在菩薩

說法因緣

說法時間不定：「一時」

觀自在菩薩

釋迦牟尼

舍利子

說法地點：靈鷲山

觀世音菩薩

觀世音菩薩是世人熟知的四大菩薩之首，由於她大慈大悲，救苦救難，當人們遇到災難時，只要稱頌她的名號，她便前往救度，所以稱為觀世音。右圖為四臂觀音圖。前雙手合十，另雙手一手持念珠，一手持蓮花。兩腳跏趺，端坐蓮臺。

「行深般若波羅蜜多時」，說明了觀自在菩薩所修行的是深般若，「深」是相對於「淺」來說的。在佛教中，修行小乘四諦、十二因緣等稱為「淺般若」，而「深般若」則是指真正的大智慧、妙智慧。只有這種妙智慧才能真正解脫，從生死的此岸修行到涅槃的彼岸。

什麼是般若波羅蜜多

般若波羅蜜多，又譯作般羅若波羅蜜、般若波羅蜜，是六波羅蜜之一。「般若」的中文意思是大智慧，這種智慧不同於普通的智慧，是可以明瞭一切事物及其所含道理的深層次智慧。般若，是心的妙用。上至諸佛，下至眾生，都是因為擁有了般若智慧而成就佛道。般若可以了生死、度苦厄，有著不可測知的圓通神妙，但其真實相狀卻是無形無狀、可意會而不可言傳的。佛教認為，眾生平等，人人皆擁有相同的般若智慧，只是凡人因癡迷而無明，其般若智慧被諸多妄念、煩惱所掩蓋，無法顯示其光芒。只有掃除一切妄念，讓身心空淨自在，其般若智慧就一覽無遺，成就佛心。「波羅蜜多」的意思是度至彼岸或者到達彼岸，也就是菩薩透過自行化他之事，由生死之此岸到達涅槃之彼岸。綜合而言，般若波羅蜜的意思就是到達涅槃彼岸的大智慧，是菩薩六度修行中最基本的、最重要的一種，被稱為「諸佛之母」。

深度修行

深度修行是從淺度修行而來的。初發心的善男子、善女人要掃除內心的妄念，只有透過佛的言傳身教，傾聽佛的文字般若（聲聞乘），眼見佛的實相般若（緣覺），靠意念守持，才能顯現真心。此時雖然掃除了一切妄念，到達了「心空」的境界，但還未到達「空心」之境。如進一步地修行，掃除內心一切妄念，及一切妄情，且無須用意念來護持，就能達到心空的境界。當修行更進一步，連「空」的境界也拋棄了，連「心」的概念也捨棄了，一切心所能達到的境界都捨棄了，此時便能生出般若智慧，到達涅槃彼岸。觀自在菩薩就是如此由淺入深，進入了深度修行的狀態，所以他能夠「照見五蘊皆空，度一切苦厄」。

【名詞解釋】

行：修行。

時：時候。「行深般若波羅蜜多時」，就是觀自在菩薩在修行深般若的時候。

「行深般若波羅蜜多時」

般若波羅蜜多

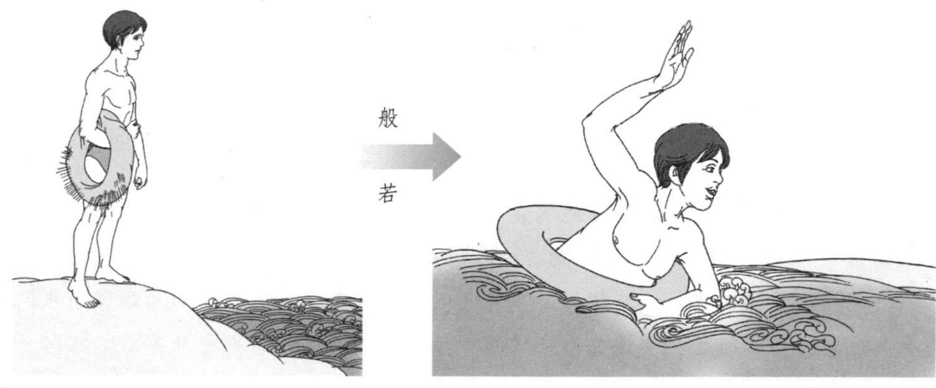

凡人因為有諸多妄念無法生出般若智慧，沒有般若智慧就不可能了脫生死，證得涅槃，成就佛道。

深般若

淺般若：依據人類推理判斷，了悟因果而生成的智慧。

深般若：超越文字語言，直觀真理的本性而生成的智慧。

小乘聖者（聲聞、緣覺）

觀自在菩薩（大乘）

高人指點

佛教中對於般若智慧的開發有三個階段：聞慧、思慧和修慧。觀世音菩薩由聞而思、而修、而證。不但從深思熟慮中徹底認識般若真空妙理，同時運用觀照般若的真智，來觀察宇宙人生的真諦，深達實相般若的理體，而證得般若真理的智慧。由於他的實踐，非淺近倉卒，而是經歷久遠，深入實際，早已到達智慧的彼岸，故說「行深般若波羅蜜多」。

觀自在菩薩修行深般若波羅蜜多時，用甚深微妙的般若真空智慧，照見五蘊諸法的本性是「空」，所以說「五蘊皆空」。 五蘊又被稱作五眾、五聚等。蘊是積聚的意思，佛教中的五蘊指的是世間萬物及其精神的五種聚合，分別是色蘊、受蘊、想蘊、行蘊和識蘊。

五蘊

色蘊就是物質的聚集，統攝了一切物質世界，大如恆星地球，小如原子電子，但凡一切有實體存在的物質，甚至包括宇宙間的能量都是色蘊。色蘊由地、水、火、風四大形成：一切「堅」之物由地構成，一切「濕」之物由水構成，一切「暖」之物由火構成，一切「動」之物由風構成。人體也不例外，骨骼、筋肉、皮毛是地大；血液、汗水、唾沫是水大；身體的恆溫是火大；呼吸不停是風大，四大構成了我們的色身。色又分為有情色、無情色。有情色，指眾生身體方面的形色及生活的狀態。無情色，則指凡是眼所見、耳所聞、鼻所嗅、舌所嘗、身所觸的一切世界上客觀的事物，都屬於色蘊所攝。

受蘊，即領受納取的意思，也就是從身體和精神上對外界的感知作用。如人們看見美好之物心生喜愛，看見醜陋之物心生厭棄，這都是受。人的一切的樂受、苦受都是受蘊。佛教講究不苦不樂的境界，是捨受，也是受蘊。

想蘊指的是人在看到、聽到、接觸到外界事物時，在自己的心中所產生的對其外觀相貌的認知作用，是一種想像、思考，或判斷的心理作用。人們的思想往往是由此及彼，念念不斷的。

行蘊是心驅使人造作諸業，也是心與意志的作用，包括眾生的一切心理活動。受、想、行都是意識所附屬的心理作用，就如同心理學家所說的感覺、想像、意志等心理現象。

識蘊的意思是了別與識知所感知的事物。如人們聽到海浪拍岸的聲音，透過聲音識別出聲音的源處，這就是識蘊。

不論是物質方面，還是精神方面，五蘊都是阻擋了人們清淨心的障礙，其本性都是空的，是虛幻不實的。若能看清五蘊空性的道理，不為一切虛象所迷惑，就能見性成佛。

【名詞解釋】

照見：「照」，觀照，即反觀自我內心之本性；「見」，徹見之意。照見，就是用般若的智慧洞察世間萬象都是因緣和合的，都是虛幻不實的。

五蘊皆空

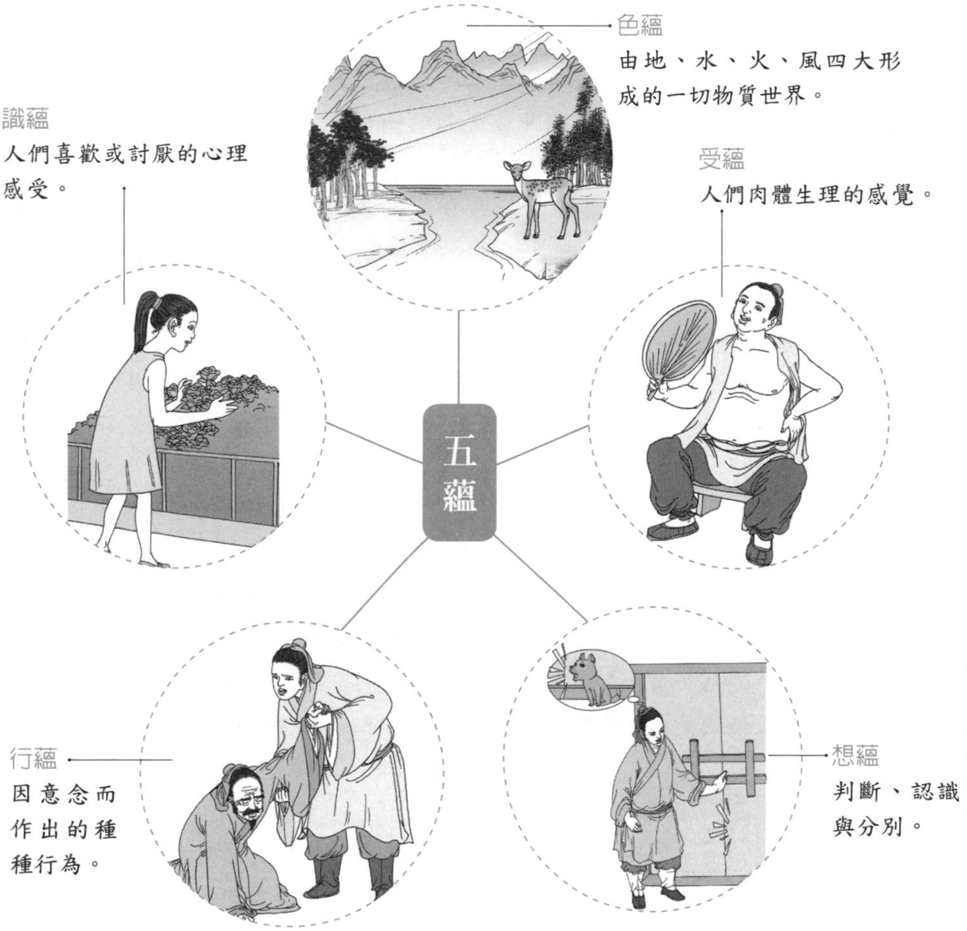

高人指點

「照見五蘊皆空」的含義，就相當於《金剛經》中「凡所有相，皆是虛妄，若見諸相非相，即見如來」一句中的「見諸相非相」。若懂得了世間一切相都是因緣和合的虛象，是虛幻不實的，不執著於一切幻象，不住一切相，也就是照見五蘊皆空，那麼自性的清淨心就會顯現，生出自性的般若智慧。

「照見五蘊皆空，度一切苦厄」是觀自在菩薩深度修行的結果。「度一切苦厄」又是「照見五蘊皆空」後的結果。因為，只有在佛理上明白了空性的道理，才能「不住一切」地去修行，如此才能「度一切苦厄」。「度」包含了修行之意，意為要實實在在地去修行，去普度眾生。

何為「一切苦」

「一切苦」包括了所有的苦：三苦、八苦、無量諸苦。三苦是苦苦、壞苦、行苦，又叫三受。苦苦是人們生活中感受到的一切痛苦，包括內在生理和外在環境所引起的所有痛苦，主要有八種，所以又稱人生八苦。

壞苦是指人們在日常生活所能體會到的快樂的感受。佛教認為，這種「快樂」實質也是苦的，並非真正的快樂。因為凡人所感受到的「快樂」往往是因為滿足了他的某種欲望之後所產生的短暫的心理平衡。比如，享受美食時人們會感到快樂，是因為美食滿足了人們的食欲。一旦人們吃飽了，沒有食欲了，如果還讓他繼續吃，那先前的快樂就會轉變成痛苦。世間的一切快樂都是如此，僅僅是滿足了一時的欲望，而人的欲望是無窮無盡的，所以這種快樂最後都轉變成了痛苦，稱為壞苦。

行苦是諸行無常、不停變化、不得安定所引起的痛苦。世事無常，這是永恆不變的規律，但世人卻無法認識到這一點，往往執著於追求永恆：永恆的愛情、永恆的事業、永恆的生命……事與願違，人們因此感受到無盡的痛苦。

除了以上所說之三苦、八苦之外，還有來自別人的無禮、侮辱、誹謗、汙蔑、謾罵、冤枉、加害等等，並且還有來自自然界的日曬、風吹、雨打、饑渴、寒熱等等，這些要是超過了人的忍受力之後，也是一種非常大的痛苦。這就是無量諸苦。

如何「度一切苦厄」

凡夫因為癡迷，不懂得「五蘊皆空」的道理，不明白無明是一切痛苦的根源，所以飽受六道輪迴之苦。只要能「照見五蘊皆空」，明白自性本空之理，就能破除我執，不住一切相，解脫因無明而生的種種煩惱痛苦，最後經由修行了脫生死，達到「度一切苦厄」的目的。

【名詞解釋】

苦厄：「苦」是人心中的苦惱，「厄」就是人遇到的種種艱難禍患，綜合而言，就是說只要能照見五蘊皆空，就能達到彼岸，人世間的煩惱困苦都不存在了。

度一切苦厄

苦苦

生苦	十月胎孕之苦
老苦	生理機能衰退之苦
病苦	身心疾患疼痛之苦
死苦	壽命終結四大分離之苦

人生八苦

愛別離苦	與親人眷屬生離之苦
求不得苦	一心渴求終不得之苦
怨憎會苦	冤家仇人相見之苦
五蘊熾盛	五蘊煩惱如火熾燃之苦

行苦

無量諸苦

高人指點

《心經》總持分的四句話，說明大乘菩薩道是自利、利他的解脫之道。自利是因為照見五蘊均是因緣和合的，沒有實體，因此掃除一切妄念，擺脫自身苦難和生死的折磨，顯示自性本真，這是自度；利他是因為自度成佛後，繼續修行度化眾生，這是救世利他。

2 色空分 一切皆空

《心經》第二分色空分，講述了空與有的關係，說明修行要不住一切相的道理。其經文是：「舍利子，色不異空，空不異色，色即是空，空即是色，受想行識亦復如是。」

「智慧第一」舍利子

當觀自在菩薩進行深度修行時，他開始向舍利子說法。當時圍繞在佛陀身邊的有「大比丘眾滿百千人，菩薩摩訶薩七萬七千人」，為什麼觀自在菩薩單單叫出了舍利子的名字呢？因為舍利子是「智慧第一」，他聰慧機敏，善於說法，與須菩提一樣，是比丘們學習的榜樣。本經《心經》是講述空性般若智慧的，而舍利子是智慧的象徵，稱呼他也是暗示修行本經、想獲得般若波羅蜜多法門的人，必須具有非凡的妙智慧。舍利子常隨同佛陀傳經佈道、主持事務，在與《般若經》有關的眾多經典中，舍利子經常扮演佛陀的對話者，以輔助佛陀說法。在本經中，舍利子主要是示範作用，他並未發表言論。

舍利子的故事

舍利子，也被譯作舍利弗多、舍利弗羅、奢利富多羅、奢利弗多羅、舍利弗怛羅、舍利弗多羅、設利弗哩羅等。他的母親是摩伽陀國王舍城婆羅門論師的女兒，因為出生的時候眼睛像舍利鳥，所以取名為舍利，而舍利弗因為是舍利的兒子，所以別人叫他「舍利子」。

舍利子相貌端正，從小就勤習多種技藝，並且通讀婆羅門的四部聖典《四吠陀》。16歲就能在與眾人的辯論中勝出，他的族弟們都唯他馬首是瞻。他年幼時與鄰村的目犍連交情很好，他們曾一起在當時頗具盛名的刪闍夜毗羅胝子下求道，但僅用了7天7夜就通曉了刪闍夜毗羅胝子傳授的教旨。這時，佛陀剛剛得道，住在王舍城內的竹林精舍裡。一天，他遣弟子馬勝比丘到王舍城內化緣，正好遇見舍利子。舍利子就向馬勝比丘請教。馬勝比丘說起「因緣所生法」的偈頌，讓舍利子十分敬佩。於是和目犍連率領500位弟子前去竹林精舍皈依了佛陀。這也是組成《金剛經》中「千二百五十人」佛陀隨眾弟子一部分。舍利子一生對佛陀很是崇敬，多次受到佛陀的稱讚，後來先於佛陀圓寂，遺骨葬於祇園。

【名詞解釋】

舍利子：在法月重所譯《心經》版本中，將他稱為「慧命舍利弗」，「慧命」是一種尊稱，說明他「以廣大甚深之慧為命」，也就是說他的法身以智慧為生命，是智慧的象徵。

舍利子

舍利子學佛

馬勝比丘說，一切法都是因緣而生、因緣而滅的，沒有一個本體。我的師父釋迦牟尼是大沙門，擁有無邊智慧，他常常這樣來說，這樣來教導人們。舍利子聽後非常敬佩釋迦牟尼，從此開始修行佛法。

舍利子是小乘聖者

舍利子雖然智慧第一，卻始終是小乘聖者，只能修到羅漢的最高境界。右圖所示是佛經中記載的關於舍利子的一個故事：有一個人需用眼治病，舍利子佈施了自己的左眼後，卻得知他需要右眼。此時舍利子卻不願再佈施出自己的右眼。原來此人是考驗舍利子的菩薩化身，他恢復了舍利子的左眼後說道，「你始終只是在修行自利的小乘之道，難行菩薩之道。」

高人指點

古印度有一種鳥名為舍利，此鳥眼力非常銳利明快。舍利子的母親因眼睛似舍利而得名，她生的兒子便是舍利子。

「色不異空，空不異色」說明色與空的關係是相互依存的，色無法脫離空而單獨存在；空也無法離開色而單獨顯現。

色空是一體

在前面介紹五蘊時已經說過，「色」統攝了一切物質世界。世間一切有形有相的，都能稱為「色」。大至整個宇宙地球，小至細菌病毒，包括人類畜類一切眾生都是「色」。前面經由對《金剛經》的分析，我們基本上都能理解，「空」是一切物質的本真、實相、本體。也就是說，「色」是一切萬物的外在表相，「空」是一切萬物的內在本體。「色」與「空」是用與體之間的差異，其實質只有一個。空是空的體，色是空的用，兩者相互依存，不可能單獨存在。

「色不異空」

「色」是空的外面表象，其實質是「空」。「色」由地、水、火、風四大和合而成，四大是每個物體自身所固有的物性。萬事萬物包括人的身體，都不過是四大假借因緣暫住。因緣又是由過去業力凝集而成，沒有無緣無故的因，也沒有無緣無故的果，因緣處於一種無邊無際相互關聯的因果關係中，所以一切的「色」都是四大依據業力因緣拼湊而成的。這種「拼湊」從根本上來說具有不穩定性，是一種短暫和合的假象。釋迦牟尼就是在這種觀點的基礎上創建了佛教，並以此教導世人，要看清「色」的虛空本質，懂得「空」之理，如此才能不執著於一切表象。這樣當人們的肉眼看到各式各樣形形色色的事物時，內心時刻不忘「空」之本質，進而做到不為色相所動。

「空不異色」

由於「色」的本質是「空」，所以我們不應該執著於「色」，但「空」也同樣不能執著。「空」並不是一無所有，也不是否定「色」的存在。釋迦牟尼並沒有說萬事萬物是不存在的，而是說他們是空性的。若拋棄一切色相，執著於「空」，那也是落入了斷滅見，同樣無法解脫。

【名詞解釋】

空：佛法分為三乘——聲聞、緣覺、佛乘，因為這三乘所覺悟的智慧不同，所以佛教的智慧有三種。也就是說，佛教所證的「空」有三種：聲聞乘由證得「無常空」而產生的「無我智慧」、緣覺乘由證得「緣起性空」而產生的「無我智慧」、大乘由證得「空性」而產生的「般若智慧」。

空與色

色空是一體

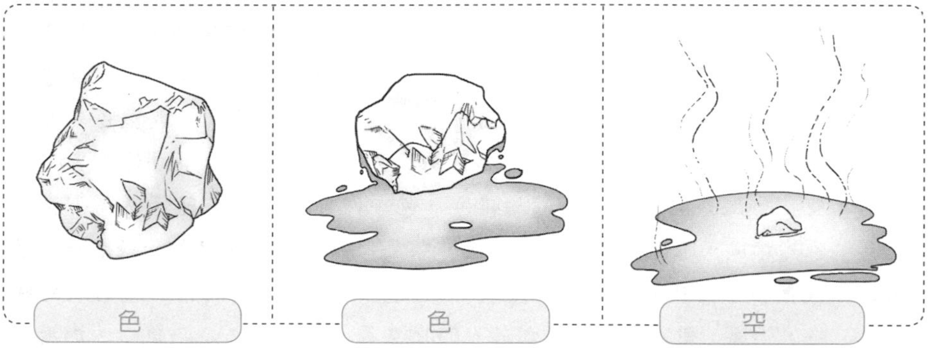

色 — 色 — 空

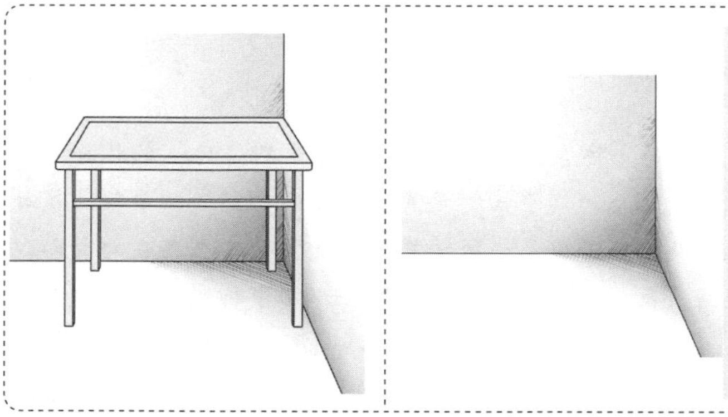

色是空的顯體，空是色的本體。就如同角落裡的桌子，桌子在時，看起來似乎只有「色」，其實色空在一起；桌子挪走了，看起來似乎只有「空」，但色空還是在一起的。

高人指點

佛教認為，人的身由業力所造，業力由妄心所造，人若造業便會感受人生的苦果，以致受身出世而償還果報的苦惱。今生受過去世的業報，未來世感受現世的苦果。三世之中，輪迴流轉周而復始，除非修善根而超越，否則不會有了結之時。外道之人不懂得色空一體之理，以為色滅了便是空，因而廢色守空，一味苦修，終不得脫；也有人堅持斷滅空的見解，認為人生既然終歸是五蘊分離，便沒有現世的道德，也沒有未來的解脫可言，因而一生胡作非為，種下種種惡因，將來自己遭受惡果。

觀自在菩薩說完色空一體、色空不相離之後，又進一步說道「色即是空，空即是色」的道理。也就是說，一切萬物表象皆是空，空也就是一切萬物的表象。

「色」的名相

「色」是四大因緣而生的，它並不是實有的。一旦因緣條件變化，「色」的外在相狀就會發生變化。世間萬事萬物都是如此，所以不要執著於色，要懂得一切萬物都是空的道理。比如，空氣因氣壓差異流動而產生風。當氣壓差異大時，便形成大風，甚至狂風；一旦氣壓差變小或消失，那風也就變小或停止了。空氣就如同「空」，風如同「色」，風起時，「色」即是「空」；風停時，「空」即是「色」。其實風只不過是人們用來指代「空氣的流動」，它只是一種名相，並以名相的方式存在，並無其他的存在方式。也就是說，人們把這種空氣的流動稱之為「風」時，「風」便是存在的；但若人們把空氣的流動稱之為「氣」，那麼「風」便是不存在的。所以「風」是空的。

中觀看待色空

佛教認為，世人往往以為「色」是實有的，進而產生對「色」的執著，而落入常見的迷思。常見，也就是認為一切事物都是實實在在的，對一切事物的執著，產生無盡煩惱。仍以「風」為例，若以為「風」實有，是實實在在存在的，那就是落入常見。反過來，若認為「色」既然是「空」，那麼一切事物就都是不存在的，都是空的，進而落入空見，這就是斷滅的迷思。若以為「風」是名相，是虛象，就否定「空氣的流動」的存在，這就是執著於「空」見，也是錯誤的。所以，釋迦牟尼告訴凡人，既不要執著於色相，也不要執著於空相，而應以中觀的態度來對待「空」與「有」，將「空」與「有」統一起來看待，而不是視為矛盾的對立。

此外，佛教認為世界萬物與人的身體，都是由地、水、火、風四大元素和合而成，終將歸於空寂，而非恆常不變，這就是「四大皆空」的真正含義。

【名詞解釋】

「色即是空」：凡人總覺得一切物質都是看得見、摸得著、感覺得到的，所以是實實在在的。佛教並不是否定這些事物的存在，只是說「色」都是以名相的形式存在，是心念的一種假定。所以，要擺脫名相的執著，瞭解色即是空的道理。比如，一提到蘋果，人們便會想到那個圓圓香甜的水果，但其實蘋果是不存在的，存在的是「蘋果」所指代的一種水果。所以說，色即是空。

色即是空，空即是色

色即是空

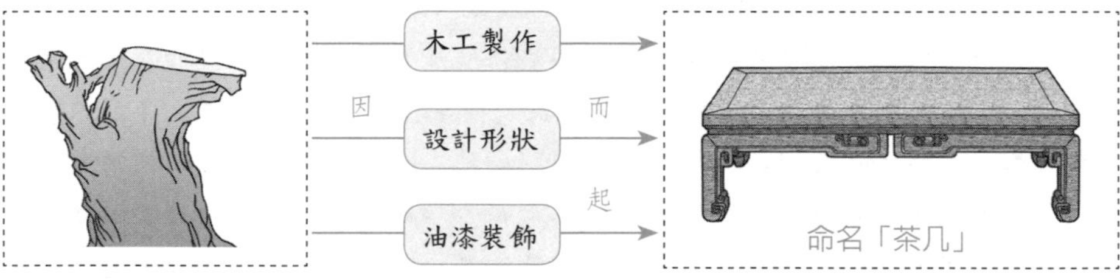

「茶几」是因緣而起之物。世人將其命名為「茶几」，那麼「茶几」便是存在的；若世人將其命名為「桌子」，那麼茶几便是不存在的。萬物只能以它的名相這唯一的形式而存在。

高人指點

「空」是佛教哲學的根本概念和核心範疇，也是佛教義理的最高範疇。在佛教中，「空」有多種含義：不實、空性、非有、無自性、無常等等，且深妙難解，成為佛教哲學探討、辯論的中心問題。「空」也是佛教弟子從煩惱的此岸解脫到涅槃的彼岸的主導觀念，佛教因證悟空性而涅槃的修行之道，被稱為「空門」。皈依佛教，修行佛法，被稱為遁入空門。佛教因空理產生了諸如我法俱有、人空法有、人空法空、假名性空、識有境空、非有非空、亦有亦空、真空妙有等等論說，形成「空」論體系。

觀自在菩薩說完色空之理，破除眾生對物質虛象的執著後，進一步說到了五蘊的其他四蘊即受、想、行、識也是虛幻的，要破除對其他四蘊的執著。

亦復如是

當我們明白「色不異空，空不異色；色即是空，空即是色」，懂得物質界虛空的道理後，自然就會明白意識界的一切也是虛空的。因為既然物質世界都是因緣而生，非實有的，那麼人的眼睛、耳朵、鼻子、嘴巴所看到、聽到、聞到、嘗到，並因此而想到的一切也同樣是虛幻不實的。「亦復如是」四個字，簡練精闢地概括了「受、想、行、識」四蘊「空」的要義。不得不讓人佩服玄奘法師信、達、雅的高翻譯水準，否則直譯過來便是從「受不異空，空不異受；受即是空，空即是受」一直到「識不異空，空不異識，識即是空，空即是識」何其繁瑣。

五蘊皆空

前面說道，色是因緣而生，因緣而滅，沒有自性，沒有實體，虛幻而不可得的。這裡又說到其他五蘊也是如此。比如受，是人們的身體感受。首先，不同的人對不同的「受」有不同的體驗，意志堅強的人對傷筋動骨這樣的大痛也能隱忍承受；而一些臆想症患者明明無傷無病卻痛得哇哇大叫。另外，對於痛、熱、冷等等感受，即使是同一個人，若能轉移注意力，其體會也不一樣。釋迦牟尼被歌利王割截身體的時候，就是因為他把心轉移到別的地方去了，所以感覺不到痛苦。我們在日常生活中也經常會有這樣的體驗，本來很冷，因為想起了更為重要的事情而感覺不到寒冷了。這些都說明，「受」其實是一種心理作用，是隨著心的變化而發生改變的。其他想、行、識三蘊也是一樣，五蘊都是空的，是沒有自性的。

色、受、想、行、識五蘊皆空後，修行者的意識裡還可能存在一個影像。這個影像幫助修行者克服五蘊凡塵，不自覺地刻入修行者意識裡，看似無，實則深刻影響著他們的言行舉止，這個影像就是法相，也是一種色塵，它包括了一切法，如十八界、十二因緣、四聖諦等等。這些法相的實質也是空的，不要有法執。若能五蘊皆空且不住法，那就是灑脫自在、了無掛礙了。

【名詞解釋】

色：佛教有 11 種色法之說。即眼、耳、鼻、舌、身五根的色法，再加上色、聲、香、味、觸、法六塵，合起來共 11 種。

五蘊皆空

五蘊作用

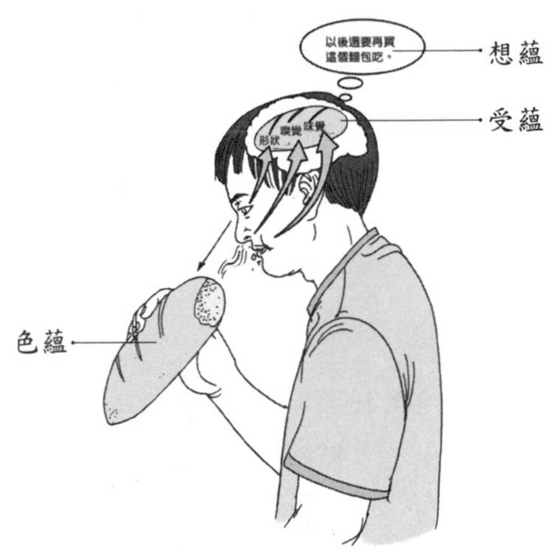

人們經由五根感受色界的一切，並產生六識，即「想」，這是人類後天的思維。如圖中人的覺得麵包好吃，就會想再吃一個，這是貪、嗔、癡意識裡的。「行」就是行為，「行」是「想」的果，人們往往因想而去付諸行動。「識」是一種辨別能力，它是人類後天因分別心而生起種種差別的認識。當色蘊一空，物質界的幻想消失，其他四蘊，也就是人的心理層面也隨著消失。

受想行識

相同的環境不同的感受

高人指點

佛教認為，物質世界的形形色色，引起人們五蘊流轉，進而造成心的變幻莫測，種種念想倏忽生滅，如同流星一般轉瞬即逝，又如同電影一般，一幕接一幕，不可停留，不可獲取。人生便是因此而產生無盡的煩惱。如是能夠明瞭外界物質和內在想法都是「空」，都是「色」，那麼人心對它們就不會產生任何影響，它們對於人的本性也不能有任何影響，如此，人們才能放下一切，擺脫苦厄。

3 本體分 一切法皆空

前面觀自在菩薩說完五蘊皆空的道理後，將佛教「空」理進一步放大到宇宙天地間的一切事物中。他又呼喚了一次舍利子的名字，以引起眾人的高度重視，然後說道：「是諸法空相，不生不滅、不增不減、不垢不淨」，詳細闡述萬物空性之理。

「諸法空相」含義

「諸法」是指世間的一切法，也就是天地間的萬事萬物，此處指五蘊諸法，即因五蘊而生的一切相待而有者。「空相」，又名「真如實相」，是佛教修行的最高境界，即佛陀所能證得的境界，無法用世俗的文字來表達。但在佛經中用來形容「真如實相」的文字有很多，如本覺、圓覺、法性、自性、佛性、真性、本體、妙真如性、諸法實相、如來藏心、自心現量……數不勝數。佛典中「相」與「性」沒有嚴格區別，常常通用，如實相、實性更是互用頻繁。前面已經分析過，世間萬物都是四大因緣和合而成，無自性，其他四蘊也是隨色蘊而產生的幻相，所以，「諸法空相」意指一切法都是沒有自性的、無常的、虛幻的、不真實的。「空相」並不是說世間一切沒有相，而是說它們的相都是不真實的。佛教中對於真實、虛假的定義是：永恆不變的就是真實的，一切會發生變化的則是虛假的，不論其速度是快還是慢。所以，宇宙星球、山河大地看似永恆，實則變化，只是速度比較緩慢而已。科學家們說過，太陽系也有毀滅的一天。人也不例外，生老病死，分秒在變化。所以，佛教說一切諸法都是時刻變化的，都不是真實永恆的存在，這就是「諸法空相」的含義。

煩惱的源

佛教認為，世人不懂「諸法空相」，而執著於「諸法虛相」，進而對一切物質產生執迷，這是眾生無明的根本。由無明而產生的見聞覺知就是種種妄心，妄心又生起諸多妄念，因而產生無盡的煩惱，飽受六道輪迴之苦。因此，觀自在菩薩在這裡告訴眾生，一切法的本來面目就是空相，空相才是一切法的實相。只有從源頭上斬斷煩惱之根，才有可能脫離生死的苦海。其實，生死也是「諸法」的一種，也是空的。

【名詞解釋】

諸法：是指存在、現象，也稱為萬法，指五蘊諸法，也包括一切佛法。

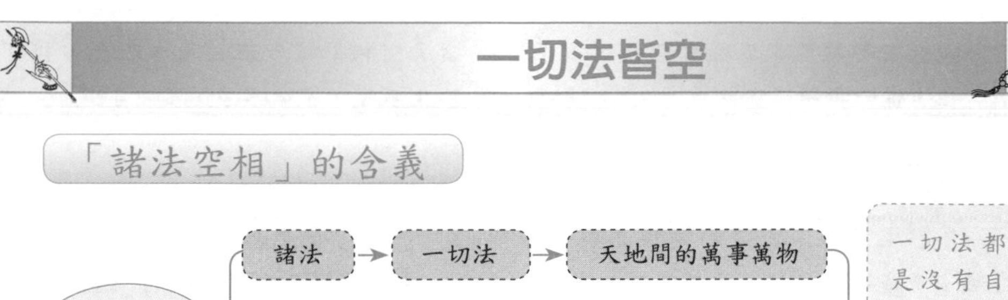

一切法皆空

「諸法空相」的含義

「諸法空相」

諸法 → 一切法 → 天地間的萬事萬物

空相 → 真如實相 → 無自性、法性

一切法都是沒有自性的、無常的、虛幻的、不真實的。

煩惱之源

高人指點

《安心論》中說：「過去佛說一切法，亦畢竟空；未來佛說一切法，亦畢竟空；現在佛說一切法，亦畢竟空。」「諸法空相」中，「空相」不是指空，更不是有，而是空所顯的真實相。空相可以稱為有相，有所顯的實相叫有相。實相可以通過空來顯，或依有來顯。但實相本身卻是非空非有的。

觀自在菩薩照見五蘊皆空後，說明了「諸法空相」這一佛教基本理念。接下來，他又進一步闡述空性的「六不」性質：「不生不滅、不垢不淨、不增不減」。

「不生不滅」

「不生不滅」是從事物存在與否來說的。「生」是生起，是有，是存在；「滅」是滅卻，是無，是不存在。在世人看來，生、滅都是實實在在的：生時，它實實在在存在著；滅時，它的的確確地消失了。生與滅是兩種對立的存在方式，生時無滅，滅時無生。其實，這是自性見的結果。前面觀自在菩薩已說道「諸法空相」，一切法都是無自性的，那麼生滅也同樣無自性。那這裡的「不生不滅」到底應該如何理解呢？佛教認為「諸法因緣生，諸法因緣滅」，生與滅都不是自動自發、無緣無故的。萬物因緣聚而生，因緣散而滅，其實就是不生不滅。比如，一棟房子由沙子、水泥、磚瓦等聚合而生成，一旦沙子、水泥、磚瓦散去，房子就滅亡了。在這個生滅的過程中，只有沙子、水泥、磚瓦等因緣的聚散之別，房子這種東西是不生不滅的。世界的一切事物都是如此。

「不垢不淨」

「不垢不淨」是從事物的性質來說的。「垢」是汙染、骯髒；「淨」是清淨、乾淨。人們的垢淨觀念是建立在自己的分別心上的，因為有了對事物的分別心，才會有美醜、善惡、好壞、垢淨之別。且不同的人因不同的觀念而對同一事物產生不同的觀點。如某人吃剩的飯菜在他人看來是骯髒的，但在這個人的母親或愛人看來卻很乾淨。萬物的垢淨之別都是因人心分別而起的，就其本體來說，是「不垢不淨」的。

「不增不減」

「不增不減」是從數量上來說的。世人因為迷誤而心量狹小，斤斤計較於數量的增加或減少。殊不知，增減也是因緣增而增，因緣減而減。另外，人的本心如大海一般寬廣博大，一旦將此本心顯現出來，那麼凡人與佛陀就毫無差別。從佛性來說，佛陀不比凡人增多一分，凡人也不會比佛陀減少一分，不過是清淨心被遮掩與顯示的差別罷了，所以說「不增不減」。

【名詞解釋】

「不垢不淨」：萬物的本性是空的，「垢淨」不過是虛有其名而已，其所存在是空的，既然空，那就無所謂垢淨了。

六不

不生不滅

「房子」因緣聚合，從未「生」。

「房子」因緣離散，從未「滅」。

萬物緣聚而生，緣散而滅，實則不生不滅。

不垢不淨

垢淨是因為人的分別心，「諸法空性」，不垢不淨。

不增不減

凡聖佛性平等，不增不減。

高人指點

對於「不生不滅」的理論，龍樹曾作偈云：「已生無有生，未生已無生；離已生未生，生時即無生」，滅的道理也一樣。生滅其實和「過去心不可得，現在心不可得，未來心不可得」有著相通的道理。

4 法用分 破除執見

觀自在菩薩猶恐諸弟子仍不明白色法、心法、有相相和無相相的一體性，所以又強調真如實相中無色受想行識五蘊。從「五蘊皆空」講到「空中無五蘊」，又說到十二處、十八界等，這些都是佛教的精髓內容，是心法中的心法。

「五蘊皆空」與「空中無五蘊」

前面講述「五蘊皆空」時，說到一切物質世界和精神世界都是空性的，是無常的、虛幻的、沒有自性的。所以，人們不要執著於五蘊。這就好像是告訴世人酒色欲望的可怕之處，而讓世人遠離。這種「遠離」是「有」心的遠離，是心中仍存有五蘊的念想，只是從理智上來要求自己放下。在佛教看來，這種解脫還算不上是真正的解脫，是一種偏空，這是小乘佛教空的境界。而「空中無五蘊」的意思是，既然五蘊是虛幻無常的、無自性的、空的，不執著於五蘊，就應該將五蘊完全放下，做到心中「無」五蘊，既然「無」，那就無所謂是否執著了。這就超越了執著的限制，體悟到真正的究竟空性。這才是大乘菩薩道的境界，菩薩無懼於五蘊的無常和苦，留在世間普度眾生就是「空中無五蘊」的境界。相反的，小乘羅漢雖遠離五蘊，卻只能自利，不能利他。

妙有非有的智慧

《心經》中對「空中無五蘊」的描述是這樣的：「是故空中無色，無受想行識。」「是故」是緊接著前面空性的六不而來，正因為空性是不生不滅、不垢不淨、不增不減的，所以，空性中沒有「色」。色空，則身空；身空則無「受想行識」，因此心空。身心兩空才能使人原本的清淨心顯現出來，也就是佛性顯現。這就是成佛之道，看似複雜，實則簡單；說來容易，做來艱難。《心經》是談論般若真空的智慧，般若真空就是妙有，妙有非有就是真空。真空是一種妙有，妙有就是真空。所以，《心經》前邊說「色不異空，空不異色」，此處又說「空中無色，無受想行識」，這便是妙有非有的智慧。

【名詞解釋】

「是故空中無色，無受想行識」：在萬物空性的狀態中，物質現象是假有的，感受、思想、意志、識別等心理活動也是假有的。「無」是一種假有，是妙有非有的。

妙有非有的智慧

「五蘊皆空」與「空中無五蘊」

小乘者深知「五蘊皆空」，為逃避而「有心」地遠離，是偏空。

大乘者深知「空中無五蘊」，五蘊妙有非有，超越逃避，是究竟空。

空的境界

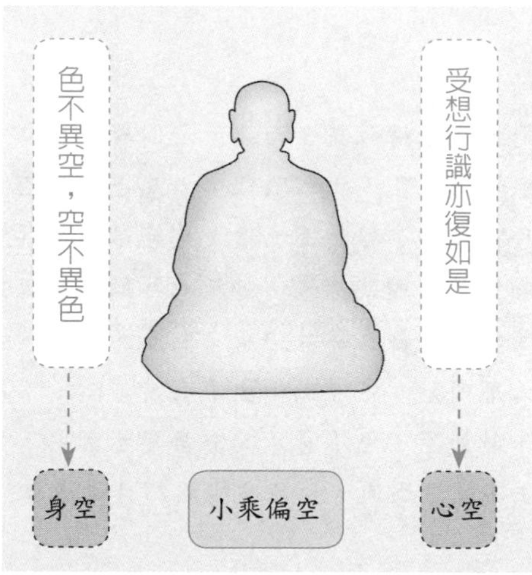

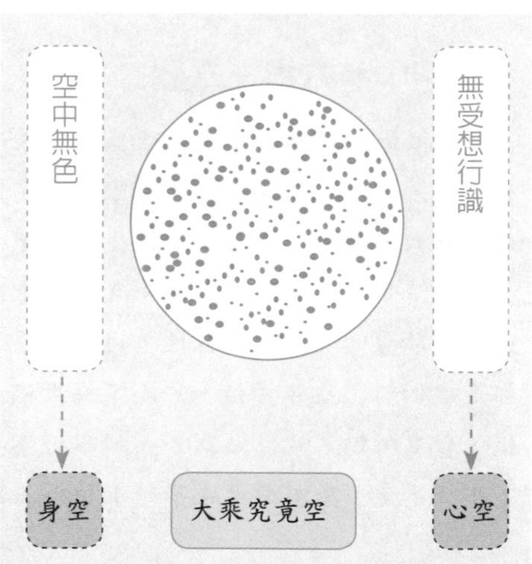

高人指點

觀自在菩薩在此強調，妙有真空中無色相可言。既無有相相的色法，那麼，無相相的心法便無從生起。所以，玄奘法師在此簡明地用一句「無受想行識」，就代替了「空中無受、空中無想、空中無行、空中無識」多句。這是他舉一反三的推理翻譯方法。

觀自在菩薩說完空中無五蘊，接下來說到空中無六根、六塵、六識，這是十二處、十八界的內容，也是佛教的宇宙觀。這裡玄奘大師以多個「無」字簡潔明瞭地介紹了佛教的三科世界。

六根

眼、耳、鼻、舌、身、意統稱為六根、六情，指的是人的六種感官。根為能生之義，眼根對於色境而生眼識，直至意根對於法境而生意識。如，人們眼見美色或起淫邪之心，於是便會造下惡業；眼見財物或起貪婪之心，於是偷盜造業，這都是因眼根而積業。其他五根亦如此，所以稱之為根。《佛法大辭典》中對六根的解釋分別是：眼根，視覺器官與視覺能力；耳根，聽覺器官及其能力；鼻根，嗅覺器官及其能力；舌根，味覺器官及其能力；身根，觸覺器官及其能力；意根，思維器官及其能力。前五種又稱五根。五根是物質上存在之色法，即色根。

六塵

色、聲、香、味、觸、法統稱為六塵。色塵、聲塵、香塵、味塵、觸塵、法塵分別能汙染人的眼根、耳根、鼻根、舌根、意根。如色塵，使眼睛看到諸多景象，以此汙染了眼根清淨。所以六塵又被稱作六賊。六賊竊取了人們原本清淨的本性之寶，剝奪了人的善知，致使眾生造出種種業障。六根與六塵互相作用，使人造下惡業，進而得到種種報應。

空中無六根、六塵

色根是人體所具有的生理器官，人體是由父母精血交合而成，是因緣而生的，緣生性空，無自性、無實體。色根既空，意根也隨之空。六根既空，六塵也隨之空。凡人因為六根、六塵未空，由根生意造業，種下種種業報，因而遭受生死輪迴；菩薩六根六塵清淨無汙，反從自性中生起無上般若智慧，成就佛果。如凡人耳聽閒言碎語而造業，菩薩則耳根返聞自性，成就佛果。所以，觀自在菩薩告訴舍利子，六根、六塵都是虛幻的、並非實相，若能不為六根、六塵所動，就能顯示出本真清淨心。不為六根、六塵所動，就應做到見美醜不迎不拒，聽毀譽不怒不喜，聞香臭無歡無惡，味甘苦不擇不受，感澀滑軟硬不嫌不棄，法萬法不隨波逐流，如此才能返歸自性本心。

【名詞解釋】

六根六塵：合為十二處。處，即方所的意思。根在內，塵在外。眼對色，耳對聲，各有一定方所，也叫十二入，是根塵互相涉入的意思。

六根與六塵

十八界

十八界是人類以認識為中心，對世界一切現象和事物所作的分類，是每一人每一身都具備的。《心經》中的眼、耳、鼻、舌、身、意、色、聲、香、味、觸、法就屬於十八界的分類。

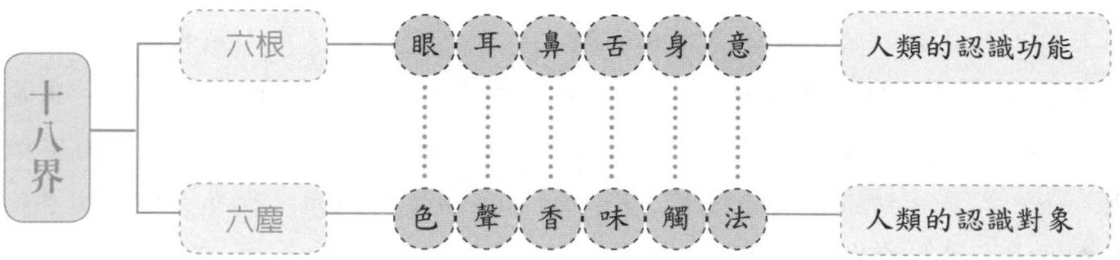

六根與六塵互相作用

眼根和色塵相互作用而造業。

鼻根和香塵相互作用而造業。

高人指點

觀自在菩薩告訴舍利子，六根、六塵都是虛幻不實的。雖然六根可感六塵，但只要身心不為六塵所動，不為六塵所汙染，心中安然自定，就能顯現出原本的清淨心。

由六根、六塵進一步到六界：「無眼界，乃至無意識界」，這就是十八界。「界」是界限的意思。六根為內界，六塵為外界，六識為中界，合為十八界。觀自在菩薩說道，十八界也是空性的。

十八界

十八界是以人的認識為中心，對世界一切現象和事物所作的分類。一人一身即具此十八界。這十八界具體是：眼界、耳界、鼻界、舌界、身界、意界；色界、聲界、香界、味界、觸界、法界；眼識界、耳識界、鼻識界、舌識界、身識界、意識界。前六界是六根，是人類的認識功能；中六界是六塵，是人類的認識對象；後六界是六識，是人類的認識感受。《心經》中「無眼界，乃至無意識界」就是指這十八界，不過是只說了頭尾兩界，省去了中間的十六界，由「乃至」兩字概括而盡。十八界是一切不善法的根本，是一切苦厄煩惱的源頭。世界上的一切事物都是因為這十八界相互作用變化，互為因果無限交織而成。

十八界是空

前面六根、六識皆是因緣和合的，都是空無所有的，那麼依六根、六塵而產生的六識更是虛幻的。如眼根對色塵則生眼識，所以稱為眼識界，其他都是如此。例如，一個人看見高山發出感歎。他的肉眼是眼根，高山是色塵，他見山高入雲的這種認識便是眼識。而單獨的一根或一塵，或根塵不相對，都不能產生識。如捂著人的耳朵對他說話，他是無法聽見的，也就無法產生耳識。

「無眼界，乃至無意識界」說明了十八界空性的道理。觀自在菩薩告訴舍利子，十八界都是虛空的，所以修行的時候不要執著於外境，不要向外去看、聞、嗅、嘗、覺、知，而應該回過頭來去或看或聞自己的本性，這樣才能發現自己原來的清淨心。所以，十八界也是凡聖差別處。眾生執著於自己的六根、六塵、六識，陷入十八界中，也就永遠在六道輪迴中流轉。菩薩十八界皆空，擺脫了煩惱束縛，跳出了生死輪迴。十八界，就如同烏雲蔽日一樣，遮蓋了人們的清淨心。只有當十八界皆空時，真心本性才能顯現。

【名詞解釋】

界：界限之意。佛教認為，界本是一靈明真性的作用，是完全可以通用的。即修行到十八界皆空的狀態下時，眼睛能聽，耳朵能看，鼻子能說……六根完全可以通用。只是因凡夫住相，所以無法通用。

無眼界乃至無意識界

十八界

人的認識功能（六根）	人的認識對象（六塵）	人的認識感受（六識）
眼界：能見之根	色界：眼所見一切色境	眼識界：依眼根而能見色之識
耳界：能聞之根	聲界：耳所聞一切音聲	耳識界：依耳根能聞諸聲之識
鼻界：能嗅之根	香界：鼻所嗅一切香氣	鼻識界：依鼻根能嗅諸香之識
舌界：能嘗味之根	味界：舌所嘗一切諸味	舌識界：依舌根能嘗諸味之識
身界：能覺觸之根	觸界：身所覺冷暖細滑等觸名	身識界：依身根能覺諸觸之識
意界：能知法之根	法界：意所知一切諸法	意識界：依意根而能分別一切法相之識

十八界是空性的

凡人執著於十八界，就如同水中撈月，徒有煩惱。

菩薩的心就如鏡子一般空性，隨照隨顯，無掛無礙。

高人指點

《心經》本處的「無眼耳鼻舌身意，無色聲香味觸法，無眼界乃至無意識界」，就如同《金剛經》中所說「凡所有相，皆是虛妄」一樣。

前面觀世音菩薩告訴舍利子要破除對六根、六塵、十八界的執著，這是破人我執，叫凡人法。接下來他又說道「無無明亦無無明盡，乃至無老死，亦無老死盡」，這是破法我執，叫聖人法。從無明到老死叫十二因緣，十二因緣是佛教關於人類六道輪迴的重要理論。

十二因緣

「無無明亦無無明盡，乃至無老死，亦無老死盡」是對十二因緣的概括簡說，只列出了十二因緣中的「無明」和「老死」，省去了其他十個因素。十二因緣全部內容為：無明、行、識、名色、六入、觸、受、愛、取、有、生、老死。

無明是指人類迷惑無知，不明善惡因果，它是人過去世煩惱的總稱，也是人生輪轉的根本。人因無明，使得自己的身、口、意造業，造成罪福業報，這就是「行」。人死後，肉體和精神分離，肉體消亡，精神卻遇緣托胎，重新入胎，即為「識」。「識」入胎後，與其他肉體組成胞胎，胞胎成長形成軀體和精神，精神活動為「名」，軀體成長為「色」，即「名色」。名色慢慢生長，生出六根後便生起「六識」，即為「六入」。根、塵、識和合的心理作用，成為「觸」，有了「觸」後便可感受外界，進而生起種種「受」。在各種「受」中，人們往往對喜愛之物產生貪愛之心，就有了「愛」。因為「愛」而執著，不捨放棄，成為「取」。之後而成惑業，生業力，此為「生」，有「生」必有「老死」。這就是十二因緣的不斷流轉。

十二因緣是空

十二因緣流轉不斷，是人生煩惱、六道輪迴的根源。若要跳出六道輪迴，了脫生死的此岸，就必須打破十二因緣的流轉。只要滅其一處，其他處則隨之而滅。這是緣覺，也就是小乘境界的法執，也叫做法我。《金剛經》中曾說過：「如來所說法，皆不可取、不可說、非法、非非法。」法我是一種法相，也是不可取的，是空性的，應該破除的。所以《心經》在此說到十二因緣皆空。

此外，由於無明是一切痛苦的根源，所以只要我們破除無明，就可以不再被十二因緣所束縛，進而跳出六道輪迴，擺脫無休止的生死循環，這也是我們參悟十二因緣的目的。

【名詞解釋】

「無無明亦無無明盡」:「盡」是滅的意思，不要住「無明」的相，也不要住「無明滅」的相。也就是說，在小乘修行者眼裡，要到達涅槃的彼岸，就必須破除十二因緣的流轉；而在菩薩看來，並無十二因緣流轉的實相，無明也罷，無明滅也罷，都是虛空的，無所謂破與不破。

十二因緣是空

十二因緣

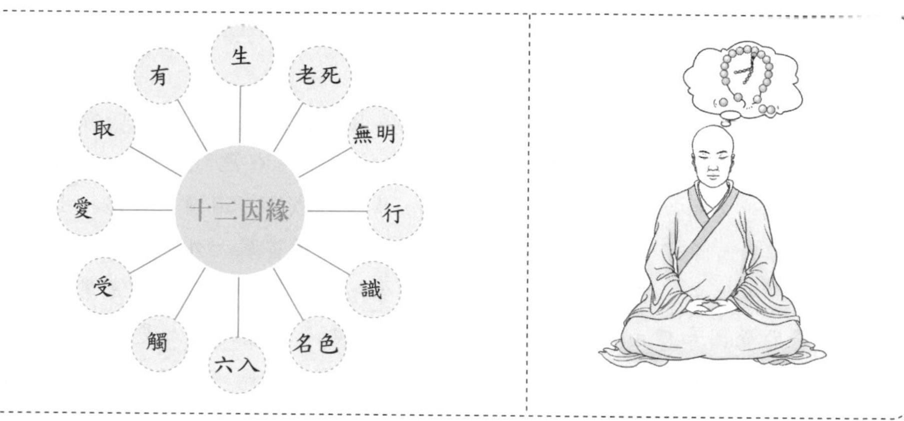

十二因緣是指眾生輪迴的12個環節，這是佛教的基本理論。小乘修行者因為住法相，所以執著於靠修行打開12環節流轉的鏈條。《心經》在此說明，大乘修行者是不住法相的，無明、無明盡都是虛相，是要破除的，所以說「無無明亦無無明盡」。

破人我、法我兩執

高人指點

《金剛經》中說過「知我說法，如筏喻者。法尚應捨，何況非法。」十二因緣是佛教法理中關於人類生死流轉的理論，所以也是空性的，應該捨棄。

觀自在菩薩告訴舍利子要破除人我、法我的執著後，進一步說到要破除對四諦的執著。四諦是佛教的基本理論，是諸法的理論基礎。對於修行者來說，懂得四諦之道是最基礎的修行。然而在大乘菩薩看來，四諦也是空性的，要破除對四諦的執著才是究竟空，才能獲得究竟的自在與解脫。

四諦

四諦是指苦、集、滅、道四真理。諦是真實不虛之意，因為這四個真實不虛的道理是聖人宣說的，所以稱之為四聖諦。四諦是佛陀在鹿野苑向五比丘的說法，也是佛陀第一次的說法，主要包括了苦諦、集諦、滅諦、道諦。苦諦指出了人生的本質是痛苦的，除了生苦、老苦、病苦、死苦這四種苦果之外，還有怨憎會苦、愛別離苦、求不得苦、五蘊熾盛苦，這就是佛家所說的八苦。集諦就是集合眾生遭受種種苦果的原因和理由。眾生痛苦的根源是渴愛，渴愛的核心是由無明產生的妄想，進而也就有了生死輪迴的苦難。滅諦指的就是永遠斷絕人世之苦，從種種苦難中得到解脫，也就是佛家所說的涅槃。道諦指的是消除人生之苦的途徑，主要分為八種，即八正道。八正道具體是指正見、正思維、正語、正業、正命、正精進、正念、正定。

四諦是空

小乘佛教認為，修行要先明瞭人生的種種苦難，然後再消除造成苦難的原因，即斬斷十二因緣的流轉，進而修行八種正道來讓煩惱滅除，這就是四諦的意義，也是緣覺乘聖者的境界與成就，是建立在「有」的基礎上來達到「無」的目的。在大乘聖者看來，這種境界是不夠究竟的。《心經》前面就已經說到「無無明亦無無明盡，乃至無老死亦無老死盡」，也就是無十二因緣，而人生諸苦也是無自性的，是因緣和合而成的。集、滅、道也同樣無自性，所以四聖諦也是空性的。這是一種妙空非無的境界，是超越小乘偏空境界的。這也是《心經》空性理念的關鍵。

由於四聖諦是釋迦牟尼對人生的基本看法，他透過四聖諦為我們解釋了眾生生死流轉的道理，因而四諦也成為「根本佛法」之一。

【名詞解釋】

「無苦、集、滅、道」：是指四聖諦就如同十二因緣一樣，是無自性的，在修行者的定境中也不會顯現四諦，唯獨有「空性」。《心經》中的「空」的妙義是一種似是而非的理論。這裡的「無」並不是推翻小乘的理論，只是一種超越。「無五蘊、無十二因緣、無四諦」並不是說這些不存在。

四諦是空

四諦

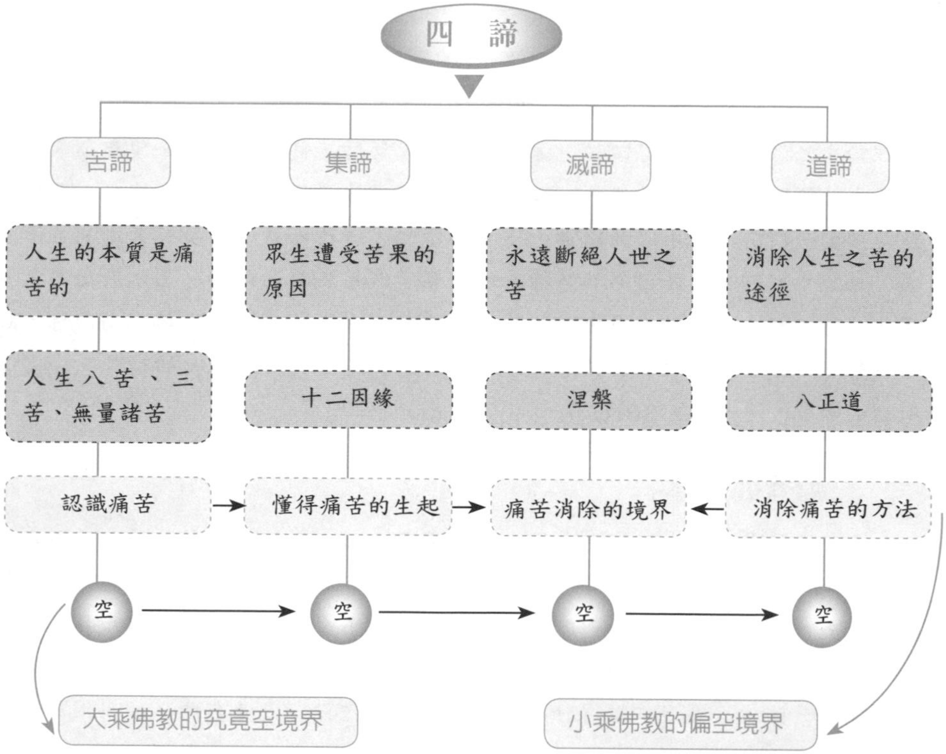

四諦

苦諦	集諦	滅諦	道諦
人生的本質是痛苦的	眾生遭受苦果的原因	永遠斷絕人世之苦	消除人生之苦的途徑
人生八苦、三苦、無量諸苦	十二因緣	涅槃	八正道
認識痛苦 →	懂得痛苦的生起 →	痛苦消除的境界	← 消除痛苦的方法
空 →	空 →	空 →	空

空 → 大乘佛教的究竟空境界

消除痛苦的方法 → 小乘佛教的偏空境界

高人指點

四諦法門，是佛陀對聲聞乘人說的。佛陀當初對五比丘轉四諦法輪時說：「此是苦汝應知，此是集汝應斷，此是滅汝應證，此是道汝應修。」因此，聲聞對四諦法門的修行是：知苦、斷集、證滅、修道。也就是有苦可知，有集可斷，有滅可證，有道可修，這是聲聞的境界。而《心經》是以般若智慧來觀照四諦法的，「無苦集滅道」，是說四諦法門也是無自性的。苦、集、滅、道就如同五蘊、六根、六塵、六識、十二因緣一樣。

佛陀宣說四諦

《心經》本品法用分的內容主要是破除執見，前面接連破除了對五蘊、六根、六塵、六識、六界、十二因緣、四諦的執著後，此處「無智亦無得」則是破除眾人對概念名相的執著。「智」與「得」是佛教修行者的最終目的，所以這也是《心經》要破除的最後一執。

「智」與「得」

「智」即般若，也就是修行的妙智慧。「得」是得阿耨多羅三藐三菩提。在佛教理論中，修行的佛果有四種：緣覺、聲聞、菩薩、佛。緣覺和聲聞是小乘境界，只得自己解脫，無法普度他人。菩薩修行六般若波羅蜜，即佈施、持戒、忍辱、精進、禪定、般若，上求法於諸佛，下普化眾生，自己修行得利益，又以利益澤潤他人，如此自利利他，是因為菩薩擁有妙智慧。既用於自我修行，又能教化眾生，使眾生除惑生慧。在佛教教義中，菩薩如果要修行成佛，須將八識轉化為四智，這是一個艱辛而漫長的過程。對於修行眾生而言，「智」是一種能知的妙智；「得」是所證的佛果，是一種能求的境界。

「無智亦無得」

由於修行者對於「智」與「得」存在求取之心，也就是一種執著心。所以《心經》在此告訴他們「無智亦無得」，妙智慧也好，阿耨多羅三藐三菩提的境界也罷，都是虛空的，並沒有得與不得可言。在凡人看來，修行到了菩薩境界，必然獲得非凡智慧，極大神通；而在菩薩看來，反觀自己之所以成就菩薩果，不過是還原了本來的清淨心，並沒有證得什麼果、得什麼大智慧，這是無所得的。因為人人都有原本的清淨心，不過是眾生迷惑不自知，菩薩了悟返本歸真罷了。所以，修佛之路其實就是祛除妄念、恢復本心的過程。一切的智慧和佛果就在人們的心中，所以不要執著而向心外求。

總而言之，「無智亦無得」就是說以般若來觀照，是沒有修行之事的，這樣也就無所謂證得。如果一定要以得到什麼的心態去修行，那已經脫離了佛家真空的境界。

【名詞解釋】

「無智亦無得」：「無智」是觀自在菩薩照見五蘊皆空後，對於般若的最高體驗；「無得」則是他對所證境界的反觀感受。「無智亦無得」的境界才是真知真得的境界。這與《金剛經》中「無有定法名阿耨多羅三藐三菩提，亦無有定法，如來可說」的含義相同。

無智亦無得

菩薩自在心中

眾人眼中的菩薩神通廣大，法力無邊，所以遇事則求菩薩保佑。

殊不知，菩薩的智慧自在人心中，求菩薩保佑就是求自己保佑。

「智」、「得」較量

	「智」	「得」
凡人	有煩惱的智慧，是有漏智。	取得財富名利為得。
小乘修行者	以四聖諦、十二因緣為真智慧，是無漏智。	求取佛法、般若智慧與解脫
大乘修行者	自在解脫，無四諦、無十二因緣，無智。	自在解脫，果位只是修行的過程，無得。

高人指點

根據佛教教義，菩薩修行成佛就是把「八識」轉化為「四智」的過程，即成所作智、妙觀察智、平等性智和大圓鏡智。但是菩薩在成佛之後，就會達到無智的境界，也就是不為智所束縛，也就是「無智」。「得」就是得到阿耨多羅三藐三菩提，即至高無上的境界。「無智亦無得」就是說以般若來觀照，是沒有修行之事的，這樣也就無所謂證得。如果一定要以得到什麼的心態去修行，那已經脫離了佛家真空的境界。

5 果德分 不要執著果德

前面，觀自在菩薩說完「無智亦無得」，也就是破除了眾生對於證果的執著心。要證而無證，無證而證，即證果不要有得果的執著，沒有執著才是真正的證果。所以說「無所得」是《心經》的宗旨。在第五品果德分中彰顯了依照《心經》修行的功德。

「菩提薩埵」

「以無所得故，菩提薩埵」，「以……故」就是因為……原因。「無所得」，就是當你破除了對五蘊、六根、六塵、六識、十二因緣、四諦、智得等所有的執著後，到達了這種境界時，你就會發現沒什麼要修行的，也沒什麼要證悟的了。無修無證亦無所得，若此時還有一個所得，那就是起了執著心。《大般若經》上有「佛果以無所得故而得也」。前面「無智亦無得」中也曾說過，「得」就是「無所得」，「無所得」才是真得。

菩提薩埵，簡稱為菩薩，又稱菩提索多或菩提索埵，也譯作大士、開士、高士。菩提是頓悟的智慧之意；薩埵有眾生、有情的意思。菩提薩埵指的是解救眾生、自覺覺他之人，也是上求無上菩提、下化眾生、修行般若智慧之人。《大智度論》說，此種人心能度大眾，智能悟大理，勤修六度大行及一切大善，能修難修，能捨難捨，能忍難忍；經三大阿僧祇劫而行願不退；唯以阿耨多羅三藐三菩提為所求目標。

「心無所礙」

「依般若波羅蜜多故，心無掛礙」，菩薩覺悟了前面所說「無所得」的道理，依照般若波羅蜜多修行，身心不復有任何的牽掛阻礙了。「掛礙」，「掛」是牽掛或者被牽絆之意，也就是被俗世的種種煩惱所牽絆，真心被蒙蔽，得不到自由；「礙」就是妨礙或者被阻礙之意，因為執著於某一事物找不到正道以至於不能前進。「掛礙」之意就是因為執著於欲望等因素，所以得不到自由。大菩薩是能依之人，般若波羅蜜是能依之法，從其依持的修行法門中能生出解脫的智慧，這樣才能觀照生起「空」的妙義。若見萬物皆空，遠離一切妄念，就自然不會有所掛礙了，如此才能自在灑脫。

【名詞解釋】

「般若波羅蜜多」：指從生死的此岸到涅槃的彼岸。《金剛經》中將佛法比喻成筏，「知我說法，如筏喻者」。波羅蜜多一般指大乘六度，六波羅蜜代表六種渡河的工具，即佈施、持戒、忍辱、精進、禪定、般若。

不要執著於果德

有得心與無得心

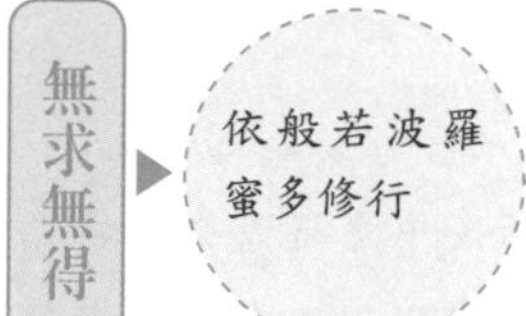

菩提薩埵 — 能依之人

般若波羅蜜多 — 能依之法

生出解脫智慧，自在灑脫。

高人指點

修行者若覺得佛法有所得，那就是有所求心，是一種有為法。釋迦牟尼在《金剛經》中說，「知我說法，如筏喻者；法尚應捨，何況非法」，也就說佛法如同過河用的船筏一樣，渡到對岸就應該捨棄。況「一切有為法，如夢幻泡影，如露亦如電，應作如是觀」，一切有為法都是虛幻而不得的，不能執著。

「心無掛礙，無有恐怖」既然心裡了無牽掛、無障無礙，自然就沒有了憂悲、恐懼之心。因為人有恐懼皆因有「得失之心」。而「得失心」又是因為有「我執」。一旦了悟人空、法空之理，沒有四相執著，沒有得失執著，就能做到心無掛礙，無有恐怖了。

五怖畏

佛教認為，初學佛法之人未見道前往往會生起五種怖畏，又作五恐怖、五怖、五畏。即：不活畏，又稱不活恐怖，是指初學者雖行佈施，但因為害怕自己的生活成問題，所以常常積聚資財，不能盡施所有。惡名畏，又稱惡名恐怖，是指初學者為度化眾生而同入酒肆等處，卻不能安然自若，害怕受到他人的譏笑與誹謗。死畏，又稱死恐怖、命終畏，是指雖生起廣大之心而施予財物等，但仍害怕死亡，所以不能捨身。惡道畏，又稱惡趣恐怖、惡趣畏、墮惡道畏，是指恐懼造作不善業而墮於惡道，即害怕墮入地獄、餓鬼、畜生三道，因此長期處於怖畏中。大眾威德畏，又稱眾中恐怖、大眾畏、處眾怯畏，是指在眾人面前或有威德的人面前，害怕自己言行有失，而不敢直言。

無有怖畏

凡人因無明而有「我執」，當心中產生我、人、他的分別心，必然放不下「我」所擁有的一切，更有無盡的欲望，於是終日在煩惱中患得患失，驚恐害怕。初修佛法的人因為煩惱未盡，本性未明，所以在修行的過程中，也容易因我執、法執而患得患失，心中仍有恐懼。唯有像《心經》法用分中所言，破除一切執著，達到「無所得」的境界。既無得失，也就沒有對得失的恐怖。在證得一切皆空的境界下，當心中了無牽掛之時，就自然不會有任何怖畏了。

根據《佛學大辭典》，初學之菩薩有五怖畏，即：「一、不活畏，行佈施者，恐己不能過活，而不能盡所有。二、惡名畏，恐己惡名，不能為和光同塵之行。三、死畏，雖發廣大之心，然恐死而不能捨身命。四、惡道畏，恐己墮於惡道，而對治不善法。五、大眾威德畏，恐眾多之人或威德之人，不能於其前為獅子吼。」

【名詞解釋】

恐怖：即是怖畏。當人們證悟一切皆空的妙義，心中沒有掛礙時，就能隨遇而安，隨處自在，就不會有得或失的不安與恐懼。名利的有無、他人的言論等等，都是虛空的，無須掛懷，連生死的限制也不過是夢一場，一切都可以放下了，這樣就不會有怖畏之心。

「心無掛礙，無有恐怖」

五怖畏

不活畏
　　因為害怕自己的生活成問題，所以不能盡施所有。

惡名畏
　　害怕因度化眾生染汙而受到眾人嘲笑。

死畏：害怕死亡，失去生命。

惡道畏：害怕墮入三惡道。

大眾威德畏：害怕在眾生前宣法。

高人指點

「無掛礙故，無有恐怖」，是說當修行者懂得虛空之理，就會明白原本令人恐怖生畏之事，都是虛幻不實的。就好像假老虎一樣，只是看起來兇猛可怕而已。當一切都是虛幻的，人生就如同夢境一般，何須執著於虛假之物，又何須對其恐懼。

當人們心中沒有任何掛礙，毫無恐懼時，自然就能遠離一切不合理的思想行為，即「遠離顛倒夢想」。「顛倒夢想」是因無明而起，是一種煩惱之源。

眾生四顛倒

眾生的四顛倒是以無常為常，以苦為樂，以無我為我，以不淨為淨。這四顛倒皆因眾生的無明而生起，而眾生的一切煩惱，都是因為缺少般若智慧，也就是從「顛倒夢想」而生的。

以無常為常，是常顛倒。世間一切事情都是無常的，是瞬間變化的。但眾生因缺乏般若智慧而偏將無常當成常，以為世間萬物、人生百年都是永久長存的，所以對萬物有執著之心，一味追求渴望擁有，欲望不斷。對人生也汲汲營營，以為百年基業永遠不倒。

以苦為樂，是樂顛倒。世間一切都是痛苦不堪的，人生更是八苦交煎，毫無快樂可言。但眾生迷悟，以苦為樂，追求無盡的物質享受，名利、親情、愛情以至無盡的欲望欲求，殊不知其快樂就如瘡上撓癢，瞬間快樂後就是無盡的痛苦。

以無我為我，是我顛倒。世間本無我，無人我之分。過去的我，現在的我，未來的我，沒有一個是常住永存的。眾生卻執著於我，生出對「我」的無盡欲望，進而產生無盡煩惱。

以不淨為淨，是淨顛倒。凡人無法看清事物本相，迷戀外表美好之物。如對美人的迷戀，殊不知美人也僅是一張皮好看，裡面或許汙穢不堪。而眾生迷悟不知，以不淨為淨。

其他顛倒之說

在佛教中，除了以上最常見的凡人四顛倒，還有二乘四顛倒，及從其他不同的角度的顛倒之說，如二顛倒：眾生顛倒，眾生不知真理，為煩惱所迷惑；世界顛倒，眾生迷失真性，住妄境界起諸倒見。三顛倒：想顛倒、見顛倒、心顛倒。七顛倒：想顛倒、見顛倒、心顛倒、於無常常顛倒、於苦樂倒、於不淨淨顛倒、於無我我顛倒等七者；十顛倒：常、樂、我、淨等四顛倒，及貪、嗔、癡、過去因、未來果、現在因果等六顛倒，合為十顛倒。

【名詞解釋】

「遠離」：並非指距離遠，而是永遠地離開、離棄。
「顛倒」：即相反、倒置，指真假不明、迷真認妄，是佛教對於凡人種種妄見的稱呼。
「夢想」：是妄想，指一切顛倒的念頭。

遠離顛倒夢想

凡人四顛倒

常顛倒：以無常為常。

樂顛倒：以苦為樂。

我顛倒：以無我為我。

淨顛倒：以不淨為淨。

高人指點

聲聞、緣覺二乘雖然破除了我執的妄見，但卻仍有法執，誤以為涅槃是滅無的世界。他們對涅槃無為法生起四種妄見，即無為之四顛倒，是對涅槃的「常、樂、我、淨」四種境界妄執而成「無常、無樂、無我、不淨」。這是二乘境界的四顛倒。只有破除凡人的四顛倒和二乘境界的四顛倒，即破除我執和法執，才能真正遠離顛倒，才是大乘自在的境界。

眾生因為無明而有諸多顛倒夢想，如凡人終日做名利夢，緣覺乘做獨善其身夢，阿修羅做鬥爭不止的夢……唯有佛陀破除了一切業障，了脫了一切煩惱，遠離顛倒夢想，達到了「究竟涅槃」的境界。

四種涅槃

涅槃，意譯寂滅、滅度、無生。「涅」是不生之意，「槃」是不滅之意。涅槃是不生不滅的，是超越生死（迷界）的悟界，也是佛教修行實踐的終極目標。因為被稱為佛教三法印之一，即「涅槃寂靜」。涅槃具足以下八味：常、恆、安、清淨、不老、不死、無垢、快樂，稱為涅槃八味。若以常、恆為「常」，安、快樂為「樂」，不老、不死為「我」，清淨、無垢為「淨」，則八味又可歸之於涅槃四德：常、樂、我、淨。

涅槃有四種：本來自性清淨涅槃、有餘依涅槃、無餘依涅槃與無住處涅槃四種。本來自性清淨涅槃，略稱本來清淨涅槃，是指一切事物的本來相就是真如寂滅的理體，即真如。自性涅槃是眾生成佛的根本原因，因為眾生佛性平等，佛性是不生不滅、不垢不淨、不增不減的，一切眾生皆可成佛。有餘依涅槃是小乘聖者證得的果位，即羅漢境界，煩惱雖斷，卻仍殘存肉體。無餘依涅槃則是灰身滅智之狀態，即一切歸於滅無的狀態。無住處涅槃，即依靠般若智慧，遠離了一切煩惱，破除一切障礙，不滯限於生死之迷界，且因大悲救濟眾生，在迷界中活動，不滯限於涅槃的境界。這種涅槃也就是大乘的「究竟涅槃」。

究竟涅槃

「究竟涅槃」是大滅度。大，是指萬物法身清淨圓滿，普遍顯現於一切方所，是無處不在的，是為「大法身」；滅，是指解脫，擺脫了世間一切煩惱，無障無礙，無欲無求；度，即般若，六度之一，是指普度眾生、惠澤一切的大智慧。大乘菩薩的修行最終能達到人、法、空三空之境，無我執、無法執，「心無掛礙，無有恐懼，遠離一切顛倒夢想」，最終達到通達、自在、圓滿寂靜的究竟大涅槃。

【名詞解釋】

涅槃：又譯作泥洹、涅槃那、涅隸槃那等，是幻滅、無生之意。在古代印度，涅槃原指被風吹散或者燈燭滅掉，但是自從這個詞語出現在佛教書籍上之後，又被賦予了新的意義，成為佛教特有且莊嚴的辭彙。在佛教中，涅槃的含義是消除災患煩惱，繼而達到寂靜、安樂的境界。

究竟涅槃

四種涅槃

涅槃種類	涅槃含義	涅槃對象
本來自性清淨涅槃	萬物真如寂滅的理體，法性真如。	人人生來具有，無須外求。
有餘依涅槃	煩惱雖斷，殘存肉體。	小乘聖者證得境界
無餘依涅槃	灰身滅智的狀態，一切歸於滅無的狀態。	小乘聖者證得境界
無住處涅槃	通達、自在、圓滿寂靜。	大乘菩薩境界

涅槃與究竟涅槃

眾生迷悟，有我執、法執，雖具有本來自性清淨涅槃卻不自知，因此在生死苦海中輪迴，受苦受難。

菩薩人法兩空，破除一切執著障礙，自由自在，因大悲心於人世間救苦救難。

羅漢努力修行，脫離生死苦海，獲得解脫。破除了我執，但仍有法執，因此證得的涅槃不究竟。

高人指點

在中文佛經中，涅槃常被翻譯為圓寂，圓是指具有一切福德智慧；寂是指寂靜，遠離塵世的災患煩惱。總而言之，就是智慧福德達到圓滿的境界，脫離了塵世間所有的煩惱災患，也超脫了生死的境界，這樣也就得到了至善至美的解脫。

菩薩依般若波羅蜜多修行，最終證得究竟涅槃。不僅是菩薩，就是佛也是依般若波羅蜜多修行而證佛果的。所以，《心經》接下來說道：「三世諸佛，依般若波羅蜜多故，得阿耨多羅三藐三菩提。」

三世諸佛

「三世諸佛」，是佛教術語，「三世」即過去、現在、未來三世；「諸佛」即十方一切佛。這是佛教關於時空宇宙的觀點，即現在人們所說的一切世間和空間的意思。十方，即東南西北四方、東南、東北、西南、西北四方，加上上下兩方，共十方。三世諸佛，即指過去、現在、未來三世出現的一切佛，其名稱、數目在各個佛經上有多種說法。如《長阿含經》、《增一阿含經》中列出過去世七佛：毗婆尸佛、尸棄佛、毗舍婆佛、拘留孫佛、拘那含牟尼佛、迦葉佛、釋迦牟尼佛。而《賢劫經》載現在賢劫千佛，《三千佛名經》列過去莊嚴劫千佛、現在賢劫千佛、未來星宿劫千佛。但漢傳佛教一般認為，過去世佛是燃燈佛，現在佛是釋迦牟尼佛，未來佛為彌勒佛。

依般若修行

三世諸佛也是依照深般若、妙智慧修行，才證得阿耨多羅三藐三菩提的。阿耨多羅三藐三菩提，簡稱為阿耨菩提或者阿耨三菩提。阿耨是最高之意，就是說所領悟之道是至高無上的；三藐是正德之意；三菩提為正覺之意。合起來，就是指佛的境界達到至高無上正等正覺的地步，領悟出來的道理是包含了宇宙之萬象的。佛從一切虛妄執著之間得到解脫，明瞭圓滿的無上智慧，遍悟所有最根本的真理，並使眾生得到開悟，進而達到了涅槃的境界。在這個過程中，佛陀就是依靠般若波羅蜜多來修行的。「般若」是心的妙用，是通達世間法、出世間法，融通無礙，恰到好處，而又不執取諸法的大智慧。眾生與佛本平等，都擁有般若智慧，只是眾生迷悟無法顯出般若智慧；佛陀開悟了般若智慧。所以說「三世諸佛，依般若波羅蜜多故，得阿耨多羅三藐三菩提。」

【名詞解釋】

「般若波羅蜜多」：般若」簡譯「大智慧、妙智慧」，「波羅蜜多」為「到彼岸」。般若就如同船一樣，能將眾生從生死的此岸，渡到不生不滅的涅槃彼岸。

三世諸佛的修行

三世諸佛

三世指過去、現在、未來。此唐卡刻畫的是過去迦葉佛（過去七佛之一）、現在釋迦牟尼佛和未來彌勒佛（未來諸佛之一）。三佛品座，弟子侍立，天王護衛，祥雲托護。

凡人、羅漢、菩薩、佛的不同境界

	修行方法	修行結果	境界
凡人	無修行	在生死苦海中掙扎	受苦受難。
羅漢	修行四諦、十二因緣	自覺	自己解脫，脫離生死苦海。
菩薩	般若波羅蜜多	自覺、覺他	自己解脫，並救度他人。
佛	般若波羅蜜多	自覺、覺他、圓滿覺悟	最圓滿覺悟境界（阿耨多羅三藐三菩提）。

6 證知分 因證果而明瞭

前面說到修行般若波羅蜜多可以達到超脫生死困苦、解除一切煩惱災患，所以接下來觀自在菩薩讚歎了般若波羅蜜多的偉大之處：「故知般若波羅蜜多，是大神咒，是大明咒，是無上咒，是無等等咒。」

什麼是咒

在古代印度，咒語的原意為向神明祈禱，使敵患遭受災難或者驅逐自身所受到的種種困苦災禍及祈求好運福利時所念的咒語。佛教中所說的咒語則是指真言密咒，簡稱密咒或咒文。之所以稱之為密咒，是因為它的奧妙不是一般人的思維能理解，也不能用言語來說明。咒也被譯作總持，指的是能總持一切善法並且不會使其丟失，總持一切惡法使其不會生存。總而言之，咒是具有魔力的語言，具有除惡生善的能力。佛陀在世時禁止佛教弟子以咒語謀生，但是可以用來治病或者護身。

大神咒、大明咒、無上咒、無等等咒

佛教認為，長期念咒之人能從咒語中不知不覺地接受教化，在潛移默化之中得以超凡入聖，所以，「咒」有了「神」的意義。綜前所述，我們知道般若波羅蜜多是從生死此岸解脫到涅槃彼岸的妙智慧。這種「妙智慧」可以說是一種「神通」，因此，觀自在菩薩在此說到「般若波羅蜜多，是大神咒」。「大」是大而無邊的意思，也就是再也沒有比它更大的神通了。

觀自在菩薩讚歎般若波羅蜜多，不僅是「大神咒」，還是「大明咒」、「無上咒」、「無等等咒」。何為「大明」？即是破除一切黑暗愚癡，它與「無明」相對，能破除根本無明，照徹一切皆空，無所遮蔽，如同日光照世。何為「無上」？即無法超越，般若波羅蜜多是世間出世間一切法門中之最，能總持無量法門。依此法門修行，能證得「無上」佛果。何為「無等等」？即一切皆無法與之相等，它是無與倫比、非一切可及的。也就是說般若波羅蜜多是佛教修行的根本聖法，只有此法才能成就佛陀的境界，是「無等」能與之相「等」的。

【名詞解釋】

故知：起承前啓後的作用，意思是從上面所說的可以知道，意在引起下面所說的般若利益。也就是說修行般若波羅蜜多可以達到超脫生死困苦、解除一切煩惱災患，所以說般若波羅蜜多「是大神咒，是大明咒，是無上咒，是無等等咒」。

修行般若波羅蜜多的大利益

佛教的咒語

咒是具有魔力、神通的語言，其奧妙非一般人的思維能理解，也非語言能說明。

咒語能使人在不知不覺中得到教化，是一種熏修。所以，佛教認為，修行者應該長期念咒修行，這樣才能在潛移默化之中得以超凡入聖。

般若利益

大神咒

大明咒

無上咒

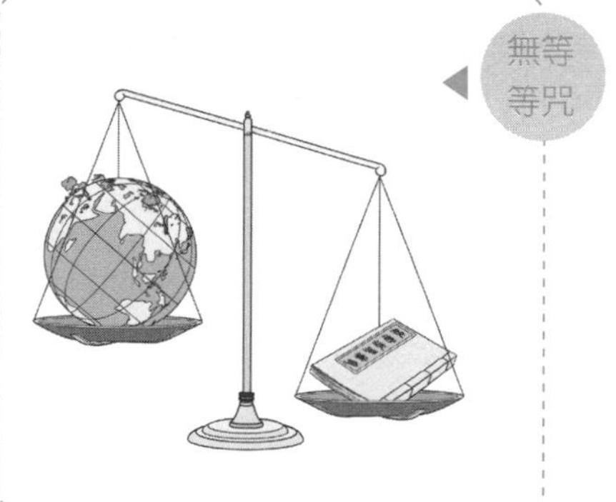

無等等咒

高人指點

《心經》分顯說和密說兩大部分，顯說部分是前半部。從第六分「故知……」開始的後半部為密說。本經顯密圓融，顯即是密，密即是顯。全經的妙義總攝於密咒之中，而密咒的要義又統歸於顯說文中。

觀自在菩薩說完修行般若波羅蜜多的大利益「是大神咒、大明咒、無上咒、無等等咒」後，接著說道，般若波羅蜜多可以消除一切苦難困厄，是真實不虛的，即「能除一切苦，真實不虛」。

消除一切苦厄

前面已經說過，佛教中的「苦」有多種。「能除一切苦」，即是說修行般若波羅蜜多，無論是三苦——苦苦、壞苦、行苦，還是人生八苦——生苦、老苦、病苦、死苦、愛別離苦、怨憎會苦、求不得苦、五蘊熾盛苦，亦或其他諸苦，都能依此除去。五蘊熾盛苦是最不易去除的，世人因此身陷輪迴之中，不得解脫。觀自在菩薩說通過般若波羅蜜多修行，可以脫離生死苦海，離苦得樂，以至「除一切苦」進而達到涅槃的喜樂境界。

真實不虛

如同《金剛經》中，佛陀強調「如來是真語者，實語者，如語者，不誑語者」一樣，觀自在菩薩也在此強調本經是「真實不虛」的。任何修行者都不應對般若波羅蜜多法產生任何懷疑，般若波羅蜜多確實是大神咒、大明咒、無上咒、無等等咒，且的確能除去一切苦厄，唯有堅信不移地依此刻苦修行、精進，方能了脫生死，證得涅槃。

此外，在佛教教理中，諸佛常以二諦來總攝一切法要，來為眾生說法。二諦，一為世俗諦，即凡夫所能認知的真理，是凡夫可以體驗，也可以用凡常語言表達的；二為勝義諦，是聖人所認知的真理，是只有證悟者才能體悟到的，無法用凡常語言表達的。要完全通達佛陀所說法的真實含義，就要懂得二諦的義理；若不懂二諦，就無法體悟佛法妙義。般若波羅蜜多是勝義諦，勝義即含有如實、真實、不虛誑的含義，是究竟而必然如此的，是本來如此的，是遍通一切的。而勝義諦是指聖者以般若智慧徹見了緣起法的生滅與不生不滅，所體證到的真理境地，是真實不虛妄的。

【名詞解釋】

「一切苦」：世間苦有無量無邊，如人生八苦、三苦、無量諸苦等等；出世間苦，不在此論，如《華嚴經》云：「苦有無量相，非聲聞緣覺所知，以二乘雖知苦相，不知無量相。」意為二乘修行僅能證悟苦之真相，卻不能如大乘菩薩道一樣「除一切苦」。

離苦得樂

消除一切苦厄

修行般若波羅蜜多，可以脫離生死苦海，離苦得樂。「除一切苦」，達到涅槃。

勝義諦是真實不虛的

世俗諦，又名俗諦、言諦，是凡人能體驗到的真理。

勝義諦，又名真諦、第一義諦，是證悟者能體驗到的真理。

高人指點

觀自在菩薩告訴我們，般若波羅蜜多，是度人們到不受生死輪迴束縛的涅槃彼岸的法門。此法門是不能用世間的任何知識來解釋的，也不是人們固有的思維模式所能理解得了的。但這個修行的過程卻是實實在在的，它不是一種幻想，也不是一種心理暗示或其他什麼。唯有當人們五蘊皆空，擺脫一切煩惱，方能懂得其妙義，方能消除一切苦厄。

7 祕密分
般若波羅蜜多咒語

《心經》最後一分為祕密分。因其要義微妙不可言表，所以用咒語的形式表達出來。咒語是佛菩薩的真言密語，是密説部分。既為「密」，那就是無法用言語表達，也無法用常人的思想去想像的，是言語道斷、心行處滅的。所以，佛經中對於咒語部分的翻譯一般是「翻音不翻字」，即將其咒語部分直接音譯過來。

《心經》的咒語

「故說般若波羅蜜多咒，即說咒曰」。觀自在菩薩在前面說道，般若波羅蜜多是「大神咒、大明咒、無上咒、無等等咒」，可以說，這都是對般若波羅蜜多法門的讚歎，接下來他直接說明了般若波羅密多的修持方法，就是念誦下文的咒語。這裡再次以「故說」來承前啟後，「即說咒曰」四個字，是經文與咒語的分水嶺，它是咒語的起始語，接下來則是咒語的正文「揭諦揭諦，波羅揭諦，波羅僧揭諦，菩提薩婆訶」。在佛經中，像《心經》這樣直接出現咒語部分的經文比較少見，其他眾多般若系經典則較多出現「大神咒」、「大明咒」等等字眼。

咒語的含義

前面說到，佛經咒語部分因其無法言說，為免損佛說的本義，擾亂人心，所以一般不予翻譯，也不予解釋。但依佛教大慈大悲、普度眾生之本願，所以將咒文略為解說，也是為了方便人們理解。

「揭諦揭諦」，「揭」是度的意思；「諦」則是真諦，真實不虛。揭諦，即為度脫一切業障，而歸真實，也是自度度他之義。「揭諦揭諦」意為「度過去吧，度過去吧」，是佛陀在規勸和鼓勵人們刻苦修行。

「波羅揭諦」，我們已經知道，「波羅」是超越、究竟、到彼岸之意。所以，波羅揭諦，意為「度到彼岸去吧」。

「波羅僧揭諦」，此句比前一句僅多了一個「僧」字，「僧」為眾、普或總之意，意為「大家一起度向彼岸去吧」。

「菩提薩婆訶」，「菩提」即覺悟、證得圓滿智慧。「薩婆訶」在梵語中原意為「好好放置」，有迅速、飛快之意，本是祈禱時對火神使用的神聖詞語。佛經中往往以「薩婆訶」為結語祝福詞，此句意為「祝福大家迅速證得菩提」。

【名詞解釋】

「揭諦揭諦」：第一個「揭諦」表示規勸與鼓舞，告訴修行者要累積資糧以準備邁向彼岸；第二個「揭諦」，告訴修行者要有一個好的心理準備以進入觀空修行。

祕密分

高人指點

佛教認為，咒語是不可思議的，憑藉咒的力量可以明心見性。所以，修行者要遠離一切諸心，如分別心、攀緣心等一切妄心來誦持咒語。咒即是心，心即是咒。不明白咒語，是因為你還沒有明心見性，尚未開悟。一旦開悟，你就懂得咒語的真正含義了。

第11章 《心經》重點經段解讀

1 五蘊皆空 萬物皆是因緣和合

「觀自在菩薩，行深般若波羅蜜多時，照見五蘊皆空，度一切苦厄。」

「五蘊皆空」是《心經》的要旨

《心經》的基本思想是運用般若進行深邃透徹的禪悟觀照，以證得萬法空性。般若是佛法的妙智慧，觀自在菩薩以深刻睿智的般若慧眼觀照宇宙人生的實相，當他深入般若直觀時，照見「五蘊皆空」，也就是擺脫了一切虛妄之心，明心見性，獲得自在。佛教認為，眾生皆有佛性，人人皆可成佛。凡人痛苦煩惱的根源在於無明遮蔽了原本的佛心、清淨心，而遮蔽人們佛心的就是五蘊：色、受、想、行、識，這是構成人類身心及世間一切有為法的五要素。五蘊本是因緣而生的，並沒有實體。不論是由地、水、火、風四大所形成的物質層面的色蘊，還是受、想、行、識等精神層面的其他四蘊，都是因緣和合的，都是無自性的。觀自在菩薩為普度眾生，向眾生宣說宇宙人生的真相為「空」性，以此幫助眾生擺脫煩惱，解除身心束縛，獲得自在。因此說，「五蘊皆空」是《心經》的要旨。

「度一切苦厄」是《心經》的功德

在《心經》的其他版本中並沒有「度一切苦厄」一句，唯獨玄奘和鳩摩羅什的譯本中加了此句。鳩摩羅什的譯本比玄奘的早200多年，因此學者們推斷玄奘參考了鳩摩羅什的譯本。「苦厄」可分為「苦」，即生死苦果；「厄」，即一切煩惱苦因。眾生因五蘊未空，執著於自己和一切虛象為實有，進而產生無盡的煩惱。《心經》前四句，說到觀自在菩薩修行深度般若波羅蜜多，「照見五蘊皆空」，這是一種自利、自度；而「度一切苦厄」則是一種利他、救世，說明般若波羅蜜多是普度眾生的大乘菩薩道。從另一個角度說，「度一切苦厄」也是誦讀《心經》所具有的無量功德。

【佛法提示】

照見「五蘊皆空」，即要從一切現象中把握性空之實相，從畢竟空的實相中來瞭解緣起，如此體驗、證悟，就能明白衆生的一切苦厄，如生老病死、愛恨別離、無限欲望等等，皆是空性的，皆因無法看透「我」空而起，若能通達法性無我，則能脫離一切苦海，即「度一切苦厄」。

五蘊皆空

凡夫與菩薩

凡夫因不明苦厄根源，不知五蘊本空，長期沉淪於生死的苦海，不得自在。

菩薩破除我、法二執，照見五蘊皆空，不為煩惱束縛，脫離生死苦海，自由自在。

度一切苦厄

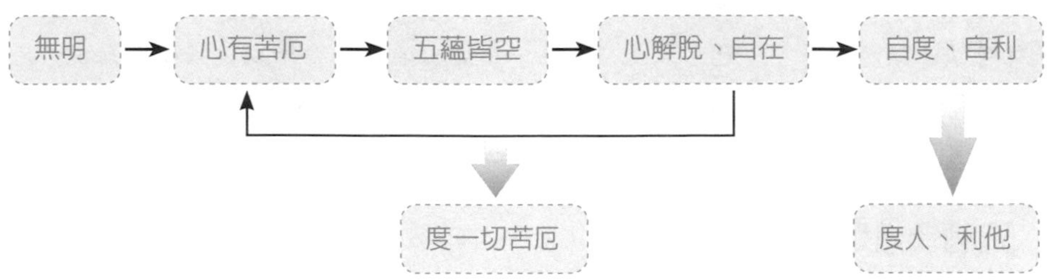

佛光普照

有的《心經》譯本將「照見五蘊皆空」譯為「照見五蘊自性皆空」，如唐法月、唐智慧輪心經譯本。自性是不變的實體，而五蘊無自性，是不可得的，所以說其「皆空」。凡人生存於世間，承受著一切苦厄，但是真正感受到這一切苦厄的究竟是誰呢？溯本追源，都是因為這四大五蘊之身心而起，人人都認為虛妄的身心是實我，殊不知，這身心不過如同「我」暫住的房子，這房子不過是因緣和合而成的，因緣別離就將分散。眾生以為這「房子」即是「我」，是牢不可破的，因而生起我執，進而產生貪念，起惑而造業，因業受報，生死輪迴，承受一切苦厄。

2 色空不二 五蘊皆如是

「舍利子，色不異空，空不異色，色即是空，空即是色，受想行識亦復如是。」

色空不二

《心經》簡短的260個字中，最關鍵、使用頻率最高的即是「色」、「空」二字。「色」是指有形質的萬事萬物，「空」是指事物的空性。《心經》用「色不異空，空不異色，色即是空，空即是色」簡短的16字說明了色空不二的般若智慧，表達了緣起性空、性空相有的般若空觀。「不異」即「無差別、無二相」，「即」則有「相等、不二」之意。也就是說，色與空不是二法，現象與本質無二。就如同水和波一樣，同是濕性；又如同鏡與影的關係，所謂的影就是能現的鏡。空是自性本具的真空，色是自性本具的妙色。所以《楞嚴經》中有云，所謂色身、虛空、山河、大地「咸是妙明真心中物」。《寶藏論》中也用水與泡的關係來類比色空相即的般若空觀：「水喻空，因風吹而成泡喻色，泡即是水，非泡滅水。泡滅為水，水即是泡，非水離泡。執色懼空者，不知色即是空；執空懼色者，不知空即是色。」

真空不空，因為妙有；妙有非有，也就是真空。「空」從「有」的地方顯示出來，也就是從色法上顯示出來，「色」又是從「空」中顯出的色法，所以，《心經》說「色不異空，空不異色；色即是空，空即是色。」也就是真空不空，妙有非有。這是佛法之根本「不空不有」的道理，如果能明白色空之理，也就能真正懂得佛法了。

五蘊皆如是

懂得了色空不二的道理，再來瞭解五蘊的其他四蘊就不難了。既然真空自性與物質不二，那麼人的種種心念，也是與自性無二無別的。前面說道色的本身就是空，色空不二，因為它沒有實在的自性，是幻有而非實有。同樣的，受想行識也是因緣所生的有為法，體性不可得，不可得即是空。另外，受想行識由於緣起而存在，與空是一體的兩面，所以與空相即，故《心經》云「受想行識亦復如是」。

【佛法提示】

不論是有形之「色」，還是無形之「受想行識」，都是自性無二的，就如同五色彩珠一樣，自性是珠體，五蘊就如同此珠體所散發的五色，雖色彩各不相同，但其實卻同為一體。《心經》此經段說明，色空不二、緣起性空、性空緣起之理是宇宙間萬事萬物的真理和實相。

色空不二：五蘊皆如是

色空不二

色與空就如同水與波、水與泡，其本質無差別。

色與空又如同鏡與影，影就是能現的鏡。

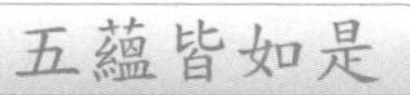

五蘊皆如是

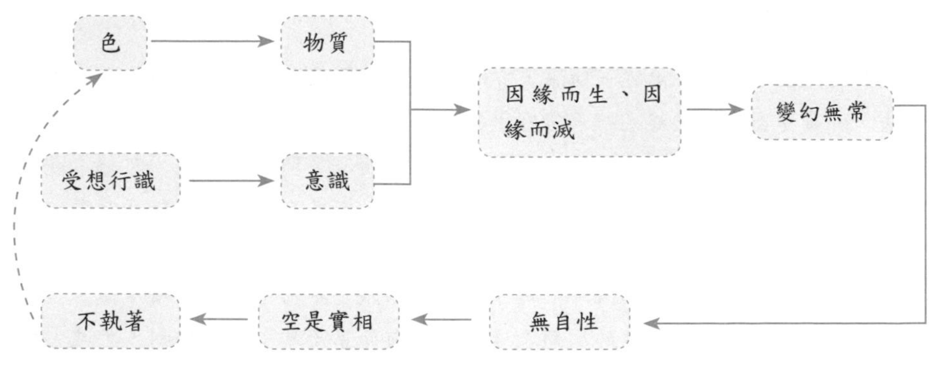

佛光普照

一旦懂得了色空之理，人們對於一切有形有相之物將不再執著，進而斷絕了欲望的源頭。進而懂得五蘊皆空後，人們在觀心、著念時，就能做到寂寂無念，即真空；念念不住，即妙有。進而悟徹空有不二、性相不二、體用不二、寂照不二，逐步證入理事無礙、事事無礙的法界了。

3 諸法空相
一切法都是空性的

「舍利子，是諸法空相，不生不滅，不垢不淨，不增不減。」

進一步談「空」：諸法空相

《心經》前面一直闡述五蘊皆空的要義，從色空不二談到色空相即，進而「受想行識亦復如是」，這其實都是在講述「空性」的道理。觀自在菩薩告訴舍利子，要依般若智慧通達五蘊皆空，進而證悟到諸法因緣而起，色空相依相成，毫無自性，再進一步證入諸法空相的道理。《中論》云：「眾因緣生法，我說即是無。亦為是假名，亦是中道義。未曾有一法，不從因緣生。是故一切法，無不是空者」，這都是從色空相即，進一步證悟到畢竟空寂的空性。《心經》中「色不異空，空不異色，色即是空，空即是色」，可以說是關於人類認識層面的空性理論。當觀自在菩薩說道「舍利子，是諸法空相」時，便將這一空性理論進一步擴展到了整個宇宙，它超越了時間與空間的限制，也超越了人類認識的限制，一切法都是空性的。

「諸法空相」的表達

《安心論》云：「過去佛說一切法，亦畢竟空；未來佛說一切法，亦畢竟空；現在佛說一切法，亦畢竟空。空中尋鳥跡，窖雪擬餘糧，實非有也。是故諸佛或說空，或說於不空。諸法實相中，無空無不空，是名諸法空相。」「諸法」即一切法，「空相」即空性。簡而言之，一切法，都如同五蘊一般，是真空不空、妙有非有的，是一種真空實相。這種真空實相在《金剛經》中是這樣來形容的：「如來所說法，皆不可取、不可說、非法、非非法」。而在《心經》中，玄奘大師則用了「不生不滅，不垢不淨，不增不減」這12個字來說明諸法空相。這是一種否定的反顯表達方法。前面第十章中已經說到，生滅、垢淨、增減分別是從俗諦事物的體性、性質和數量上來說的。佛教認為，世間一切事物，不論是體性的有無、性質的好壞、數量的多少，其終極的實相都是空性的，是離一切相的。

【佛法提示】

因為空性非言意所能思議，不便直說，所以玄奘大師用烘雲托月之法，通過否定來使人悟得諸法的空性。所以，佛經中云「諸經所說真妙理性，每云不生不滅，不垢不淨，無因無果，無相無為，非凡非聖，非性非相等，皆是遮詮」，也就是說這是一種遮掩的詮釋方法。

諸法空相：一切法都是空性的

「空」性的拓展

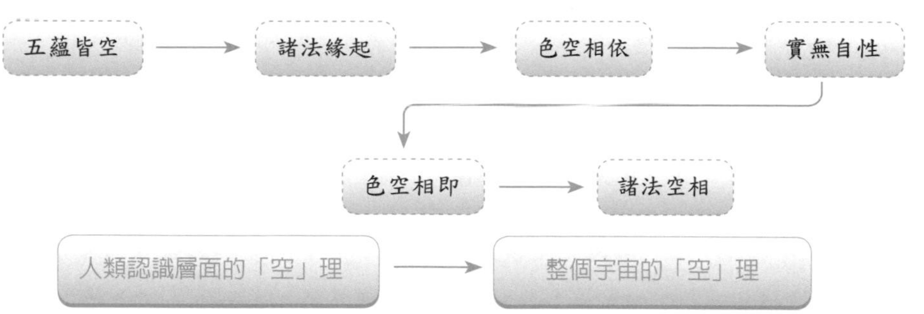

「諸法空相」的表達

《心經》用「不生不滅、不垢不淨、不增不減」這「六不」來形容一切法的真實體相，這也是《心經》闡述空性義理最重要的六個辭彙。

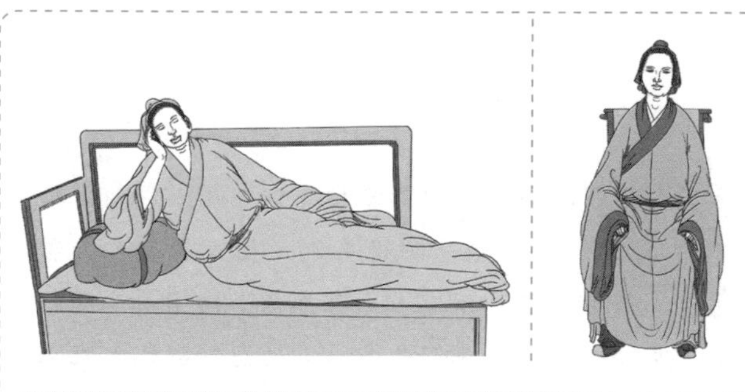

當人臥時，臥的色身即是臥的實相；當人坐時，坐的色身即是坐的實相。但坐臥的實相卻並非色身，而是一種空性的實相。

在整個佛教哲學體系中，實相的概念等同於實性、空性、涅槃、真如、妙空等表示終極性、絕對性、本體性的概念。《金剛經》中云「是實相者，即是非相，是故如來說名實相。」《大般若涅槃經》中也說「無相之相，名為實相」。

佛光普照

「六不」所闡述的法性理體，是本來無生的，故名「無滅」；是本來不垢的，故名「無淨」；在凡不滅，在聖不增，故名「無滅」。在人的意念方面，此六字則告訴修行者遠離一切妄心——人我心、是非心、順逆心、得失心、美醜心、憎愛心等，進而生出毫無分別之心的妙智慧，非空非有、無實無虛，又稱為本覺、本性、本來的清淨心。

4 由體起用
空一切相

「是故空中無色，無受想行識，無眼耳鼻舌身意，無色聲香味觸法，無眼界，乃至無意識界。」

三科本空

為了揭示「諸法空相」的質性，《心經》分別從六根、十二處、十八界等層次來說明。所以，此段經文是由「諸法空相」之體而起三科之用，進一步破除修行者對一切相的執著。三科是佛教理論中對五蘊、十二處、十八界三者的合稱，是構成世界的元素，是宇宙組成的要素，是宇宙間的萬法，也是佛教宇宙觀的精髓。前面已講述，眼、耳、鼻、舌、身、意是六根，色、聲、香、味、觸、法是六塵，六根生六塵，名十二處，「處」是方所之意。根在內，塵在外，六根對六塵，各有一定方所，又名十二入，「入」是說根塵互相涉入，進而產生六識：眼識、耳識、鼻識、舌識、身識、意識。六根為內界，六塵為外界，六識為中界，合為十八界。「界」即界限之意，十八界各有界限，雖相互關聯，但不能相通，更不能混淆。

空一切相

十八界是由眾緣合成，其實性也是不可得的，所以其實相亦空。凡人因執著於色身為我，由眼、耳等六根不斷產生各種見聞覺知，如眼見明暗美醜、長短方圓，舌嘗酸甜苦辣、品足百味等，時刻都在分別選擇，一生不息。所以，十八界是一切不善法的根本，是凡人一切苦厄煩惱的根源。凡人的一生行為處事，無不是十八界的交織變化，互為因果，輾轉無盡，綿延不絕。眾生身陷苦海，六道輪迴，了無盡頭，都是因為留戀、執著於六根、六塵、六識。可以說，十八界和合即為眾生，離十八界即無眾生。因此，《心經》闡述十八界空性之般若智慧，正是為了喚醒癡迷的眾生，為了讓修行者證得真空妙境，擺脫一切根塵識界，了然本來是空的真如理體。

【佛法提示】

要懂得《心經》的空性理論，其關鍵點是要懂得「蘊」、「處」、「界」等詞的含義。有能見即有所見，根塵相對，人的六種感官即為六根，六根所見之對象則為六塵，六根、六塵相互作用產生六識，即為十八界。凡夫以為十八界實有，因而永遠被十八界束縛迷惑。

由體起用：空一切相

三科本空

眼根和色塵作用產生眼識，其他根、塵、識也是如此。人類的一切認識活動都離不開能取所取，一切精神活動也依之而生。根境和合而生起識，根境都是因緣而生的，所以十八界也是空的。

空一切相，才能得解脫

十八界就如同網一樣，使凡人身陷囹圄，不得解脫。唯有空一切相，證得妙空理體，擺脫一切根塵識界，才能自在無束。

佛光普照

佛教認為，六根是積業潤生，如眼見色，或偷看，或斜視，便會作業。如眼見黃金起盜心，便因眼根而積業。其他五根亦是如此，所以佛家講究六根清淨，即六根空。如耳根空，就不會因為聽聞了一些是非謠言或淫詞濫調而去造業，因業而因果不斷。所謂六賊為媒，自劫家寶，六根即為六賊，劫去了人心原本的真如佛性之寶。

5 破除法執 空法相

「無無明，亦無無明盡，乃至無老死，亦無老死盡。無苦集滅道，無智亦無得。」

破除一切法執

前面已講述，從「無明」到「老死」，在佛教理論中叫十二因緣，其具體內容是「無明緣行，行緣識，識緣名色，名色緣六入，六入緣觸，觸緣受，受緣愛，愛緣取，取緣有，有緣生，生緣老死」，共十二支，彼此相依相存，因此而生彼，無盡輪迴，是佛教中關於「三世輪迴」的基本理論。苦集滅道四諦是佛教的基本教理。而「智」與「得」都是佛教理論中關於佛果的理論。關於十二因緣、四聖諦以及佛果，在本書前面內容中都曾詳細闡述過。簡而言之，按照佛法的理論，要打破生死輪迴，了脫生死，就要打破十二因緣的輪轉；而修行佛法最基本的方法就是四聖諦，經由不斷的修行來證得佛果。這些都是佛教的基本理論，然而《心經》在其前面都加上了「無」字，以破除修行者對於法相的執著。若修行者為了打破十二因緣的輪轉，一心要消除「無明」，那說明他已經執著於「無明」的相狀；四諦和佛果同樣如此，這都是一種法執。所以《法華經》中云：「若知無明體空，十二因緣本非有也。無明若有，無明即有盡期。無明本空，空無無明，亦無無明盡也。即齊虛空，等法界，湛然閑曠，是十方淨土也。何處更有人天六道而受生也。故知心生三界生，心滅三界滅。」

諸法皆空

佛教認為，萬物的生起和散滅都在於因緣的聚合和離散，所以十二因緣的輪轉法則、四諦的修行法則也是緣起的，是空無自性的，所以說「無無明，亦無無明盡」，「無苦集滅道」。佛法種種僅在於幫助修行者認清複雜現象背後的真相，以使修行者能正確了悟。一旦修行者了悟，回過頭來就會發現十二緣起等法理是畢竟空的，沒有生起相，也沒有滅盡相。但若凡人在修行的路上，就宣說佛法都是虛擬的，放棄修行，那也是不對的。

【佛法提示】

《心經》前面所說的五蘊、十二處、十八界皆空的理論是就事象的分類說的，屬於事；這裡所的十二緣起、四諦等是就事象以顯理說的，屬於理。十二緣起、四諦是觀理，智與得是證果。事象與理性、觀理與證果，都是空性的。

破除法執：空法相

十二因緣輪轉

十二因緣是無自性的，生與死都是生命的一種現象，沒有生的實相，也沒有滅的實相。

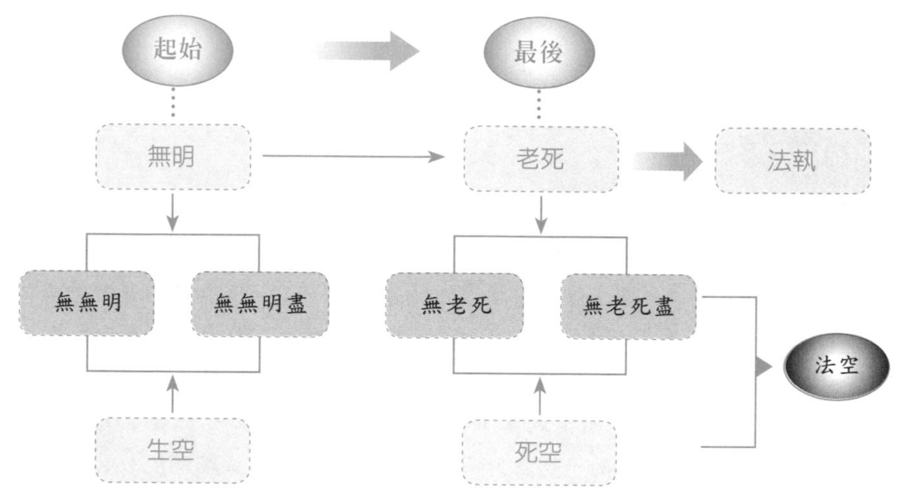

諸法空相

四諦等佛法就如同人們生病時吃的藥一樣，眾生往往有執著之病，因此需要藥來除病，一旦藥到病除，那藥就不需再服用。

佛光普照

佛教認為，一切皆空。不但凡夫所執的蘊、處、界等皆不可得，就是修行者的十二因緣法、四諦，甚至菩薩六度萬行，其能證的智慧與所得的理體，都是不可執著的，是歸於空性的。正如《金剛經》中說「應無所住，而生其心」，即不應執著於一切法而生清淨心。清淨心是如如不動的，無生死可斷，亦無涅槃可證，一切無著，才能證得大自在的境界。

6 諸法空淨 心無掛礙、遠離顛倒

「以無所得故，菩提薩埵，依般若波羅蜜多故，心無掛礙，無掛礙故，無有恐怖，遠離顛倒夢想，究竟涅槃。三世諸佛，依般若波羅蜜多故，得阿耨多羅三藐三菩提。」

心無掛礙

綜前所述，當修行者懂得一切法相皆不可得：五蘊、十二處、十八界、一切修學的方法四諦、十二因緣、智得均為空，都是不可得的。如此放下一切有所得之心，拋卻一切妄念，便能顯現原本的清淨心，這才是般若智慧的修行之道。若一直存在「有所得」之心，那「有所求」便是「有所為」，是有為法。《金剛經》中云：「一切有為法，如夢幻泡影，如露亦如電，應作如是觀。」所以，有為法不是般若波羅蜜多法。唯有無求無為，才能依止般若波羅蜜多，時時觀照眼前的萬事萬物當體是空。既然一切皆空，那麼心內自然不再有任何牽掛和阻礙。眼前的一切就如同夢境一般，哪怕是毒蛇纏繞，其實也是虛妄的，無須害怕。如此長時間的觀照熏習，對待一切事物，面對一切處境，均能妄念不起。所以《心經》說「心無掛礙，無掛礙故，無有恐怖」。

遠離顛倒

當內心不再恐懼，自然就能遠離「顛倒夢想」。原因何在呢？凡夫正是因為心有恐懼才產生了一切不合理的思想行為和癡心妄想，不合理的思想行為即為「顛倒」，不可能實現的癡心妄想便是「夢想」。如凡夫依賴於衣物、食物而生存，由於害怕失去衣食，而生出種種營生，即種種掛礙，所以執著於「我」的享用，更奢望這種「享用」能天長地久。這便是「以無我為我，以無常為常」的顛倒。前面已講述，凡人還有「以不淨為淨，以苦為樂」的顛倒，合稱為四顛倒。所以，《心經》中云「遠離顛倒夢想」，即是說當修行者證悟諸法空淨後，自然便能遠離一切顛倒和妄想，消除身與心、我與他、物與我之間對立的種種錯誤。

【佛法提示】

《心經》本段說明，掛礙是因，恐怖為果；顛倒為因，夢想為果。大菩薩依般若覺照諸法空淨，心無掛礙，遠離顛倒，惑業究竟淨盡，功德究竟圓滿，證得究竟涅槃。不但菩薩依般若波羅蜜多證得涅槃，甚至所有的佛陀都是依般若波羅蜜多，證得阿耨多羅三藐三菩提的，即無上正等正覺。

諸法空淨

心無掛礙，遠離顛倒

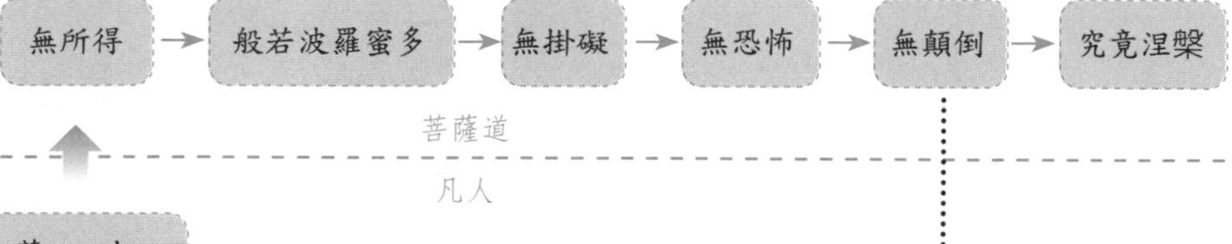

四顛倒 → 五怖畏 → 種種掛礙 → 有為法 → 五蘊、十二處、十八界、四諦、十二因、緣智得

凡人因有掛礙而產生恐怖

凡人因執著身體為我，則身體為掛礙，時刻擔心生病或老死。

凡人因種種牽掛而擔心失去，時刻憂心忡忡。若懂得一切皆是夢境，則能泰然處之。

佛光普照

一切眾生錯認了四大、六塵、五蘊、十二處、十八界，執著我見我所，於是才有了六道輪迴。菩薩依究竟圓滿的智慧，即般若波羅蜜多，看清事實真相，心中沒有任何掛礙，不再有任何妄想執著，也沒有一絲怖畏。凡人最大的恐怖是生死，遠離一切恐怖即是了斷生死出三界，證得了涅槃的境界。而凡人不知事實真相，恐懼時刻縈繞於心，因而顛倒妄想，沉迷於妄念之中，不可自拔。

第12章 《心經》的般若智慧

1 「心」的智慧 一切不離心

佛教認為，心是萬物之本體，此外別無他法，凡三界生死、十二因緣等諸法，都是妄想心所變作。所以在佛法中有一個重要的教理是「三界唯識，萬法唯心」。簡單說來，佛教認為世間一切現象都離不開眾生的心識，萬物的一切成、住、壞、空的不斷變化，其實都是人心在變化。

「心」的含義

太虛法師認為，佛教中「心」有多種含義。一種是肉團心，即人體的心臟器官，與血脈相連，關乎生命存亡。第二種是慮知心，即凡人日常生活中的所思所想所念，這種「心」是倏忽生滅、變幻無常的。第三種是集起心，當凡人見到往昔之物或情景，憶及過往之事，恍然就在眼前發生，正是這種「心」在起作用。第四種是真實心，即本心真實之體，是常住不變的。可以說，前三種都是「妄心」，侵染、包裹著人們的「真實心」，使人們不能看清楚事物的本來面目，因而在一個虛幻的世界裡癡迷癲狂。如凡人看到山河大地、人物鳥獸，聽到鳥鳴、聞到花香，都以為是真實的，甚至由經驗累積而推演出意識層面的如金錢、名利、時間等，也都接受為「真實」。這一切的現象就是佛教中所說的「相」，凡人執一切相為實有，殊不知一切物質與精神都是「本心」與其所生的「心識」所變現。就如《雜藏經》所說的，同一條河裡的水，在人為清水，在餓鬼為膿血，在地獄為熾熱的銅汁。我們平常也會有這樣的體會，對同一事物，心情好與不好所引起的反應是不一樣的。這就是佛教「三界唯識，萬法唯心」之意，欲界、色界、無色界這三界都是由人們的心識所創造的，一切法都在於人們的本心之中。

《心經》之「心」

人們因不明真理而迷惑，所以佛法在於告訴世人真相，使人了然開悟。《心經》從五蘊皆空，說到六根、六塵、六識皆空，一切諸法皆空，正是破除人們對於一切妄念的執著，恢復原本的清淨之心，打破人們生夢之迷源，使人豁然開朗，轉迷為悟，轉妄而真，顯現人們的真心。

【佛法智慧】

佛教中般若經書多達700多卷，但《心經》在般若經中，能總持一切，就如同人身體的心臟，是一個總要機關。所以，般若波羅蜜多，是佛教全經的心經，故名《般若波羅蜜多心經》。

「心」的智慧

八識心王

八識

- 眼識：眼睛能看到各種各樣的東西，經由意識產生眼識的功能。
- 耳識：耳朵能聽到各種聲音，經由意識產生耳識的功能。
- 鼻識：鼻子能嗅到各種氣味，經由意識產生鼻識的功能。
- 舌識：舌頭能嘗到各種味道，經由識產生舌識的功能。
- 身識：身體能觸摸，經由意識產生觸覺的功能。
- 意識：意識能認識到各種抽象的概念，前五識中有一識產生作用，意識便同時俱起。
- 末那識：末那識是意識的根本，是一種我執的作用，由此而形成煩惱的根本。
- 阿賴耶識：又稱為藏識，含能藏、所藏、執藏三義，是一切善惡種子寄託的所在。

心識的作用

眼睛只能看見，並不能分別什麼是花、什麼是葉、什麼是草。然而人一看見便能分別，是意識在起作用。

佛法一點通

佛教認為，眾生的「識」都是來自其「本心」（或稱為空、自性）等。世間一切現象，包括精神與物質都是「本心」與其所生的「識」所變現的，是虛幻無常的。人們不知此真理，以為世間的現象是「真實」存在，而與人的心識無關。

2 「空」的智慧
一切皆空

「空」字在《心經》中多次出現，是《心經》最重要的一個關鍵字，唯有明白「空」的智慧才能懂得《心經》的要義，而「空」也一直貫徹於《心經》的經文中。

無執為空

《心經》260字真言，否定了五蘊（色、受、想、行、識）、六根（眼、耳、鼻、舌、身、意）、六境（色聲香味觸法）、六識（眼識、耳識、鼻識、舌識、身識、意識）、十二因緣（無明、行、識、名色、六入、觸、受、愛、取、有、生、老死）以及四諦（苦、集、滅、道）和一切佛果等，得出人法兩空的結論。不僅凡人執著的身體是空，一切佛法也為空。世間的一切事物及現象，都是空無自性的。所以，不要執著。對於佛法也不應追求，無欲無求，放空一切。這個「空」是對世人眼中一切對象和意識為實有的否定，即「色不異空，空不異色」，說明萬物都是自性為空的。《中論觀四諦品》說：「未嘗有一法，不從因緣生，是故一切法，無不是空者。」《十二門論觀因緣門》說：「因緣所生法，是即無自性。」色是緣起的，色必然是無自性、空。

「空」是最高智慧

既然一切都是虛幻無實的，人的身體也是虛幻的，那麼是不是人死如燈滅，一切都毫無意義呢？如果這樣想，就是一種斷見，是落於空中，執著於「空」的。《心經》所說的「空」是超越了世間、空間的法性、真如或佛性，是世界萬物統一的本性，這種本性是恆久不變的，是如如不動的，需要人們去追求。這種「空」也就是佛性，超言絕象，無形無相，是成佛的依據。如果能證得「空」是世界萬有的本性，人們的認識能與之相符，這就是最高的智慧。就如同道家所說的「大象無形，大音希聲」，最高的本體道本是無形無相、無響無聲的。一旦證得這種智慧，人就能擺脫種種束縛，如同籠鳥返林一般感到快活自在無比。因此，諸法空性是《心經》般若思想的核心要義。

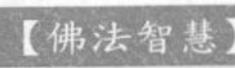

【佛法智慧】

《心經》空觀深邃澄明的般若之光，映照著睿智靈動的禪悟智慧。其五蘊皆空、色、空相即、諸法空相、了無所得的般若空觀，深刻影響了禪宗破除五蘊執著、圓融真空妙有、體證澄明自性、徹見本來面目的思想內涵、思維方式。般若思想作為大乘佛教的理論基礎，在佛教思想史上有著重要的地位。般若真空與涅槃妙有，構成了禪宗思想的兩大源頭。

「空」的智慧

無執為空

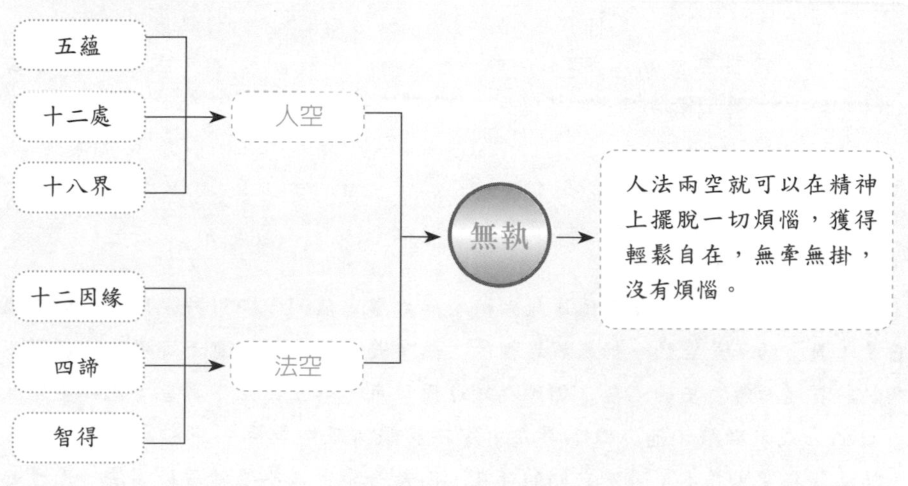

最高智慧

圖中為釋迦牟尼，四周是他以神通靈異的方法降服外道，使其皈依佛法的情景。釋迦牟尼成佛後，擁有最高智慧，所以能變化自如。

佛法一點通

對於修行者來說，在取得「一切皆空」的認識後，還應進一步認識到世界萬有本無「有無之相」，這樣才能「處有不有，無心於有有之場；居空不空，不在於空空之境。」

3 「無」的智慧
「無」不是一無所有

《心經》中云：「無色、無受想行識，無眼耳鼻舌身意，無色聲香味觸法，無眼界乃至無意識界……無智亦無得」，這一連串十多個「無」字，是一無所有的意思嗎？

正確理解「無」

《心經》說諸法空相，無五蘊、無六根、無六塵、無……即對於世間的一切現象都要認識它是「無」的、是空的。如果說這裡的「無」是一無所有之意，那麼這與現實不是相矛盾嗎？其實《心經》中的「無」仍然應該運用「色不異空，空不異色，色即是空，空即是色」這個公式來理解，如「眼不異空，空不異眼，眼即是空，空即是眼」等等。《心經》說諸法皆為空，並不是否定它們的存在，而是告訴世人不要執著於諸法，而生起種種煩惱，不得自在。如，世人往往執著於五蘊，以「我」為實有，為了讓「我」擁有更多的食物、錢財、名利等等而苦心追求。人的欲望無止盡，永遠得不到滿足，所以人們終生費盡心思，煩惱不斷。若想解脫煩惱，唯有認識到諸法空性之理，對世間一切事物能有一種超越、超脫、放下的心境。

「無」是超脫、放下

簡而言之，「無」不是一無所有，而是超越、放下之意。這種超越、超脫、放下不是逃避。好比有人深知酒的毒害，於是害怕見到酒，怕自己控制不了而受其毒害。這就是一種逃避，不敢面對。超然則不同，一旦看清了酒的真相，即使將酒擺在眼前，他也會視而不見，不受其迷惑。諸法也是如此，雖然它是凡人一切煩惱的根源，但《心經》並非讓人一味躲避，消極面世，而是要積極地超脫，從心底裡真正「放下」他們，不再受他們的影響，進而擺脫煩惱。所以《心經》中一連串的「無」是一連串的超脫、放下，是表達不同層次的空性體悟。

【佛法智慧】

《心經》的空是為小乘菩薩說人空；為大乘菩薩說法空；說五蘊、十二處、十八界空是破人法二空；說「無無明，亦無無明盡，乃至無老死，亦無老死盡」的十二因緣空是破緣覺乘空；說苦集滅道空是講聲聞乘空；說無智亦無得是講菩薩乘空。這就是一連串的「無」所表達的不同層次的空性體悟。

「無」的智慧：「無」不是一無所有

《心經》中的「無」

經文		超脫		意義		結果
空中無色，無受想行識	→	超脫五蘊	→	擺脫五蘊煩惱		破人法兩空
無眼耳鼻舌身意，無色聲香味觸法	→	超脫十二處	→	不為十二處迷惑		
無眼界乃至無意識界	→	超脫十八界	→	不受十八界限制		
無無明亦無無明盡，乃至無老死亦無老死盡	→	超脫十二因緣	→	斷滅十二因緣的輪轉	➡	破緣覺乘空
無苦集滅道	→	超脫四諦	→	不執著於四聖諦法	➡	破聲聞乘空
無智亦無得	→	超脫波羅蜜多	→	不執著於佛法	➡	破菩薩乘空

「無」是超脫、放下

窮人發愁下一頓食物不知在何處，富人為吃哪一種美食而煩惱，皆因諸法未空。

佛法一點通

《心經》中的「無」是對有情的透視。有情不外是五蘊的和合。從十二處看，不外是生理（六根）及心理（六識）的組成。凡人執五蘊為我，但以佛法智慧來看，五蘊中求我是了不可得的，因為五蘊的色身無常，若蘊即是我，那我也是無常的。

4 「無所得」的智慧
斷滅妄心

《心經》從「是故空中無色」直到「無智亦無得」，一一破除世人對「有」的錯誤認識及執著，最後得出「無所得」的結論。「無所得」其實就是不再對「有」生起實在的執著，內心不再有諸多妄心。

煩惱皆因「有所得」而起

凡人不懂諸法空性之理，據一切為實有，所以總在一種「有所得」的心態下生活：為了得到更多的財富、地位、情感、事業、人際關係、知識等等人生當中的一切，人們汲汲營營、操勞一生。因此，凡人的執著正是源於這種「有所得」心。又由於執著，人們對人生的一切產生強烈佔有、戀戀不捨的心態，這就是欲望，欲望給人生帶來了諸多煩惱，產生了無盡的痛苦。如溫飽尚未解決之人只想要吃飽穿暖即可，可一旦滿足了基本的生活需求，他又希望過上更舒適的生活：房子再大點，出門要坐小轎車，還要多外出看看名勝風景。當財富累積到了一定程度，他可能又想在社會上博取一些名譽，當當官，躋身於上層名流……欲望使人總是忘記已經擁有的東西，而去追逐未有的東西。欲望得到滿足會產生更大的欲望，若得不到滿足則會帶來無盡的痛苦。所以說，人生的諸多煩惱皆因「有所得」而起。

「無所得」才能斷滅妄心

當人們認識到所緣境空，就不會生起實在的執著，即「無所得」。《心經》告訴人們一切存在的現象都是無自性空的，是假有的存在，就是要凡人放棄「有所得」的錯誤認識，放棄對它的執著。要像《金剛經》中所說的「不住色生心，不住聲香味觸法生心」，這樣才是「無所得」心，才能斷滅一切妄心、妄念、妄執，顯現原本的清淨心。釋迦牟尼在菩提樹下悟道後說的第一句話是：「奇哉！奇哉！一切眾生皆有如來智慧德相，但以妄想無明執著而不能證得。」當妄心斷滅，佛心顯現，即是自在解脫，脫離苦海。

【佛法智慧】

《義品頌》說：「趣求諸欲人，常起於希望，所欲若不遂，惱壞如箭中。」這首偈說生活在欲望中的人，總是不停地向外希求，一旦所求不能得到，就會痛苦得像被箭射中一樣。

「無所得」的智慧

煩惱皆因「有所得」而起

人類的欲望無限，不論是得到滿足，還是沒有得到滿足，都只會帶來無盡的煩惱。

一切假有的「無所得」心

以佛教智慧來看，人類幾乎都生活在妄想中。在世俗生活中，人們稱一些不切實際或不太可能成為事實的願望為妄想，但佛教則認為，不論其是否能實現，只要與真理不相符，都是妄想，而萬物的根本真理是一種空性。《心經》告訴人們，人生的一切現象存在都是假有的，是虛幻的，就如同夢境一般。人生不過夢一場，得與無得其實毫無差別，得就是無得，無得也就是得。

佛法一點通

對於人類的欲望，佛教上有五欲之說：財欲，對財富的希求；色欲，對男女的希求；名欲，對名譽地位的希求；食欲，對飲食的希求；睡欲，對睡眠的希求。有情生命就是在不停地追逐五欲境界中延續，通常人生所謂的幸福快樂，即是欲望得到滿足，得不到則是痛苦。欲望往往水漲船高，不斷膨脹，所以人永遠處於不斷向外追求中。

5 「無掛無怖」的智慧 解脫自在

當人們斷滅一切妄想，無得無失，自然遠離了一切煩惱執障，心中清淨無礙，沒有任何牽絆，也沒有一絲恐懼。所謂「心底無私天地寬」，沒有得失之心，自然能獲得解脫自在。

無得無失，無掛無怖

凡人因為貪欲而執著，因執著而產生掛礙，即對自我的一切都放不下。沒有得到的，一心想追求，已經得到的又害怕失去，因此患得患失，驚恐害怕。如一個人好不容易獲得了巨大的財富，卻害怕財富的失去而想盡辦法保護，甚至會懷疑自己最親近的人。擁有了權力地位，又害怕有一天會失去；擁有了美好的戀情，卻擔心第三者插足，害怕失戀而疑神疑鬼……總之，凡人對一切已擁有的或未擁有的東西的執著牽掛，使他們終日生活在恐怖之中。前面已講述，佛經中對於凡人的恐怖有五畏之說，即惡名畏、惡道畏、壞活畏、死畏、大眾威德畏。在現實生活中，人們的恐懼怖畏何止上千種，大到害怕死亡，小到擔心上班遲到，正是因為得失心、執著心，而使得人們終日戰戰兢兢、如履薄冰。

心空才得自在

《心經》中說「無掛礙故無有恐怖，遠離顛倒夢想，究竟涅槃」。這裡的「恐怖」可以解釋為「對生死的恐懼」。對於世人來說，最可怕的應該就是死亡，即使明知有生必有死，也不願意正視死亡，極力逃避。如有的地方忌諱「四」字只因為此字與「死」諧音，可見人們對死這種事實的怖畏恐懼。以佛教智慧看來，不僅人的色身是空，連一切意識心念都是空，身心既空，何來生死之說。連「我」都是空的，又何來你我之別，更無物與我之分。如此身心皆空，自他皆空，物我皆空，空空如也，無掛無礙。一個無掛礙之人，心中必定安然，隨處自在，既無得失，更無對得失的怖畏；即無是非，更為對是非的怖畏……心中放下一切，超然自得，從生命中最深層的恐懼中脫離出來，擺脫一切痛苦的糾纏，獲得解脫自在。

【佛法智慧】

當人們去除一切妄心，止息一切煩惱之時，也就是證得了究竟涅槃。所以《金剛經》中云:「阿耨多羅三藐三菩提，實無所得」,「阿羅漢不作是念，我得阿羅漢道」就是這個道理。

「無掛無怖」的智慧

人們終日生活在恐怖之中

世人得失心重，煩惱未盡，所以終日掛礙，既恐得不到又怕失去，永遠生活在一種隱隱不安的狀態中，生命因此成為一個囚籠。

心空才得自在

當人們懂得諸法空性，就能消除身與心、自與他、物與我之間對立的錯誤認識，也就不再有對生死的怖畏，也不會任何分別之心，進而自在解脫。

佛法一點通

《金剛經》云:「過去心不可得，現在心不可得，未來心不可得。」此刻想要這個，下一秒又想要那個。哪一個又是我呢？兒時的我已不知去向，現在的我時刻變化，未來的我更不知是怎樣髮白面皺，一切的一切，都是業緣牽引，沒有主宰。

1 基本修行 持誦經典

《般若波羅蜜多心經》是600卷大般若經的心髓，是佛學的最高宇宙境界。它短小精悍、朗朗上口，任何人均可誦讀，體驗經中的智慧。所以，學佛之人幾乎人人會念誦心經。念誦抄持也是《心經》修持最基本的方法。

時時念誦《心經》

略本《心經》僅260字，易讀易誦。不論是初入門的修行者，還是修行略深之人都不能忽視對《心經》的念誦，只有經常念，時時念，才能不斷深入體會《心經》的般若智慧。這也是修行的一個重要心法。佛教認為，經念得越多越好，當修行者念到上萬次、上百萬次，乃至無數次，就可能達到一種境界，此時《心經》中的經文咒語就能開發修行者的智慧，將修行者的宿世業障轉化成般若智慧，這也是一種功德。所以，念誦《心經》，不但要找一個不受干擾的清淨之地念誦，還要用心地念，將它深深地刻入潛意識裡，使之成為自己身體的一部分。不論怎樣，古人云「讀書百遍其義自現」，多念誦《心經》對於領悟《心經》的道理是十分有幫助的。

多多抄寫《心經》

《心經》除了要多念誦，還要多抄寫。佛教認為，抄寫經文是開發自我的一個妙法。且古時抄寫經文有相當嚴格的程序。比如，抄寫前要先沐浴，穿上乾淨或新的衣服，以表示清淨之身。抄經的地點要在供有文殊菩薩像的大堂，坐姿要端坐。用毛筆拓寫時，將白紙覆蓋在《心經》上，透過白紙隱隱看到《心經》的經文。這是以白紙比喻五蘊，五蘊凡塵覆蓋了人們的清淨之心。抄寫經文時，要一筆一畫，字跡非常工整，且不能出錯，出錯後不能塗改修補，而應重新寫過。抄好後的經文不能隨意擱置，寫得好的可以送人，寫得不好的可用香薰後火化，也可自己供養。多多抄寫《心經》也是持誦的重要方法，也是一種基本修行方法。

【佛法妙諦】

佛教中，《心經》的念誦有五種方法，分別是：聲生念誦，即出聲念誦；蓮華念誦，即用僅能讓自己聽到的小聲念誦；金剛念誦，即不出聲只動舌頭；三摩地念誦，即不動舌頭，在心中念；光明念誦，即觀諸佛光明從口出。

基本修行：持誦經典

時時念誦《心經》

盡可能多地念誦《心經》有助於人們內心的開悟。

多多抄寫《心經》

抄寫《心經》是修行的重要方法，抄寫後的經文應好生供養。

修行指南

無論任何修法，首先在於發心，若不發心就不可能有任何修行。不論是念誦佛經或是抄寫佛經，或聽高僧大德講經，都要在正確的發心之後才可能發生。所以，修法最首要的是審察內心：為何修持此法，應發何種心。這些都需要依靠大師的指點。所以，真正修法之人一般是需要拜師的。

2 五蘊皆空的修行 斷除一切煩惱

《心經》中說：「觀自在菩薩，行深般若波羅蜜多時，照見五蘊皆空，度一切苦厄。」這是直接表達觀自在修行的句子，即所修的行是深度般若波羅蜜多，所行的功用是五蘊皆空。五蘊皆空，不是說五蘊是空性的，而是要「空」掉五蘊。

建立「五蘊皆空」的正確見地

很多人往往把「五蘊皆空」當成佛法的基礎名詞，用以形容佛教眼中的世界都是空性的，色、受、想、行、識以及一切物質世界和精神世界都是虛幻無實的。這種認識並不是「五蘊皆空」真正正確的見地，對修行者也起不了任何有用的功效。其實，五蘊皆空是一個非常清晰而有力的修行方法。在原始佛教中，佛弟子們非常重視五蘊皆空的修行。《雜阿含經》中較重要的一部分文字——五蘊誦，即記錄了佛弟子依五蘊做正思維最終悟道。可見，只有建立「五蘊皆空」的正確見地，才能徹底瞭解它的含義。以「色蘊是空」為例，如果僅僅認識到「一切有形物質都是虛幻的」，那麼人的色身也是虛幻的，既是虛幻，為什麼有人摔斷了手臂或腿經過幾個月的治療後又能恢復原貌呢？殊不知，正是因為人的色身是空的，所以一個人的手或者腳才可能受傷，才可能在醫治後恢復。若是色蘊不空，如何受傷？又如何復原呢？

「五蘊皆空」的修行

建立了五蘊皆空的正確見地後，那日常生活中如何修行五蘊皆空呢？五蘊皆空，色、受、想、行、識皆無自性，也就是說，它們都是無常的，是時刻變化的。凡人不懂得五蘊皆空的道理，今日看到花開就會很高興，明日看到花敗則會很痛苦，他們對於人世間的一切得失都是如此。但若有人見到花開花落，體悟到這正是無常的表現，是空性的一種展露，所以不悲也不喜，反而會產生一種佛法果然是真理的法喜，進而更加篤信佛法。這個人才是真正體會到了「五蘊皆空」的道理。所以，修行者對日常生活中發生的任何事，不論對自身是有利還是有弊，都應時刻以五蘊皆空之法來觀照。

【佛法妙諦】

五蘊皆空的空蘊含著一切無常的可能性，空是由緣起所構成的，不是我們能控制和把握的。如此觀照世間一切萬物，才能了無煩惱。

五蘊皆空的修行：斷除一切煩惱

空

五蘊皆空的空不同於海市蜃樓的虛幻，前者是表示無常、變化，後者則完全是幻象，不可同日而語。

五蘊皆空的修行

懂得五蘊皆空的道理，明白世界一切都是無常變化的，也就能接受人生當中的諸多變故，進而了卻煩惱。

修行指南

人類色身的諸多現象變化，如身體長高、皮膚起痘、頭髮變白、皺紋增多、脊柱變彎等等，甚至世間的一切事物，都蘊含著變化，都是因緣和合的。懂得五蘊皆空之理，就能不為這些緣起現象所牽絆。正所謂「風來疏竹，風過而竹不留聲；雁渡寒潭，雁去而潭不留影。故君子事來而心始現，事去而心隨空。」也就是佛家「象由心生，象隨心滅」之理。

3 色空不二的修行 破除一切貪著

關於五蘊皆空的修行，《心經》具體解説道：「色不異空，空不異色；色即是空，空即是色；受想行識，亦復如是。」很多人念到此句，僅把它當成一種思想，殊不知這是觀自在菩薩在直接地告訴我們修行的方法。

色空不相異的修行

「色不異空，空不異色」，是說色空之間沒有差別。這並非是強加於人的一種觀念，而是一個思維過程，一個通過所見所聞形成正確思維的過程。一切的色蘊，都是借四大和合而成，是緣起的組合，它沒有常住不變，而是含有一種相對性。換而言之，世間的一切事物都是假借因緣而成的，就其相待性、依賴性而言，其本性是假的、虛幻的。如此思維，就能得出色蘊空性的見解。

「色不異空」，是針對凡人往往執著於色蘊，以假為實，執色身為我所有，於是起惑造業，違背真心，貪戀物質而身陷苦海而言的。若是凡人能看清色蘊假合的真相，懂得人生就如同風中之燭，隨時可能熄滅；一切物質時刻變化，終究虛空。以此觀照人生萬物，也就自然能破除對色蘊的貪著。

「空不異色」則是針對緣覺與聲聞二小乘修行者而言的。二乘者深知，世人是因執著於色相而一生煩惱，永墮輪迴的，所以極力遠離色相，一味苦修。雖然能了斷生死，脫離六道輪迴，但終因執著於空、廢色守空而不得解脫。所以，觀自在菩薩在此點醒二乘，空性也是不可執著的。

色空相即的修行

「色即是空，空即是色」，是對人們在見地上的修持而言。「不異」其實也就是「即是」，這是正確思維下的正確結果。「不異」可以說是一種思維過程，「即是」則表明一種當下的狀態。這是一種透過修行能證得的見地，「色即是空」是小乘聖者能證得的，而「空即是色」是大乘菩薩證得的。《心經》是大乘佛教般若法門的精義，世人要證得這種見地還需要更加努力地修行。

【佛法智慧】

佛教認為，衆生透過色空不二的修行，自然能破除對一切的貪著。《心經》後文繼續説道，「受想行識，亦復如是」，也就是説其他四蘊的修行同樣如此。其實，五蘊本身也是空的，五蘊之間也無差別，五蘊即是一。

色空不二的修行

色空不相異

人的生命就如同風中之燭，隨時可能熄滅。

一切物質都隨時間流逝而毀滅、消失。

凡人執色：色蘊假合 → 時刻變化 → 終究空幻 → 色不異空

色空不相異

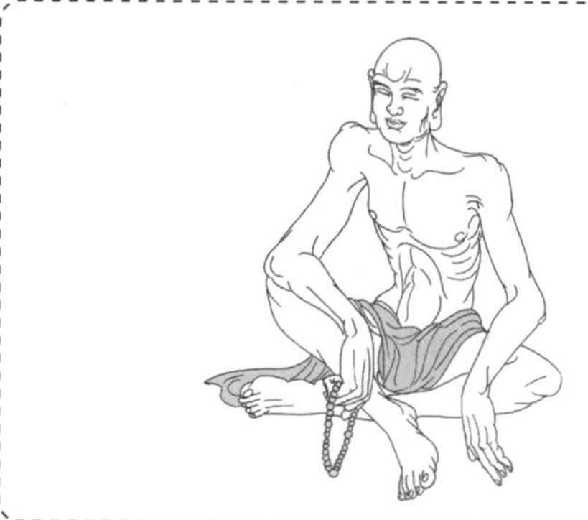

小乘修行者懂得，世人因執著於色相而一生煩惱，永墮輪迴，所以極力遠離色相，一味苦修。雖然能了斷生死，脫離六道輪迴，但終因執著於空，廢色守空而不得解脫。

小乘執空：虛空之實 → 空表現為色 → 空色一體 → 空不異色

修行指南

《心經》是為最上乘者所說的般若法門，所以修行到本經見地已是非常不易。有大師認為，當證到「空即是色」時，就是證到八地菩薩，就有了大神通和大作用，能產生千百億化身，並且具有往來於十方三世一切世界中現身教化的能力，即大乘菩薩。由此可見本經殊勝。

4 諸法空相的修行 空一切相

前面講色空不二其實就是在講空相之理，此處觀自在菩薩說「諸法空相」，並非簡單重複，而是要進一步擴大修行者的視野。不僅人的色身與精神所觀察到的為空，一切外在的所有境、相都是空的。

空生滅相

諸法空相，第一個提出的就是離於生滅的對待，這是《心經》在建立八不中道。八不中道，又稱八不中觀，是對中道實相理體而言的。即不生、不滅、不常、不斷、不一、不異、不來、不出，是說中道之法能用這「八不」來解釋。《心經》中「不生不滅」，其基點為「生」，生滅不到之處，即是顯現八不中道，只要現見無生，就是無滅。「不生不滅」的思維進一步擴大到八不中道，即生、滅、常、斷、一、異、來、出這些相狀都是空相的，如此思維，可了知宇宙一切萬法都是空相，即「諸法空相」。也就是說，「不生不滅」是八不中道的根本見地。因此，「諸法空相」首先要建立不生不滅的見地，空生滅相。

空垢淨相

當修行到了一定程度，修行者往往容易產生一種清淨癖，認為空性一定是清淨無垢的。因此觀自在菩薩在此提醒修行者，清淨癖會妨礙他們的菩提心，也是障礙慈悲心的毒藥。因此，人們修行之初要有清淨之念，但當修行到了一定程度，一定要遠離垢淨之念。懂得「不垢不淨」的道理，修行從清淨道進入，從自身清淨而能立足於不垢、不淨的確定境界，然後在建立染汙即不得的境界，就能有助於人們的修行。

空增減相

一個修行者透過努力修行，不斷祛除妄念，清淨自身，在佛法上不斷增進真諦而減損俗諦，在小乘修行者看來是完全正確的。但在大乘菩薩看來，若有增有減，就不能現起平等性智，有損菩薩慧命，不利於生起普度眾生的大慈大悲心，所以是十分有害修行的。有佛經云「但自懷中解垢衣，誰能向外誇精進？」《金剛經》云「我於阿耨多羅三藐三菩提乃至無有少法可得，是名阿耨多羅三藐三菩提」，也就是說諸佛不可得。只有斷除增減相狀，才能證得不可得的無所得境界。

諸法空相的修行

空生滅相

世間萬物就如同這水中的倒影一般，從來沒有生，也沒有滅。「不生不滅」是告訴修行者，五蘊真空，無法可生，既無生，自無可滅。既無生滅，也就無須了脫生死，也就沒有度脫苦厄之說。

空垢淨相

修行之初應存有清淨之心，但到後期應從自身清淨而進入清淨空的境界，進而確立不垢不淨，這才是修行的「得」；若從清淨心進入遠離染汙之境，則「不得」。

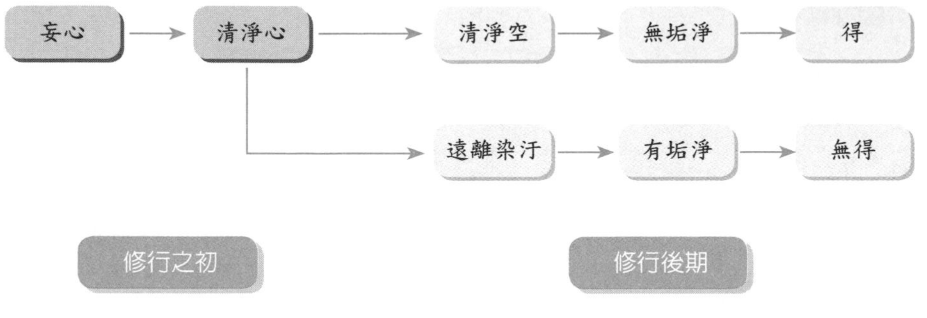

修行指南

「不生不滅，不垢不淨，不增不減」，此「六不」是《心經》中最著名的關於空性義理的理論。對此「六不」，禪宗也有透徹的了悟。慧能指出:「無上菩提，須得言下識自本心，見自本性，不生不滅。」一切諸法均無自性、生無生的實性、滅無滅的實性，這便是不生不滅的空性。

5 空無一切的修行
斬斷執著之根

《心經》中繼「六不」理論後說道：「是故空中無色，無受想行識，無眼耳鼻舌身意，無色聲香味觸法，無眼界，乃至無意識界。無無明，亦無無明盡，乃至無老死，亦無老死盡。無苦集滅道，無智亦無得。」這是在「諸法空相」的基礎上，再從「空」中斬斷一切假名，也就是斬斷執著之根。

斬斷細微之處的執著

「諸法空相」已經斬斷了修行者對於大多顯而易見的表象的執著，然而還有一些細微之處不易被察覺的執著並不容易被斷掉。就好像大掃除一樣，先要除去大體積顯而易見的垃圾，最後再除去細微的灰塵。《心經》前面已經說道，色、受、想、行、識等皆為空性，不應執著。這對於修行者來說也較容易理解。但「空無中色，無受想行識，無眼耳鼻舌身意，無色聲香味觸法、無眼界乃至無意識界」，這是從人體身心的五蘊，到六根、六塵、六識等十八界，全部現空。是不是說「諸色要斷，色根要斷，所以無眼根」，那就看不到色塵了，其他十八界也都沒有了呢？也就是說，修行者的眼根看不到了，耳根聽不到了，鼻根聞不到了，眼前的一切都沒有了。一般人想到這裡會心生恐懼，這種恐懼也就說明他這種細微的執著還是存在的，是要去掉的，所以不應害怕。其實，並不是說修行者會看不見、聽不見或者聞不到，而是說他不再執著於這所見所聞的一切了。

斬斷法執之根

「無無明，亦無無明盡，乃至無老死，亦無老死盡，無苦集滅道，無智亦無得」，這是要斬斷修行者對十二因緣、四聖諦、智得等佛法的執著。前面已講述，十二因緣是一個流轉的過程：凡夫流轉，從無明到老死；聖者還淨，斷老死來斷無明。但《心經》並沒有讓修行者經過一個還淨的歷程來打斷十二因緣，而是直接跳脫十二因緣的假名。沒有「無明」，也沒有「無明滅」的實際存在，它們不過是假有名，是空性的。這就斬斷了法執的根本，直顯空之根本。

【佛法智慧】

《心經》斷除了修行者的五蘊、六根、六塵、六識，即凡人能觀、所觀的一切。諸境斷現後，又斷除了修行者對修道的法執，進而引導修行者進入徹徹底底的寂滅。就好比清除雜草時，不僅僅將雜草拔除，還要將連生長雜草的土壤也破壞掉。

空無一切的修行：斬斷執著之根

斬斷細微之處的執著

「空中無色」，並非否定一切物質的存在，而是要在「空即是色」的修行基礎上，進一步斬斷修行者不易察覺的執著。

如「無眼耳鼻舌身意」，若修行者以為這是說「眼睛看不見」等等而感到害怕，這種害怕便是細微處的執著。

斬斷法執之根

十二因緣本為假名，並無實際存在。既然無，又何來打破之說。這是從根本上斷除法執。

高人指點

五蘊、六根、十二因緣……這些法相代表了佛教一切法相。所以，修行者以此類推，也可以說無三界，無六道輪迴……。《金剛經》中說佛法「如筏喻者」，應該捨棄。所以，當修行者徹底斬斷了一切執著，心中自然顯現般若波羅蜜多的智慧。這種智慧能帶人們脫離苦海，解脫生死，證得涅槃。

第四篇

《壇經》

《壇經》是中國禪宗六祖慧能言教的彙編。由於此經主要宣揚了「自性清淨、見性成佛」的思想，對禪宗的發展產生了重要作用，是禪宗最主要的思想依據，在禪宗史上被視為無上的寶典。在中國佛教諸多著作中，被尊稱為「經」的，僅《六祖壇經》一部。本篇介紹了《壇經》的基礎知識、內容、重點經段解讀、般若智慧以及修持方法。

第14章 《壇經》的基礎知識

第15章 《壇經》的內容

第16章 《壇經》重點經段解讀

第17章 《壇經》的般若智慧

第18章 《壇經》的修持方法

第14章 《壇經》的基礎知識

1 《壇經》釋義 《壇經》的經題與版本

《壇經》是我國佛教著作中唯一被稱為「經」的佛教論典，它集我國禪宗理論之大成，對我國佛教甚至傳統文化都產生了廣泛而深遠的影響。

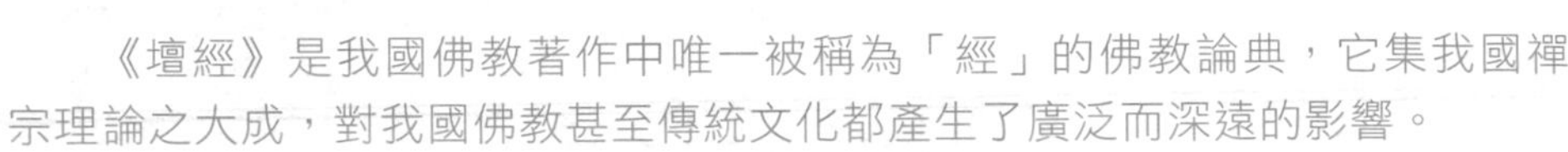

《壇經》的經題

《壇經》全稱為《六祖大師法寶壇經》，其中「六祖大師」指的是慧能，因為他是中國禪宗的第六代祖師，所以被稱為六祖；「壇」是指眾人為了迎請慧能到韶州大梵寺說法，封土為壇，供慧能說法。《六祖壇經》是慧能的弟子法海記錄慧能在大梵寺的說法編集而成。

在我國佛教史上，慧能是一個重要人物，他提出了心性本淨、佛性本有、直指人心、見性成佛的理論，主張教外別傳、不立文字的修行方法，並創造了適合我國佛教的簡易法門，是中國佛教的重大改革。在慧能以前雖然已經有了禪宗組織的萌芽，但思想體系尚不完善，本質上只是印度佛學思想的翻版，只能說是禪學，是眾多禪學思想中的一支，影響相對較小。慧能出現後，他對達摩以來的禪學思想進行了系統的整理和總結，確立了禪宗立宗的理論基礎。

《壇經》的版本

目前，《壇經》主要有四個版本，分別是敦煌本、惠昕本、曹溪古本、宗寶本。

敦煌本，是近代在敦煌發現的《六祖壇經》手抄本，全稱為《南宗頓教最上大乘摩訶般若波羅蜜經六祖慧能大師於韶州大梵寺施法壇經》，共計一卷，被認為是最古老的版本。

惠昕本，又稱宋本，由於此本是日本學者在日本京都的興盛寺發現，所以又名興盛寺本。

曹溪古本，又稱契嵩本，全稱為《六祖大師法寶壇經曹溪原本》，收藏於明代《嘉興藏》。

宗寶本，又稱流布本，是元代僧人宗寶彙集諸多版本而成，由於此本比敦煌本字數多出一倍，因而廣受爭議。在《六祖壇經》的諸多版本中，宗寶本是流傳最廣的版本。與其他版本相比，宗寶本增加了慧能弟子與慧能的問答部分，集中反映了慧能的禪學造詣，對認識和理解禪宗很有幫助，所以流通很廣，這也是本書採用的版本。

【略知一二】

慧能幼時家境貧寒，以賣柴為生。相傳慧能並不識字，只是在一次賣柴的時候聽到佛門弟子念誦的《金剛經》，有所感悟，於是前去拜禪宗五祖弘忍為師，並繼承了弘忍的衣缽，成為禪宗真正的創始人。

《壇經》釋義

《壇經》的經題

慧能本以賣柴維生，因偶然聽聞「應無所住而生心」一句有所感悟，於是出家。因為一句「佛性無南北」得到弘忍的賞識，因為「明臺本無物」擊敗神秀成為禪宗六代傳人。後為了避免神秀追殺而逃亡南方，因「幡動風動」的爭論而名揚天下。慧能被譽為禪宗的真正創始人。《六祖壇經》就是將慧能的說法和言教編集而成的。

《壇經》的版本

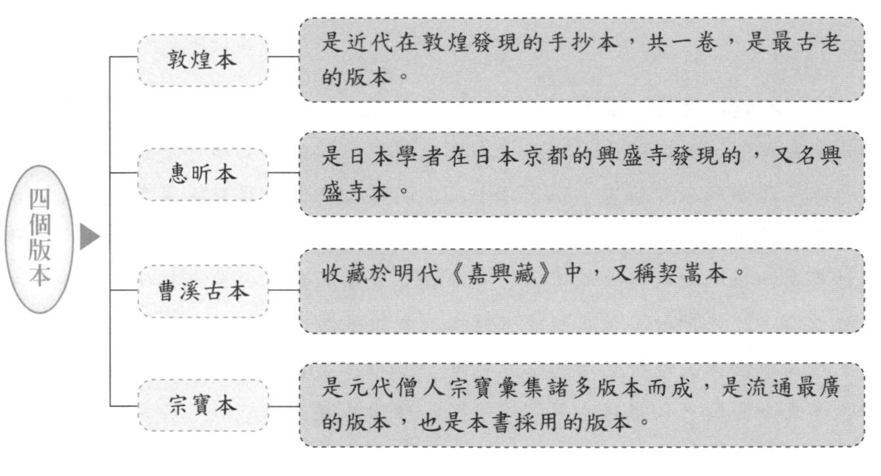

閱讀拓展

禪宗六祖慧能在繼承衣缽後來到南方曹溪寶林寺，後應韶州刺史的邀請，在韶州大梵寺舉行法會說法，其門下弟子整理編成《壇經》。在此經中，慧能講述了他學法的經歷及禪宗思想，提出了「直指人心、見性成佛」的禪宗宗旨，因此，此經也是禪宗的思想指南。

2 禪宗略述
史略及六位祖師

中國禪宗是漢傳佛教宗派之一，始於菩提達摩，盛於六祖慧能，中晚唐之後成為漢傳佛教的主流，也是漢傳佛教最主要的象徵之一。禪宗在中國佛教史上佔有重要地位，對中國二千年思想文化的影響也極為深遠。時至今日，禪宗仍然是宗教界的主流，支撐著整個中國佛教。

禪宗發展史略

「禪」字本是由梵文「禪那」音譯而來，是「靜慮、思維修、定慧均等」之意，是指透過精神的集中進入有層次冥想的過程。這是佛教重要且基本的修行方法，被稱為三無漏學之一，也是大乘六波羅蜜之一。但禪宗的「禪」並非一種特定的修行方法，它是指證悟到本性的一種狀態。禪宗在我國的發展歷程，一般分為四個時期：早期禪宗，是指菩提達摩至中國開始到六祖慧能弘揚禪宗為止。中期禪宗，是指慧能之後，其門下發展為五宗七派，也就是大約從晚唐至明朝中期。這是禪宗的成熟期。晚期禪宗，是從明朝淨土宗興起，禪淨合一，直到清朝結束，為禪宗衰落期。近代禪宗，則是從清末民初之際，虛雲大師中興禪宗開始。

禪宗六祖

說到禪宗就不能不提及禪宗的六祖，初祖菩提達摩，下傳慧可、僧璨、道信，至五祖弘忍下分為南宗慧能、北宗神秀，時稱「南能北秀」。據說，初祖菩提達摩是印度佛教第二十八代祖師。釋迦牟尼曾預言，到第二十八代時佛法將傳至震旦，震旦也就是中國，所以菩提達摩不遠萬里來到中國傳法。他依據大乘教義，融會中國精神，開創了中國佛教禪宗，所以被尊為初祖。初祖將衣缽傳給了立雪斷臂求法的慧可，慧可精研三藏內典，道譽甚廣。三祖僧璨是隋代神僧，常年四處遊歷為人宣說佛法。四祖道信大師提出隨心自在，無礙縱橫，成為中國禪宗修行生活的基本態度。五祖弘忍盡得道信禪法，後建東山寺，時稱他的禪學為東山法門。六祖慧能奠定了禪宗的理論基礎，對於後來各派禪師建立門庭影響極大，對禪宗的弘揚貢獻極大。

【略知一二】

自達摩東來，力倡「不立文字、教外別傳、直指人心、見性成佛」的教說，禪宗即流行於中國的北方，其後逐漸由北向南，六傳至唐代六祖慧能大師，宗風大振，門下發展分立為：臨濟、曹洞、法眼、溈仰、雲門五宗，到宋代仍極為鼎盛。

禪宗略述

禪宗發展史略

發展時期	大約時限	發展特點
早期禪宗	自菩提達摩至中國開始，到六祖慧能弘揚禪宗為止。	禪宗開始傳播時期
中期禪宗	由六祖慧能門下，洪州、石頭二宗發展為五宗七派。時間約從晚唐至明朝中晚期。	禪宗發展成熟時期
晚期禪宗	從明朝中葉淨土宗興起，禪淨合一，禪宗逐漸衰微。	禪宗衰落期
近代禪宗	從清末民初至現在，虛雲大師為中興禪宗之祖。	禪宗中興時期

禪宗六祖

閱讀拓展

禪宗強調一切眾生皆具佛性，只因妄想執著而不能見本地風光，認為佛在自己心中，現現成成，當下即是，何必外求？自尊自重，一切只憑自己努力，絕不依仗他力，有「魔來魔斬、佛來佛斬」的氣概。它為中國佛教開啟了新的風氣，創立了新型的修行模式，對中國佛教之影響極其深遠。

3 《壇經》的主要內容 禪宗聖經

《壇經》的主要內容是記載慧能一生得法傳法的事蹟及啟導門徒的言教，是禪宗思想的集大成之作。它從不同角度完整地闡述了慧能獨創性的佛教學說，這一學說構成了中國禪宗的理論體系。

《壇經》的內容綜述

六祖慧能應地方官吏韋璩之請，到韶州城中的大梵寺開堂說法，由弟子法海等記錄，這是《壇經》的主體部分。而後慧能回到曹溪，接引四方弟子，發展自己的教團，一住三十餘年，期間又留下了許多說法的記錄及師徒間問答的機緣語句和臨終付囑。這些內容在慧能去世後被弟子們增補進《壇經》，也成為《壇經》的重要內容。

《壇經》中，慧能提出「見性成佛」、「菩提自性，本來清淨，但用此心，直了成佛」的思想，意思是每個人的本性都是清淨的，只要明見自己的本性，即能成佛，這與《涅槃經》中「一切眾生悉有佛性」的理論一脈相承。在明心見性方面，《六祖壇經》闡發了頓悟說，認為「不悟即佛是眾生，一念悟時眾生是佛」、「迷聞經累劫，悟在剎那間」，意思是在學佛過程不是必須漸次修行，只要參悟到佛學的真諦，就可以突然達到覺悟的境界。

《壇經》的結構

佛教一般以三分法來解說佛經，《壇經》也由三部分內容組成，即序分、正宗分、流通分。序分是指經文開始的一段，從「慧能大師於大梵寺講堂」到「說此《壇經》」。這段經文敘述了慧能於大梵寺說法，法海集記《壇經》的緣起。正宗分，也就是《壇經》經文的主體部分，是慧能大梵寺說法的內容，也包括以後慧能與弟子們的答問，起自經文的第二段「能大師言：善知識，淨心念摩訶般若波羅蜜法」，至「神會作禮，便為門人，不離曹溪山中，常在左右」。這部分經文約占全經經文的三分之二，集中闡述了慧能獨創性的禪宗學說。最後為流通分，起自經文「大師遂喚門人法海」，至經文結束。這是全經的第三部分，敘述了慧能去世前對十弟子等的囑咐及臨終前後的情形。

【略知一二】

《六祖壇經》提出了「無念為宗，無相為體，無住為本」的修行法門，指出如果成就佛果，就要破除虛妄和執著，無心於外物，一心修行，才能明見本性，得到解脫，由凡轉聖。

《壇經》的主要內容概述

六祖《壇經》

在禪宗發展史上，《壇經》被認定為禪宗正式形成的標誌，此經不但完整地介紹了慧能的禪宗思想，還為禪宗的發展奠定了理論基礎，是研究禪宗思想淵源的重要依據。因為《壇經》，慧能也被譽為中國禪宗的真正創始人，享有至高無上的地位。慧能去世後，其弟子四處宣法，後形成了溈仰宗、臨濟宗、曹洞宗、雲門宗、法眼宗五個門派，雖然各門禪風各具特色，但都是以《壇經》為歸止。

《壇經》的結構

《六祖壇經》宗寶本共二卷十品，可分為序分、正宗分、流通分三個部分。

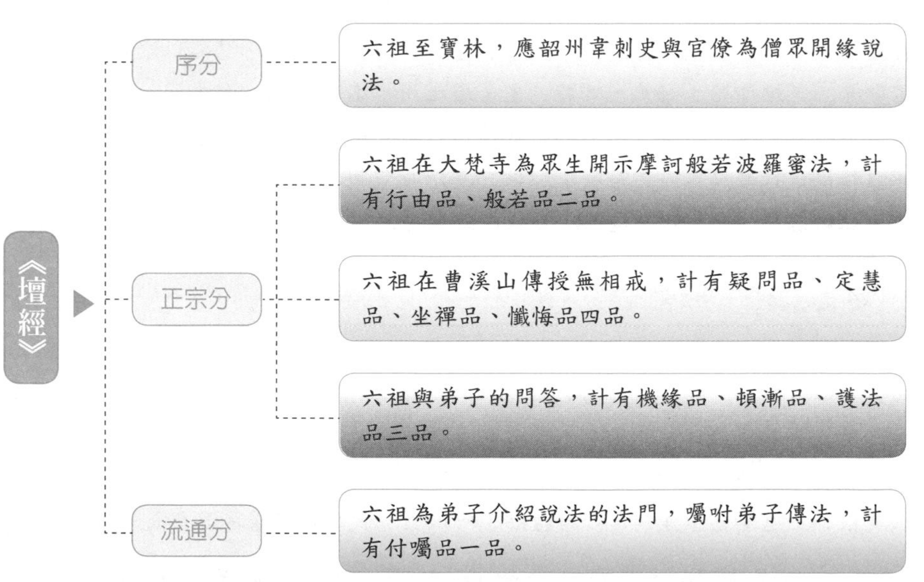

閱讀拓展

即使在佛教諸多經典中，《壇經》也被評為無上的寶典，這是中國僧人的著作中唯一被稱為「經」的作品，被認為是中國佛教界承前啟後的著作。在近代，國學大師錢穆更將《壇經》與《論語》、《孟子》並稱為探索中國文化的經典。

4 《壇經》的主要思想
禪法思想

《壇經》是慧能對自己的佛教學說的系統闡說，其中蘊含的禪法思想內容深刻，主要有以下幾個方面：

「見性成佛」思想

慧能在說法的開始便講道：「菩提自性，本來清淨；但用此心，直了成佛」，後又詳細解說道：「菩提般若之智，世人本自有之，只緣心迷，不能自悟。」也就是說，每個人都有佛所具有的覺性，即自性，這種自性是本來清淨的，關鍵是迷和悟。如果心中常思惡念，就是自性迷；如果心念常思善，即生智慧，也就是不離自性，就是悟。這樣堅持自性的菩提心，就能覺悟成佛。

「定慧不二」思想

慧能說：「我此法門，定慧為本」，「定慧一體，不是二；定是慧體，慧是定用」。定，就是禪定；慧，就是由禪定而產生的智慧。定與慧的關係，慧能以燈與光來作比喻：「有燈即光，無燈即暗；燈是光之體，光是燈之用。名雖有二，體本同一。此定慧法，亦復如是。」也就是說，定慧一體不二，就如同燈與光一樣，雖然有二名，但其本體卻是同一的。以往的修行者往往將定慧割裂開來，光講禪定或光講智慧，這樣修行就造成心與行的脫離。慧能認為如此修行有違佛法，所以提出定慧不二的思想。

「無念為宗，無相為體，無住為本」的思想

慧能說：「我此法門，從上以來，先立無念為宗，無相為體，無住為本。」無念，即是一切處無心，排除一切邪妄雜念；無相，則是遠離外界一切萬事萬物，不受其染著；無住，對世間萬事萬物在任何時候都不要有執著追求之心。無念、無住、無相，即說在任何塵境上不起念想，念念不離自己的本性。「定慧不二」以及「無念、無住、無相」的思想，在其根源上還是為了強調自心的體悟，所以與「見性成佛」的思想是一致的。

【略知一二】

《壇經》的禪法思想，除了以上三種，還有關於坐禪時「元不著心，亦不著淨，亦不是不動」的禪定思想。慧能認為著心、著淨、不動都是有違佛道的，所以，他主張的坐禪是一切自由自在，無障無礙，也就是保持內心的平靜，自見本性。此外還有「無相戒」的思想，慧能認為，戒是自己歸依自身中本有的心性，只要從自己的心性中消除一切不善念以及不善行為，就是受「無相戒」。

《壇經》的主要思想

《壇經》的禪法思想

A「菩提自性，本來清淨」的思想根源

B「見性成佛」的思想

C「定慧不二」的思想

D「無念、無相、無住」的思想

E「不著心、不著淨、不是不動」的思想

F「無相戒」的思想

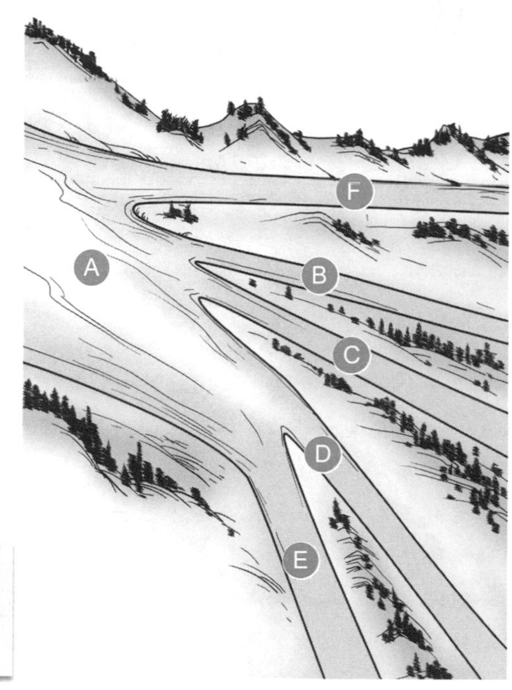

禪宗的眾多思想其實都能以慧能提出的「菩提自性，本來清淨，但用此心，直了成佛」這一思想一以貫之。

「定慧不二」的思想

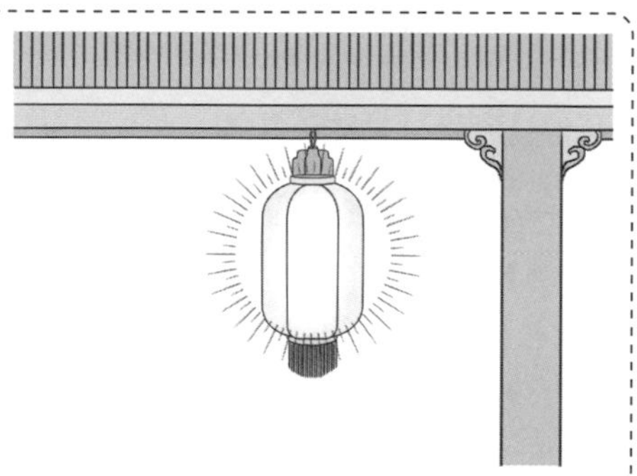

「定慧不二」的道理就如同燈與光的道理一樣，無燈則無光，有燈則有光，燈是光之體，光是燈之用。同樣的，因定而有慧，定是慧之體，慧是定之用。

 閱讀拓展

《壇經》蘊含的禪法思想，與中國傳統文化中的老莊思想有共通之處，迎合了中國文人的需要，宋、明理學的代表人物如周敦頤、朱熹、程頤、程顥等都從禪宗中汲取營養，近代資產階級思想家譚嗣同等也曾以禪宗的理念融入自己的思想體系。

第15章 《壇經》的內容

1 行由品 六祖自述生平

《壇經》第一品行由品，是六祖對其弟子略述自己的生平。「行」是指六祖的生平，「由」是指六祖依據什麼來修行。「行由」是指其源處從何開始，所以行由品就是介紹六祖行事的由來、修道的由來及得法的由來。

《壇經》的經題

如同《金剛經》一樣，《壇經》一開始便介紹了本經的緣起：唐高宗儀鳳二年春天，六祖大師來到曹溪南華山寶林寺，韶州刺史韋璩和其他官僚入山請六祖到城裡的大梵寺講堂，為大眾廣開佛法，講說佛法要義。六祖登上高座後，韋刺史和官僚30多人，儒學大師、學者30多人，比丘、比丘尼、道士和一些俗人1000餘人，都向六祖大師作禮，希望聽六祖講解佛法要義。

每部經書都要具足六成就：信成就、聞成就、時成就、主成就、處成就、眾成就。那麼《壇經》是否具足呢？開篇一個「時」字，顯示說法的時間，具足「時成就」。當時是唐高宗儀鳳二年的春天；六祖慧能是高僧大德，深悟佛法，具足「主成就」；「寶林」是說法的地點，具足「處成就」；韶州刺史韋璩和其他官僚、徒眾是聽法之人，具足「眾成就」；「同時作禮」，是說他們都向大師行禮，具足「信成就」；「願聞法要」顯示他們真心向法，具足「聞成就」。如此《壇經》具足六成就。

開門見山，直指法要

大師一開口便說道：「善知識，菩提自性，本來清淨，但用此心，直了成佛。」這是整部《壇經》的核心思想，六祖慧能開門見山，直指法要。他告訴眾人，每個人都具有菩提自性，也就是佛性，它是本來就清淨而無汙的。只要堅持清淨的菩提心，就能覺悟成佛。這種自性的清淨心，《心經》中用「不生不滅、不垢不淨、不增不減」來形容。六祖慧能說，用這種自性的清淨心，就能了破無明，見性成佛。

【名词解释】

善知識：這是大師對衆人的讚譽性稱謂。

菩提：梵文的音譯，意為「覺」，是指自覺、覺他、覺行圓滿的智慧。

自性：衆生不改變、不滅絕的本性。

此心：不是六塵緣影的虛妄心，也不是肉團心，而是人與生俱來的無染覺性，清淨本心。

行由品：六祖自述生平

本經緣起

每部經書都要具足六成就，《壇經》也不例外。

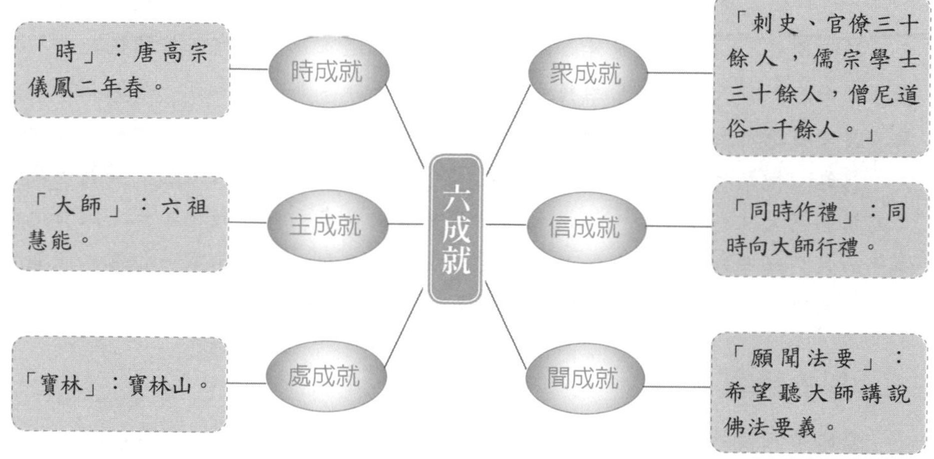

禪宗祖庭

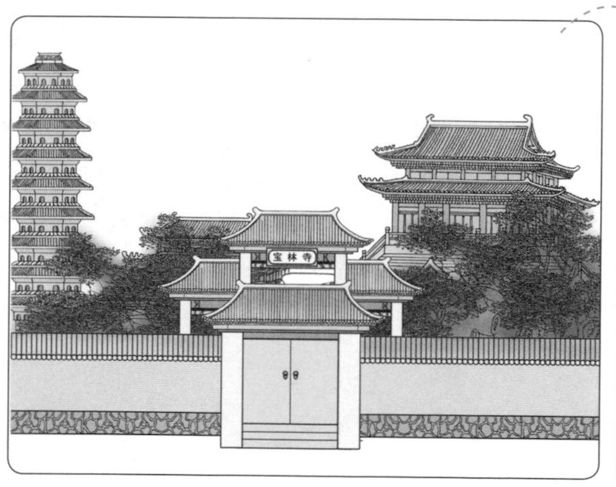

今廣東省曲江縣馬壩東南曹溪之畔的南華寺，是我國佛教著名古剎之一，是佛教禪宗六祖慧能弘揚「南宗禪法」的發祥地。南華寺初名寶林寺，建於南朝梁武帝天監三年（504年）。唐代敕名中興寺、法泉寺。宋開寶三年（970年）賜名南華禪寺，沿用至今。因禪宗六祖慧能在此弘法，也稱六祖道場。

高人指點

六祖慧能提出的「見性成佛」思想，是禪宗的根本要義，是禪宗的根本目的，是參禪者必須通過的關門，也是古今參禪之人的第一要事。所謂「見性」，就是開發自性，徹見自己本來心性，自覺到本來具有的佛性。換而言之，就是離一切對待，一切矛盾，超然獨脫，無執著，無絆累。

六祖慧能開門見山，直指法要為見性成佛後，便向眾人說起自己的生平。「善知識，且聽慧能行由得法事意」，意思是各位善知識，請你們聽一聽我慧能如何得法的前後因緣。

慧能發心

六祖慧能從自己父親的遭遇說起，他父親的籍貫本在範陽，後被降職流放到嶺南，於是便在新州安居。慧能自幼不幸，父親早逝，留下孤兒寡母相依為命，後來遷移到南海，每天靠賣柴來維持生計，日子過得非常艱難。一日，慧能在集市上賣柴，當他將柴送至客人的店裡時，偶然聽到店裡有一位客人在讀誦佛經。一聽見經文，慧能心裡頓時豁然開朗。經過詢問，慧能得知此人念的是《金剛經》，此經是從五祖弘忍大師那裡來的。弘忍大師在蘄州黃梅縣東山禪寺教化眾生，跟隨他學習佛法的人多達千餘人。於是，慧能決定要去參拜五祖，幸而承蒙一位客人照顧，給了他十兩銀子安頓母親。慧能安頓好母親後，便安心地前往黃梅拜師了。

慧能拜師

慧能來到黃梅，見到五祖弘忍大師。大師問他從何而來，為求何物，慧能回答，他本是嶺南新州的百姓，遠道而來禮拜大師，只求作佛，不求別的東西。大師說，你身為嶺南人，又是獦獠，如何能作佛。慧能回答：「人雖有南北，佛性無南北；獦獠身與和尚不同，佛性有何差別？」也就是說，人雖然有南北之分，但佛性卻無南北之別；獦獠與大和尚雖然身分有別，但佛性又有什麼差別呢？弘忍一聽此言，還想再說點什麼，但見身邊弟子眾多，不便多言，只好讓慧能先隨大眾去做道場事務。慧能對大師說道，弟子的自性常生智慧，這種自性非從外得，而是從內心自然流露，因此這種自性本身就是福田。他又問自己將作何事務，大師說，你這個獦獠根器悟性很明利，別再多說了，去馬房工作吧。慧能一到後院就被一個行者差遣去劈柴、舂米，這樣過了八個月，一天，弘忍大師見到慧能，對他說，你的見地很不錯，恐怕有惡人害你，你能明白我的用意嗎？慧能回答，弟子明白，所以始終不敢走到禪堂前來，以免引人生疑。

【名词解释】

獦獠：是當時對以攜犬行獵為生的南方少數民族的侮稱，也就是說他是沒有文化或沒有開化的人。在唐代，廣東一帶還比較荒涼，所以弘忍稱他為獦獠。

慧能發心及拜師

慧能發心

慧能偶聞經文

慧能辭母求佛

慧能拜師

慧能見弘忍

慧能辛苦勞作

高人指點

慧能大師，唐代高僧，中國佛教禪宗六祖，著有《壇經》流傳於世，至今仍有肉身舍利久存於世，成為佛法修行之見證。慧能祖師幼隨父流放嶺南新州（今廣東新興）。父亡隨母移居南海，艱辛貧困，以賣柴為生。24歲時，得人資助，北上參學。唐龍朔元年（661年）在黃梅謁見禪宗五祖弘忍。五祖乃令其隨從作務，劈柴踏碓八個多月。

慧能拜師後，一直不辭辛勞地在後院勞作。直到有一天，五祖弘忍大師自感年事已高，急於傳付衣法，便召集所有門下弟子，命他們作偈以呈。

神秀作偈

當時弘忍的眾弟子中最傑出的是神秀，他既想得到真傳，又顧慮奪取聖人位置的非論，心中一直猶豫不決。思忖再三，他在一天半夜三更時，悄悄在南廊的牆壁上寫下了自己對佛法的見解：「身是菩提樹，心如明鏡臺；時時勤拂拭，勿使惹塵埃。」

五祖本打算在南廊上繪上《楞伽經變相》及《五祖血脈圖》，見到神秀的偈子後，他說，依這首偈子修行能使人不墮入三惡道，能獲得大利益。他打消繪畫的念頭，還吩咐眾弟子對偈語焚香恭敬禮拜，並加以持誦，以此明見自性。到了深夜，五祖單獨對神秀說，你的偈子還沒有見到自身本性，只到了門外，沒有入門。這樣的見解是不能尋得無上的菩提果位的。要尋得無上菩提，就要當下明瞭自己的本性，徹見自己的本性。本性是不生不滅的，任何時候，任何念想都要見到自性。只有當所見一切法皆真實不虛、圓融無礙時，這如如不動的心才能證得無上菩提的自性。

慧能作偈

兩天後，一個童子念誦著神秀的偈子經過舂米房，慧能一聽即知作偈之人還沒有見到自性，雖然他自己還沒有承蒙教誨，但心中早已識得佛法大意。童子告訴他大師欲傳衣法及神秀作偈之事。慧能聽說後，心中已有一偈，因不識字，便請人幫忙寫在南廊上：「菩提本無樹，明鏡亦非臺。本來無一物，何處惹塵埃？」

偈一寫完，眾弟子都十分驚訝。五祖恐有人對慧能不利，便用鞋子擦掉偈子說，這也沒有見性。後來，五祖暗中找到慧能，於半夜三更給他傳授心法，他為慧能解說《金剛經》，當說道「應無所住而生其心」時，慧能頓時開悟，指出自性是無須外求的，是本來清淨、沒有生滅、本來圓滿具足的。五祖見他已悟到本性，便傳付衣法給慧能，告訴他一首偈子：「有情來下種，因地果還生；無情亦無種，無性亦無生。」也就是說，有情眾生的心田中已種下佛種，機緣成熟便能生出佛果，而無情生命本無佛種，所以無佛性也無所生。其實禪門佛法只是以心傳心，重在讓人自己開悟，自己得到解脫。自古以來，各佛都只是傳授自性本體，諸師只是密付自性本心。

【名词解释】

萬境自如如：萬法通融，萬境如一。「如如」是真實不變、不生不滅、圓融無礙的實相。

慧能作偈得法衣

神秀和慧能的偈子

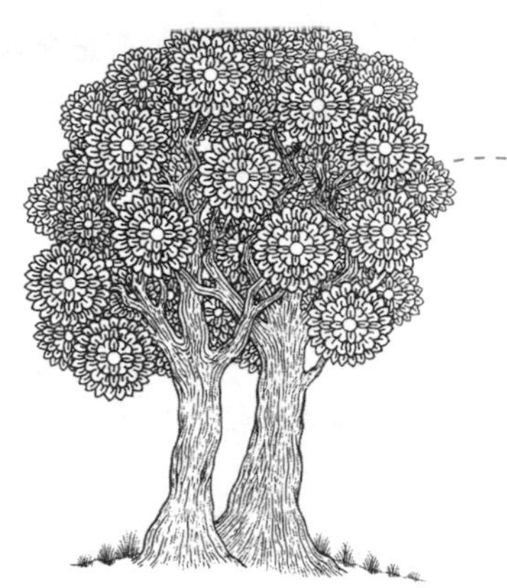

左圖為菩提樹。菩提樹又名覺樹、思維樹，是桑科綠喬木，外形類似無花果樹，多生長在中印度和孟加拉一帶。相傳釋迦牟尼佛是在菩提樹下成道，因此菩提樹備受佛教弟子的尊崇。《壇經》中神秀就用菩提樹來比喻身體的潔淨無染。

身是菩提樹，心如明鏡臺，時時勤拂拭，勿使惹塵埃。

身體就像菩提樹一樣潔淨無染，心靈就像明鏡一般明明朗朗，修行要時刻努力保持正定正念，不要讓妄念沾染影響正定修行。這是漸修的精髓，所以五祖說依此修行能不墮三惡道，能獲得大利益。

菩提本非樹，明鏡亦非臺，本來無一物，何處惹塵埃？

《金剛經》云「凡所有相，皆是虛妄」，菩提覺性中本沒有「樹」的色相，清淨佛性中也沒有「臺」的形相，本來淨寂的自性是無相、不可得的，又怎麼會沾染塵埃呢？這是頓悟的精髓，也就是禪宗明心見性、見性成佛的核心思想。

明鏡

高人指點

五祖為暗授慧能佛法，「以杖擊碓三下而去」，也就是讓慧能三更時入室。「杖」即是禪杖，是比丘十八物之一。相傳最初是比丘為了乞食時不驚嚇施主所做，一般分為三個部分：杖頭由錫、鐵等金屬製成，附有大環，會發出錫錫聲；中部是木製；下部或為金屬，或為牙、角製成。《壇經》中弘忍就是用禪杖來暗示慧能。

慧能作偈密得衣缽後，五祖恐他被人所害，告訴他衣缽易惹爭端，所以到他為止，不要再傳，還讓慧能趕快離開，以躲避災難。

自性自度

五祖弘忍送六祖慧能渡河逃難，親自為他搖櫓。慧能見此說：「迷時師度，悟了自度；度名雖一，用處不同。」迷誤的時候確實是師父在度化弟子，但弟子開悟了才知道是本來的自性在度我，所以是自我度化。五祖聞言讚歎不已，最後囑咐他南下弘揚佛法，不要急於求成。

避難弘法

慧能辭別五祖弘忍後，匆匆南下。約兩個月後，後面果然有好幾百人都追了上來。其中一個叫陳惠明的人曾做過軍官，他率先追上了慧能。慧能開示他說，不起善念，不生惡念，哪一個才是你惠明的本來面目？惠明聞言，豁然開朗，問及佛法密意，慧能說「汝若返照，密在汝邊」，你如果返觀自照，密意就在你那裡。惠明頓感了悟，說我在您的指教下開悟了，這種感覺就像喝水一樣，是冷是熱，只有自己最清楚了。他禮拜完慧能大師，便離去了。後來慧能又被人追趕，被迫隱藏在打獵的隊伍之中，前後經過了15年，他隨機向獵人們講說佛法，吃飯的時候「但吃肉邊菜」，只吃肉旁邊的青菜。

風幡之辯

一日，慧能覺得該出去弘法了，便來到廣州法性寺，正碰到印宗法師在講解《涅槃經》。這時，一陣風吹來，幡旗隨之飄動。一個和尚說是「風」在動，另一個和尚說是「幡」動，爭論不休。慧能聽見了，便說道：「不是風動，不是幡動，仁者心動」，風幡都沒動，是你們的妄念在動！印宗法師聞言，認出他就是六祖，向他請教禪定解脫之法。慧能說，本宗門只講明心見性，不講禪定解脫。因為他們是相對立的二法，而佛法是沒有二元相待的。《涅槃經》就告訴我們佛性是佛法的不二之法。即使一個人犯下滔天大罪，他的佛性也是不斷的。就好像五蘊和十八界，凡夫看來它們是兩種分別相，但有智慧的人懂得諸法空相，知道它們本性無二，這無二的本性就是佛性。印宗聽了非常歡喜，他為慧能舉行了剃度儀式，從此慧能就在那裡開創了禪宗的頓教法門。

【名詞解釋】

五逆罪：又叫五無間業，指殺父、殺母、殺阿羅漢、破和合僧及出佛身血五種重罪，此五罪不可救，犯者必入地獄。

慧能避難弘法

衣缽之難

右圖是僧衣圖。依佛制，初期的出家者須過質樸的僧團生活，在個人物品方面僅可以持有三衣一缽、座具和漉水囊，其中，以三衣一缽為最重要的持物。而在禪宗傳承方面，釋迦牟尼佛傳衣缽於迦葉，迦葉遂為印度禪宗始祖，自此之後，中國禪宗也以衣缽為法脈傳承的象徵，所以弘忍傳衣缽於慧能，慧能遂為禪宗六祖。

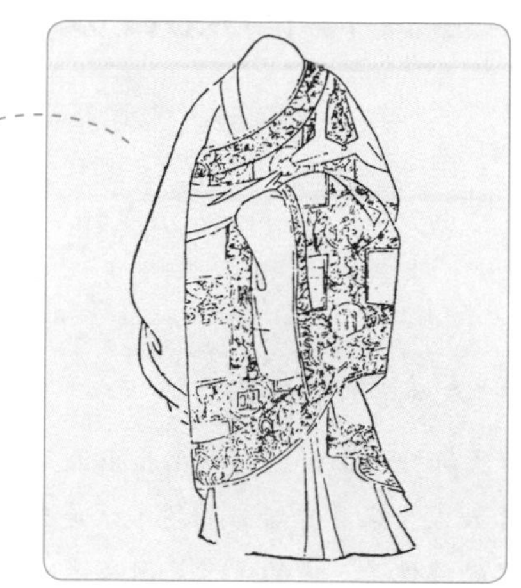

惠明開悟

陳惠明本為衣缽而來，受慧能開示頓時了悟。這其實是依靠他自身的佛性，所以慧能說：「汝若返照，密在汝邊」，惠明開悟後感歎道：「如人飲水，冷暖自知」。

風幡之辯

右圖是幡的圖像。幡是旌旗的總稱，是供養佛、菩薩的莊嚴器具，象徵佛、菩薩的威德。在佛教經典中，造幡被認為可以建福德、避苦難，所以寺院、道場經常使用。《壇經》中慧能以「仁者心動」來回應「風動幡動」的爭論，這也是禪宗的著名典故之一。

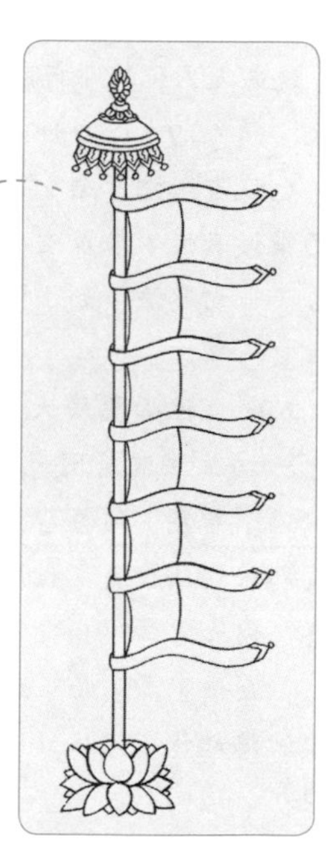

高人指點

印宗法師問到人的善根佛性時，提到了「四重禁」、「五逆罪」及「一闡提」等佛教術語，其實這都是泛指那些犯下滔天大罪的人。「四重禁」是指犯下殺生、偷盜、邪淫、妄語等四種過失。「一闡提」是指那些不信因果、不信業報、不見現在及未來世、不親善友、不聽諸佛教誨之人。慧能在此說明，這些罪惡深重之人也是有佛性的。

2 般若品 摩訶般若波羅蜜法

慧能說完自己的經歷後，告訴眾人頓教法門乃歷代聖人所傳，若能清淨自心、消除內心的疑惑，那就與聖人無分別了。眾人聽後歡喜離去，第二天韋刺史又來向六祖大師請求開示，於是慧能再次升座講法。

人人佛性平等

大師升座後，開門見山指出大家要澄澈自心，來體會本來具有的無染解脫之大智慧。其實人人生來具有般若智慧，只是自心迷惑而不能開悟。不論是聰明的人還是愚蠢的人，大家的佛性是一樣的，只是因為迷悟和省悟的能力不同，才有智愚的分別。

何為「摩訶般若波羅蜜法」

說完人人佛性平等後，慧能開始解說「摩訶般若波羅蜜多」的具體含義。「摩訶」是「大」，人的本心自性是廣大猶如虛空的，沒有邊際，沒有大小方圓、赤黃青白、上下長短，也沒有嗔怒喜樂、是非善惡、開始結束等分別，一切諸佛國土，都如同虛空一樣。世人的靈妙真性本來是空的，並沒有一法可得。說它空，卻又不能執著於空相，因為虛空中包含了一切萬法，如山河大地、日月星辰等等都在其中。人的自性也是這樣包含萬法，所以說它「摩訶」。

人的自性心量廣大，包含一切萬物，運用它的時候就能歷歷分明，一切了然。所以說，一切萬法就是同一本法，一本法就能顯現一切萬法，來去自由，身心無礙，這就是「般若」智慧。這種智慧是從自性中生出來的，不是從外面得來，這就叫做真性自用，一法真即一切法皆真。世間凡夫執迷不悟，不能見到智慧。雖然口說般若，心中卻常被愚迷所惑；儘管常常說我在修行般若，心心念念地談論空相，卻不能體會真正的性空智慧。

「波羅蜜多」是「到彼岸」，意思是斷絕生滅。心若執著外境，就有生滅現起，如同水中波浪起伏不定，這叫做「此岸」；如果心不思量外境，就像流水暢通無礙，生滅便無由現起，這叫「彼岸」，所以稱為「波羅蜜多」。

【名詞解釋】

一念：佛教中指心思活動中最短的時間單位。按《摩訶僧祇律》計算，約合 0.018 秒。

念念說空，不識真空：「真空」是指真實的性空智慧。此句意指世人雖口中說般若，但心中並不懂性空的般若智慧。

「摩訶般若波羅蜜」的含義

「摩訶」之意

《壇經》中云：「心量廣大猶如虛空，無有邊畔，亦無方圓大小，亦非青黃赤白，亦無上下長短，亦無嗔無喜，無是無非，無善無惡，無有頭尾。」這同《心經》中的用來描述本性的「不生不滅、不垢不淨、不增不減」含義相同。

「般若」之意

「般若」就像巫師的水晶球一樣，魔法一施，原本空空如也的水晶球立刻呈現出所有的境況。《壇經》云：「用即了了分明，應用便知一切。」運用人自性的般若智慧，就能明瞭世間一切萬法，所以說「一真一切真」。

「波羅蜜」之意

「著境生滅起，如水有波浪，即名為此岸。」

「離境無生滅，如水常通流，即名為彼岸。」

高人指點

摩訶般若波羅蜜多，是要「心行」，即心中念念不忘，而不在於口念。若只是口念心不行，那是虛而不實的；只有口念心行，心口相應，才能體悟到本來自性即是佛性。

六祖說完摩訶般若波羅蜜的含義後，接著說到了般若法門的大妙處，並說般若法門是為大根者而宣說的。

般若法門的大妙處

「摩訶般若波羅蜜，最尊最上最第一，無住無往亦無來，三世諸佛從中出。」摩訶般若波羅蜜是最尊貴、至高無上的第一佛法。它是無住生死、無住涅槃、也無來去諸相的、最微妙的解脫法門，過去、現在、未來三世的一切諸佛都是從摩訶般若波羅蜜中出來的。這是六祖慧能對摩訶般若波羅蜜的無上讚譽，在此他還說到摩訶般若波羅蜜的具體修行，此精深妙義我們將在第十八章詳細解說。

般若法門為大根者說

般若法門如此精妙，要想進入甚深法界和般若的人，必須修行般若妙法。修行般若妙法，最直接的方法就是受持讀誦《金剛經》，這能明心見性。慧能在此讚歎《金剛經》的功德是「無量無邊」、「莫能具說」的。他說，《金剛經》的般若法門是最上乘的法門，是為具有大智慧和上等根器的人而宣說的，小根器、小智慧的人聽到此法，只會心生疑惑。這就好像天降大雨，洪水氾濫時，城鎮、村落都會隨水逐流，如同水上漂流的小草一般；但若此大雨降至大海，海水卻仍無增無減。大根之人聽到《金剛經》便會心中開悟，因為這是他本心所具足的智慧，並不需要借助於文字。這就好像雨水，不是從無到有，而是天龍興雲所致。一切眾生及花草樹木，不論有情還是無情，都能蒙受它的滋潤。眾生的自性般若也是如此，毫無差別。但小根器的人聽到頓教的般若法門，就好像草木遇到大雨澆灌，會被沖倒，而不會增長。因為他們的邪知邪見障礙太重，煩惱太多，就好像烏雲密佈的太陽，如果沒有大風吹散烏雲，太陽就無法顯現出來。眾生的般若智慧沒有差別，但眾人心中的迷悟程度卻有不同。那些發心修行向外覓佛卻不能得悟自性的人，就是小根器的人。他們應該明白，頓教法門不是向外修行，而是在心中恆常現起般若正觀，使煩惱塵勞不能汙染其心，這樣才是明心見性。

【名詞解釋】

甚深法界：法之幽妙者為深，深之極者名甚，極為玄幽微妙的實相境界即名甚深法界。

般若三昧：三昧，意為正定、正覺受。般若三昧即以甚深般若之力住緣一境，離諸邪亂的正定境界。

般若法門

眾生的根器

根器是指世人先天具有的接受佛教之可能性。「根」是指先天的品行，「器」是指接受佛教的容量。根據佛教經典，一切眾生的根器有三種，分別是大根器、中根器、小根器。

般若法門為大根者說

小根之人聽聞頓教般若，就好像小草遇到大雨，會被連根拔起，順水漂流。

大根之人聽聞頓教般若，就好像雨水降至大海，不論雨勢多麼強大，海水不增不減。

高人指點

雖然佛教認為一切眾生有根器大小之別，但他們原有自性中的般若智慧並沒有差別。也就是說，小根之人自性的般若智慧並不會少於大根之人，般若智慧本無大小之分，只因眾生自心的迷悟程度而各有不同。小根器的人執迷於邪知邪見，障礙和煩惱在心內結下了太深的根基，相對於大根之人來說較難去除。也正是因為太過執迷，小根之人更趨向於向外求法，離心覓佛，不能悟見自性。

般若法門既有如此妙處，那眾生就應該從自己心中去領悟真如本性的智慧。這就是頓教「一念成佛」、「見性成佛」的禪法妙義。

一念成佛

慧能說道：「不悟即佛是眾生，一念悟時，眾生是佛。」未能頓悟本性時，佛性被無明覆蓋就是眾生相，若一念頓悟，無一切眾生相，當下就顯現佛性。所以，一切萬法都在人們的自性本心裡被含攝，人們應該自心內去頓見真如本性。為了說明這一事實，慧能列舉了《菩薩戒經》和《淨名經》中的經文作為例證：「我本元自性清淨，若識自心見性，皆成佛道。」「即時豁然，還得本心。」我本來的自性是清淨無染的，假如能識得本心，見得自性，便就成就佛道。當下豁然開朗，就能返還到清淨妙明的本心自性中。正是因為佛在於本心，所以應「不假外求」，要「智慧觀照，內外明徹，識自本心」才能求得解脫。

無相偈頌

本品最後慧能大師以一首《無相偈》結束本次說法。《無相偈》四句一頌，一共15個頌。它就像《彌陀經》、《往生咒》、《大悲咒》一樣，涵蓋了佛教最深奧、最適用的修行方法，慧能形容它「此頌是頓教，亦名大法船。迷聞經累劫，悟則剎那間。」可見此偈之重要。此偈名為「無相」，意為頌文所包含的、所要說明的道理是無相的，看不見、摸不著，卻能用心體驗。無相，實際是指每個人本自具足的佛性。所以，《無相偈》是慧能告訴眾生如何發現自己的本性、體驗自己的本性，並且將他自己的體驗告訴眾生。偈頌第一句「說通及心通，如日處虛空」大意為，修行之人不但要通達佛的言教，還要對本身自性有所瞭解和體證。如此才能獲得般若智慧，般若智慧就像一輪明日高懸於虛空，一切萬法皆明明了了。偈頌第二句是「唯傳見性法，出世破邪宗。」這兩句是《壇經》的中心思想，是禪宗的根本出發點，也可以說是整個佛教的根本出發點。就是要令一切眾生開示悟入佛之知見，即「見性」，只有見性才能覺悟，才能淨化、莊嚴、覺悟世間，破除一切向心外求法的邪道。《無相偈》接下來的偈頌都是以此為基點而展開。

【名詞解釋】

說通：說法圓通自在，皆合經意。又能隨機度化，開示眾生。

心通：離言說、文字諸相而直契本心，就是要證得自己的本心實相。

無相偈頌

頓教與漸教

頓教與漸教，是中國禪宗的兩種不同的覺悟方式和覺悟過程，分別為南宗禪和北宗禪所創立，又稱「南頓北漸」。

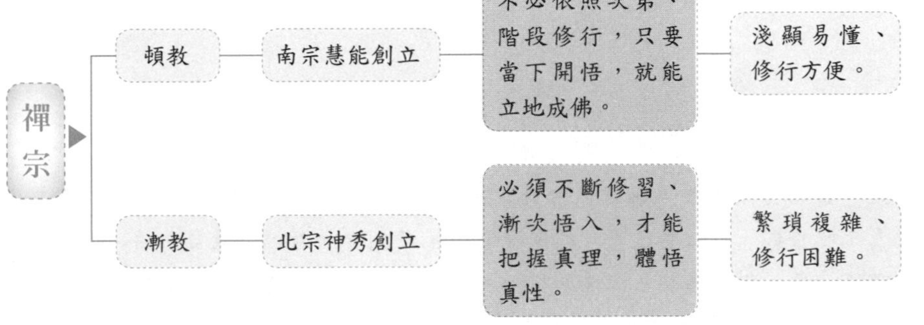

慧能的弟子神會提出了「南頓北漸」的學說，並以此擊敗了北宗，南宗從此成為禪宗正宗。

無相偈頌

《無相偈》中說道：「菩提本自性，起心即是妄」，意思是，每個人的自性本身就具有覺悟，如果你向心外去求，那就是癡心妄想。這就好像是只有煉金礦才能得到金子，若煉石頭，則永遠也成不了金。

高人指點

慧能的《無相偈》以「直指人心，見性成佛」為中心思想，包含了禪宗所有的精妙法門，是整部《壇經》的精要所在，也是整個禪宗，甚至整個佛教濃縮的精華。它對於修行者來說至關重要。

3 疑問品 刺史的疑惑

本品是韋刺史請六祖為自己解疑，疑，就是不信，他不信達摩祖師所說「梁武帝沒有功德」的話，所以，本品名為「疑問品」。從韋刺史的問題開始，慧能開始展開論述。

法會因由

一天，韋刺史為六祖大師設大會齋，也就是請所有和尚、居士、道士、讀書人、官員、公吏來吃齋飯，以供養僧寶。吃完齋飯後，韋刺史向六祖請教自己的疑問：梁武帝一生都在建造寺廟，供養佈施，但達摩祖師卻說他沒有功德，這是為什麼呢？六祖說道，武帝確實沒有功德，因為他心有邪念，不知求正法。造寺、度僧、佈施、設齋只是在種福田，可以說是在修福，修福並不是功德，因為功德在法身裡，不是修福就會有功德。

何為「功德」

到底什麼才是功德呢？六祖大師說唯有見到了自己本有的光明妙性，內心謙恭，透過自性建立一切萬法，常常回光返照，見到自己的自性般若，使正念時刻不間斷，這才是「功」。而大公無私，舉止有禮，以般若智慧應用於一切，真正去實踐修行，這才是「德」。真正修功德的人，心中不會輕慢任何人，他會以尊敬的態度面對一切眾生。假如他時時輕慢別人，那其實是沒有斷除我執，這樣他的自性被無明所遮障，不達真實，自然就沒有功德可言。只有正念時刻不斷，見到自己的本性是功，持心平等直心道場是德，修而無修明心見性是功，自修法身真如理體是德。所以說，功德只在自己的本性裡，不是向外馳求，更不是通過佈施、供養就能得到的。佈施供養是一種福德，福德不同於功德，福德是自己造福業，將來受福報；功德是真下承當，當時就能得到好處。梁武帝不懂真實功德的道理，甚至懷有沽名釣譽的邪念，所以達摩祖師說他「實無功德」。

【名詞解釋】

「不離自性是功，應用無染是德。若覓功德法身，但依此作，是真功德」：不論何時何地都能不離自性是功，應用一切而無所汙染執著是德，若要尋覓真正的功德法身，就要在一切時處恆如是行，才是真正的功德。

疑問品：武帝有否功德

法會因由：大會齋

大會齋是一種供養方式。中國佛教中有打千僧齋的供養方法，即請1000個和尚來吃齋，這1000個和尚中一定會有一位阿羅漢，所以供千僧齋就是供阿羅漢，只是是哪一位阿羅漢無從知曉。但總而言之，若有人打千僧齋，一定會有一位阿羅漢來趕齋。

何為功德

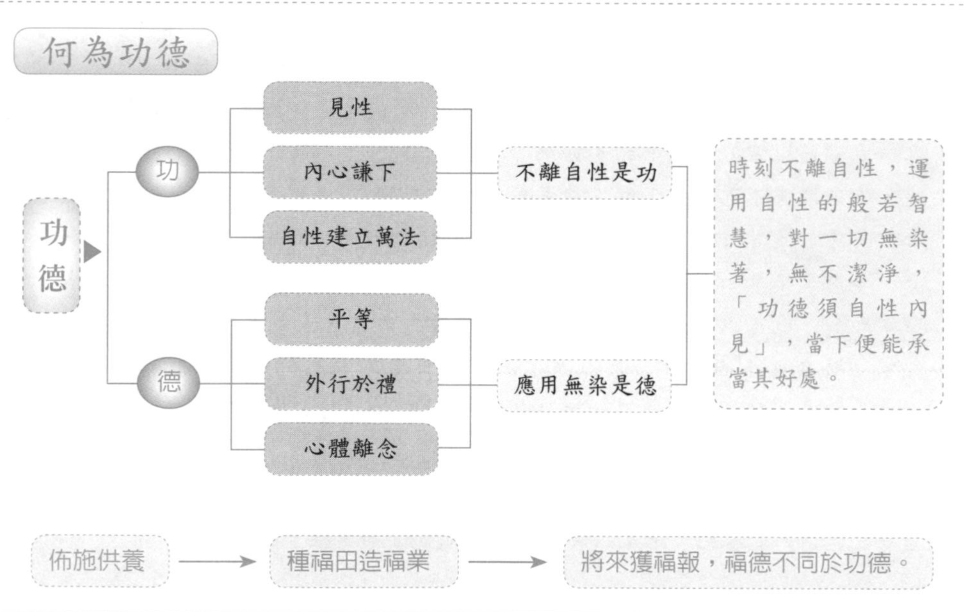

高人指點

六祖慧能在談到什麼是功德時，也談到了什麼是無功無德，「吾我不斷，即自無功；自性虛妄不實，即自無德。」也就是說，把自己看得很了不起，不能斷除我執，也不能認識到自己的本性的人，是沒有功德的。就如梁武帝一樣，以為身為皇帝能廣為佈施是很了不起的，殊不知這樣看高自己，看輕一切，實在沒有功德可言。

六祖解答有關功德的疑問後，韋刺史又提出了一個新的問題，他常見出家人和在家人都念「阿彌陀佛，願生西方」，那是不是真的能往生到西方的極樂世界呢？

靜心即淨土

慧能解說道，釋迦牟尼在中印度的舍衛城中時，說有經文明確指出西方極樂世界離世人所居的娑婆世界不遠，但若要論實際相隔的距離，則有十萬八千億佛剎。實際上，十萬八千億佛剎是象徵世人身中的十惡八邪，說距離不遠，是對上等根器的人來說的；說距離遙遠則是對根器下劣的人說的。因為佛法雖然沒有高下之分，但人的迷悟程度不同，所以見佛土的速度有快慢之別。迷昧之人一心念佛求往西方極樂世界，但覺悟之人卻在清淨自己的本心，所以說「隨其心淨，即佛土淨」，也就是說，你的心裡若清淨，當下就是極樂世界。

行善才能到淨土

無論想要去向何方，都必須不造罪。人只要心裡清淨，沒有雜念，一切貪心、嗔心、癡心都沒有，就是無罪。而西方極樂世界的人，如果心裡不清淨，一樣是有罪過的。東方人尚且能夠通過念佛來求生西方極樂世界，那西方極樂世界的人該求往生何處呢？凡夫愚迷之人，不明了自性本心，不知自身中的清淨國土，一會兒願生東方淨土，一會兒又願生西方極樂世界，殊不知頓見本性、清淨心性之人不論身處何處都是恆常安詳快樂的。如果心中無不善之念，那西方極樂世界離世人並不遙遠，但若懷有不善之心，那不論怎麼念佛都是難以到達的。所以，世人首先要除去心中十惡，就等於過了十萬億佛土；再除去八邪，又等於過了八千億佛剎。只有前念、今念、後念，念念自見真如本性，一切心行恆常平直無曲，那麼西方極樂世界彈指即到，也可以見到阿彌陀佛的清淨法身。最後，六祖慧能說，只要心行十善，就不必發願往生西方；如果心內不斷十惡，更不要指望佛陀會來接引。唯有體悟「無生法忍」的頓教法門，才能見西方於剎那，否則不見本性而只知念佛，是無法到達的。

根據《阿彌陀經》，若有善男子、善女人聞說阿彌陀佛，執持名號，從一日乃至七日能夠一心不亂，此人臨命終時心不顛倒，即得往生西方極樂世界。

【名詞解釋】

十惡：指殺生、偷盜、邪淫、妄言、綺語、兩舌、惡口、貪欲、嗔恚、愚癡。
八邪：指邪見、邪思維、邪語、邪業、邪命、邪精進、邪念、邪定。

如何往生淨土

靜心即淨土

迷昧之人一心念佛求往西方極樂世界，但覺悟之人卻在清淨自己的本心，當下就是極樂世界。所以說，「隨其心境，即佛土淨。」

行善才能到淨土

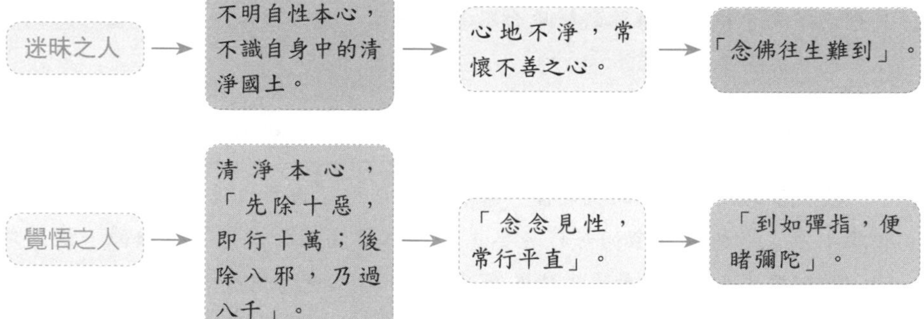

高人指點

「隨其心淨，即佛土淨。」若開悟了，當下就是極樂世界；若不開悟，極樂世界有十萬八千億佛剎之遙。現在人們常用十萬八千里來形容距離之遙遠，即是源自佛教辭彙。這同「迷時千卷少，悟後一字多」是同樣的道理，迷惑的時候研究了上千部佛經還是覺得不懂，一旦真正覺悟，就覺得一個字都是多餘的。其實這也是《壇經》直指人心、見性成佛的宗旨妙義，整部《壇經》可以說處處不離其宗。

行善方能到達西方極樂世界，那麼西方極樂世界到底是什麼樣子呢？為了進一步破除眾生的執著，慧能大師說要在剎那間把西方極樂世界搬到眾人眼前，讓大家看一看。此話一出，眾人驚喜得頂禮膜拜，懇求大師立即展現西方淨土，以實現多年的夙願。

根據佛教經典，西方極樂世界有不可思議淨妙莊嚴，菩薩無數，七寶莊嚴，微妙嚴淨；千百種飲食隨意而至，上萬種伎樂自然而演，都是法音。

佛向性中作

大師說，世人自己的色身就好像是一座城堡，眼、耳、鼻、舌、身是城堡的五張外門，裡面還有一張「意」門。「心」好比是城堡中的土地，「性」則是城堡中的國王。國王居住在「心」地上，「性」在國王就在，若「性」離去國王也就沒有了。也就是說，「性」在，身心就存在；「性」離去，身心也就毀滅了。要想成佛，只能從自性中去體悟，不要向心外馳求。當自性被無明所遮障，就是眾生相；自性一旦覺悟，則是佛性。慈悲為懷者就是觀音，法喜無量、行廣大施者就是大勢至，見自本性者就是釋迦牟尼，公平正直毫無偏私者則為彌陀。慧能以此四人為例，是因為他們都是透過修行使心昇華到了極致的人，以他們為例來從正面比喻覺悟的自性就是佛性。反之，「人我是須彌山，邪心是海水，煩惱是波浪，毒害是惡龍，虛妄是鬼神，塵勞是魚鱉，貪嗔是地獄，愚癡是畜生。」這些都是因為未能見到本性，執著妄念而復生出的種種過失。所以，唯有修行十善，才會有天堂的福報，才能剷除人我執見，「須彌倒，去邪心，海水竭，煩惱無，波浪滅，毒害忘，魚龍絕」，這樣人自心的覺性就會自然大放光彩，「外照六門清淨」，外邊眼睛看見色而不為色轉，耳朵聽到聲塵而不為聲塵轉，其他都是如此。這樣六根門都清淨了，也就破除了六欲諸天。

再說《無相偈》

破除了對西方淨土的執著後，慧能大師即將結束本次說法，他再次以一首《無相偈》收尾，告訴在家的修行者要「恩則孝養父母，義則上下相憐，讓則尊卑和睦，忍則眾惡無喧」，最後仍然強調「菩提只向心覓，何勞向外求玄」的宗要。

【名詞解釋】

六欲諸天：指佛教所講的三界（欲界、色界、無色界）中欲界的六重天，即四天王天、忉利天、夜摩天、兜率天、樂變化天、他化自在天。此六天因不離飲食及淫欲，故為欲界所攝。

佛向性中作，莫向身外求

慧能的比喻

自性即是佛性，它如如不動，了了常明，就好像國王或者說阿彌陀佛住在城堡裡。明心見性，就是佛陀現前。若是沒有自性，那國王即是不存在的，國王不存在，就不會有城堡，所以說「性在王在，性去王無；性在身心存，性去身心壞。佛向性中作，莫向身外求。」

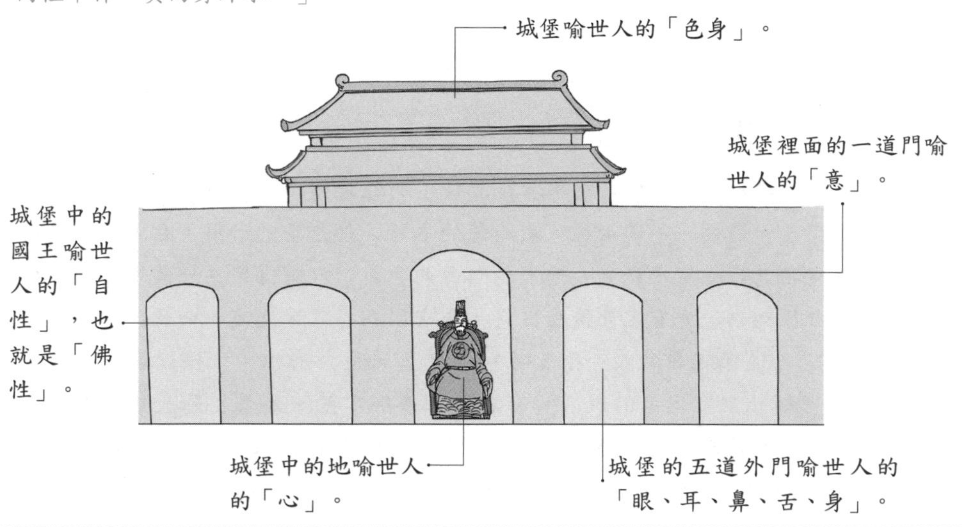

自性迷即是眾生，自性覺即是佛

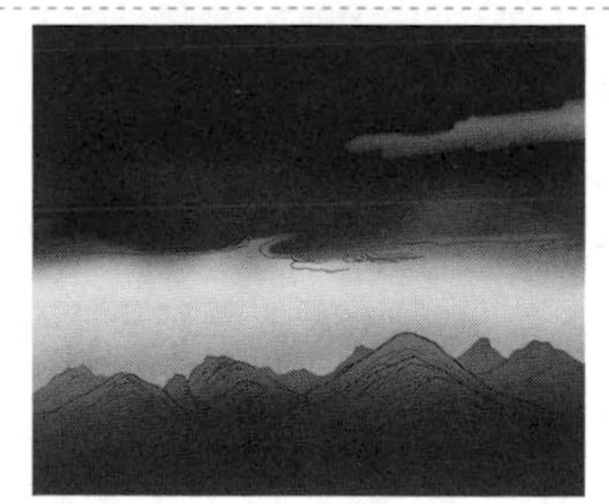

當自性被無明遮障，就如同烏雲蔽日。眾生因無明產生種種妄念，因妄念造下種種罪惡過失。

當明心見性，自心的覺性就會自然大放光彩，「外照六門清淨，能破六欲諸天。」

高人指點

六祖慧能以須彌、海水、波浪、魚龍比喻往生西方淨土路途中的重重障礙，而這些障礙都是人心的妄念。所以，若妄念頓滅，自性西方就會當下現前。其實自性中的西方淨土，只是假名安立，實際就是指世人本來具有的無染覺性。

4 定慧品 法門根本是定慧

本品中六祖大師向大眾開示，頓教法門是以「定慧」為根本的。前面已說過，戒、定、慧是三無漏學，由戒生定，由定發慧，如此才能生出無漏智慧。

定慧本是一體

三無漏學中，眾人很容易把定與慧看成兩種不同的東西，但六祖大師說「定慧一體，不是二」。定慧是一體的，不是兩種。定是慧的本體，慧是定的妙用，在運用慧時定本在慧中，而在修定時慧就在定中顯發。如果能明白此含義，就獲得定慧一體均等的解脫知見了。修道之人往往認為，先有定而後生出慧，或者因為有慧才能定，如此將定、慧分別開來。慧能大師說，這樣認為的人，很容易對法生起兩種分別相。口裡說著善語，心裡卻存有不善之念。如此空有定慧的假名，不能真正修持定慧。如果能夠徹見自性，「心口俱善，內外一如」才是真正的等持。這種修行法門關鍵在於自己明悟自己的修行，而不要與人爭執，若是爭執定慧的先後，那就同愚昧之人一樣了。因為抱有求勝之心，只會徒增我、法二執，終究未能擺脫四相的執著。定慧的關係到底如何呢？它們就好比燈與光，「有燈即光，無燈即暗。燈是光之體，光是燈之用。名雖有二，體本同一。」這才是定慧法的真正含義。

什麼是一行三昧

所謂「一行三昧」，是指無論在何時何處，不管是在行、住、坐、臥等一切事物中，都能做到不假造作，自然流露其自性，這就是「常行一直心」。《淨名經》云：「直心是道場，直心是淨土。」不要心中充滿諂曲之意，但口中卻說直心；口中說著「一行三昧」，心中卻不能行執。真正修道之人，不執著於一切法，時刻行「直心」；愚昧之人則執著於「一行三昧」的名相，以為身體不動，心中不生妄念就是「一行三昧」，殊不知這樣的人是把自己的心性當成了沒有生命的木石一般，是有礙修道的。菩提大道是通達流暢、無阻無礙的。心不住萬法才能暢通；心執著於萬法，那是自我束縛。若以為能做到身體不動、心念不起就是修行功夫，那只會讓迷昧的人產生執著，這樣去教人佛法是大錯特錯的。

【名詞解釋】

《淨名經》：即《維摩詰所說經》，維摩詰是釋迦牟尼在世時的一位在家居士，深通大乘。他曾方便示疾，為大菩薩及佛的大弟子開示大乘法門，後結集成經文。

「定慧」為本

定慧本是一體

錯誤觀點

認為先有定而後生出慧，或者因為有慧才能定，如此將定、慧分別開來，這是錯誤的觀點。

正確觀點

定慧一體，不是二。定是慧體，慧是定用；即慧之時定在慧，即定之時慧在定。

一行三昧

錯誤觀點

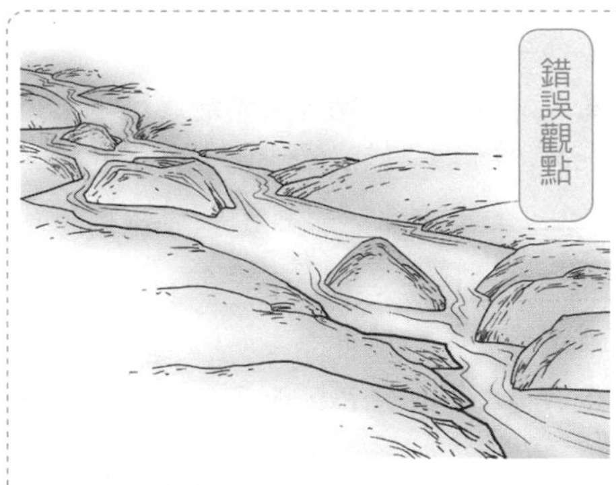

一行三昧，不是「常坐不動，妄不起心」，這樣是把心性當木石，有礙修道。

正確觀點

一行三昧，是「常行一直心」，即時刻流露自性，不假造作。

高人指點

關於定慧以燈光為喻的說法，在《破相論》中有更具體的描述：「覺之明瞭，喻之為燈，是故一切求解脫者，身為燈檯，心為燈炷，增諸戒行以為添油，智慧明達喻如燈火常燃。如是真正覺燈，而明照一切無明癡暗。」

六祖繼續開示，真正的佛教本來並沒有頓教、漸教之別，只是人的根性有利根與鈍根之分。愚迷的人應該一點一滴漸次修行，而開悟的人則能當下頓契本性。其實，一旦「自識本心，自見本性」後，你就會發現漸頓並無差別，不過是為了方便教化而設的假有名罷了。

「無住為本，無相為體」

六祖大師破除了眾人對頓教之名的執著後，為進一步破除眾人的法執，說到了頓教的法門是「以無念為宗，無相為體，無住為本」。「無相」是一切相，又離一切相；「無念」是一切念，又沒有一切念的執著；「無住」是「人之本性」，是對於世間的一切善惡美醜、親人冤家，在言語上有觸犯、諷刺、欺騙、爭論等時候，都將它們當做夢幻空華一樣，不去思量報酬或傷害。在每一個念頭裡，都不要去思量、回憶過去的境相。如果前念、今念、後念，念念之中持續不斷，那本性就好像被繩索束縛了一樣。唯有念念無所執著，那本性就自由自在了。本性能外離一切相，那法體就自然清淨無染，這就是頓教所講「無住為體，無相為體」。

「無念為宗」

「無念」是自心所流露的每個念頭，都能遠離一切境相，不起任何妄想心。它並不是什麼事情都不想，所有的念頭都斷絕，這又是落空，所謂「著相頭頭錯，無為又落空」。什麼念頭都沒有了，那就是死了，又要投生到別處，這樣的修法是完全錯誤的。如果不了解頓教法門的修持本意，自己錯了也就算了，還要誤勸別人。自己不能見性，還要誹謗佛經，為此禪宗立「無念」為宗旨。

頓教立「無念為宗」，更重要的是因為，有不少人口說見性實則愚迷，他們總在境相中生起執著的念頭，又因執著而生起邪念。所有一切妄想、勞塵都因此而生。自性本是一無所得的，如果認為有所得，妄說吉凶禍福，那都是塵勞邪見。無念的「無」，是沒有能執、所執之二元對待相，沒有一切勞塵妄心；「念」是真如本性，真如是「念」的體性，「念」是從真如體性上所發揮的妙用。真如的妙明自性隨緣起念，六根雖有見聞覺知的功用，卻能始終不執著於一切境相，而真如自性就能恆常無礙自在。

【名詞解釋】

無念：一切處無心。

無相：諸法的真實相。

無住：萬法之本性，即性空之異名。

無念、無相、無住

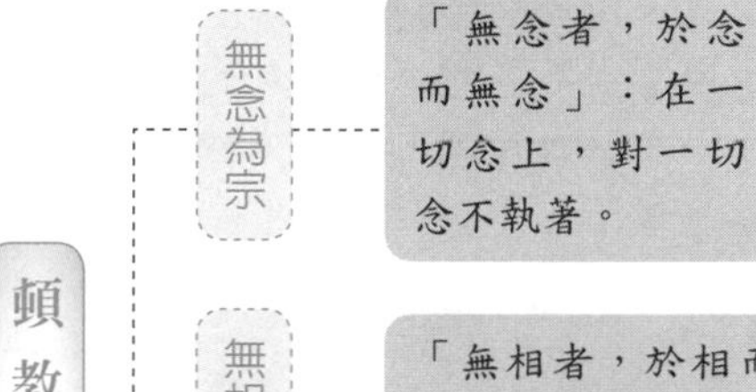

頓教法門

- **無念為宗**
  - 「無念者，於念而無念」：在一切念上，對一切念不執著。
  - 「無者，無二相……念者，念真如本性」：無是說沒有能執、所執的二元對待，念就是真如本性。無念，即是「不染萬境，而真性常在」。
- **無相為體**
  - 「無相者，於相而離相」：在一切相上，對一切相不執著。
  - 「外離一切相……則法體清淨」：自性本心能外離一切相，其法體自然清淨無染。
- **無住為本**
  - 「無住者，人之本性」：無住其實就是人的真如法性。
  - 「於諸法上，念念不住」：對於一切法，在每一個念想上都要無所執著。

什麼是「無念」

六祖在《壇經》中說「心不染曰無念」，如何做到「心不染」呢？就是要「常離諸境，不於境上生心」。那什麼才是「境上生心」呢？

上圖中此人吃飯的時候百種需索，睡覺的時候千般計較，這都是「境上生心」。「無念」則要做到「不於境上生心」。

高人指點

為了解說「無念」的要義，六祖例舉《維摩詰經》上的論述：「能善分別諸法相，於第一義而不動。」「分別」有三種：自性分別、計度分別、隨念分別，此處為第二種。意思是，雖然能善加了別諸法隨緣感現的差異相，然而在第一義上，卻始終是如如不動的。

5 坐禪品
如何坐禪修行

本品是六祖向眾生開示頓教的坐禪要義。自達摩開始，坐禪修行之法開始盛行於中國。六祖認為，「坐禪」並不一定是要坐下才能修禪，人的一切活動，行住坐臥都有禪，正所謂「行也禪，坐也禪，語默動靜體安然」，意思是，用功修行是可以隨時隨地進行的。

頓教坐禪要義

六祖大師說，頓教所謂的坐禪，「元不著心，亦不著淨，亦不是不動」，也就是說，不要執著於心，不要執著於淨，也不是坐在那裡一動不動。心本來就是虛妄、變幻的，既然如此，那就沒有什麼可以執著的了。人的自性真如原本清淨，只是因為被無明妄念所遮蔽覆蓋而無法顯現。只要沒有妄念，那清淨心便會自然顯現。如果有意來生「清淨心」，那就是在本來清淨上，生出一個妄念，是執著於「淨」。本來妄念並無存在之處，一旦生起執著之心，那就是妄念了。所以，「清淨」本來是無形無相的，如果你偏偏要立一個清淨相，還自以為是修行的功夫，那就是障礙自己的本性，被清淨相所束縛。這也是一種執著，修道就是破執，要無所執著。這是六祖慧能在破除眾生對於清淨相的執著。

何為「不動」

一說坐禪，人們總覺得就是修行者坐在那裡一動不動。但是禪宗坐禪修行所謂的「不動」，並不是教人坐在那裡身體不動，而是教人在動中修不動，在日常生活中「不動」。「但見一切人時，不見人之是非善惡過患，即是自性不動」，當你遇到每一個人的時候，不要看他的是非善惡，也不要去找他所犯的過錯，這才是自性的「不動」。愚迷的人雖然坐著身體不動，但一開口就說三道四，評論他人的是非、長短、善惡，這是與修道之路相違背的。所以說，如果坐禪的人執著於心念、清淨之相，那就是障道法，是有違佛法的。

【名詞解釋】

坐禪：坐而修禪，息慮凝心，以究明心見性的修行方法。此法於達摩來中國傳法後盛行起來，與從前的四禪八定不同。原來的四禪是指四靜慮、色界定，即色界天之四禪。色界天之四禪與無色界天之四無色定合之而成八定，所以八定包含四禪。

自性不動：《高子遺書．一》：「當得大忿懥、大恐懼、大憂患、大好樂而不動，乃真把柄也。」意為遇到大喜大怒、大憂大懼的事而仍保持鎮靜，乃真本事。

坐禪品：如何坐禪修行

頓教坐禪要義

「不著心」
人心本是虛妄、幻化的，若是執著於虛妄的心，那就成了妄心，不是真如本性的真心。

「不著淨」
人的自性是本來清淨、無形無相的，若生起一種清淨相，那就成了執著，是一種妄念。

「不是不動」
「不動」並非身體不動，而是自性不動。遇到大喜大怒、大憂大懼的事仍要保持鎮靜，保持自性如如不動。

何為「不動」

圖中兩人身雖不動，但開口便說他人是非、長短、好惡，與道相違。

真正的自性「不動」，是不論悲喜都保持鎮靜。

高人指點

不少愚迷之人見修行者總是盤腿而坐，就以為只要擺出坐禪的姿勢，靜靜端坐，才是修行，才能開悟。若果真如此，那有些身有殘疾或身體過於粗胖無法盤腿而坐者，是不是就沒有機會「見性成佛」呢？當然不是，坐禪不過是一種形式，關鍵在於內心自性的如如不動。

前面六祖慧能破除眾人對於坐禪表相的執著，接著開示大眾什麼才是真正的坐禪、什麼是禪定、如何透過禪定成就佛道。

何為坐禪

六祖慧能說，禪宗頓教法門中，於一切萬法無障無礙，對外界一切好的、壞的境界，心念都能不為其所動，這就叫做「坐」。對心內徹見自性清淨，毫無動搖，這就叫做「禪」。可見坐禪是一種境界，如果身體雖不動，但心念不斷，那就不是坐禪。所以，佛經中有「舍利弗宴坐林中，卻被維摩詰呵」的典故，是說舍利弗長時間在林中靜坐修禪，維摩詰見後大聲呵斥他：你坐在那裡有什麼用呢？就像一個死人一樣。

何為禪定

什麼是禪定呢？「外離相為禪，內不亂為定」，對外能離一切相，不執著於一切相，這就是「禪」；對內能安住寂滅清淨、如如不動的心體，不起任何妄想雜念，這就是「定」。對外如果染著一切客塵境相，執著於虛相，那內心就會雜亂不淨；如果能遠離一切諸相，內心則能當下得清淨，不復雜亂。其實，人本來的靈明覺性是自然清淨的，也是恆常安定的，只是因為見到一切境相時，以無明妄動生憶想攀緣，自性即搖動而不復淨定。所以，如果見到一切境相而心中始終能如如不動，內心不亂，這才是真正的禪定。

本品最後，六祖慧能重複強調了禪定的概念，他總結道：「外離相即禪，內不亂即定；外禪內定，是為禪定。」意思是，外能於相而離相，是「禪」；內心恆能如如不動，是「定」。外禪而內定，就稱為「禪定」。他還引用了《菩薩戒經》的經文：「我本性元自清淨。」人們本來的心性從來都是無染清淨的。所以，修行者要在每一個念想之中，自見本性清淨，並依本性之清淨覺慧，自己去修習，自己去實行，如此自然就能夠成就佛道了。

總而言之，禪定就是透過修行的方式讓混亂的思緒逐漸平靜下來，專注於一境，即心一境性。在此過程中，人分別先後經歷入靜、至靜、寂靜三個階段，最終達到物我兩忘的虛空境界。

【名詞解釋】

本性：本來心性。《海水一滴》云：「非是脫塵垢而得淨相，佛及眾生本然性空，謂之清淨。深達此理，則念念禪定、事事空行，常住無間那伽大定。」

何為「坐禪」、「禪定」

「坐禪」與「禪定」

人的自性原本清淨，只要依本性之清淨覺慧來修行，自然能夠成就佛道。

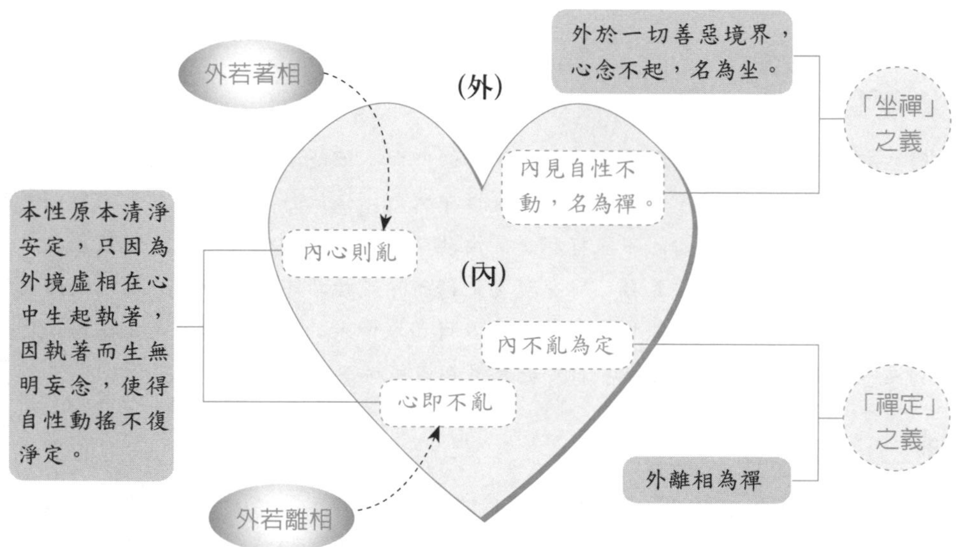

禪定心髓

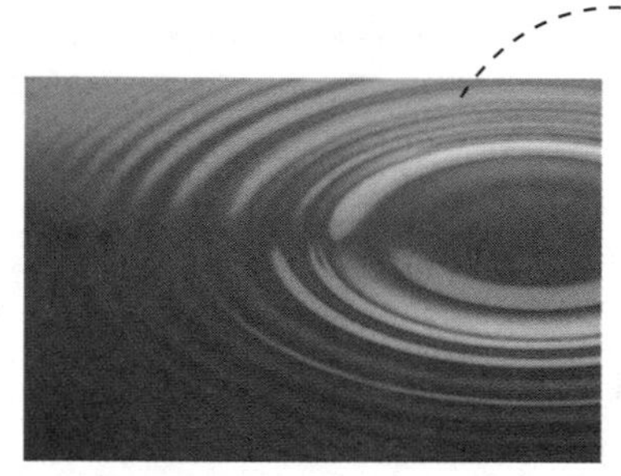

禪定的心髓可以說是「心境一如，妄念成空」。凡人境裡牽心，在心念所現的虛幻世界上，如鏡照面，對影自憐，千般妄想妄為，都不過是庸人自擾而已。聖人透過禪定明心見性，心靈本來一片虛空，境來則心顯，境去則心空。內心空明自在，本來無一物。境為心塵，心為境因，心境相應，同起同空。如此，心境一如，妄念成空。

高人指點

禪定者，外在無住無染的活用是「禪」，心內清楚明瞭的安住是「定」，所謂外禪內定，就是禪定一如。對外，面對五欲六塵、世間生死諸相能不動心，就是「禪」；對內，心裡面了無貪愛染著，就是「定」。參究禪定，那就如暗室放光了。

6 懺悔品 無相懺悔

第六品是懺悔品，懺悔就是在佛面前懺悔自己的罪孽。但六祖這裡與一般的懺悔不同，叫「無相懺悔」。在介紹「無相懺悔」前，《壇經》先講述了本品的法會因由和自性五分法身香的含義。

法會因由

當時六祖住在南華寺，看到很多學士、民眾從四面八方趕來寺裡想聆聽佛法，於是就升上法座，登壇說法。他說，頓教法門要從自性中修起。無論什麼時候，在人的每個念頭中都要依本覺智力來淨化自心，不能有邪念，由此明見自己本具法性理體，徹見自己本心之覺性如來。這個法門必須要靠自己親身親為地修行，這樣才不至於白來一趟。既然大家遠道而來，聚會於此，這就是法緣。他要求眾人行西域僧人的跪拜法後，說先傳授「自性五分法身香」，再傳授「無相懺悔」。於是大眾都肅然跪下了。

自性五分法身香

「自性五分法身香」，一是戒香，就是自心中沒有是非、惡念、嫉妒、貪欲、嗔恨、偷盜、劫害等念頭；二是定香，就是見到一切或善或惡的境界相時，自性本體都要寂滅清淨，不散不亂；三是慧香，是內心自性無礙通達，常常運用般若智慧之光芒照徹自性，而不去造一切惡業。雖然廣修一切善法，但不執著於善法。就好像梁武帝問達摩祖師，他造寺、度僧、佈施有何功德，如果有這樣的念頭就是執著善法，並沒有功德。此外還要恭敬長輩，體念晚輩，憐恤孤寡貧困的人，這是慧香。四是解脫香，即自性心體恆寂清淨，於外對一切六塵境界不生攀緣，無所染著，既不去想它們善的一面，也不去想它們惡的一面，徹見法性，內心自在無礙。五是解脫知見香，自性本心既然沒有攀緣一切善惡諸相，卻也不能沉於空定或死守枯寂，必須多學習佛法，多聽聞大師開示，以徹悟自己的本心淨性，通達諸佛的甚深法理。要「和光接物」，如同光芒相合一樣對待一切萬物，沒有我相、人相二種分別，如此修行，直到證得無上菩提，真如自性恆常無變易。這五種香需各自向內熏習，不要向外尋求。

【名詞解釋】

和光：當某處有多個光源時，此光和著彼光，不會發生任何衝突，這就是「和光」。「和光接物」意為，對待一切事物，你行你的道，我行我的道，各行其道，互不妨礙，這也是佛法包容萬法的特點。

懺悔品：無相懺悔

法會因由

六祖要求眾人「胡跪」聽法，胡跪是西域僧人拜坐之法，右膝著地，左膝豎起。

自性五分法身香

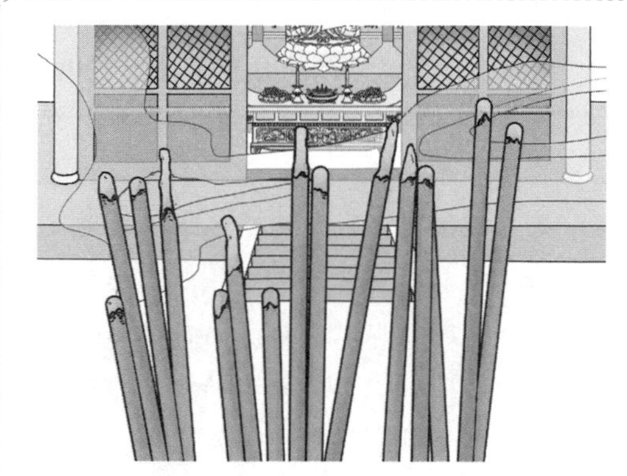

燒香禮佛是表達對佛陀的尊敬、感激與懷念。去染成淨，奉獻人生，覺悟人生。佛教弟子焚香，代表「戒定真香」，是虔誠的供養。

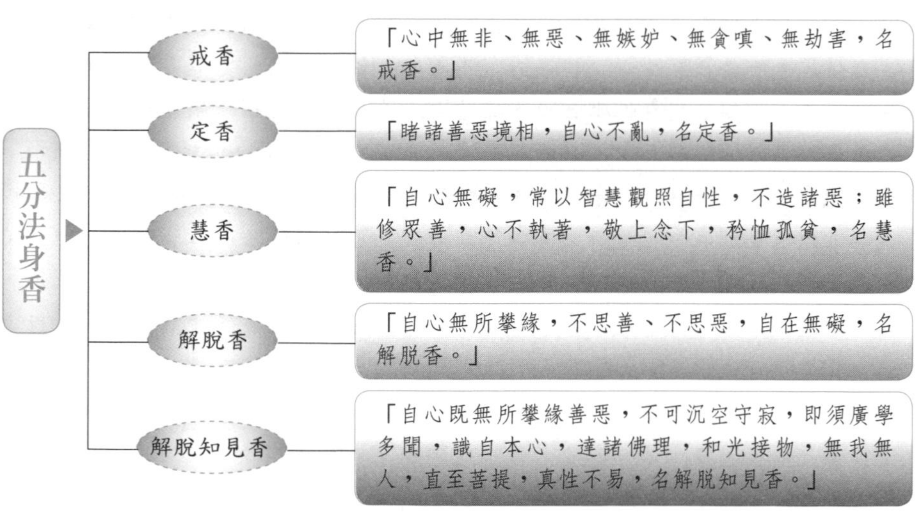

高人指點

「五分法身香」說來簡單，真正實踐起來卻很難。如戒香代表佛教的戒律，五戒、十戒、具足戒，諸多戒律都要嚴格遵守。又如定香，受了定香的人要做到不為任何環境所動，不為世間財富、金錢所動，不為男女美色、情愛所動，不為權威、勢力所動。很多人雖然虔誠地信仰佛教，但要持受戒律、修習禪定、體悟智慧、祈求解脫或證悟解脫知見，都是很難做到的。

本品是懺悔品，什麼是懺悔呢？懺，是對過去所犯的錯誤坦白承認，作自我檢查；悔，是發心以後不再犯那些錯誤，作自我的保證。兩者合起來，檢查加保證就是懺悔。六祖慧能接下來為眾人傳授「無相懺悔」的內容。

「無相懺悔」的內容

傳授了「自性五分法身香」後，六祖大師讓眾人跟著他念：「弟子等，從前念、今念及後念，念念不被愚迷染。從前所有惡業愚迷等罪，悉皆懺悔，願一時消滅，永不復起。弟子等，從前念、今念及後念，念念不被驕誑染；從前所有惡業驕誑等罪，悉皆懺悔，願一時消滅，永不復起。弟子等，從前念、今念及後念、念念不被嫉妒染；從前所有惡業嫉妒等罪，悉皆懺悔，願一時消滅，永不復起。」眾人跟著念完後，大師說以上就是「無相懺悔」的內容。懺，就是揭發以前的所有罪過，如愚昧、迷惑、驕慢、誑騙、嫉妒等一切罪惡全部揭露無餘，讓它們永遠不再生發。悔，就是悔改以後的所有過失。

發「四弘誓願」

既然有心懺悔一切罪業，那眾人就應該發起「四弘誓願」，其內容是：「自性眾生無邊誓願度，自性煩惱無邊誓願斷；自性法門無盡誓願學，自性無上佛道誓願成。」原來佛門弟子總是念「眾生無邊誓願度」，那並不是慧能的法門，這裡的「自性眾生」是指邪迷心、誑妄心、不善心、嫉妒心、惡毒心等等屬於自心中的眾生相，眾人必須要以自性來自度，這才是「真度」。所謂「煩惱無邊誓願斷」，就是用自性本具的般若正智，來覺照息滅心中的虛妄心念；「法門無盡誓願學」，則是必須先見自性，在自心本性中，不動道場，廣行六度，這才是真正的修學佛法；「無上佛道誓願成」，是恆常有謙下之心，才能行持佛法的真實中道，進而遠離迷妄與覺悟的兩極，常生般若如如之正智，進一步破除心中對真妄的細微執著，當下就能明見佛性。眾生如此依照「四弘誓願」，有願、有誓，才能有修、有行，這就是四弘誓願的願力所在。

不僅眾生發四弘願誓，一切菩薩也如此發心，如地藏王菩薩則發大誓願：「眾生度盡，方證菩提，地獄未空，誓不成佛。」而發此誓願，證果深淺大小則有所不同，皆由願力深淺，依願行持大小而定。

【名詞解釋】

驕誑：驕，指驕慢；誑，指誑惑欺騙。驕誑，唯識二十隨煩惱中之二也。

四弘誓願：乃通指弘誓願。廣普之緣，謂之為弘；自制其心，名之曰誓；志求滿足，謂為願。

「無相懺悔」、「四弘誓願」

「無相懺悔」

滅除從前的所有罪業，且從此不再犯錯，這才是懺悔。

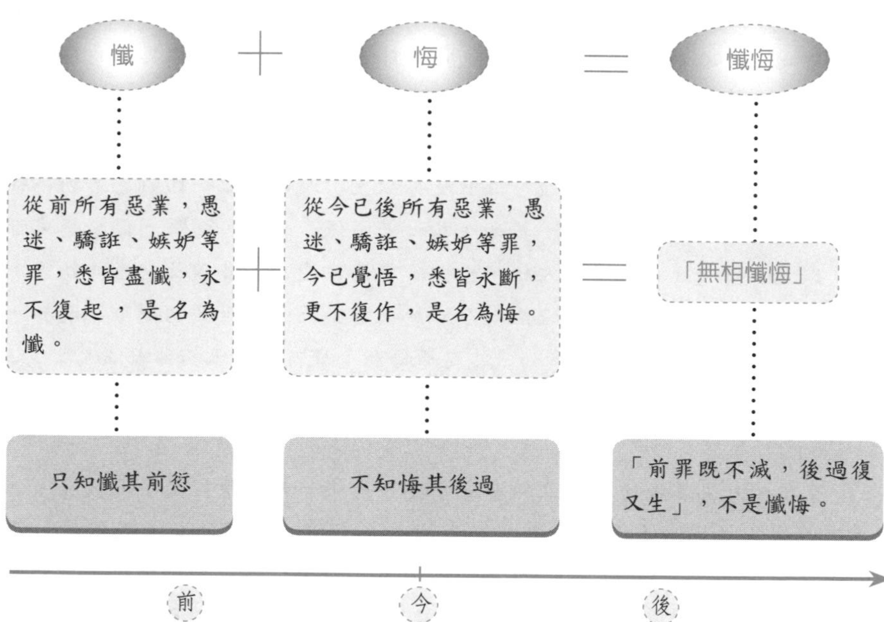

四弘誓願

自心眾生無邊誓願度	自心中的眾生相有無量無邊，我誓願將其度盡。
自心煩惱無邊誓願斷	自心中的煩惱相有無量無邊，我誓願將其斷盡。
自性法門無盡誓願學	自性中所含藏的法門無量無邊，我誓願廣為修學。
自性無上佛道誓願成	自性中所本具的無上佛道，我誓願成就。

高人指點

《壇經》此部分中說到了「自性自度」，其含義是將自心中的邪見、煩惱、愚癡等眾生相，用般若正見去度化。既然已有般若之正見，當用般若慧力去打破種種愚癡迷妄，而使心中的眾生相於自性中各得度脫。

六祖慧能說，大家既然已經發了「四弘誓願」，那就再向大家傳授「無相三皈依戒」。

皈依自性三寶

六祖慧能說，皈依「覺」，則福德智慧俱能滿足，所以稱為「兩足尊」；皈依「正」，則能遠離一切妄想貪執，所以稱為「離欲尊」；皈依「淨」，則無染清淨之本體自然顯現，此清淨體於一切中最尊無上，所以稱為「眾中尊」。從今以後，大家要以自性本覺為老師，不要皈依邪魔外道，以每個人生來具有的自性三寶，來作為修行的驗證。這裡六祖奉勸諸位善知識，要皈依自性本具的三寶：佛寶，就是覺者；法寶，是自性中的般若正智；僧寶，是一向無染的清淨之人。自性本心如果皈依「覺」，就不生邪念迷執，心中沒有欲望，而能遠離一切財色名利，福德智慧趨於圓滿，這就是「兩足尊」。自性本心若皈依「正」，則每一個念想中都沒有邪念，既沒有邪念，也就沒有人相、我相、貢高我慢心、貪欲及愛染等執著，這就是「離欲尊」。如果自性本心皈依「淨」，則不染著一切世間的塵勞等境界，自性清淨不染，這就是「眾中尊」。如果能這樣修行，那就是真正的自皈依。

正確理解「自皈依」

愚迷的凡夫不懂得三皈依的真正含義，雖然一天到晚說受了三皈戒，但如果問他，既說皈依佛，那佛在哪裡呢？佛根本見不到，那憑什麼說皈依呢？這樣的皈依，反而成了虛妄。所以，眾生要仔細觀察，不要理解錯誤，佛經上分明是說「自皈依佛」，而不是說「皈依他佛」，也就是說要皈依自己的自心三寶，而不是皈依別的什麼佛。如果不皈依自己自性的佛，那就無所皈依了。懂得了這個道理，眾生就應該皈依自己的「自心三寶」，對內調伏自己的心性，對外則恭敬所有人，這才是「自皈依」。

【名詞解釋】

皈依：皈依是佛教徒的基礎入門。所謂內道、外道的差別就在於有沒有皈依三寶。皈依是皈投或依靠之意，也就是希望投靠三寶的力量而得到保護與解脫。三寶是指佛、法、僧：佛為覺悟者，法為佛法教義，僧為延續佛的慧命者。三皈依戒是指皈依佛、法、僧三寶，持此為戒，永不退轉。

邪魔外道：邪，邪道，不明佛法者；魔，魔道，妨害佛法者；外道，學乖諦理，心外求法，隨自妄情，不返內覺，稱為外道。

無相三皈依戒

皈依自性三寶

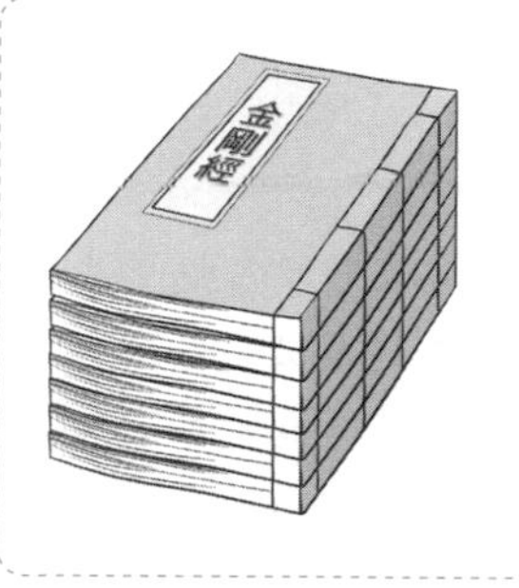

佛寶：覺者

法寶：自性中的般若正智

僧寶：一向無染的清淨之人

「自心皈依覺，邪迷不生，少欲知足，能離財色，名兩足尊。」

「自心皈依正，念念無邪見，以無邪見故，即無人我貢高、貪愛執著，名離欲尊。」

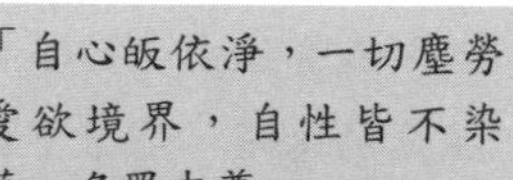

「自心皈依淨，一切塵勞愛欲境界，自性皆不染著，名眾中尊。」

如此修行，是自皈依

皈依他佛：佛在何處 → 既不見佛，憑何皈依 → 皈依錯誤理解

自皈依佛：皈依自心三寶 → 內調心性，外敬他人 → 皈依正確理解

高人指點

三皈依是進入佛門最基本的手續，也就是說，要想成為一個正式的佛教弟子，就必須到寺廟裡去做三皈依的儀式。有的佛學愛好者，雖然精通佛理，但沒有受過三皈依，就算不上佛教弟子。三皈依的對象是佛、法、僧三寶，之所以稱之為「寶」，是因其「寶貴」。皈依了三寶，就相當於坐上了出離生死苦海的渡船；若不皈依三寶，即是修為再高，也不知斷煩惱、出生死，只能在六道中輪迴。

說完自性三寶，慧能接下來宣說「一體三身自性佛」，讓眾生得見法、報、化三身，清楚明瞭自悟本心，自見本性。他要求眾人跟他一起念：「於自色身，皈依清淨法身佛；於自色身，皈依圓滿報身佛；於自色身，皈依千百億化身佛。」這三身佛在每個人的自性中都圓滿具足，只是因為眾生的心被無明所迷惑，無法得見內真如性，總向外尋覓。

什麼是「清淨法身佛」

世人的自性本是清淨的，萬法都從自性中生出來。譬如在朗朗晴空的時候，太陽光明無限，一旦浮雲遮蔽，雲層之上仍明亮無比，雲層之下則暗淡無光。如果遇到大風吹散烏雲，那就上下皆明，一切萬物都能呈現。世人的心性常常浮游不定，就好像天上的雲彩一樣。其實，人性的智慧就如同日月一樣常在，只因為執著於外境，生起的妄念就好像浮雲一樣遮蔽了自性，使人變得愚迷。如果有人聽聞了頓教法門，自己除去迷妄，內心外境光明遍徹，那他的自性中就能使萬法一一顯現，明心見性的人就是這樣的證境。這就是「清淨法身佛」。

什麼是「圓滿報身佛」

善惡之相雖然不同，但其本性是沒有差別的，這本性上的無差別性，就是實性。在實性中，恆不染著一切善惡，這就叫做「圓滿報身佛」。如果自性中生起一個惡的念頭，則當下就會滅盡萬劫所修的善因；如果自性中生起一個善的念頭，則當下就會滅盡哪怕多如恆河沙一般的無盡罪惡。這樣修行，直到圓滿無上菩提，念念之中恆得自見諸法實性，而又不失念而無念的本心正智，這叫做「報身」。

什麼是「千百億化身佛」

不思量一切萬法時，妙明覺性就如虛空一樣，寂滅無相；當思量的時候，就叫做變化。如果思量惡，就化為地獄相；如果思量善，就成為天堂境界。毒害之念則化為毒龍、毒蛇等惡相，慈悲之念即化為菩薩清淨行道之善相。本性具有的妙明覺性的功用變化非常多，無窮無盡，愚迷之人不能省察覺悟，所以念念生出無明妄想的惡因，進而流轉於三惡道。如果能一念省悟，回心向善，般若智慧就會當下生起。這就叫做「自性化身佛」。

【名詞解釋】

恆沙：恆河中之沙數。以喻數量之多。

變化：互相生滅之義。自有而無謂之變，自無而有謂之化。

三身佛

三身佛

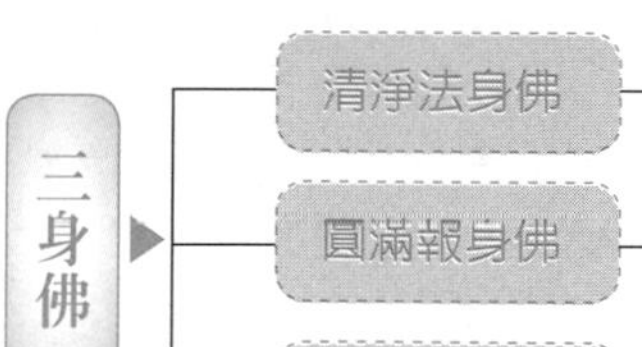

三身佛

- 清淨法身佛 ——「世人性本清淨，萬法從自性生。」
- 圓滿報身佛 ——「於實性中，不染善惡，此名圓滿報身佛。」
- 千百億化身佛 ——「自性變化甚多，迷人不能省覺。」

清淨法身佛

愚迷之人執著於外境，被妄念浮雲蓋覆自性，不得明朗。

開悟之人自除迷妄，內外明徹，於自性中萬法皆現。

真正的皈依

「法身佛」（人本來具有） —從法身上念念自見真如本性→ 報身佛 —從報身起思量饒益一切眾生事→ 化身佛

能自己悟入、自己修行而圓滿自性中本具的真實功德，才是真正的皈依。

高人指點

本品最後六祖慧能仍以一首《無相偈頌》結束本次說法。此偈濃縮了本品懺悔品的全部精華所在，其核心思想仍然是頓教法門之「直指人心，見性成佛」。六祖說，依此偈修行，如果能夠言下自見本性，雖然與他相隔千里之遙，但就像在他身邊一樣。如果言下不得悟入，即是與他面對面，那其實如隔千里之遙。

7 機緣品 有緣的衆生來接受教化

第七品是機緣品。機，是所教化的一切眾生；緣，是有緣的。機緣，就是有緣的眾生來接受教化。本品是六祖慧能自黃梅得法，回至韶州曹侯村對不同有緣之人的教化。

六祖對無盡藏的教化

六祖大師從黃梅五祖弘忍處得頓教衣缽後，悄悄地來到了韶州的曹侯村。當時有一個儒門學者叫劉志略，他對六祖以禮相待，甚為優厚。他有一個姑媽出家為尼，法名叫無盡藏，她時常持誦《大般涅槃經》。六祖稍微一聽，就明白了此經的微妙義理，為無盡藏解說此經。無盡藏於是逐字請教，大師說，如果要問字，我是不認識的；如果是問經中妙義，我還能說一說。無盡藏十分疑惑，連字都不認識，如何能理解它的義理呢？大師說：「諸佛妙理，非關文字。」諸佛的無上甚深妙理，跟文字沒什麼關係的。無盡藏大為驚訝，於是遍請村中德高望重的長輩來瞻仰、頂禮六祖。

六祖對法海的教化

六祖得五祖衣缽後，他在避難期間曾在重建的寶林古寺中住了九個多月，在這段很短的時間裡，此寺就成了很有名的寺廟。後又被那些企圖謀害六祖的惡黨們找到了，他們放火燒山，六祖躲藏在山中的一塊大石頭縫中，躲過此劫。這塊石頭後因此被稱為「避難石」。六祖想起五祖的囑咐「逢懷則止，遇會則藏」，於是就隱居在這兩個縣城中間。當時有一個叫法海的和尚，是韶州府曲江縣人。他初次參拜六祖的時候問到，「即心即佛」是什麼意思呢？大師說，了知前念無生就是本心，明悟後念無滅就是佛陀。能無礙顯現一切相的就是本心，即一切相又離一切相的就是佛陀。六祖又為此作偈說：「即心名慧，即佛乃定；定慧等持，意中清淨。悟此法門，由汝習性；用本無生，雙修是正。」此偈大意為，即心是慧，即佛是定，定慧一如，心念自然無染清淨。想體悟此法門，你就要去研習本覺妙性，定體慧用本來無生無滅，定慧雙修才是正確的修行方法。法海聽後大悟，也作偈稱頌道：「即心元是佛，不悟而自屈；我知定慧因，雙修離諸物。」

【名詞解釋】

即心元是佛：當下心就是佛。

不悟而自屈：因不能明悟而讓它受盡了委屈。屈：讓……受委屈。

六祖對無盡藏的教化

左圖為無盡藏比丘尼圖像。無盡藏比丘尼是六祖慧能大師的護法弟子之一，她是一個非常勤奮的修行者。自四祖道信大師以來，禪宗提倡人人禪坐，長坐不臥，且日中一食。無盡藏比丘尼嚴格執行日中一食、長坐不臥，且每天非常用功地念經、研究佛法，從不懈怠。所以她和六祖一樣，修得了金剛不壞之身，肉身至今不腐。她是坐著往生的，她的真身現在還在曲江的一座廟裡。

六祖對法海的教化

六祖：「即心名慧，即佛乃定；定慧等持，意中清淨。悟此法門，由汝習性；用本無生，雙修是正。」

即此心體是慧，即此覺性是定，定慧一如，心念自然無染清淨。想體悟此法門，你就要去研習本覺妙性。定體慧用，本來無生無滅，定慧雙修才是正道。

法海：「即心元是佛，不悟而自屈；我知定慧因，雙修離諸物。」

當下心就是佛，因不能明悟而讓它受盡委屈。今天懂得了定慧等持的因緣，只要定慧雙修，即可離一切相。

高人指點

六祖教化法海什麼是「即心即佛」時，說道「前念不生即心，後念不滅即佛；成一切相即心，離一切相即佛」，意思是，過去的一切念不執著是心，未來的一切念不斷滅是佛。心裡有一切相狀，卻又不執著於一切相狀，就是即心即佛。

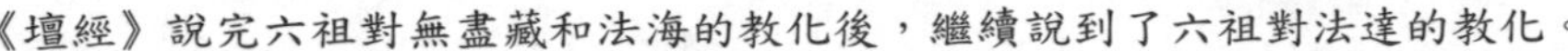

《壇經》說完六祖對無盡藏和法海的教化後，繼續說到了六祖對法達的教化。

六祖開示法達

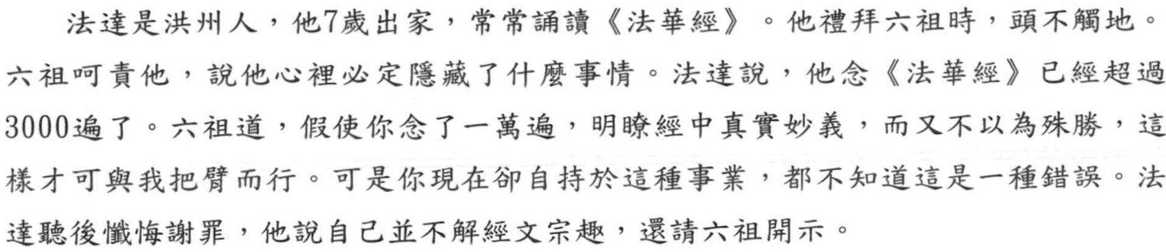

法達是洪州人，他7歲出家，常常誦讀《法華經》。他禮拜六祖時，頭不觸地。六祖呵責他，說他心裡必定隱藏了什麼事情。法達說，他念《法華經》已經超過3000遍了。六祖道，假使你念了一萬遍，明瞭經中真實妙義，而又不以為殊勝，這樣才可與我把臂而行。可是你現在卻自持於這種事業，都不知道這是一種錯誤。法達聽後懺悔謝罪，他說自己並不解經文宗趣，還請六祖開示。

六祖讓他高聲朗讀經文，當他讀到《譬喻品》時，六祖說，《法華經》原來是以「因緣出世」為宗旨的，儘管他說了很多譬喻，但都不會超過這個範圍。《法華經》上說，諸佛世尊都是為一種大事的因緣所以才示現世間的。所謂「一大事」，就是指佛的知見。然而，世人不是執著於外面的一切境相，就是執著於內心的頑空。如果能悟道，即一切相而又能離一切相，於空不著而能離空，也就是內外均能不執不迷而內外一如，就是開啟了佛之不可思議妙解脫境的知見。佛，就是覺者，分為四種行門，即「開啟」眾生覺性之知見；「示導」眾生覺性之知見；令眾生「體悟」覺性之知見；使眾生「契入」覺性之知見。如果聽聞了佛的開示之後，當下便能頓悟，這就是覺性之知見力，而人本具的真如自性也就由此而能顯現出來了。

法達開悟

法達在六祖的開示下，明白原來自己未曾解悟《法華經》，反被《法華經》所轉。六祖說：「經義分明，汝自迷背。」就好像你自己已經坐在象徵一佛乘的大白牛車上，還偏要向外尋覓象徵三乘的羊、鹿、牛等車。何況，本來就只有一乘，所謂的二、三乘都是假設的方便法門而已。捨去方便法門，歸於一乘，就連一乘也是無名可得的。由此可見，人的自性珍寶是屬於自己的，任由自己享用。不要覺得應當由佛陀來受用，也不要覺得不配由窮人享用，這才是名副其實地持誦《法華經》。法達聽後大徹大悟，他作偈頌後歡喜離去。

【名詞解釋】

開、示、悟、入：《法華要解》云：「開，破無明之封蔀；示，指示所迷之真體；悟，豁然洞視；入，深造自得，而證一切種智。是為佛知見道也。」

六祖對法達的教化

六祖開示法達

《法華經》宗趣：「一大事」

▼

佛的知見

▼

即一切相而又能離一切相，於空不著而能離空，也就是內外均能不執不迷而內外一如。

愚迷之人執著於外界的一切境相。

開：開啟眾生覺性之知見。

示：示導眾生覺性之知見。

悟：令眾生體悟覺性之知見。

入：使眾生契入覺性之知見。

小乘修行者執著於內心的頑空。

「開、示、悟、入」等法門，並不是說佛陀自己的知見，無關於芸芸眾生。佛陀早已大徹大悟，無須再「開、示、悟、入」。而芸芸眾生因無明而愚迷，因愚迷而造下罪業。如能夠正直其心，常生般若智慧來觀照本心，止一切惡行而行一切善法，這就是自己開啟佛之知見。

高人指點

• 法達之過

念《法華經》如果念得快，一天只能念一遍，天天念，一年也就念 365 遍。而法達說他念了 3000 多遍，可見他念了有十來年了，這是長期而艱辛的修行，所以他引以為豪，禮拜六祖時膝蓋不著地。

• 六祖給法達的偈子

「心迷法華轉，心悟轉法華。誦經久不明，與義作仇家。無念念即正，有念念成邪。有無俱不計，長禦白牛車。」大意為，心若迷惑就會被《法華經》所轉，心若開悟就能傳誦宣揚《法華經》。長期持誦經典卻無法明瞭要義，與經義成了仇家。其實無所執地念誦才是正道，有所執地念誦反倒成了邪念。有念無念都要捨而不執，這樣才能恆久駕馭著象徵本源自性的大白牛車。

《壇經》說完六祖對法達的教化後，繼續說到了六祖對智通、智常的教化。

六祖對智通的教化

智通是泰州安豐人，原來看《楞伽經》看了1000多遍也無法體會「三身」、「四智」的旨趣，於是向六祖請教。大師說，所謂「三身」，清淨法身是你的本體自性；圓滿報身是你的智慧；千百億化身是你的一切行為。如果離開本性來說「三身」，那就空有身體而沒有智慧。如果能體悟到三身實無自性，那就是四智菩提了。四智，具體是指大圓鏡智獨成法身、平等性智獨成報身、妙觀察智與成所作智共成化身。智通又問四智的義理。大師說，懂得三身的義理自然就能明白四智。假如離開三身的本體，而另說四智的功用，這叫做有智而無身。即使表相上有四智，其實還等於沒有四智。智通聞言頓悟，作偈離去。

六祖對智常的教化

智常是信州貴溪人，孩童時便已出家，立志要明心見性。一天他來禮拜六祖大師，說他曾承蒙洪州白峰山大通和尚開示見性成佛的大義，可是心裡尚存狐疑。當時大通和尚問他是否看見了「虛空」，又問「虛空」是什麼樣貌？他回答說，虛空是無形無相的，沒有樣貌。和尚說，你的本性就像虛空一樣，了然無一物可見，這才是正見。了無一物可知，這才是真知。你的本性沒有青黃長短等相狀，唯見本源清淨無染，妙覺體性圓融明徹，這才是見性成佛，也稱為如來知見。六祖大師聽後，說那位師父所開示的見地，還存有對見性的覺知，所以不能讓你明心見性。大師為他作偈說：「不見一法存無見，大似浮雲遮日面；不知一法守空知，還如太虛生閃電。汝之知見瞥然興，錯認何曾解方便？汝當一念自知非，自己靈光常顯現。」智常聞偈大悟。

後來智常又向六祖請教「三乘之法」這一「最上乘法」，六祖說，你應向內返觀自己的本心，不要執著於外在的法相。佛的教法本無四乘之分，只是因為人心有迷悟的差別。一切萬法悉盡通達，萬法妙用具足完備，一切有為無為皆不染著，遠離一切諸法形相，實無一法可得，這才是最上乘的佛法。修行者只有努力自修自悟，因為自性是恆常如如不動的。

【名詞解釋】

見知：對見性的覺知，意指能見之心尚未透脫。

靈光：人人固有之佛性，靈靈照照而放光明者。

六祖對智通、智常的教化

六祖對智通的教化

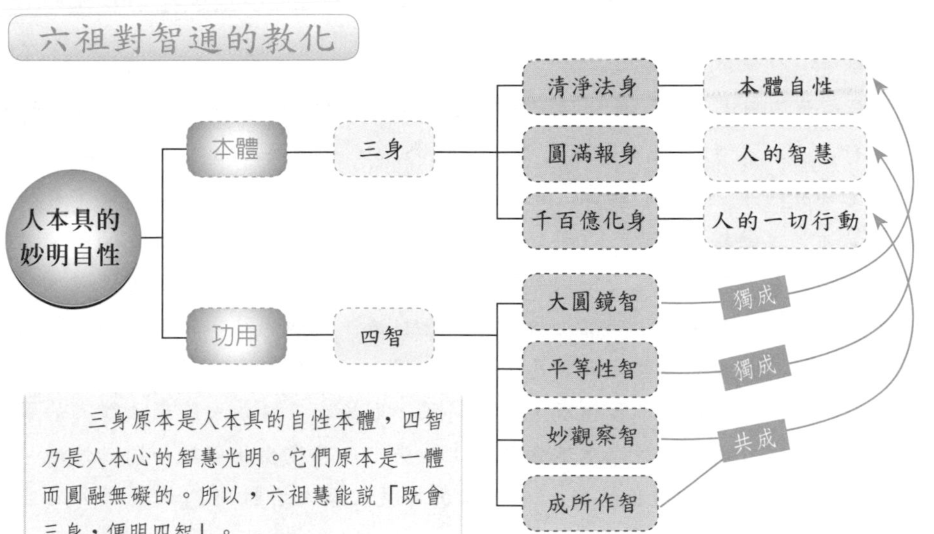

三身原本是人本具的自性本體，四智乃是人本心的智慧光明。它們原本是一體而圓融無礙的。所以，六祖慧能說「既會三身，便明四智」。

六祖對智常的教化

大通和尚猶存「知見」

不見一法存無見，大似浮雲遮日面；
不知一法守空知，還如太虛生閃電。
汝之知見瞥然興，錯認何曾解方便？
汝當一念自知非，自己靈光常顯現。

此偈大意為：不見一法，還存一個無見的「見」，如同浮雲遮住了太陽；不知一法，而默守空知，如同虛空中生起了閃電。這種「知」、「見」瞥然間出現在你腦海中，你錯以為是本心自性，不明白自性的微妙方便。你應當一念覺了，自知其非，這樣才能顯現本性靈光。

高人指點

智常在六祖開示下大悟，他自己也作了一首偈頌。偈頌中說道：無端生起一個無見之見、空知之知的知見，這就是住相了，怎麼能開悟？自性是覺悟心性本源的理體，卻因隨著覺照之念這微細無明枉自流轉於六道；如果不是進入了祖師門內，我還茫然於知見兩頭不得解脫。

智常在六祖大師的開示下大徹大悟，他頂禮拜謝大師，從此隨侍左右，直到六祖圓寂。接下來是六祖對志道的教化。

志道的疑惑

志道是廣州南海人，他誦讀《大般涅槃經》已經有十多年了，卻不明白經意。「諸行無常，是生滅法；生滅滅已，寂滅為樂。」這幾句話常令他生疑，因為一切眾生都有兩身：色身和法身。色身是無常變化的，有生有滅；法身是常有的，無知無覺。《涅槃經》上說，「所有生滅相都滅卻以後，寂滅之樂才能顯現」，不知道是哪個身入於寂滅？又是哪個身在受樂？若說是色身，色身滅亡時，四大分散，完全是痛苦，沒有快樂；若說是法身，法身寂滅，就如同草木瓦石一般無知無覺。再說，法性是生滅的本體，五蘊是生滅的相用，一體中包含五種相用。如果生滅是常，則從法體上生出這五種相用，滅的時候，則攝這五種相用歸還法體。如果任其生而復生，那有情生命就永遠不會斷滅；如果不任其復生，那就如同無情的草木一般，永遠歸於寂滅。這樣的話，一切諸法都被涅槃之自性所拘禁束縛，尚且不得生，那有何快樂可言呢？

六祖開示志道

大師回答說，你是佛門弟子，為何要學習外道的斷、常邪見，並以此來議論最上乘的佛法呢？據你所說，色身之外還有別的法身，離開色身的生滅去求法身的寂滅，還推測涅槃的常樂境界應該有一個身去受用。這樣的見解，是你執著吝惜於生死、貪圖世間享樂的表現。佛陀見到愚迷眾生錯認五蘊和合妄相為我，生起計執一切諸法為外塵相，貪生怕死，念念不絕隨無明流轉，不能了知所受一切俱為夢幻，虛幻不實，徒然承受輪迴之苦。反而把常樂我淨，這種涅槃妙德當成了苦相，所以一天到晚向外馳求。佛陀因為憐憫這些眾生，所以開示眾生有「涅槃真樂」，此樂並非世俗之樂，剎那之間沒有生起相，也沒有滅亡相。於此時寂滅淨覺呈現眼前，這就是常樂。這種樂，沒有受用者，也不是沒有受用者。哪裡還有一體五用之假名呢？更何況你所說的涅槃會束縛諸法，讓諸法永斷不生，這是在誹謗佛經啊！

【名詞解釋】

斷常、邪見：認為人死之後一滅永滅，不復更生，是為斷見；認為人死之後靈魂不滅，是為常見。

六祖對志道的教化

志道的疑惑和六祖的開示

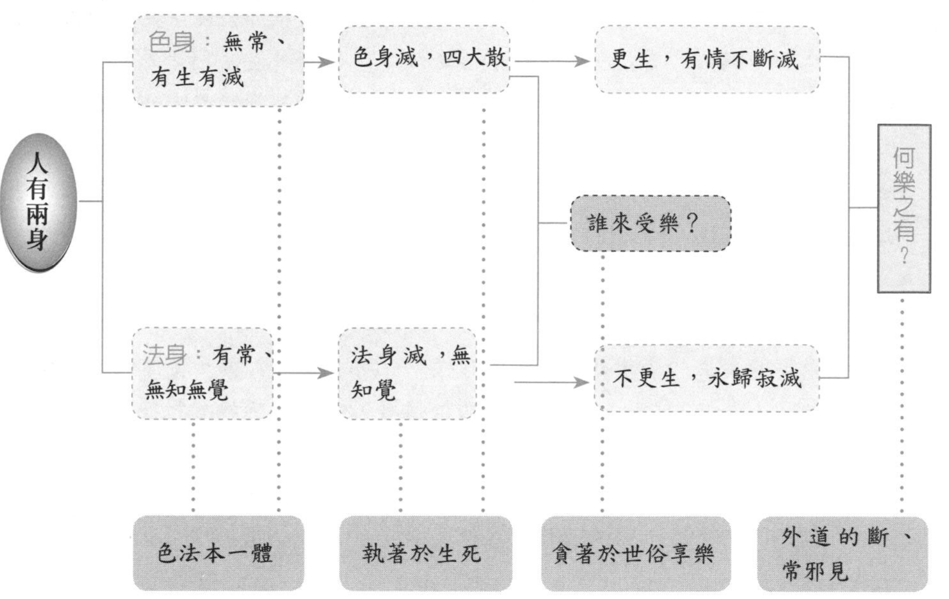

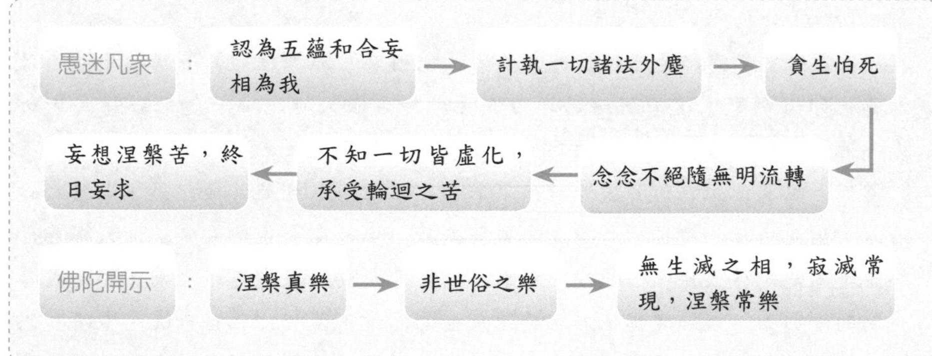

高人指點

六祖教化志道時也為他作了一首偈頌，大意為：涅槃是圓融明淨、恆常寂滅的。愚迷之人稱它為「死亡」，外道邪見認為它是「斷滅」，小乘者視它為「無作」，這些都是六十二種邊見的根本。只有那些明心見性的人，才能了知通達的涅槃實相境界，了知五蘊法和五蘊假合而成的我執妄相，了知一切諸法色相。一切平等，沒有凡聖之別。真如自性隨緣變幻，無須起應用之念，沒有一切分別諸法之心，也不要起那個念。涅槃就是這樣，不要生邪見。

志道在六祖開示下大徹大悟，他歡天喜地地向六祖大師頂禮而退。下面是六祖大師對三位禪師的教化。

六祖對行思禪師的教化

行思禪師生於吉州安城劉氏門中，他聽說曹溪六祖那裡聽法受化的人很多，便來參拜六祖，請教「當何所務，即不落階級」，即修什麼法門才是頓法。大師問他以前修過什麼，他說四聖諦都不曾修過。大師說，既然聖諦都不修，那還修什麼頓法呢！六祖非常器重他，讓他做首座弟子。一天，六祖讓他獨自去教化一方，勿使頓教斷絕。行思禪師既然已經得到宗門心法，便回到吉州青原山，廣弘頓教法門，教化眾生。圓寂後，朝廷追謚他為「弘濟禪師」。

六祖對懷讓禪師的教化

懷讓禪師出生於金州杜姓人家，他參拜六祖時，　六祖一連問道「什麼來」、「什麼物」、「恁麼來」，這是禪宗的打機鋒。懷讓禪師機智對答，表達出自性無汙染之意。六祖說，印度般若法師曾預言，懷讓禪師門下將有一馬駒（即懷讓後來的弟子馬祖道一），其辯才天下無人能敵。此預言在你這，你慢慢等一等再說。懷讓豁然開朗，於是在六祖身邊侍候了15年，後到南嶽弘揚禪宗，圓寂後，皇帝追謚他為「大慧禪師」。

六祖對玄覺禪師的教化

永嘉的玄覺禪師是溫州戴氏家子弟，他因看《維摩詰經》而明心見性，只是無人為他印證明斷。後來他透過師弟玄策得知六祖大師，便一起來膜拜。見到大師後，他先表現出傲慢態度，因為生死之事，事關重大，無常而又迅疾，所以沒時間行禮。六祖問他，為何不去體證無生本心，了卻無常生死。他回答，本體之心本來清淨，生死本無法了卻。六祖聽後連聲讚歎，但片刻之後，玄覺就向大師辭行。大師說是不是走得太快了，他說，本來自性即非是動，沒有遲迅之別，那是大師自己生起的分別心。大師讚揚他非常透達無生的本意，便留他住宿一晚，當時人們都叫他「一宿覺」禪師。後來玄覺作了一首《證道歌》流傳於世。圓寂後，朝廷追封他為「無相大師」，當時的人稱他為「真覺」禪師。

【名詞解釋】

不落階級：漸法就是階級，頓教，就叫不落階級的法門。

分別：即善能分別諸法相，於第一義而不動。第一義不動，即非是意。

六祖對三位禪師的教化

六祖對行思禪師的教化

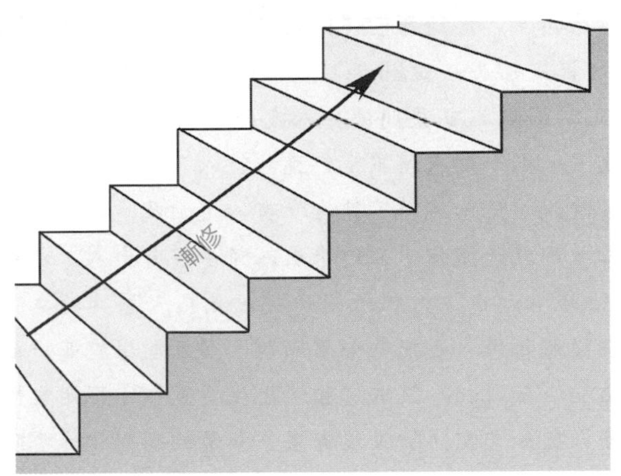

階級，是漸修；不落階級，就是頓悟。六祖大師問行思禪師過去修行什麼，禪師回答說，連四聖諦都不修。大師回答，連四聖諦都不修，那還修什麼頓法呢？其實，不論是漸修、頓悟，還是四聖諦，都是一種法相，都不應該執著。行思禪師和六祖大師的機鋒中都隱含了不住法相之意，說明他們都已經明心見性。

六祖對懷讓禪師的教化

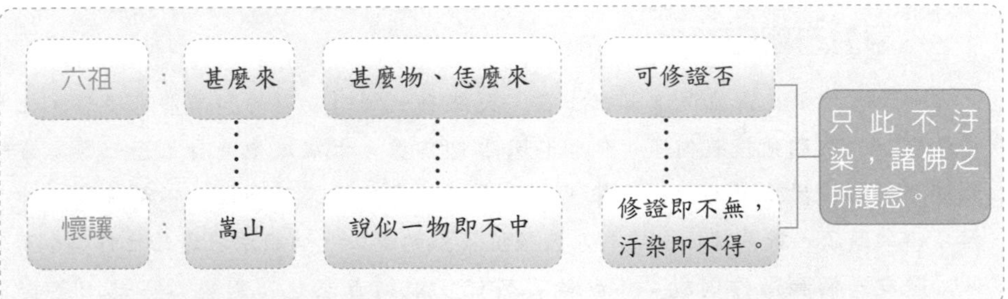

道些對話是禪宗的打機鋒，懷讓禪師也明白，問是什麼東西，既不能說「不是什麼東西」，也不能說「是什麼東西」，所以只好說「不中」，也就是「不可以這麼說」之意。大師問是否可以修正？懷讓說，修正不是不可以，但不汙染就可以了，因為自性要光明。六祖肯定道，這個「不染汙」就是諸佛所護念的妙法。

高人指點

玄覺禪師去參禮六祖大師時，他圍著六祖大師的座位，右繞三匝，轉了三轉，然後拿著錫杖向地上一頓就這樣站在那裡，很有威儀的樣子。六祖見了就說，你是出家人，要具足三千威儀、八萬細行。三千威儀就是指過去一千、現在一千、未來一千。一千又是指行、住、坐、臥各有 250 條威儀，共一千條。八萬細行，就是八萬條最細微之處的威儀。這是高僧大德才具有的威儀。

介紹完六祖對行思、懷讓、玄覺三位禪師的教化後，《壇經》第七品最後又介紹了六祖對智隍禪師等人的教化。

六祖對智隍的教化

智隍禪師最初參禪於五祖弘忍門下，自認為已經得到了正確的禪定之法，就造了一座小茅屋，長期在裡面修習禪定功夫，達20年之久。六祖的弟子玄策遊化到此，便去拜訪。兩人談到「入定」禪理，玄策問他，入定是「有心入定」，還是「無心入定」？若是「有心入定」，則一切有情眾生都應該得入禪定；若是「無心入定」，則無異於草木瓦石。智隍說，他入定時不見有「有入定」及「無入定」之心。玄策說，既無有無入定之心，那就是常定，又何來出入呢？若有出入，那就不是大定。智隍無言以對，得知他師承六祖。六祖所說禪定，是指人原具的本心自性，微妙清淨圓融常寂，既能夠從體起用，也能夠全用歸體，並且體用總是一如。五蘊、六塵本來都是空的，無出相、無入相，沒有定相，也沒有亂相，禪定自性無所住，離一切空寂之相。自心廣大猶如虛空，卻又沒有虛空無量的妄想相。智隍後來參拜六祖，六祖說，的確如玄策所言，只要「心如虛空，不著空見，應用無礙，動靜無心，凡聖情忘，能所俱泯，性相如如，無不定時也。」智隍聽後大悟，不再執著於20年有所得心，後來他開示教化四眾弟子。

六祖對方辯的教化

一天，六祖在清池洗濯五祖法衣，突然有一個叫方辯的和尚前來參拜，他想瞻仰法衣。六祖問他擅長何事，他說善於雕塑佛像。六祖讓他為自己塑一尊。方辯果然塑了一個惟妙惟肖的六祖法像，六祖見了笑著說他只解塑性，不解佛性，伸手撫摸方辯的頭頂，說希望他永遠為人天種植善根的福田，並將法衣送給他作為酬勞。

還有一個和尚作偈說：「臥輪有伎倆，能斷百思想；對境心不起，菩提日日長。」六祖聽了後，說這個作偈的人沒有明心見性，如果依此修行會有束縛，於是開示了一首偈頌：「慧能沒伎倆，不斷百思想；對境心數起，菩提作麼長？」

【名詞解釋】

凡聖情忘，能所俱泯，性相如如，無不定時也：凡情聖解情識俱忘，能緣之心與所緣之境都泯滅，此時本性性相一如，無時不刻不在定中。

六祖對智隍、方辯的教化

六祖對智隍禪師的教化

智隍的「入定」，因有「出入」，所以不是真正的禪定。

若「有心入定」，那一切有情眾生都「有心」，都應該得定。

若「無心入定」，那一切無情眾生如草木瓦石，都得到了這種境界。

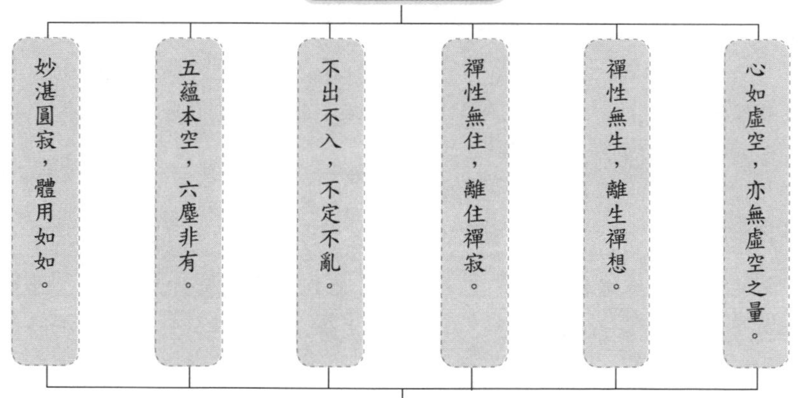

心如虛空，不著空見，應用無礙，動靜無心，凡聖情忘，能所俱泯，性相如如，無不定時也。

高人指點

本品最後說到一個和尚作了一首偈，大意為：那個臥輪和尚很有本事，能把百種思想都了斷，對什麼境界都心念不起，他的菩提智慧與日俱增。六祖慧能聽到這個偈頌，說這個作偈的人還沒有明心見性，於是也作了一首偈，大意為：慧能我沒什麼本事，連斷百種思想的念頭都沒有，境來心生，境去心空，也不知道什麼是菩提。此偈與六祖前面的「本來無一物，何處惹塵埃」的道理是一樣的。

8 頓漸品
頓悟和漸修

《壇經》第八品為頓漸品。頓悟，就是立刻明白了悟佛理。但「理雖頓悟，事須漸修」，頓悟佛理之後，還需一天一天地去努力修行，以證得佛果。

南能北秀

當時，六祖慧能住在曹溪寶林寺，神秀大師住在荊南玉泉寺，南北兩宗弘法教化都非常興盛，人們稱之為「南能北秀」，因此有了南頓北漸二宗的區別。但六祖大師說，佛法本來只有一個宗旨，只不過是弘法者有南北之分；法只有一種，只不過在明心見性的速度上有快慢之別。法本身沒有頓漸之分，而人的根器有利鈍之別，所以才名為頓漸。

神秀門人志誠偷聽法

當時，神秀派門人志誠前去慧能處聽法，回來轉告。志誠到達不久便被六祖發現。六祖問他神秀如何開示大眾。他說，神秀常常指導教誨眾人，要住心一處以觀其淨，常修禪坐不能躺倒。六祖說，住心一處以觀淨相，這是禪病，不是參禪；經常打坐拘禁身體，對參悟妙理沒有任何好處。人活著的時候只知道長坐不臥，死了卻長臥不坐，身體不過一副皮囊，何必要設立長坐不臥的功課呢？

志誠開悟

六祖問志誠，神秀如何開示戒、定、慧法。他說「諸惡莫作名為戒，諸善奉行名為慧，自淨其意名為定。」六祖告訴他，自己並沒有佛法可傳授，只是隨眾生的根器來做方便開示。他所說的戒、定、慧法是接引最上乘的人，因為每個人的領悟力有所不同，見性有快慢之分，但所有法都離不開見性成佛，若離開自性本心去說法，那就是著相而說，自性會被無明迷惑。神秀大師的「戒、定、慧」是勸小根智人的修行方法，而他的「戒、定、慧」法是勸大根智之人的。只有真實體悟自性本體無一法可得，就能夠在此本體上，彰顯萬法的一切妙用。真正見性之人，立佛法可見自性，不立佛法也可見自性，自性如如，自由自在，毫無掛礙。志誠又請教什麼是「不立」，慧能說，自性是能遍現一切而悠然自得的，宗門行法一向是不離自性而自悟本心，當下開悟就當下修證，沒有什麼漸次修學之事，因此說不立一切法相，何況諸法體性本來寂滅，本無次第可安立。志誠聽後大悟，願為侍者。

頓漸品：頓悟和漸修

南能北秀

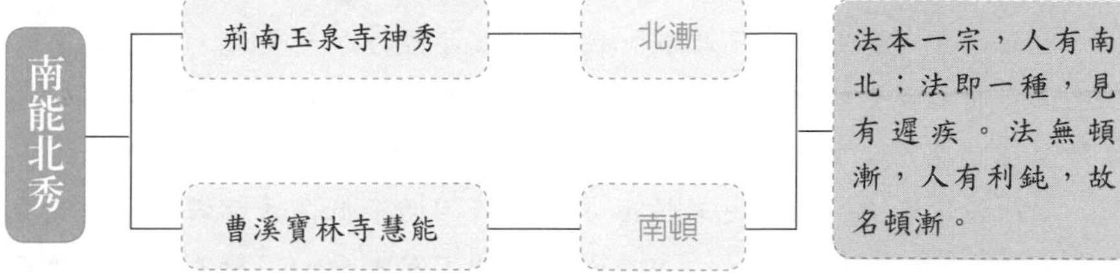

南能北秀不同的修行方法

	開示方法	戒、定、慧	
神秀	住心觀靜，長坐不臥。	諸惡莫作名為戒，諸善奉行名為慧，自淨其意名為定。	神秀之「戒、定、慧」是接引大乘修行者，勸小根智之人。
慧能	住心觀靜，是病非禪；長坐拘身，於理何益？	隨眾生根器方便開示，以解除眾生心中疑惑和執著。「一切萬法，皆從自性起用，是真戒定慧法。」	慧能之「戒、定、慧」是接引最上乘的人，勸大根智之人。

高人指點

六祖慧能談到頓宗之戒、定、慧法時，說道：「須知一切萬法，皆從自性起用，是真戒定慧法。」為此，他作偈云：

心地無非自性戒，
心地無癡自性慧，
心地無亂自性定，
不增不減自金剛，
身去身來本三昧。

心裡沒有一切是非心，如貪心、嗔心、嫉妒心等，就是自性的清淨戒律。
心裡沒有任何愚癡妄念，就是自性的本具智慧。
心裡始終沒有散亂相，也就是時刻自淨其意念，就是自性的根本禪定。
在聖不增，在凡不減，就是自性本覺的金剛不壞之體。
身體行住坐臥，自由來去，就是在自性本具的三昧正定境界中。

當時禪宗南北分化，兩位宗主雖然沒有彼我的對立之意，但他們的門人卻生起爭鬥之心。北宗的門人立神秀為第六祖，又擔心五祖給慧能傳法衣之事為天下人皆知，便囑咐一個江西僧人來暗殺六祖。此人姓張，叫行昌，從小就豪放俠義。

行昌加害慧能

六祖心通，事先預知了此事，在行昌來行刺的那天晚上，預先放了10兩黃金在座位中間。等到行昌潛入方丈室後，六祖伸長脖子讓他砍殺。他連砍三刀，六祖卻全無損傷。六祖說，邪不勝正，我只在前生欠了你10兩黃金，並不欠你的命，你把錢拿走吧。行昌見此情形非常驚訝，過了很久才清醒過來，於是他向六祖哀求懺悔，願出家修行。六祖擔心自己門下有人會加害於他，便讓他日後改變容貌再來找他。行昌在六祖指示下逃走，後來投到別的僧團出家，受持比丘具足戒，精進修行。

行昌大徹

一天，行昌想起六祖的話，便來禮拜。六祖說已經等了他很長時間了。行昌感謝六祖的救度之恩，並請教《涅槃經》中「常與無常」的含義。六祖說，佛說佛性是「常」，是對執著於一切無常的人來說的；佛說佛性「無常」，是對執著於一切有常的人來說的。所以，如果說佛性是常，那就沒有什麼善惡諸法可說，一切眾生早已成佛，那窮盡未來無數個劫數，都不會有一個人發菩提心。慧能所說的「無常」，就是佛所說的「真常不滅」的道理。另外，一切諸法，假如是無常的，那世間萬物都有自性，能夠接受生死，那麼妙真常性就有不遍及的地方。所以，慧能所說的「常」就是佛所說「真正無常」的道理。佛陀是為了凡夫外道執著於「無常為常」，而二小乘者又把「常」計為了「無常」，相合而成八種顛倒見。所以，《涅槃經》的教義，是破斥他們的偏見，明確指示佛性真常、真樂、真我、真淨的圓滿四德。你以「斷滅」當做無常，又認定「死板不變」為「常」，完全錯解了佛陀圓融微妙的真諦，就算看上千遍《涅槃經》，也無益處。行昌聞言大悟，六祖說他如今已經大徹大悟了，應該改名為「志徹」，志徹於是向六祖頂禮拜謝而退。

【名詞解釋】

心通：即他心通，謂能知眾生之心態。佛教中所說的六種神通之一。

具戒：即具足戒，出家比丘或比丘尼所能受持的最高戒律。

六祖開示行昌

行昌的疑惑

	佛經所言	慧能所言
何為常？	佛性是常	有常者，即一切善惡諸法分別心也。
何為無常？	諸法善惡乃至菩提心，皆是無常。	無常者，即佛性也。

慧能所說，與經文相矛盾，令行昌大為疑惑。

慧能的開示

佛性若常 → 無善惡諸法，無發菩提心者。 → 慧能說「無常」正是佛說真常之道。

一切諸法若無常 → 物物皆有自性，容受生死，而真常性有不遍之處。 → 慧能說「常」正是佛說真無常義。

眾生佛性若常，無善惡行為之分。

一切諸法若無常，眾生皆有自性，不再執迷。

高人指點

佛經上說「佛性是常」，其實是針對一切「執著無常」的人來說的；佛說「無常」，是針對一切「執著有常」的人來說的。行昌以「斷滅」當做「無常」，又認定「死板不變」是「常」，錯解經義。

當時有一個叫神會的小沙彌，是湖北襄陽高氏人家的孩子。他13歲時，從荊南玉泉寺遠來參拜六祖大師。

神會遠來參拜

從湖北到廣州大約有一兩千里。六祖見神會遠道而來，便問道，你這一路走來一定非常辛苦，不知道你是否已經明心見性。神會說，以無所住為根本，見的本身也就是明心見性。六祖呵責他很莽撞，只說了別人的口頭禪。神會便問六祖坐禪，有沒有明心見性呢？六祖聞言，用禪杖打了神會三下，問他痛不痛。神會說「亦痛亦不痛」。大師便說道：「亦見亦不見」，說「見」，是時常見到自己的過失，而「不見」別人的是非、好壞。而你所說「亦痛亦不痛」，如果說「不痛」，那你形同無情的木石一般；如果說「痛」，那就等同於世間凡夫，當下生起怨恨之心。你前面說「見」與「不見」墮在了兩邊，「痛」與「不痛」落入生滅，你尚未明心見性，還來捉弄人。神會聽了跪拜懺悔。

六祖開示

六祖接著說道：如果你未明心見性，就應該問見性之路；如果已經明心見性，就應該依法修行。現在你被無明迷惑未能見性，卻來問我是否見性。我是否見性，心中自然明瞭，並不能取代你心中的迷惑。你如果見性，同樣也不能取代我心中的迷惑，你為什麼不下功夫去明見自己的本性呢？神會聽了向六祖叩拜，祈求謝罪，並從此服侍六祖，不離半步。

一天，六祖對眾人說，他有一物，無頭無尾，無名無字，無背無面，此是何物？神會回答道：「是諸佛之本源，神會之佛性。」六祖說，說了無名無字，你還叫它做「本源佛性」，將來就算你成了主持，也只是一個在名相上求知解的宗徒罷了。六祖滅度後，神會在京城洛陽大力弘揚頓教法門，著有《顯宗記》盛行於世，世人稱他為「菏澤禪師」。

六祖眼見諸宗學人互相問難於佛法，便召集弟子，憐憫地開示道：修學佛道的人，一切善念惡念，都應除去，連名都沒有，這就是自性。自性是無二之性，又叫實性，在實性的基礎上建立的一切教門，當下便能頓悟。

【名詞解釋】

覓路：向人請教見性之方法而使心悟。

諸宗：佛教中因對教義側重發揮點不同，分化出不同的宗派。唐代有華嚴、天臺、三論、法相、淨土、禪宗、律宗和密宗八大宗派。

六祖開示神會

神會

神會是禪宗六祖慧能晚期弟子，菏澤宗的創始者，是建立南宗的一個得力人物。他俗姓高，湖北襄陽人。童年從師學五經，繼而研究老、莊，都很有造詣。後來讀《後漢書》知道有佛教，由此傾心佛法。他理解經論，但不喜講說。他在曹溪時深受慧能器重，慧能知道他的禪學已經純熟，將示寂時即授予印記。

六祖開示

六祖	「亦見亦不見：	「亦見」：常見自心過愆。	明心見性
		「亦不見」：不見他人是非好惡。	
神會	「亦痛亦不痛」	「亦痛」：則同凡夫，即起恚恨。	落於生滅，未明心見性。
		「亦不痛」：同其木石。	

高人指點

六祖圓寂後，弟子雖多，但能夠通宗通教、飽覽儒道群書、深入三藏教誨、熱心國事安危的大師像神會這樣的人，則不做第二位想。六祖門下諸師，多在中國南方，形成山林佛教，唯有神會大師一人北上中原，與當時神秀禪師門下的普寂、義福、敬賢、惠福等四位大師們傳持的北宗禪，分庭抗禮，大事闡揚曹溪慧能的南宗禪；並且開創了菏澤宗，為南宗禪在北方奠定江山。

《顯宗記》是說明南宗六祖大師是有印證的、傳佛心印的真正的六祖。而神秀則是偽造、無印證的。正是因為《顯宗記》表述清晰明瞭，廣為流行，神秀弟子再無力反駁。南宗成為禪門正宗。

9 宣詔品 皇帝召見

《壇經》第九品為宣詔品，詔是皇帝詔書。宣詔品，就是薛簡宣讀皇帝的詔書，迎請六祖到京都去。但六祖則推脫有病，並向薛簡闡述了禪法。

薛簡來迎

唐朝中宗皇帝神龍元年（705年）正月十五日，武則天和中宗皇帝聯合下詔書說，朕本想迎請慧安、神秀兩位大師在宮中供養，偶有閒暇參究佛法妙理。但兩位大師推讓說，南方有慧能禪師，曾祕密受持五祖弘忍法衣心印，可向他問道。現在派遣宮中內侍薛簡前來迎請大師，希望大師慈悲為懷，迅速趕赴來京。六祖大師接旨後，上表推脫有病，願意終老山林。

薛簡問道

薛簡說，京城中的禪師們都說要想體證菩提大道，必須坐禪修定，從來沒有不經由坐禪而得解脫者。他問六祖大師對此有什麼看法。六祖大師說，菩提大道是從自心中體悟來的，無需在坐禪上下功夫。佛經上說，如果說「如來如坐如臥」，那是人行邪道。因為如來是無所從來、無所從去、無生無滅的，這才是如來禪。諸法體性本自空寂，這是如來的清淨坐。究竟來說，連菩提妙果都是不可證得的，更何況是禪坐呢。

薛簡又說自己返回京城後，皇上一定會詢問大師的佛法要旨。希望大師能以慈悲為懷，指示禪門心要，以便回奏給兩宮及京城的學道之人。就好像用一盞明燈去點亮千百盞燈，讓黑暗的燈都亮起來，使光明無窮無盡。六祖大師回答，道的本體沒有明暗，明暗只是一種代謝交替。說光明「無窮盡」，其實仍是「有盡」，因為「無盡」是相對「有盡」來說的。所以《維摩詰經》上說，萬法是沒有可比性的，因為它是絕對的，不是相對的。

薛簡問道：以明比喻智慧，以暗比喻煩惱。修道之人，倘若不是以智慧來照破所有的煩惱，那沒有開始的生死輪迴，憑什麼可以出離呢？大師回答說：煩惱就是菩提覺性，它們沒有差別，不是兩種不同的東西。如果說用智慧來照破煩惱，這是二乘聲聞緣覺的見解，猶如《法華經》中羊車、鹿車所比喻的根機。有最上智慧和最大善根的眾生，都不是這樣的見解。

宣詔品：皇帝召見

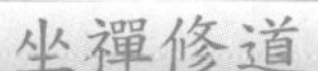

坐禪修道

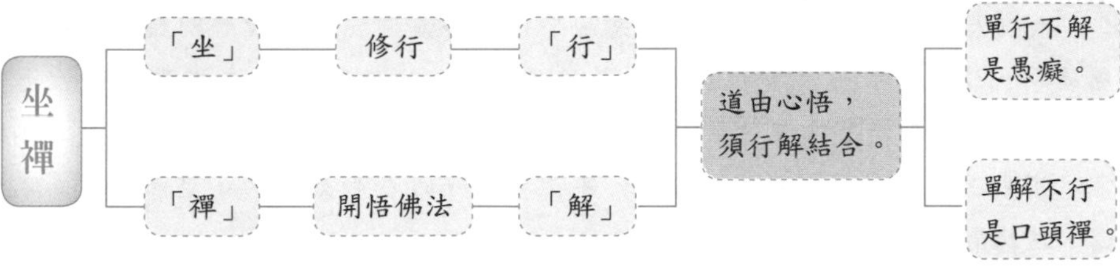

薛簡的比喻

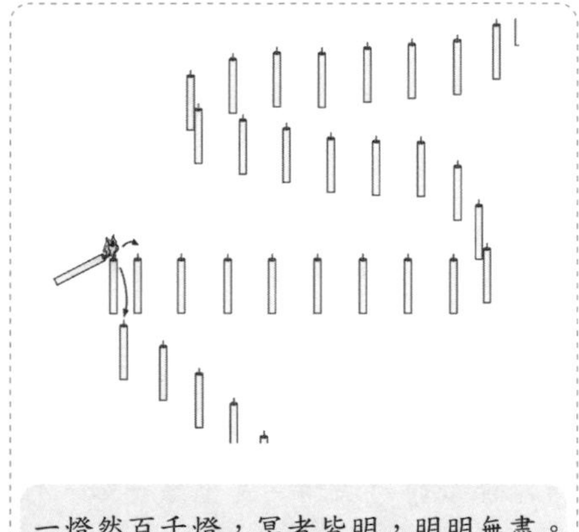

一燈然百千燈，冥者皆明，明明無盡。

對於薛簡的明暗比喻，六祖大師回答道：「道無明暗，明暗是代謝之義；明明無盡，亦是有盡，相待立名。故淨名經云：法無有比，無相待故。」道的本體，也就是自性的本體是無明暗之分的，明暗是一種交替，無明則暗，暗則無明。明明無盡，也是有盡的，因為它是一種相對法。所以《維摩詰經》中說，法是無法比擬的，因為它是絕對的，不是相對的。

高人指點

智常在六祖開示下大悟，他自己也作了一首偈頌。

薛簡的觀點：明喻智慧，暗喻煩惱　以智慧照破煩惱　出離生死輪迴

薛簡的觀點存有法執，他執著於十二因緣的輪轉，以打破十二因緣來解脫生死。這是小乘修行者的觀點。

六祖慧能觀點：煩惱即菩提，本無二別。

諸法皆空，所謂的煩惱和菩提，其實都是遮蔽本來自性的塵垢。一旦明心見性，就會發現它們的本質其實是一體的。

前面六祖慧能說「以智慧照破煩惱者，此是二乘見解」，薛簡便又問什麼才是大乘的見解。

實性是道

六祖大師說，明與無明，在凡夫看來是兩種差別相，而智者明白它們的本性並無差別，這就是實性。實性在凡夫愚迷的人那裡並不減少，在聖賢者那裡也不會增多；在煩惱的境界裡不會散亂，在禪定寂靜的境界裡也不會空寂。它是「不斷不常，不來不去，不在中間及其內外，不生不滅，性相如如」的，湛然常住而不會變遷，這就是「道」。

薛簡又問，六祖所說的「不生不滅」，與外道所說的不生不滅，有何不同之處。大師回答說：外道所說的「不生不滅」，是用滅去停止生，用生來顯示滅。儘管滅了卻不是真滅，儘管生了卻不是真生。而我所說的「不生不滅」，從來就沒有生，所以也沒有滅，這跟外道是不相同的。你如果想了知禪門心要，那就是對待一切善惡諸法都不去思量分別，自然就能夠悟入清淨汙染的自心本性。此本性是湛然常寂、恆常清淨的，其妙用就如同恆河沙一樣，是永遠無盡的。

詔書獎諭六祖

薛簡得到六祖的教化，豁然大悟，於是向大師頂禮拜別，回宮向皇上奏明六祖大師的開示。同年九月三日，有詔書來獎諭六祖大師，詔書上說：大師年老多疾，懇辭入京，躬身為朕修道，真是國家的福田。大師就像《淨名經》中的維摩詰居士托疾在毗耶城。您所闡揚的大乘佛法，是傳諸佛心印的法門，是生滅一如、性相不二的。薛簡已經轉奏了大師的如來知見，朕有幸於多劫中積善，種下了菩提善根，才能遇到您這樣的高僧大德降世，讓我立刻了悟了上乘的妙理。朕感師恩，難表萬一，願永頂禮叩拜。同時奉上大師磨衲袈裟一件及水晶缽一只，敕令韶州刺史重新整飾大師所居住的廟宇，並賜名大師故居為「國恩寺」。

而作為六祖弘法、示寂以及輯錄《六祖壇經》的名寺，國恩寺也與慧能落髮的廣州光孝寺、弘法曹溪南華寺鼎足而立，並稱六祖三大祖庭。

【名詞解釋】

如如：法性之理體不二平等曰如，彼此之諸法皆如，故云如如，是正智所契之理體也。

外道：《俱舍玄義》提出「學乖諦理，隨自妄旨不返內學，稱為外道。」

宣詔品：皇帝召見

實性是道

《壇經》此處關於實性的描述，與《心經》中對「諸法空相」的描述：「不生不滅、不垢不淨、不增不減」，其實是對同一本具自性的兩種不同陳述方法而已。

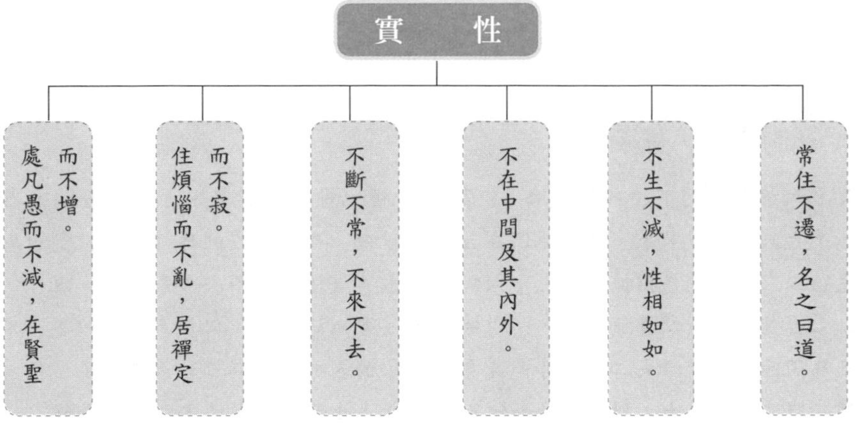

「不生不滅」的含義

不生不滅

- 外道的「不生不滅」——「將滅止生，以生顯滅，滅猶不滅，生說不生。」
- 六祖的「不生不滅」——「本自無生，今亦不滅」，從來都沒有生，也沒有滅，不同於外道。

高人指點

磨衲是當時高麗國出產的很名貴的紗，進貢給中國，只有皇帝才能擁有。皇上用此做成袈裟送給慧能大師，袈裟上繡有很多佛像。皇上還為慧能興修國恩寺，國恩寺是六祖故居，也是六祖弘法、圓寂之地。據說國恩寺的報恩塔內有七顆舍利子，可能是禪宗某個祖師的舍利，代代相傳，傳到六祖慧能。慧能為報父母恩，將舍利子埋在報恩塔下，作為鎮塔之寶。

佛塔

10 付囑品 六祖的囑咐

《壇經》第十品是付囑品，付就是吩咐，囑是囑託。付，又有「給」之意，所以「付囑」也就是給他們一個囑咐。如付囑門人以三十六對法教人，以契合中道實相等。

六祖囑咐十大入室弟子

一天，六祖召喚門下的弟子法海、志誠、法達、神會、智常、智通、志徹、志道、法珍、法如十大入室弟子前來，囑咐他們在自己圓寂後，各為一方的禪師。六祖囑咐說，你們說法時應該以三科法門為根據，以三十六對法為本，這樣才能不失禪宗宗旨。說一切法都不要離開本心自性。面對問佛法的人，所說的話一定要一語雙關，以相對法來回答。來來去去總是相互為因的，這樣除去二法，才是究竟，問法的人也就沒有可執著之處了。接著，六祖詳細說明三科法門、三十六對法，及如何不離自性。此部分內容請參考下頁圖解。

自性要隨緣動用

六祖說道，真如自性要隨緣所動。和人言談時，對外要有一切相而又離一切相，對內要有空而又離空。如果執著外相，就會生出邪知邪見；如果執著於空，就會使無明增長。執著於空的人常常有誹謗經典的言行舉止，說白了，就是不立文字。或者說，「直道不立文字」，要知道不立文字的「不立」也是文字，這樣的人自己迷誤也就罷了，還要誹謗佛經，其罪過和業障是無量無邊的。

如果執著於外在的境相為實，用妄心去做種種著相之事來求真理，或廣立道場，或說「有」、「無」的過患，這樣的人就是經過無量劫也不能頓見本性。六祖說，你們應該按照我所說的法去修行，但又不要百物不思、沉於空寂，使修道的自性反倒成了掛礙。如果光聽法，不去修行，反而會令人生出邪念。你們要依法修行，不住相地進行法施，這樣就不會失去本門的宗旨了。

如果有人問佛經的義理，問「有」就對以「無」；問「無」對以「有」；問「凡」對以「聖」；問「聖」對以「凡」。兩種道理相因相循，從中生出中道實義。其餘的一切問題，都這樣來答覆，就不會丟失頓教的宗旨。比如有人問 「什麼是暗」，就答「明是因，暗是緣；明沒則暗，以明顯暗，以暗顯明，來去相因，成中道義。」其餘一切問題都像這樣來回答。

六祖囑咐十大入室弟子

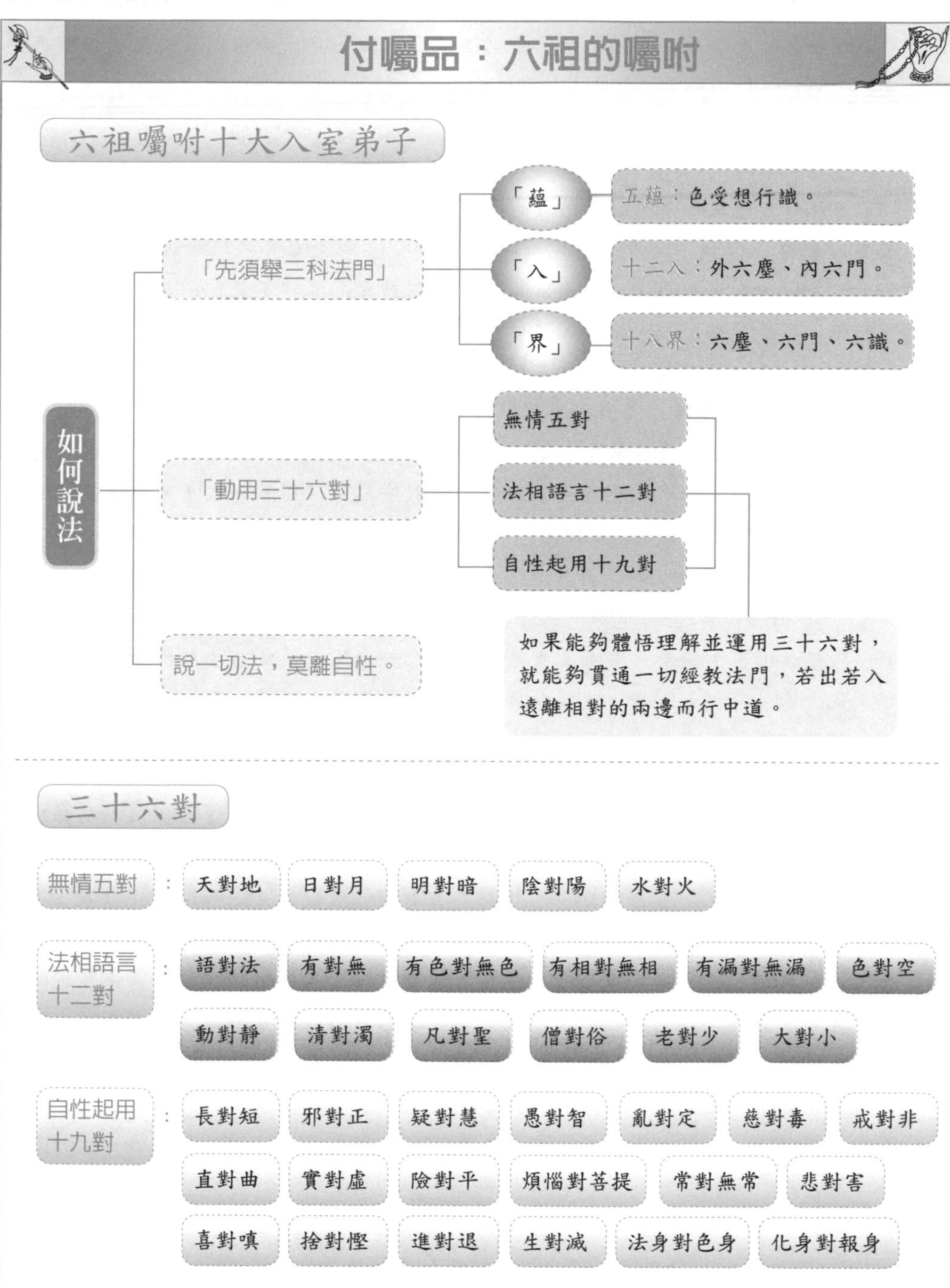

高人指點

此部分中六祖說到，自性中含藏著一切萬法，稱為「含藏識」。如果生起思量心，那就是第七末那識，也就是我執。第七識又生出眼、耳、鼻、舌、身、意六識，六識入六根，而得見六塵，這樣說來，十八界都是從真如自性中發起的功用。

六祖大師在唐睿宗太極元年，歲次壬子，延和七月，吩咐門人前往新州國恩寺建塔，督促他們，到第二年夏末的時候完工。

六祖將行

七月一日這天，六祖召集所有的門徒，說自己在今年八月份即將離開人世，如果有疑問儘早來問，他會解答以破除他們的癡迷。法海等弟子聽說後，都哭泣起來，只有神會無動於衷。六祖大師見此，誇讚神會對善與不善能同等對待，不為毀譽所動，不生哀樂之心，批評了其他門徒。他說，他很清楚將去往何處，不然也不會預先告知滅度的時間。徒眾們無須悲傷，因為諸法體性是無生無滅的。接著，六祖為他們說了一首偈《真假動靜偈》，告訴他們：真如本性在妙用上能分別諸法相，但在第一義上卻是如如不動的，只要堅持這樣的見地，就能體會真如的妙用，並奉勸他們努力修行，不要在大乘佛法的頓教法門中，還執著於生死的識見。徒眾們聽了這首偈頌後，都向六祖頂禮。

不傳法衣

得知六祖不久於世，法海上座跪拜問，大師入滅以後法衣要傳付給何人。大師說：他自大梵寺開始說法，直至今日，所說之法都可以記錄下來，流傳開去，經名叫《法寶壇經》。只要依此經所說，就是正道。今日僅說法，不再傳法衣，因為你們的信根純熟，足以擔當弘法大任。並且，根據初祖達摩大師傳授偈頌的意思，法衣到我這一代就不再代代相傳。六祖大師接著又說道：如果想成就佛的一切種智，必須要透達一相三昧及一行三昧。一相三昧，就是在一切處都不住相，在一切境界中都不生憎愛之心，也無取捨，不顧念是否有利益或成敗。心裡沒有任何事，也沒有什麼波瀾，內心清虛圓融而淡泊無執。一行三昧，就是在一切處，不論行、住、坐、臥，時刻都是直心。直心便是道場，直言直行，不動道場，就是真正成就的淨土。後來，大師又囑咐，頓教法門本來沒有二相，心性也是如此。菩提覺道本來清淨，沒有諸多妄相。雖然說沒有諸相，但也不要執著於「觀靜」及「空心」，心的本性本來清淨，沒有什麼可取、可捨之處。

【名詞解釋】

信根：因誠信而累積的善根。此處指對宗門「不立文字，教外別傳，直指人心，見性成佛」生清淨正信，無纖毫疑惑。

六祖將行，不傳法衣

《真假動靜偈》

一切無有真，不以見於真；	一切萬法都是幻滅非真實的，不要見幻象以為真。
若見於真者，是見盡非真。	如果認為已經見到真的話，那這種所見都不是真的。
若能自有真，離假即心真；	若能自心悟到真，則當知遠離一切妄相即是心真。
自心不離假，無真何處真？	自心若不能離一切妄相，所見都非真又去哪裡尋真？
有情即解動，無情即不動。	有情眾生本來就明白「動」，無情木石不會動。
若修不動行，同無情不動。	如果修行長坐不動的禪，那與無情木石沒有兩樣。
若覓真不動，動上有不動，	如果想覓見真正不動的本心，那動中的不動就是了。
不動走不動，無情無佛種。	若修不動行，就同木石一般無佛種自性。
能善分別相，第一義不動，	自性本性的妙用能分別一切諸法，第一義則如如不動。
但作如此見，即是真如用。	堅持這樣的見地，就能體悟真如妙用。
報諸學道人，努力須用意；	諸位修學佛道者，要努力體會。
莫於大乘門，卻執生死智。	不要於大乘頓法中，執著於生死。
若言下相應，即共論佛義；	若與人言談言下契合，那就與他共議佛法。
若實不相應，合掌令歡喜。	若言談不能相應，也要合掌恭敬才是。
此宗本無諍，諍即失道意，	此宗門一向無諍，若起爭執則有失修道本意。
執逆諍法門，自性入生死。	執著於爭論等不善法門，心性會墮入生死苦海不得解脫。

高人指點

六祖慧能說，若欲成就佛所具有的種智，「須達一相三昧、一行三昧」。

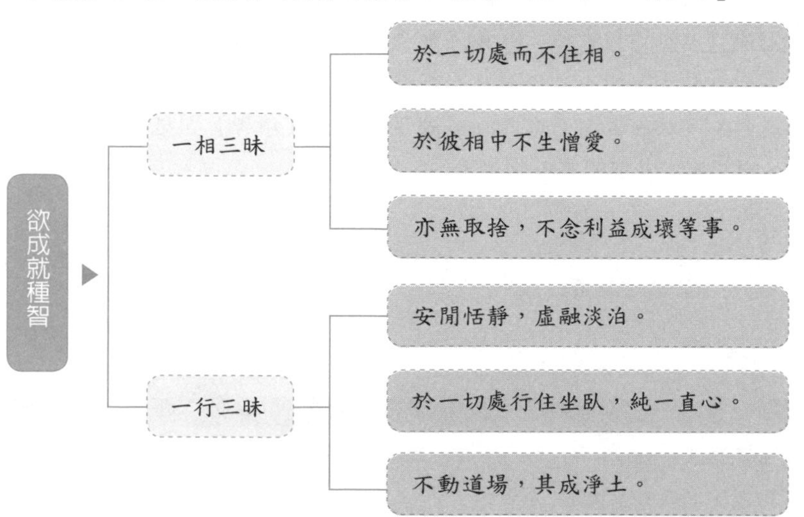

七月八日，六祖忽然對門人說，他打算回新州了。眾人苦苦哀求挽留，六祖說，諸佛出現於世間，尚且都要示現涅槃。有來必有去，這是理所當然的。

六祖離世前預言

大師說：「落葉歸根，來時無口」，意思是生命有如落葉一樣要歸於樹根，再沒有來時。而宗法心印只有有道之人才能得到，沒有一切妄心的人自然能夠通達。接著，六祖預言，他入滅五六年後會有人來取他的首級。他滅度70年後，將有兩位大菩薩從東方來，一個在家修行，一個出家修行，他們同時大興教化，建立禪門宗風，重建整頓道場，昌盛宗門發脈。然後，六祖告知眾人，自最初的佛祖應現世間以來，已經過了七佛三十二祖，到慧能為三十三祖。

六祖入滅

唐玄宗二年八月初三日，六祖在國恩寺用畢齋飯後，向門徒們告別。法海再次請問，如何明心見性。大師說，後代愚迷之人，如果能夠體識到眾生的本源自性，就是佛性；如果不能夠體識到，那就是經過萬劫來尋找佛也是難以相逢的。你們要認識自心的眾生，來見自心的佛性。要想見佛性，就必須認識到眾生，因為眾生遮迷了佛性，不是佛性遮迷了眾生。自性若是開悟，當下就是佛性；自性若是被迷惑，佛就是眾生。真如自性是平等如一的。對此，六祖作了《自性真佛偈》供弟子們揣摩、持誦。

說完偈頌後，六祖囑咐門人在其滅度後不要有世人悲情之態。只要能識自本心，見自本性，即可安住於無動無靜、無生無滅、無去無來、無是無非、無住無往的自性定中。依此修行，就能與慧能心意相通，如同慧能在世一般。當夜三更時分，大師於端坐時忽然圓寂。其真身遷回曹溪寶林供奉，到第二年七月二十五日，其真身出龕，他的弟子方辯用香泥等塗在肉身上，肉身至今不腐。六祖滅度時年76歲。他24歲得五祖傳授衣缽，39歲落髮受具足戒，而後說法達37年之久。得其宗旨繼承法嗣的有43人，明心見性超凡脫俗的不計其數。六祖真身及磨衲袈裟、寶缽、法衣等道具都安放在國恩寺塔內，另外廣傳《法寶壇經》。這些舉措都是為了興隆佛、法、僧三寶，普遍利益一切眾生。

【名詞解釋】

龕：指盛放慧能大師坐化的棺木。

香泥：以香末搗碎成泥狀。

六祖圓寂

佛和眾生

海面波濤翻滾，海裡卻平靜一如，如同眾生與佛。

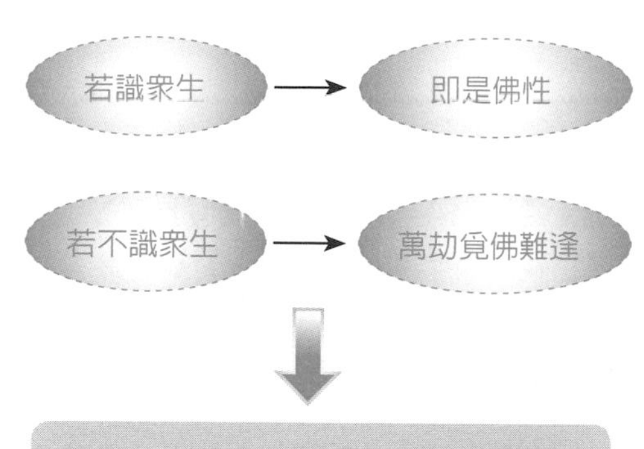

欲求見佛，但識眾生；只為眾生迷佛，非佛迷眾生。自性若悟，眾生是佛；自性若迷，佛是眾生。

六祖入滅

《壇經》中記載，六祖是結雙跏趺坐時忽然入滅的，「奄然遷化」，也就是忽然之間就斷氣了；「遷化」是搬家之意。入滅的時候，「異香滿室，白虹屬地，林木變白，禽獸哀鳴」，滿屋子裡充盈著奇異的香味，天空中一道白虹直接大地，把林木都照成白色（還有一種說法是：林木都為六祖圓寂生出悲哀，好像穿上了孝服一般，變成白色），山上的飛禽都發出悲哀的鳴叫聲。

高人指點

當時，廣州、韶州等各州郡及六祖門下的眾多弟子都爭著迎請六祖的真身，難以決定歸於何處。於是有弟子燃香禱告，說香煙所指就是大師真身歸宿之地。當時香煙一直飛往曹溪寶林的方向。於是在十一月十三日，將六祖坐化的神龕以及傳承的衣缽，由新州國恩寺遷回曹溪寶林寺供奉。

第16章 《壇經》重點經段解讀

1 無二之性 佛性

法師講《涅槃經》，明佛性是佛法不二之法。如高貴德王菩薩白佛言：犯四重禁，作五逆罪，及一闡提等，當斷善根佛性否？」佛言：「善根有二：一者常，二者無常；佛性非常非無常，是故不斷，名為不二。」一者善，二者不善；佛性非善非不善，是名不二。蘊之與界，凡夫見二，智者了達其性無二；無二之性，即是佛性。」

佛性是否會斷

以上經文出自《壇經》第一品行由品，慧能避難後來到廣州法性寺，與該寺的主持印宗法師的對話。印宗法師精通《涅槃經》。當他聽到慧能說「不是風動，不是幡動，仁者心動」後，很快認出他便是黃梅五祖的衣法傳人，便向他請教佛法。當他問及什麼是佛法的不二法門時，六祖慧能便回答了以上的這段文字。他說，法師您剛剛講的《涅槃經》就明示了佛性就是佛法的不二之法。如《涅槃經》上高貴德王菩薩問佛說，「犯了四重禁、五逆罪及一闡提的人，是不是就斷了善根佛性呢？」四重禁、五逆罪、一闡提都是佛教戒律上的大罪。四重禁又叫四重罪，指犯了殺生、偷盜、邪淫、妄語等四種過失。五逆罪又叫五無間業，指殺父、殺母、殺阿羅漢、破和合僧及出佛身血五種重罪，此五罪不可救，犯者必入地獄。一闡提又叫斷善根種子，此類人因不信因果、無有慚愧、不信業報、不見現在及未來世、不親善友、不隨諸佛所說教戒，萬佛出世，不得救拔。犯下如此大罪的人，其善根是不是斷了呢？佛性是不是沒有了呢？

佛性是不二之性

對於高貴德王菩薩的問題，佛回答說，善根有兩種，一種是常，一種是無常。但是佛性並沒有常與無常之分，所以不斷，這就稱為不二法門。其次，五戒、十善是「善」，五逆十惡是「惡」，但佛性不是善，也不是不善，這就稱為不二法門。又如色、受、想、行、識五蘊和六根、六塵、六識這十八界，在愚迷的凡夫看來是兩種分別相，然而智者了達諸法實相，知道它們的本性是無二的，這無二的本性，就是佛性。

【佛法提示】

縱觀整部《壇經》我們不難發現，六祖慧能在講法時，大體上都是以「不二法門」作為中心思想，他的頓教禪法也正是建立在「無二之性即是實性」、「實性者即是佛性」的思想基礎上的。

無二之性：佛性

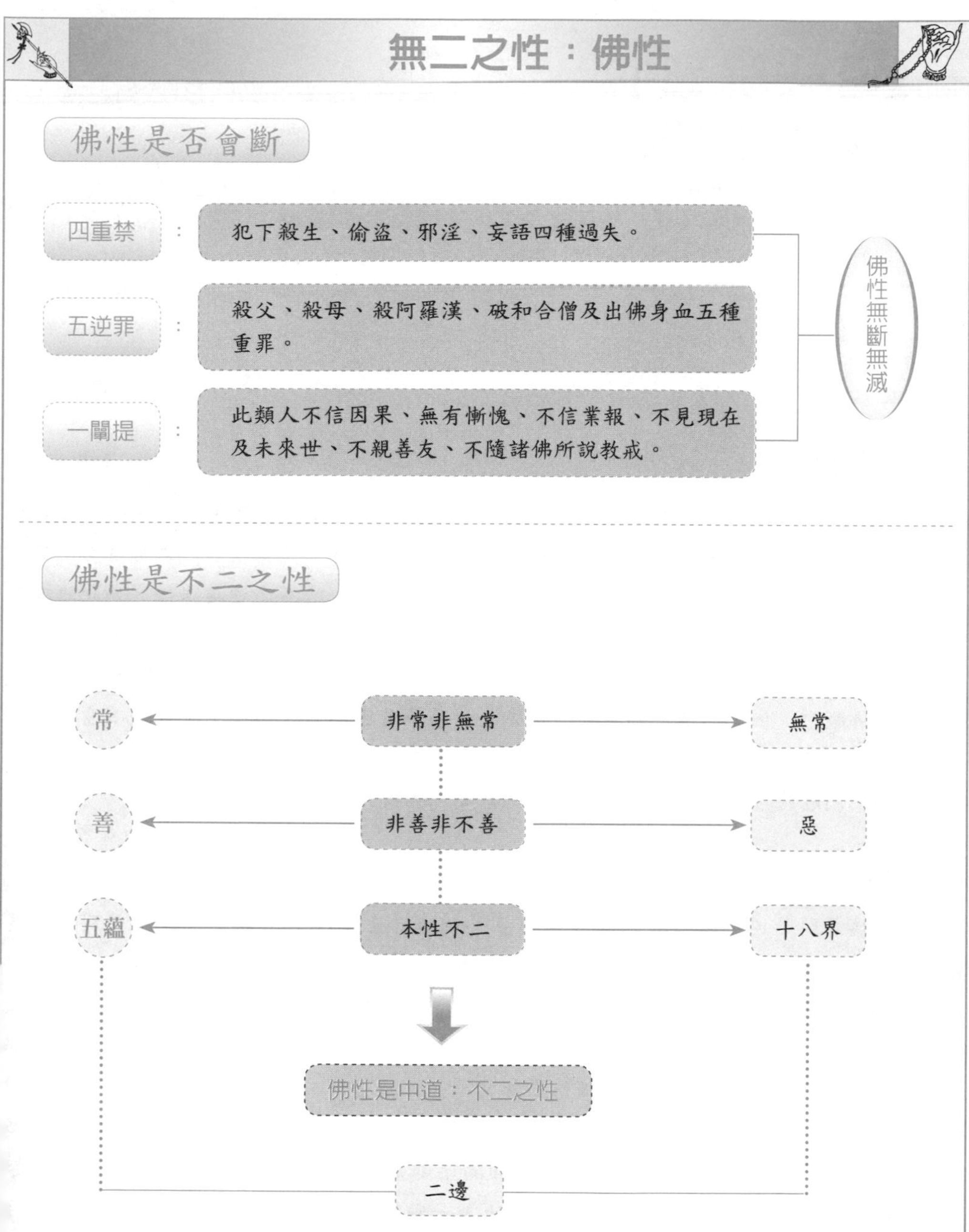

高人指點

六祖慧能的佛性不二思想，是受《摩訶般若經》、《維摩詰經》等般若系經典的般若性空說和「不二法門」的中道實相思想的影響，因為中道實相規定對物質、精神現象或一切有無採取「不取不捨」的態度。佛性作為諸法實相，它只有超越諸法的兩邊，才能顯現諸法真實。所以，慧能說佛性非常非無常、非善非不善、無垢無淨。

2 去除執心 通達無礙

善知識！內外不住，去來自由，能除執心，通達無礙。能修此行，與《般若經》本無差別。善知識！一切修多羅及諸文字、大小二乘、十二部經，皆因人置，因智慧性，方能建立。若無世人，一切萬法本自不有。故知萬法本自人興；一切經書，因人說有。

般若經修行

《壇經》第二品中，六祖慧能說，修般若行應該「內外不住」，即內無身心、外無世界，但也不是頑空，而是內不執著於六根，外不執著於六塵，這樣就能「來去自由」了。「來」可以說是「回來」，回觀身心自在；「去」是「去」法界！通達法性，如此雖有來有去，但不執著，就是「自由」。內外無著，無所掛礙，就能去來自由了。來去自由可以說心，也可以說是法性，也就是說生死來去皆得自在。願意往生便往生，願意入滅即入滅。所以佛教中，但凡悟道成佛者都能預先告知弟子自己的滅度時間，也能隨心意往生。如六祖在禪定時忽然就入滅了，三祖手抓樹枝就圓寂了，還有高僧在談笑之中就往生了，都是因為他們能夠「去來自由」，去除了執著心，就能「通達無礙」。

不要執著於佛經

六祖接著開示道：修行這樣的般若智慧，就與《金剛經》所開示的沒有差別了。其實，「一切修多羅及諸文字、大小二乘、十二部經，皆因人置。」修多羅是梵語，譯成中文是「經」，經是上契諸佛之理，下契眾生之機，所以又叫契經。大小二乘，大乘指對大根器人說的經典，如般若、法華等；小乘指對小根器人所說的經典，如四阿含等。十二部經是指印度佛典的一種分類形式，漢傳佛教常以此作為全部大藏經的代名詞。無論大乘、小乘，一切的經典文字和十二部經，都是因為有人才存在的，是依照人的智慧性，才能設立這一切的法。所以，如果沒有人，這一切的法都是不存在的。這裡是六祖慧能告訴眾生，不要執著於佛經，因為佛經為人所設，也是一種方便，不是根本的佛性。

【佛法提示】

有人認為持受戒律也是一種執著，應該去掉。其實佛教去除執著之心，是要去除不合乎道的事物的執著，如各種過錯、罪惡；而遵守戒律是一種修持，是成佛的必經之路。若以為守戒也是執著，那就是邪知邪見，遠離修佛之道。

去除執心：通達無礙

般若經修行

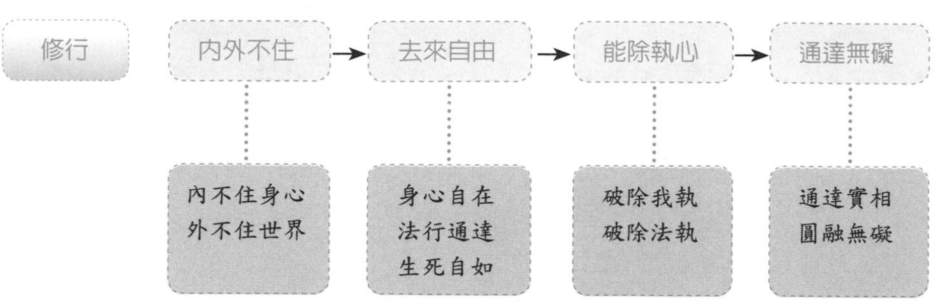

有人才有了煩惱

「皮之不存，毛將焉附？」世上的煩惱皆因為有人而存在。

由於世人有八萬四千塵勞，所以佛說八萬四千種法門，教人們對治這些塵勞。就如同有人生病了，醫生根據不同的病症開不同的藥方，把病治好了。若是沒有病，那就沒有藥方；同理，若沒有人的塵勞，也就不會有佛的說法，這就是「一切萬法本自不有」。所以，我們應該知道，佛所說的一切法，即一切佛經都是因為有人才產生的，是為人而說的。

高人指點

「若無世人，一切萬法本自不有，故知萬法本自人興，一切經書因人說有」，這句話說明，一切講述甚深般若波羅蜜不二法門的佛經中，即一切所有佛經中沒有定法字，都是「依義無說，依分別說故」。佛菩薩用「依分別說」文字語言詮表「定法」，是為了不斷「諸佛如來法輪」，為能「依義」的「聲聞、緣覺、菩薩」而說，因為這些聖人不會「著於言說名字」，不會「以取著故，於義不了」而產生有法、非法的自性妄想。一切諸法都是緣起性空，無所分別的。

3 般若三昧「無念」

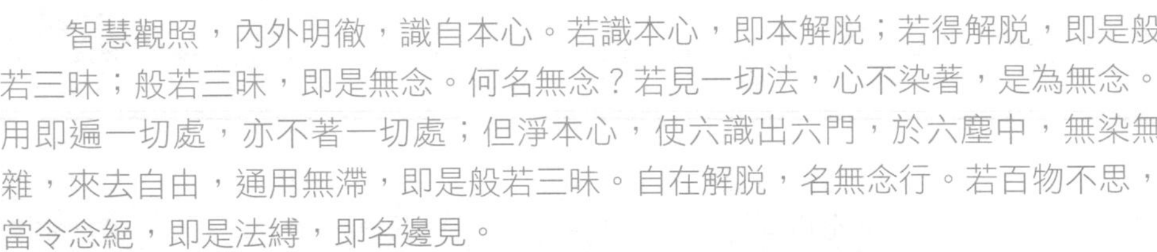
智慧觀照，內外明徹，識自本心。若識本心，即本解脫；若得解脫，即是般若三昧；般若三昧，即是無念。何名無念？若見一切法，心不染著，是為無念。用即遍一切處，亦不著一切處；但淨本心，使六識出六門，於六塵中，無染無雜，來去自由，通用無滯，即是般若三昧。自在解脫，名無念行。若百物不思，當令念絕，即是法縛，即名邊見。

何為「般若三昧」

《壇經》第二品般若品中，六祖慧能說完世人本具自性的真空妙有後，說到要用本具的智慧來觀照一切，使心內外都像玻璃一樣光明澄澈。也就是內無身心，外無世界，世界、身心宛然一空，不執著不染著一切，這就是「識自本心」，認識了本來的自性是內外明澈的。既然認識到了自己的本心，就不會執著於一切塵勞妄想，就會體悟到人的心性本來就是解脫、無約無束的，根本不需要修正。認識到這一點，就是「般若三昧」。

何為「無念」

「般若三昧」就是「無念」。無念就是心不染著於一切法，就是法空。法都空了，那個人的一切善惡美醜觀念、習氣毛病等等都要空掉。《金剛經》中說：「法尚應捨，何況非法。」所以，修行佛法的人若連自身的大小習氣毛病都無法改掉，就更別說法空了。般若三昧，就要遍照一切處，知見一切萬法，但是不著住一切處，沒有任何染著，猶如虛空一樣。這樣清淨了本性，使眼、耳、鼻、舌、身、意這六識從眼門、耳門、鼻門、舌門、身門、意門這六門中出去，在色、聲、香、味、觸、法這六塵裡，沒有任何汙染，沒有任何參雜，所謂「眼觀形色內無有，耳聽塵事心不知」。這樣來去自如，了無滯礙，這就是「般若三昧」，自由自在，無拘無束，又叫「無念行」。如果你什麼都不想，常使自己的念斷了，這「常令斷絕」的念頭，又成了「法縛」，也就是法執，仍然沒有得到解脫，反而落到了二邊，叫「邊見」，不是中道。

【佛法提示】

六祖慧能說道：「如果能夠體悟到『無念』的境界，那就能夠通達萬法，也就能夠親見諸佛的境界，即能到達諸佛果位。」 所以若是誰得到了「無念」的頓教法門，就應該將此法門傳授給那些有同等見解、同等行持，發大誓願信受奉持的人。

般若三昧：「無念」

般若三昧

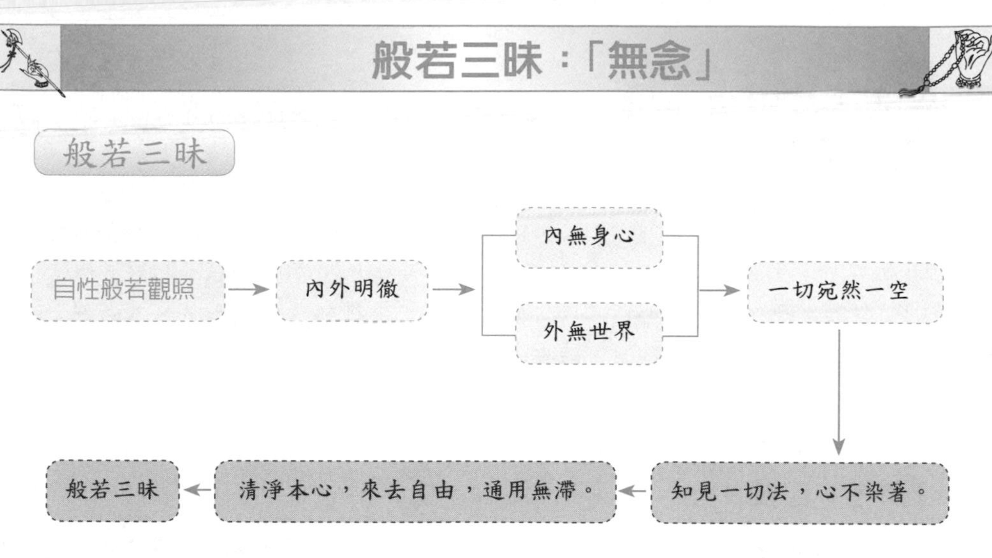

無念

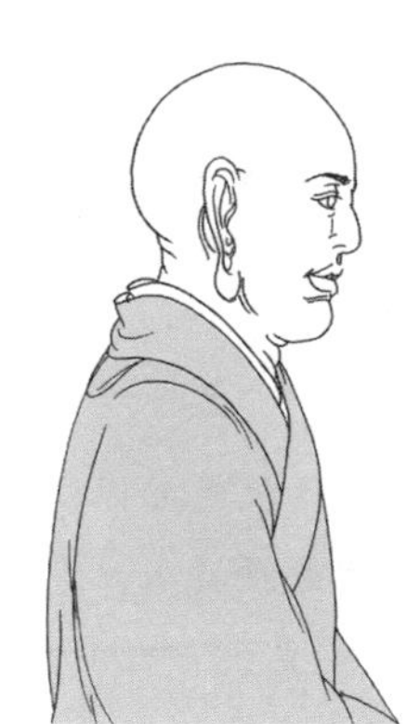

凡人：色塵與眼根產生眼識，從眼門「入」而產生執著。其他塵根都是如此。

聖人：色塵與眼根產生眼識，從眼門「出」而無念，其他塵根都是如此。

高人指點

「無念」是《壇經》中一個極其重要的思想，慧能說：「我此法門從上以來，頓漸皆立無念為宗，無相為體，無住為本。」但對這一思想，學界還是較多地側重於從「中道」作為一種思維觀或修行法來加以探討和把握。本段經文中，六祖也強調了「無念」與「邊見」的區別。無念並不是要「百物不思，當令斷絕」，那是執空、是邊見，應該是「眼觀形色內無有，耳聽塵事心不知」，是中道。

4 自性自度
真度

「心中眾生，所謂邪迷心、誑妄心、不善心、嫉妒心、惡毒心，如是等心，盡是眾生，各須自性自度，是名真度。何名自性自度？即自心中邪見、煩惱、愚疑、眾生，將正見度。既有正見，使般若智打破愚疑迷妄眾生，各各自度。邪來正度，迷來悟度，愚來智度，惡來善度；如是度者，名為真度。」

「衆生」自度

《壇經》第六品懺悔品中，六祖大師說完四弘誓願後，詳細解說到怎麼樣才是真正度眾生。原來所謂的「眾生」其實是在人們自己心裡。人人心中都有善的「眾生」，或者惡的「眾生」。善的眾生，懂得求無上道、發菩提心；惡的眾生，則需要靠人來救度。救度的第一步則是「發願度盡一切眾生」。此處，六祖慧能是在開示眾人要時時迴光返照，看看自己心中都擁有怎樣的「眾生」——怎樣的紛雜思緒。所謂思緒無盡，人們心中的「眾生」也是無量無邊的，所以，六祖列舉出人們心中最常見的思緒：邪迷心、誑妄心、不善心、嫉妒心、惡毒心等等。這種種心都是「眾生」，都需要自性自度。邪迷心的眾生，要用正當的智慧來度。驕慢誑妄的心，要用謙恭的真實心來度。用善心來度不善之心，用恭敬心來度嫉妒心，用好心來度惡毒心，這就是各個自性自度，如此才是真度。

自性自度

六祖大師說道，自性自度就是把你心中的邪見、煩惱、愚癡的眾生教化過來，也就是用正見把煩惱、愚癡的眾生都度過來。既然有了正見，就要用般若智慧把愚癡、迷妄的眾生消滅，「打破愚癡迷妄眾生」。也就是消除自己心中消極的因數，以保護和增進的積極因素。「各各自度。邪來正度，迷來悟度，愚來智度，惡來善度；如是度者，名為真度。」每一個人都自性自度。當心中有了邪念時，就以般若智慧去度它。當心中執迷時，就以覺悟性空去度它；當心中愚昧時，就以智慧光明去度它；當心中生起惡念時，就以般若善巧去度它。如此度生，方名「真度」。

【佛法提示】

「度」者，一般佛典所言「波羅蜜」，意思是「到彼岸」。佛教有所謂五度、六度與十度之說。如五度：佈施、持戒、忍辱、精進、禪定。慧能在法海本所說的「真度」，顯然繼承而主要是發展了一般佛典關於「度」的見解。

自性自度：真度

眾生自度

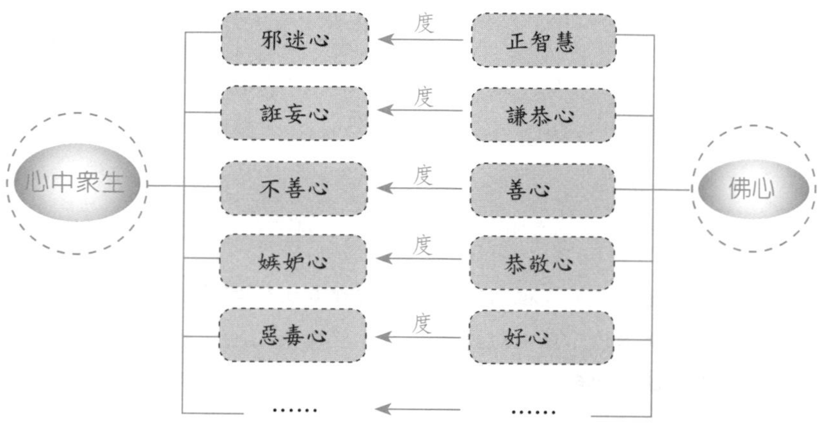

自性自度

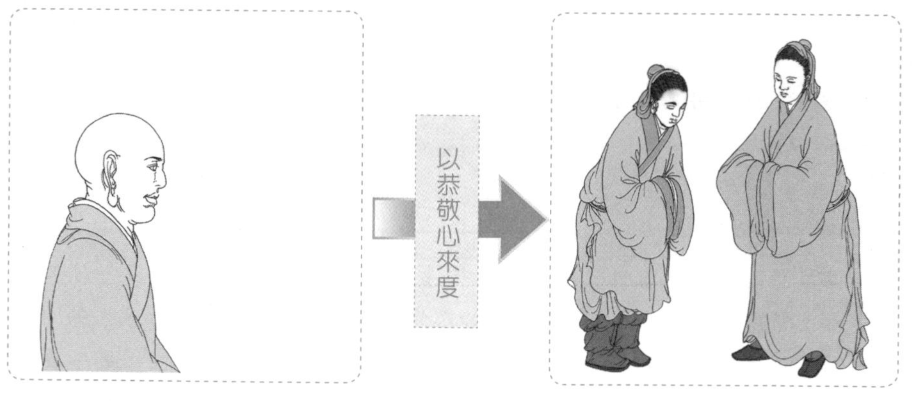

當人心中生起妒忌心時，要用恭敬心來度化，如此將無明的心變成佛心。

高人指點

六祖慧能強調的「真度」，是暫態的覺悟，即所謂「即得見性，直了成佛」。「真度」無須假以時日，是當下即悟、當下即是，更無涉於因果業報、三世輪迴。人面對這個喧囂不已的世界，倘能時時、處處、事事保持一顆湛然圓明的「平常心」，保持心田寧靜，這便是本覺、便是「真度」。

5 衆生與佛
自心是佛

自性若悟，眾生是佛；自性若迷，佛是眾生。自性平等，眾生是佛；自性邪險，佛是眾生。汝等心若險曲，即佛在眾生中，一念平直，即是眾生成佛。我心自有佛，自佛是真佛，自若無佛心，何處求真佛？汝等自心是佛，更莫狐疑，外無一物而能建立，皆是本心生萬種法。故經云：「心生種種法生；心滅種種法滅。」

衆生與佛

《壇經》第十品付囑品中，六祖慧能在圓寂前曾多次強調眾生與佛的關係，到了最後他與眾人告別時，他再次講述了以上這段經文，希望後代的迷人能夠以此明心見性。可見眾生與佛的關係，是整部《壇經》的精髓、「直指人心，見性成佛。」也是六祖《壇經》的要旨。六祖說道，後代迷昧之人，如果能認識到「眾生」，也就能認識到「佛性」；如果不識眾生，而盲目向外尋找佛，是找一萬個大劫難也找不到的。佛教理論中，記載了有一個常不輕菩薩見到眾生就叩頭，他認為一切眾生都是佛，正是因此，他自己最後成了佛；若見人人都是魔，自己也就是魔。眾生與佛，就好像人的手背與手心，手背翻過來就是手心，手心、手背實則一體，若無手心，何來手背？所以，六祖說，「自性若悟，眾生是佛；自性若迷，佛是眾生。自性平等，眾生是佛。」你自心裡的自性若是覺悟了，眾生即是佛。自性若是愚癡，本具的佛性就成了眾生；人的真如自性平等一如，眾生也就是佛。

不離自性

若是自性被邪見險詐之念所遮敝，即使是佛，也就變成了眾生。所以，若人的心不直，險惡多心，那就是佛性隱藏在眾生中。若人能直心，眾生就是佛。每個人的心中都有佛，這才是真佛。六祖囑咐眾人，每個人的心就是佛，不要到外邊去找，更不要生懷疑心。心外本來就無一法可立，都是從自心本性中才隨緣感現出一切萬法的。所以，佛經中說：「心生種種法生，心滅種種法滅。」因為有心，才會生起種種法；若心滅了，那麼法也隨之滅了。因為一切都不離自心，也不離自性。

【佛法提示】

六祖說完此段後，作了一首《自性真佛偈》。偈頌中說道，「真如自性是真佛」，也就是說，人人都有真如自性，這種真如自性，叫實相，也叫如來藏，又稱佛性。自性是真如，真如即自性，自性真如也就是真佛。

衆生與佛：自心是佛

眾生與佛

萬法不離自性，若無自性，也就沒有眾生與佛之分，所以說「真如自性是真佛」。

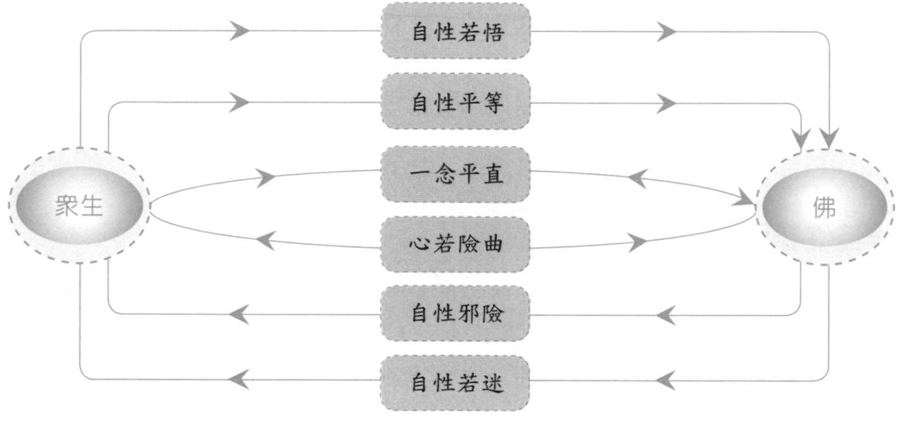

是佛是魔，存乎一心

心存善念，此身是佛。

心存惡念，此身是魔。

高人指點

所謂：「佛說一切法，為度一切心，若無一切心，何用一切法？一切法不離自心，亦不離自性。」慧能思想的核心，簡括的說，就是「見性成佛」。在他看來，自心是佛，故能見性成佛。而要做到這一點，必須「識心中眾生」。「心中眾生」，不是通常所說芸芸眾生或「普度眾生」，而是人們心中一切邪惡的東西。眾生「各須自性自度」，並非如來佛普度眾生，而是眾生自性普度。

第17章 《壇經》的般若智慧

1 「性空」的智慧 一切無住

般若經典的核心思想是緣起性空，由能通達性空而破妄執，斷煩惱，證真實。六祖慧能最早開悟是聽聞了《金剛經》中所說的「應無所住而生其心」，後來他得到五祖法衣，也是因為「菩提本無樹，明鏡亦非臺，本來無一物，何處惹塵埃」這首偈頌，說明他領悟到了性空而契入諸法實相。所以，般若經典中的性空思想對慧能本人及整部《壇經》都至關重要。

般若性空思想

關於性空的思想，在《金剛經》和《心經》中都有強調。如《金剛經》中，「無法相，亦無非法相」、「不應取法，不應取非法」、「汝等比丘，知我說法，如筏喻者；法尚應捨，何況非法。」等。《心經》中「無智亦無得，以無所得故，菩提薩埵，依般若波羅密多故，得阿耨多羅三藐三菩提。」這都是要破除執著，不執著於空，也不執著於有。執著於「有」固然是煩惱，但執著於「空」卻落於「有」的另一邊，是另一種邊見，「空」與「有」是相對的。般若經談空，並非以空為諸法實相，落入空見比執著於有更為可怕。

《壇經》之「性空」

在六祖《壇經》中，同樣也說明了此理。如第二品般若品中「世人妙性本空，無一法可得，自性真空亦復如是。善知識！莫聞我說空，便即著空，第一莫著空，若空心靜坐，即著無記空。」世人本有的妙性是空的、一無所得的，自性的真空也同樣如此。正所謂「自性如虛空，真妄在其中；悟徹本來體，一通一切通。」懂得空性，就不會執著於有。但是，六祖又強調，不要聽他說般若是空性的，就執著在空上。殊不知，般若空性首先不要執著於空，如果身空、心空地靜坐，這就是住「無記空」。活著的人就如同死了一般，叫無記空。修道要修得真空妙有，這種境界就好比「心清水現月，意定天無雲」一樣，心裡明明了了、清清楚楚，但卻不生執著。

【佛法智慧】

在性空的基礎上，六祖進一步體悟到了衆生與佛、煩惱與菩提並非處於對立面，而是同一真如本性的兩種不同表現形式。如第二品般若品中「凡夫即佛，煩惱即菩提。前念迷即是衆生，後念悟即是佛。前念著境即煩惱，後念離境即菩提。」凡夫與佛並無本質區別，佛都是從凡夫修來的，佛原本是凡夫。凡夫若能打破無明遮蔽，就是佛。

「性空」的智慧：一切無住

般若性空的含義

在大乘經典的發展史上，般若經是最早期佛教的經典，它所包含的內容和境界，正是大乘佛教最高智慧的表現，也是佛教自產生以來，所要表現的諸佛本質。般若是佛陀所證悟的境界的總稱，一般稱之為諸佛之母。它的具體內容就是諸法之實性，亦是所謂緣起性空之真諦。

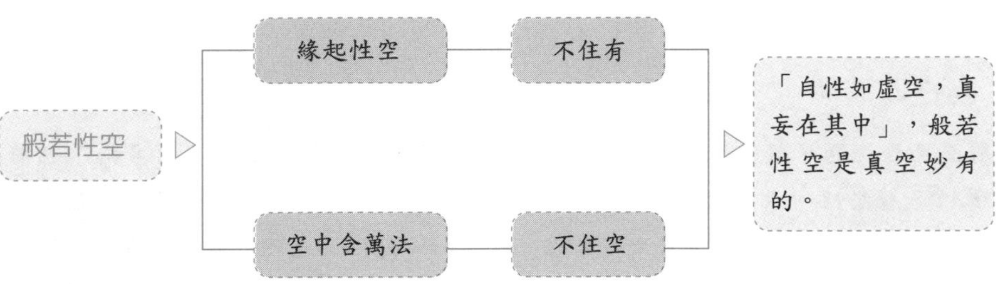

性空的真空妙有

水中月、鏡中影，都是虛幻不實的，其本質為空，所以不應執著於有。但卻也不能否定實體的存在，故也不能執著於空。

高人指點

佛經中云：「一切法從緣而生，虛假而有。一切諸法因緣而生，若無因緣，無有生法。雖一切法從因緣生，而無所生。如是通達無生法者，得入菩薩真實之道。」又云：「法不孤起，仗境方生；道不虛行，遇緣即應。」所以，性空是要證悟到萬物既無自體又無自相。非有而有，幻相不實，有即非有，當體即空。這樣來觀察無常世間，則能隨緣安樂，清淨自如。

2 「明心見性」的智慧
立地成佛

《壇經》洋洋灑灑幾萬字的內容，其實都是為了說明「見性成佛」這幾個字。《壇經》一開頭，慧能大師說法的第一句話便是：「善知識，菩提自性，本來清淨，但用此心，直了成佛。」如此開門見山，直接指出了整部《壇經》的旨要。

自性本清淨

前面已經說過了般若性空的道理，菩提自性其實就是般若性的不同名稱，也稱為佛性、覺性、智慧性。六祖大師說，每個人的菩提自性本來是清淨無染汙的，是「不生不滅、不垢不淨、不增不減」，真空妙有的。這是明心見性的基礎，若人沒有本來清淨的菩提自性，那明心見性的諸多妙理，以及《壇經》的一切理論都將無立足之處。所以，若要「見性成佛」，首先要明白「自性清淨」。五祖弘忍大師在退居傳衣缽時，也是考量眾弟子對於「自性清淨」的認識，他說：「世人生死事大，汝等終日只求福田，不求出離生死苦海，自性若迷福何可救？汝等各自去看智慧，取自本心般若之性，各作一偈呈吾看。若悟大意，付汝衣法，為第六代祖。」又提示道：「見性之人，言下須見，若如此者，輪刀上陣，亦得見之。」言下之意是，你們去返照自己的本性，若能體悟到自性清淨的道理，就將得到我的衣缽，為第六祖。懂得此道理的人，當下就能明白，即使他身處戰場也能即刻明見自性。

見性方能成佛

神秀作偈後，五祖開示他說：「無上菩提，須於言下識自本心，見自本性，不生不滅。於一切時中念念自見，萬法無滯，一真一切真，萬境自如如，如如之心即是真實。」也就是說，無上菩提要在自性中求得，唯有懂得自性清淨，本性皆空，卻包含萬法，就能做到「萬境自如如」。後來慧能的偈頌雖然未能見性成佛，卻已暗含自性原來清淨之妙理：「本來無一物，何處惹塵埃。」所以，五祖認為他佛根深厚，稍加點撥便可見性。後單獨為慧能講說《金剛經》，傳其法衣，慧能大徹大悟，繼續弘揚禪宗法要。

【佛法智慧】

慧能大徹大悟後說道：「何期自性，本來清淨；何期自性，本自具足；何期自性，本不生滅；何期自性，本不動搖。」五祖大師也說：「不識自心，學法無益，若識自心，見自本性，即名天人師佛。」這些都說明唯有明心見性，方能立地成佛。

「明心見性」的智慧：立地成佛

自性本清淨

一切有情眾生都本具清淨無染的自性，若能明白此性，照此修行，就能成佛。

見性方能成佛

若不識自性，以種種幻想為實有，只會徒增煩惱。其實人生也和電影一樣，唯有看清其本質，才能於「萬境自如如，如如之心即是真實」。

高人指點

如何在自心中認識般若之性呢？《壇經》說：「何名般若？般若者，唐言智慧。一切處所一切時中，念念不愚常行智慧，即是般若行。一念愚即般若絕，一念智即般若生。世人愚迷不見般若，口說般若，心常愚迷。」(見《般若品》)。般若是智慧，智慧與愚癡，就好像光明與黑暗，光明生，則黑暗滅。同樣智慧生則愚癡滅。

3 「無念」的智慧
般若中道

《壇經》中有一個重要的思想就是「無念」，六祖慧能說頓教法門是「以無念為宗」的。它貫穿了以般若智慧掃除執著邊見的思維方法和原則，也是佛性論融會貫通的關鍵點，其思想內涵非常豐富。

「無念」的多種含義

六祖慧能在《壇經》中多次提到「無念」的含義，主要有以下幾處：第二品說道：「何名無念？若見一切法，心不染著，是為無念。」此處的「無念」是指不執迷於一切外境，不為一切外物所執著，也就是心無執著，不住一切。在這裡來說，「無念」是指無諸多妄念，心中無染無雜，不執著一切塵勞妄想。

第四品中，六祖慧能又說道：「無者離二相諸塵勞；念者念真如本性。真如是念之體，念是真如之用。自性起念，雖即見聞覺知，不染萬境，而常自在。」這裡的「無」是沒有任何執著，遠離二相的諸多勞塵妄想；「念」是真如自性之念，念的本身是真如自性，此念由真如自性生起，而不是從六門生起的念。因此，此處的「無念」不僅是無妄念，更是對真如自性起念的絕對肯定。

關於「無念」的含義，除了以上兩種外，《壇經》第二品中，還說道：「何名無念，若見一切法，心不染著，是為無念。用即遍一切處，亦不著一切處……悟無念者，萬法盡通；悟無念法者，見諸佛境界；悟無念法者，至佛地位。」這裡很明確地說道，體悟到無念的境界，就是佛的境界。所以，此處的「無念」也就是成佛的境界。

「無念」是中道

六祖慧能通過對「無念」多層含義的闡述，向眾生指出成佛的境界。他認為，「無念」不能說「念無」，因為「念無」是一種惡趣空，是空無一切。而「無念」並不是絕對的空，而是真如自性起念。「無念」也不能說「念有」，因為「念念般若觀照，常離法相」，不能對任何外境起念。綜上所述，「無念」是有與無的中道，體現了般若中道的內涵，其「無」是一種方法，一種修行。所謂「但無妄念，性自清淨」，無有任何妄念，使真如自性起念，即至成佛的境界。

【佛法智慧】

從佛教思想史的脈絡來看，「無念」在《般若經》中常與無心、無意合併使用，「無念」一詞從翻譯至其後在中土的流傳已有長遠的歷程。

「無念」的智慧：般若中道

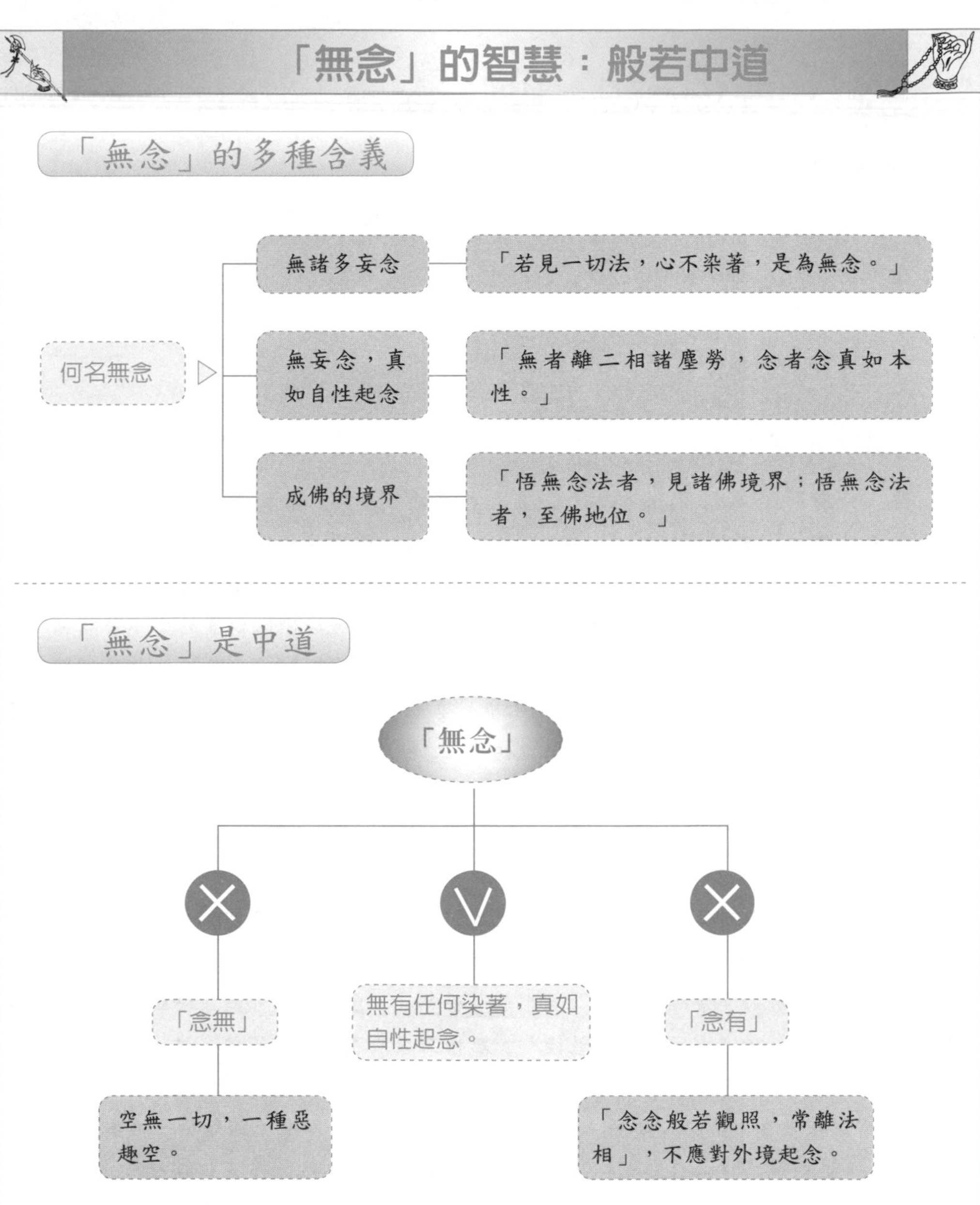

高人指點

慧能說：「無念者，於念而不念。」如何理解「於念而不念」呢？有多種說法，比如，於此念而無他念，與之相對的是「無念」——沒有念頭，所以很多不假思索下意識的活動可以說是此意。又如，於此念而在此念，如同鏡子照物一般，物來即顯，物去則無，不作任何思量，這是一種超越分別心和無分別心的。而在《壇經》中，此處最佳的理解是無任何妄念而於真如自性之念。六祖慧能的無念觀，可以說是繼續和發展了大乘佛教的無念思想，《大乘起信論》中就有關於「無念」的表述，但其無念的含義僅僅是沒有妄念。

4 「無相戒」的智慧
自淨自意

原始佛教中，戒、定、慧三學是相對分離的理論，認為持戒得定，定而生慧，戒律更是必須嚴格執行的法條。但六祖的《壇經》從根本上改變了傳統佛教戒律的意義，提出了「無相戒」，將戒律置於自性之下，改變了原來戒律的束縛。

何為無相戒

首先，什麼是無相戒呢？無相戒，就是無相之戒。所謂「無相者，於相而離相」，也就是說，此戒律並沒有具體的教條戒律，人們持此戒，無須執著於具體的戒相。六祖慧能在談及受持戒律的修行時，都加上了「無相」二字，如無相戒、無相懺悔、無相三皈依戒等等，這就等於取消了過去原始佛教中的種種儀表相狀，將戒律儀軌置於「不著諸相」的原則下，解除了原始戒律的束縛，不具任何強制性。如《壇經》行由品中，慧能避難時藏身於行獵隊伍中，獵人常令守網，他每見生命，盡放之。每至飯時，但吃肉邊菜。這就表現出他對戒律的全新態度。在他看來，受戒實際上是「自淨自意」的內省，《壇經》中十分透徹地闡發了這一思想。

《壇經》無相戒的具體內容

關於無相戒的具體內容，慧能首先說要認識到自性中的五分法身香，各自內熏，不要向外馳求。這是一種自淨，其實也就是持戒。其次，作無相懺悔，改掉從前所有罪惡，永不再犯，悔過覺悟。再發四弘誓願：「自心眾生無邊誓願度，自心煩惱無盡誓願斷，自性法門無量誓願學，自性無上佛道誓願成。」最後是「無相三皈依戒」，即皈依自性本有的三身佛：「於自色身歸依清淨法身佛；於自色身歸依千百億化身佛；於自色身歸依圓滿報身佛。」雖然這些還保留著念佛、懺悔、發願、皈依的形式，但都歸於自性，歸結於「戒本源自性清淨」，所以，此時的戒律名存實亡，在六祖慧能看來「得悟自性，亦不立戒定慧」。

【佛法智慧】

慧能的無相戒，從某種意義上說，是一種「融小入大」、較為廣博的融通思想。此種思想代表了禪宗的戒律觀，對後世叢林制度影響很大，有一定的負面作用。如後面的南宗正是以此為破戒的教理依據，破相犯戒一發而不可收拾，造成佛門弟子運任自在，率性而為。直到後來百丈懷海創叢林清規，才使道風得以整肅。

「無相戒」的智慧：自淨自意

《壇經》無相戒的內容

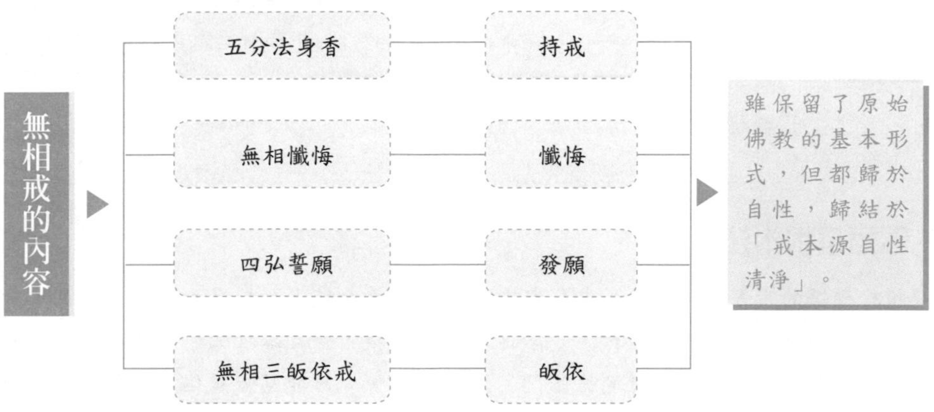

無相戒不重形式

原始佛教講究嚴格遵守戒條戒律。

禪宗「無相戒」不重外在形式，重點在內心的「自淨自意」。

高人指點

戒律是有其「方便」特質的，但也有其不可變的一面。然而後世弟子只知慧能祖師的戒法無相，唯求方便，而不去探求戒律與世間的不共性。對「無相戒」的片面性理解，結果使「貶學律為小乘，忽持戒為執相」的風氣在僧界極為普遍。慧能大師的《壇經》是為上根利智者說，但這部分人實屬少數，所以慧能的「無相戒」雖是一種卓越的創見，但也有一定的副作用。

5 「頓悟」的智慧 根本法門

禪宗六祖慧能是佛教南宗禪的奠基人，是中國佛教史上里程碑式的領袖人物，其《壇經》是唯一一部稱為經的漢文佛教經典著作。本經以佛性論作為其禪學理論的基礎，闡述了即心即佛、自在解脫的解脫理論，其中「明心見性，頓悟成佛」的思想是最大的閃光點，也對後世產生了重大的影響。

頓悟是根本法門

關於頓悟的宗旨，《壇經》中多處講說，如「善知識！我於忍和尚處，一聞言頓見真如本性。是故將此教法流行後代，令學道者頓悟菩提，令自本性頓悟，各自觀心，自見本性。」此處說明，頓悟是一種開悟法門。「頓悟成佛」雖非慧能首倡，但慧能將「頓悟」視為成佛的根本法門，他正是從「頓悟成佛」說出發，自覺地將自己的成佛之道區別於北方禪宗和其他佛教宗派而自成法統，創立南宗。

頓悟為上乘者

「本來正教無有頓漸，人性自有利鈍。迷人漸契，悟人頓修。自識本心，自見本性，即無差別。所以立頓漸之假名。」從佛性上來說，並無頓漸的分別；但是從見性的方式上來說，因為人的根性不同，所以有頓漸之分。頓悟是對上根人而言的，漸修就是對小根人而言。在此，六祖引《金剛經》為同一法門，他認為《金剛經》是「最上乘，為大智人說，為上根人說」，所以像他自己這樣的「最上乘人」聽說了《金剛經》，當下便能心開悟解，生出般若智慧，若能加以持誦、修行，就能見性成佛。相反的，小根之人聽說了頓教法門，就會像小草被大雨澆灌而倒下一樣，不僅不能增長般若智慧，反而生出不信心。《壇經》的頓教法門同樣是為上乘者、大智人說，六祖慧能認為，世界的本真在於人的本具自性，而本具自性的本質是清淨無染，只要世人頓見這真如本性，便可自成佛道。唯有上乘者才能通過頓悟之法在解脫的道路上取得迅疾功效，一悟見性後，就能「見西方只在剎那」，否則「念佛往生路遙」。

【佛法智慧】

《壇經》中云「法無漸頓，人有利鈍，故名漸頓」，從宗乘的本旨來看，「頓」、「漸」本為一宗，並無差異。六祖慧能大師在《壇經》中強調「頓悟」，並在指出其與「漸悟」的差別的同時，沒有對漸悟進行價值批判，而只是通過與其對比，來建立自己的佛學理論。

「頓悟」的智慧：根本法門

佛和眾生

頓悟與漸修

頓悟是當下開悟，是修行者在解脫道路上取得的迅疾功效。

漸修是一種循序漸進的過程，是修行者在解脫道路上漸入佳境的過程。

高人指點

六祖慧能原本目不識丁，他得入佛法宗門，是因為在賣柴的過程中，偶然聽見有人念誦《金剛經》中的「應無所住而生其心」，他「一聞經語，心即開悟。」可見，慧能本人是上根聰穎之人。所以，他根據自己的經驗，極力宣導頓悟，並以頓悟法門而創建了頓教。在《壇經》中，慧能明確主張「不立文字，教外別傳」，但他也極力推崇《金剛經》，讚歎說：「當知此經功德，無量無邊。」

第18章 《壇經》的修持方法

1 「摩訶般若波羅蜜多」的修行 口念心行

《壇經》第二品般若品中，六祖慧能為善知識詳細解說「摩訶般若波羅蜜多」的修行方法，他說此法的修行關鍵在於「心行」，而不在於「口念」。

世人的愚迷

六祖首先說道，「菩提般若之智，世人本自有之」，覺道的智慧其實是人人都具有的。在佛不會增多一點，在凡不會減少一點，這就叫「本自有之」。只是因為凡人被無明所迷覆，產生執著，自己不能覺悟。所以，必須借助開悟之人的指示教導，才能明心見性。但我們要知道，不論是愚人還是智人，他們所具備的成佛種性是沒有差別的，只是因為有人迷惑，有人開悟，所以才會有愚智的分別。世間有太多迷悟的人雖然整天口裡念著「般若」，卻不識得自性本具的般若智慧，就好像口中念著各種食物卻終究不能飽肚一樣。口裡終日念叨著「般若性空」，但僅僅只是口頭禪，不去實行，這樣就算等一萬個大劫，也不能見到自己的本性，這樣始終是沒有任何益處的。

修行要「口念心行」

「摩訶般若波羅蜜多」法必須要在心中行持，要在心裡看破一切，放下一切，沒有一切妄念，空空如也。而不僅僅是一天到晚嘴裡念「摩訶般若波羅蜜多」，那是沒有用處的。「口念心不行」，那就是並未明心見性，仍有無明。無明產生諸多妄念，就像夢幻變化之空花一樣，也像朝露和閃電一樣變化無常，虛而不實。但如果你「口念心行」，心裡依照般若去做，就能見到自性是佛。自己的本性本來就是佛，如果離開了自性來談佛，那是沒有任何佛的。所以，佛教認為，只要修行，人人皆可成佛。修行也就是修行自性，不是向外馳求，到外邊去找，而是自己回光返照，反求諸己。

六祖慧能又說道，愚迷的人口裡念著般若智慧的時候，還有妄念、是非之念。殊不知，如果他按自己念的去行持，那就是在般若的光明本性中，則當下就是真如自性。能夠體悟到這種方法，就是「般若法」，如果依此修行就是「般若行」。不修般若行，就是凡夫；若修般若行，自身就相當於是佛。

【佛法妙諦】

凡夫自性就是佛性，煩惱自性就是菩提。你前念愚癡就是凡夫，若後念開悟就是佛；你前念執著於外境就是凡夫，如波起浪，就有了煩惱。你後念開悟，不住境相，如水常流，就是菩提。

「摩訶般若波羅蜜多」的修行

世人的愚迷

世人口念心不行，如說食不飽。

世人愚迷，不見般若；
口說般若，心中常愚；
常自言：我修般若；
念念說空，不識真空。

在佛教理論中，般若有20種空門，要空一切。愚迷的人可能也略懂一點經文，略持幾句咒語，卻不懂得真正空的含義，無法祛除心中的種種妄念，也常常做出愚癡的事情來。

修行要「口念心行」

此須心行，不在口念。
口念心不行，如幻如化，如露如電；
口念心行，則心口相應，
本性是佛，離性無別佛。

口裡念著般若，心裡卻不按般若智慧來行事，仍是無明。這就像幻化之境一樣虛幻無實，也像露水和閃電一樣，毫無用處。只有心口契合，才能於當下體悟到本來自性即是佛性。佛也就是自性，並非其他。

「口念心行」，當下即是佛。

高人指點

六祖慧能說修行摩訶般若波羅蜜多時，要「口念心行」，他又擔心眾生「聞吾說空，便即著空」。他說，心空不是執著於空相。如果修行者什麼念頭都不起去靜坐，那就落入「無記空」的執著中了。六祖在《金剛經注》中說：「見性之人，自當窮究此理。若人空心靜坐，百無所思以為究竟，即著空相，斷滅諸法。」

2 「見性成佛」的修行 自性妙用

六祖說，「摩訶般若波羅蜜多」要「口念心行」，用般若大智慧，打破五蘊的煩惱塵勞，這樣修行就能成就佛道，將貪、嗔、癡三毒變為戒、定、慧。接著，他又說到如何見性成佛。

自性真空妙有

世人的本具自性猶如虛空，無邊無際，也沒有任何限度，「無方圓大小，亦非青黃赤白，亦無上下長短，亦無嗔無喜，無是無非，無善無惡，無有頭尾。」世人的自性就是如此空空如也，沒有一法可得，連一個法都沒有，這就是自性真空。

世人自性的真空，卻又像廣大無垠的虛空世界包羅萬象一樣，形形色色的萬事萬物都被包容在虛空之中。「日月星宿、山河大地、泉源溪澗、草木叢林、惡人善人、惡法善法、天堂地獄、一切大海、須彌諸山，總在空中。」世人本具的自性也是如此，包容著一切善惡諸法。萬法都被包容在世人的自性中，這就是自性的真空妙有。所以，不論是善是惡，是好是壞，既然都毫無差別地被包容在自性中，那我們就不應該有所取捨。不能為善的好的心生歡喜執著，也不能為惡的壞的心生嫌惡厭棄，也就是不執著於善惡諸境。六祖曾開示惠明說「不思善，不思惡」，因為自性本來是無善無惡的。

如何見性成佛

正是因為世人自性的真空妙有，所以自性的般若中能生出八萬四千種智慧，祛除世人的八萬四千種塵勞。沒有了煩惱塵勞，般若智慧就會恆常顯現，時刻不離當下的本體自性。體悟到這般若頓教法門的人，就能沒有任何妄念，沒有一切貪執。恆常運用真如自性，以智慧力觀照一切，於一切法既不貪取也不捨棄，這就是見性成佛之道。六祖還說道，如果想要深入經藏，智慧如海，得到法的滋潤和般若智慧的妙定，就應該修行般若的法門，而受持《金剛經》一定能明心見性。這本經書的功德太大了，無量無邊。雖然經書中已經讚歎了它的殊勝功德，但仍難以盡述其萬一。它是為具大智慧者和上等根器的人宣說的，小智慧和小根器的人聽了心生不信。

【佛法妙諦】

「當用大智慧，打破五蘊煩惱塵勞」，只有用大智慧，才能看空五蘊，才能斷除煩惱、塵勞。《心經》上說：「觀自在菩薩，行深般若波羅蜜多時，照見五蘊皆空。」「多時」也就是說要經過很多修煉才能「照見五蘊皆空」。

「見性成佛」的修行

自性真空妙有

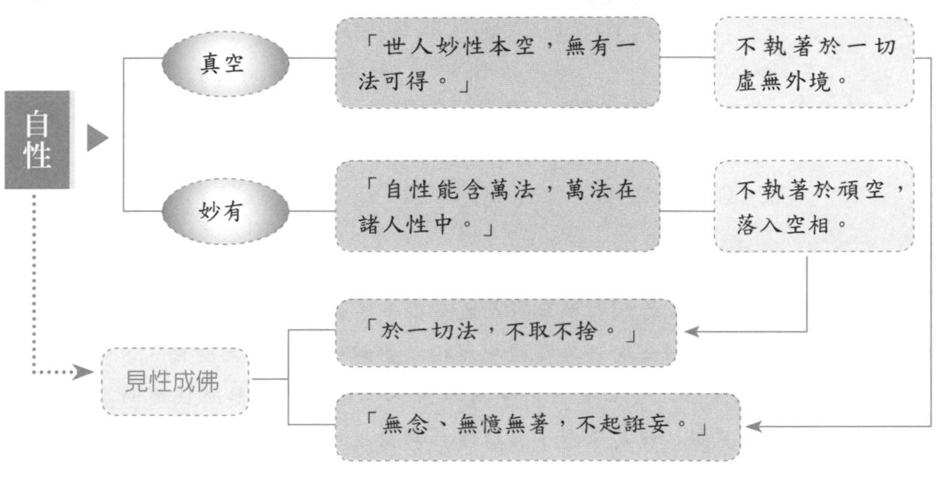

如何見性成佛

六祖慧能説完自性真空妙有的智慧後，特別提到了念誦《金剛經》對於見性成佛的重要性，「持誦金剛般若經，即得見性。當知此經功德，無量無邊，經中分明讚歎，莫能具説。」六祖大師自己就是聽聞了《金剛經》後才開悟的，所以，他主張所有人都應該持誦此經。持，就是執持；誦，就是誦念，不間斷地執持念誦《金剛經》就能見性成佛。

高人指點

正是因為世人自性真空妙有，所以「迷心外見，修行覓佛」,「若開悟頓教，不執外修，但於自心常起正見，煩惱塵勞常不能染，即是見性。」意思説，只有愚迷的人才會向心外求法，到外界去找佛。如果根據頓教法門，不向外馳求，自性自悟，於自心中生起正見，不執著一切煩惱塵勞，這就是見性。

3 修行的要領 無相、無住、無念

《壇經》屬於般若系經典，般若法門修行的三大要領是無相、無住、無念。從認識到實相之無相，生起無住，再由無住達到無念的境界。《壇經》第四定慧品中說道：「我此法門，從上以來，先立無念為宗，無相無體，無住為本。」

「無相」進而「無住」

《金剛經》中關於此修行三大要領的表述有很多，如：「實相者，即是非相」，「離一切諸相，即名諸佛。」這是從證悟實相即無相，要離一切相而無所住。又如「不住色生心，不住聲香味觸法生心。若心有住，即為非住。」這則是由無所住進而證悟無念的境界，「應無所住而生其心」就是無念。《壇經》同樣也以無相、無住、無念作為禪者的修行要領。經文中說：「無相者，於相而離相；無念者，於念而無念；無住者，人之本性，於世間善惡好醜，乃至冤之與親，言語觸刺欺爭之時，並將為空，不思酬害。念念之中，不思前境。若前念、今念、後念，念念相續不斷，名為繫縛。於諸法上，念念不住，便即無縛也，此是無住為本。」無相即離相，不住一切虛妄差別的相狀。無住，就是一個念頭上保有智慧的觀照，不執著於六塵外境。無念，並非什麼都不想，什麼都不聞不問，而是在接觸外境，心無執著，如同明鏡一般，物來則現，物去則無，毫無牽絆。

「無住」進而「無念」，即成佛

《壇經》的要旨是見性成佛，證見自性的般若依此修道成佛。而自性般若則要從無住、無念的修行中得來。第二般若品中，六祖慧能說道：「若無勞塵，智慧常現，不離自性。悟此法者，即是無念，無憶無著，不起誑妄，用自真如性，以智慧觀照，於一切法，不取不捨，即是見性成佛道。」對於世間的一切妄念勞塵，唯有無住、無念，不為其所染，才能在心中生起般若智慧，以智慧觀照便是見性。最後，般若智慧的成就，實則就是無念。《壇經》中云：「善知識！悟無念法，萬法盡通。悟無念法，見佛境界。悟無念法，至佛地位。」可見，證得無念，就是成就了佛的境界，也就達到了禪宗見性成佛的目的。

【佛法妙諦】

第二般若品中：「若識本心，即得解脫。若得解脫，即是般若三味，即是無念。」這都顯示了在修證中成就無念的重要意義。

修行的要領：無相、無住、無念

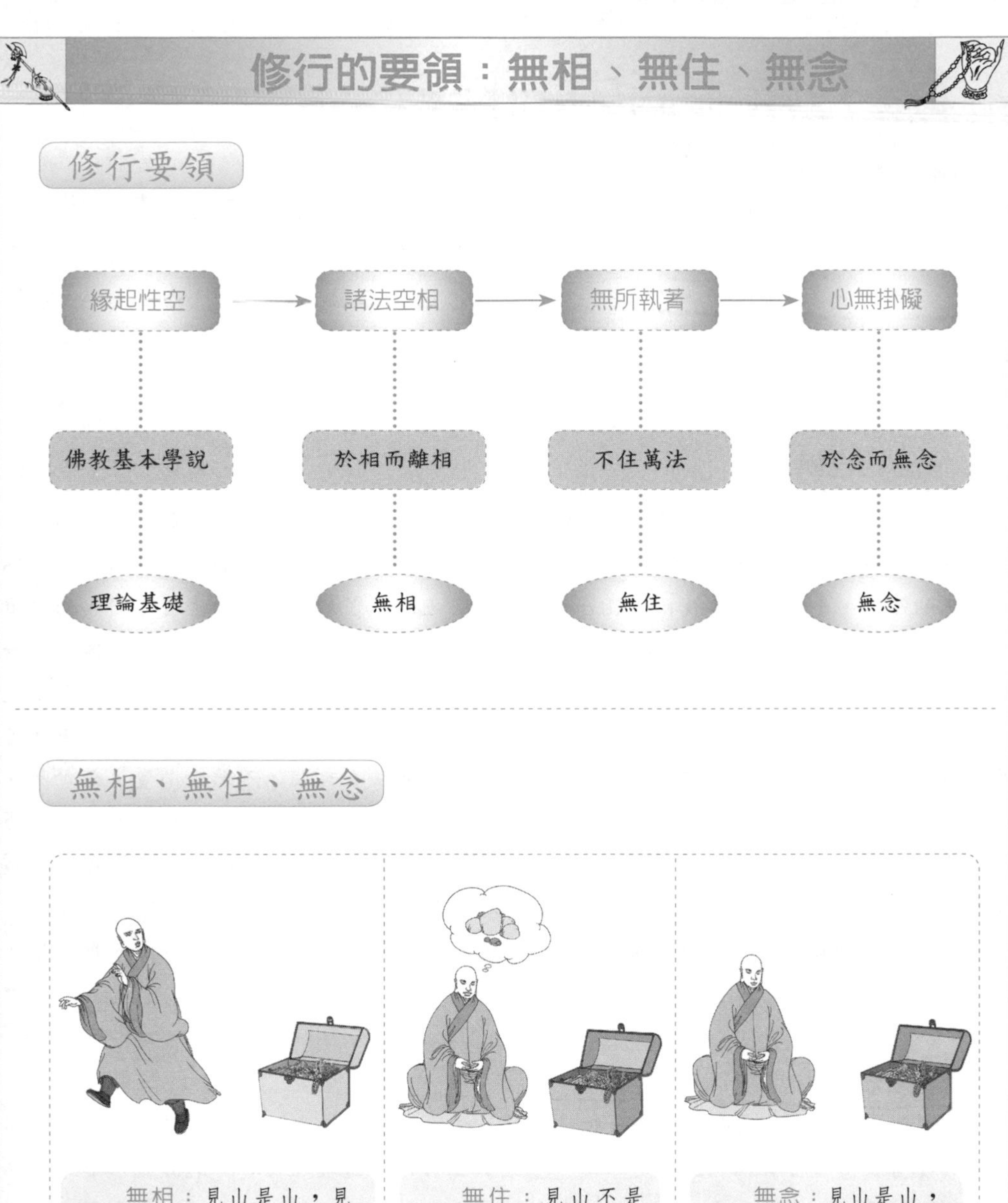

修行指南

《金剛經》中說到「無相」時說：「凡所有相皆是虛妄，若見諸相非相即見如來。」這是指世間的諸相是因緣和合而生，萬物都是虛妄不實，沒有一個東西是永恆不變的，但是諸相的性體是清靜，它是永恆不變的真如體性，凡夫只因妄心起作用妄認世間是實有的存在，就象一個有眼病的人一樣看虛空，空本無花，而他認為是有花，其實是他的眼睛有病而產生的幻覺。

4 日常生活中的修行
道遍一切處

前面已說到，般若法門包括《壇經》的修行都是以無相、無住、無念為修證要領的，因此，它並沒有特定的修行儀規或方式，而只是指導人們無所執著於一切處的修正，懂得在日常生活中時刻精進修行。

修行在世間

《金剛經》第一品中說到佛陀「食時，著衣持缽，入舍衛城乞食，於其城中次第乞，還至本處，飯食訖，收衣缽，洗足已，敷座而坐。」這看似平淡無奇的日常生活，卻是佛陀真正的修行，是他親身示教實相般若。《壇經》也繼承了般若法門的修行方針，同樣重視日常生活中的修行。第二般若品最後，六祖所作的無相偈誦中說道：「世人若修道，一切盡不妨，常見自己過，與道即相當。色類自有道，各不相妨惱，離道別覓道，終身不見道。波波度一生，到頭還自懊。欲得見真道，行正即是道。自若無道心，暗行不見道。若真修道人，不見世間過，他非我不非，我非自有過。佛法在世間，不離世間覺，離世覓菩提，恰如求兔角。正見名出世，邪見名世間，邪正盡打卻，菩提性宛然。」世人若想修道，那住、行、坐、臥一切事中都不妨礙，都可以修行。具體如何修行呢？就是要常常反觀自身的過錯，不執著於一切有形有相的物質世界，不為其所迷惑、煩惱。這才是修行的正道，別無他法，若幻想逃離現實世界而修成佛道，那就如同尋找兔子的角一樣，無處可尋。

無住修行

《壇經》中的修行處處體現了無住的風格。例如坐禪，原來禪宗都非常注重坐相，對打坐的姿勢及用心都有相應的規定。而《壇經》卻否定了這種住相參禪的方式。如頓漸品中志誠說神秀大師「常指誨大眾，住心觀靜，長坐不臥。」六祖回答：「住心觀靜，是病非禪，常坐拘身，於理何益。聽吾偈曰：『生來坐不臥，死去臥不坐，一具臭骨頭，何為立功過。』慧能批判了住相坐禪的修行，認為道遍一切處，應該從行、住、坐、臥的一切生活行動中去體驗。

【佛法妙諦】

人世間的諸多煩惱使得人們執著於尋找一個「世外桃源」，佛教弟子更一心嚮往西方的極樂世界，一心外求，而忽略了自心的淨化。對此，《壇經》提出了心淨國土淨的思想，只有從自心入手，消除內心的十惡八邪，當下便是淨土。

日常生活中的修行：道遍一切處

修行在世間

真正的修行，並非「看破紅塵」、消極避世，而是應該積極地入世，在生活的一切處修行。

無住修行

「無住修行」並不講究修行的儀式或姿態，而是注重修行過程中的心念意志。

修行指南

慧能大師反對離開世間空談佛法，主張「佛法在世間，不離世間覺，離世覓菩提，恰如求兔角」。他也主張「無住」修行，修行者不一定要出家修行，「若欲修行，在家亦得，不由在寺。在家能行，如東方人心善；在寺不修，如西方人心惡。」

5 修行的根本
不識本心，學法無益

佛教雖源自印度，但中國禪宗卻為我國所特有。禪宗在歷史的發展過程中，形成了「教外別傳，不立文字，直指人心，見性成佛」的特點，「心性論」也成為禪宗區別於其他宗派最鮮明的旗幟。因此，禪宗的修行也是建立在此「心性論」的基礎之上的。

修行不離自性

《壇經》行由品中，五祖弘忍大師傳授衣法於慧能，對他說：「不識本心，學法無益；若識自本心，見自本性，即名丈夫、天人師、佛。」如果不能認識自己的本具自性，那學法只是緣木求魚，正所謂「若人識得心，大地無寸土。」慧能大徹大悟時，也說道：「一切萬法不離自性」，「何期自性本自清淨，何期自性本不生滅，何期自性本自具足，何期自性本無動搖，何期自性能生萬法！」通觀整部《壇經》，可以說無處不體現「自性」，無時不離「自性」之妙用。

心的修行

《壇經》的修行，是心的修行，六祖慧能主要從兩個方面來闡述：首先，「即心即佛」，人人都有佛性，這是成佛的根據。慧能說：「聽吾人說法，汝等諸人，自心是佛，更莫狐疑。外無一物而能建立，皆是本心生萬種法。故經云心生種種法生，心滅種種法滅。」「我心自有佛，自若無佛心，何處求真佛。」「菩提只向心覓，何勞向外求玄。」世人的心是成佛的依據，抽象的佛性就隱藏在人們的心性當中。人們修行時不應生疑，一心向道，終能成佛。其次，「本性即佛」。人的本具自性就是佛性，這是對「即心即佛」的有力補充。世人不只具有佛性，且佛性是世人唯一的本性。慧能說：「本性是佛，離性無別佛。」「佛」是自己的本性，離開了人的本性，「佛」就無從談起。既然佛就是自己的本性，那世人與佛區別何在呢？慧能說：「自性迷，即是眾生；自性覺，即是佛。」佛性就在世人的本性中如如不動，只是眾生的佛性被無明所遮蔽，無法顯現自性真如。佛陀通過修行掃除無明妄念，呈現妙真本性。

【佛法妙諦】

六祖慧能認為，既然眾生都有佛性，那麼達到佛性的方法與途徑就完全在於自己的「本性」覺悟，他說：「一剎那間，妄念俱滅，若識自性，一悟即至佛地。」「不修即凡，一念修行，自身等佛。」人們向心內覓佛，於一念之間頓悟，這是「頓悟成佛」。

修行的根本：不識本心，學法無益

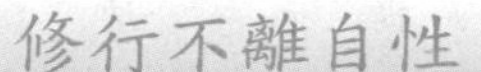

修行不離自性

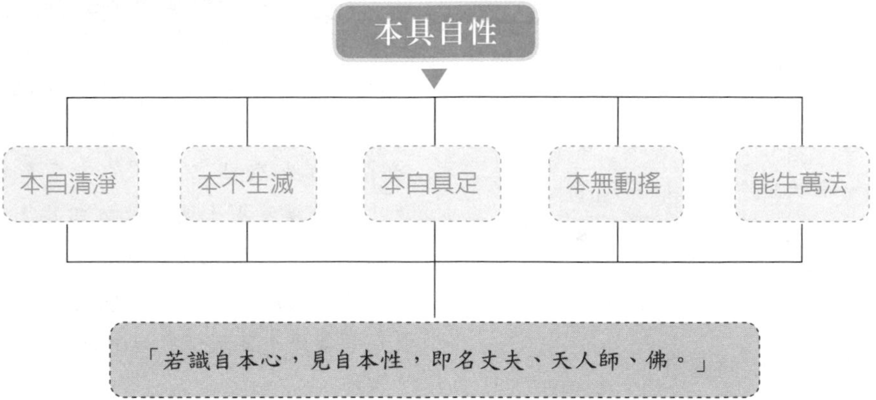

心的修行

世人自心是佛，「菩提只向心覓，何勞向外求玄。」

修行指南

六祖慧能的諸多理念實則對佛教原始教義進行了重大改造，它提倡「本性即佛」、「頓悟成佛」的理論，使悟禪者相信憑著自己的智慧，單刀直入，一念之轉便能夠領悟佛教的真理而成佛。這種「一聞言下便悟，頓見真如本性」的成佛方式，使大眾更容易接受禪宗，促進了禪宗思想的普及，也很適合當時文人的口味。

附錄

後秦鳩摩羅什譯、梁昭明太子分品《金剛般若波羅蜜經》

第一品 法會因由分

如是我聞。一時，佛在舍衛國祇樹給孤獨園，與大比丘眾千二百五十人俱。爾時，世尊食時，著衣持缽，入舍衛大城乞食。於其城中，次第乞已，還至本處。飯食訖，收衣缽，洗足已，敷座而坐。

第二品 善現啓請分

時，長老須菩提在大眾中即從座起，偏袒右肩，右膝著地，合掌恭敬而白佛言：「稀有！世尊！如來善護念諸菩薩，善付囑諸菩薩。世尊！善男子、善女人，發阿耨多羅三藐三菩提心，應云何住，云何降伏其心？」佛言：「善哉，善哉。須菩提！如汝所說，如來善護念諸菩薩，善付囑諸菩薩。汝今諦聽！當為汝說：善男子、善女人，發阿耨多羅三藐三菩提心，應如是住，如是降伏其心。」「唯然，世尊！願樂欲聞。」

第三品 大乘正宗分

佛告須菩提：「諸菩薩摩訶薩應如是降伏其心！所有一切眾生之類：若卵生、若胎生、若濕生、若化生；若有色、若無色；若有想、若無想、若非有想非無想，我皆令入無餘涅槃而滅度之。如是滅度無量無數無邊眾生，實無眾生得滅度者。何以故？須菩提！若菩薩有我相、人相、眾生相、壽者相，即非菩薩。」

第四品 妙行無住分

「復次，須菩提！菩薩於法，應無所住，行於佈施，所謂不住色佈施，不住聲香味觸法佈施。須菩提！菩薩應如是佈施，不住於相。何以故？若菩薩不住相佈施，其福德不可思量。須菩提！於意云何？東方虛空可思量不？」「不也，世尊！」「須菩提！南西北方四維上下虛空可思不？」「不也，世尊！」「須菩提！菩薩無住相佈施，福德亦復如是不可思量。須菩提！菩薩但應如所教住。」

第五品 如理實見分

「須菩提！於意云何？可以身相見如來不？」「不也，世尊！不可以身相得見如來。何以故？如來所說身相，即非身相。」佛告須菩提：「凡所有相，皆是虛妄。若見諸相非相，則見如來。」

第六品 正信希有分

須菩提白佛言：「世尊！頗有眾生，得聞如是言說章句，生實信不？」佛告須菩提：「莫作是說。如來滅後，後五百歲，有持戒修福者，於此章句能生信心，以此為實，當知是人不於一佛二佛三四五佛而種善根，已於無量千萬佛所種諸善根，聞是章句，乃至一念生淨信者，須菩提！如來悉知悉見，是諸眾生得如是無量福德。何以故？是諸眾生無復我相、人相、眾生相、壽者相；無法相，亦無非法相。何以故？是諸眾生若心取相，則為著我人眾生壽者。若取法相，即著我人眾生壽者。何以故？若取非法相，即著我人眾生壽者，是故不應取法，不應取非法。以是義故，如來常說：『汝等比丘，知我說法，如筏喻者；法尚應捨，何況非法。』」

第七品 無得無說分

「須菩提！於意云何？如來得阿耨多羅三藐三菩提耶？如來有所說法耶？」須菩提言：「如我解佛所說義，無有定法名阿耨多羅三藐三菩提，亦無有定法，如來可說。何以故？如來所說法，皆不可取、不可說、非法、非非法。所以者何？一切聖賢，皆以無為法而有差別。」

第八品 依法出生分

「須菩提！於意云何？若人滿三千大千世界七寶以用佈施，是人所得福德，寧為多不？」須菩提言：「甚多，世尊！何以故？是福德即非福德性，是故如來說福德多。」「若復有人，於此經中受持，乃至四句偈等，為他人說，其福勝彼。何以故？須菩提！一切諸佛，及諸佛阿耨多羅三藐三菩提法，皆從此經出。須菩提！所謂佛法者，即非佛法。」

第九品 一相無相分

「須菩提！於意云何？須陀洹能作是念：『我得須陀洹果』不？」須菩提言：「不也，世尊！何以故？須陀洹名為入流，而無所入，不入色聲香味觸法，是名須陀洹。」「須菩提！於意云何？斯陀含能作是念：『我得斯陀含果』不？」須菩提言：不也，世尊！何以故？斯陀含名一往來，而實無往來，是名斯陀含。」「須菩提！於意云何？阿那含能作是念：『我得阿那含果』不？」須菩提言：「不也，世尊！何以故？阿那含名為不來，而實無來，是名阿那含。」「須菩提！於意云何？阿羅漢能作是念，『我得阿羅漢道』不？」須菩提言：「不也，世尊！何以故？實無有法名阿羅漢。世尊！若阿羅漢作是念：『我得阿羅漢道』，即著我人眾生壽者。世尊！佛說我得無諍三昧，人中最為第一，是第一離欲阿羅漢。我不作是念：『我是離欲阿羅漢』。世尊！我若作是念：『我得阿羅漢道』，世尊則不說須菩提是樂阿蘭那行者！以須菩提實無所行，而名須菩提是樂阿蘭那行。

第十品 莊嚴淨土分

佛告須菩提：「於意云何？如來昔在然燈佛所，於法有所得不？」「不也，世尊！如來在然燈佛所，於法實無所得。」「須菩提！於意云何？菩薩莊嚴佛土不？」「不也，世尊！何以故？莊嚴佛土者，則非莊嚴，是名莊嚴。」「是故須菩提！諸菩薩摩訶薩應如是生清淨心，不應住色生心，不應住聲香味觸法生心，應無所住而生其心。須菩提！譬如有人，身如須彌山王，於意云何？是身為大不？」須菩提言：「甚大，世尊！何以故？佛說非身，是名大身。」

第十一品 無為福勝分

「須菩提！如恆河中所有沙數，如是沙等恆河，於意云何？是諸恆河沙寧為多不？」須菩提言：「甚多，世尊！但諸恆河尚多無數，何況其沙。」「須菩提！我今實言告汝：若有善男子、善女人，以七寶滿爾所恆河沙數三千大千世界，以用佈施，得福多不？」須菩提言：「甚多，世尊！」佛告須菩提：「若善男子、善女人，於此經中，乃至受持四句偈等，為他人說，而此福德勝前福德。」

第十二品 尊重正教分

「復次，須菩提！隨說是經，乃至四句偈等，當知此處，一切世間、天人、阿修羅，皆應供養，如佛塔廟，何況有人盡能受持讀誦。須菩提！當知是人成就最上第一稀有之法，若是經典所在之處，則為有佛，若尊重弟子。」

第十三品 如法受持分

爾時，須菩提白佛言：「世尊！當何名此經，我等云何奉持？」佛告須菩提：「是經名為《金剛般若波羅蜜》，以是名字，汝當奉持。所以者何？須菩提！佛說般若波羅蜜，則非般若波羅蜜。須菩提！於意云何？如來有所說法不？」須菩提白佛言：「世尊！如來無所說。」「須菩提！於意云何？三千大千世界所有微塵是為多不？」須菩提言：「甚多，世尊！」「須菩提！諸微塵，如來說非微塵，是名微塵。如來說：世界，非世界，是名世界。須菩提！於意云何？可以三十二相見如來不？」「不也，世尊！何以故？如來說：三十二相，即是非相，是名三十二相。」「須菩提！若有善男子、善女人，以恆河沙等身命佈施；若復有人，於此經中，乃至受持四句偈等，為他人說，其福甚多。」

第十四品 離相寂滅分

爾時，須菩提聞說是經，深解義趣，涕淚悲泣，而白佛言：「稀有，世尊！佛說如是甚深經典，我從昔來所得慧眼，未曾得聞如是之經。世尊！若復有人得聞是經，信心清淨，則生實相，當知是人，成就第一稀有功德。世尊！是實相者，即是非相，是故如來說名實相。世尊！我今得聞如是經典，信解受持不足為難，若當來世，後五百歲，其有眾生，得聞是經，信解受持，是人則為第一稀有。

何以故？此人無我相、人相、眾生相、壽者相。所以者何？我相即是非相，人相、眾生、相壽者相即是非相。何以故？離一切諸相，則名諸佛。」佛告須菩提：「如是！如是！若復有人得聞是經，不驚、不怖、不畏，當知是人甚為稀有。何以故？須菩提！如來說第一波羅蜜，非第一波羅蜜，是名第一波羅蜜。須菩提！忍辱波羅蜜，如來說非忍辱波羅蜜。何以故？須菩提！如我昔為歌利王割截身體，我於爾時，無我相、無人相、無眾生相、無壽者相。何以故？

我於往昔節節支解時，若有我相、人相、眾生相、壽者相，應生嗔恨。須菩提！又念過去於五百世作忍辱仙人，於爾所世，無我相、無人相、無眾生相、無壽者相。是故須菩提！菩薩應離一切相，發阿耨多羅三藐三菩提心，不應住色生心，不應住聲香味觸法生心，應生無所住心。若心有住，則為非住。是故佛說：『菩薩心不應住色佈施。』須菩提！菩薩為利益一切眾生，應如是佈施。如來說：一切諸相，即是非相。又說：一切眾生，則非眾生。須菩提！如來是真語者、實語者、如語者、不誑語者、不異語者。須菩提！如來所得法，此法無實無虛。須菩提，若薩心住於法而行佈施，如人入暗，則無見。若菩薩心不住法而行佈施，如人目，日光明照，見種種色。須菩提！當之世，若有善男子、善女人，能於此經持讀誦，則為如來以佛智慧，悉知是人，悉見是人，皆得成就無量無邊功德。」

第十五品 持經功德分

「須菩提！若有善男子、善女人，初日分以恆河沙等身佈施，中日分復以恆河沙等身佈施，後日分亦以恆河沙等身佈施，如是無量百千萬億劫以身佈施；若復有人，聞此經典，信心不逆，其福勝彼，何況書寫、受持、讀誦、為人解說。須菩提！以要言之，是經有不可思議、不可稱量、無邊功德。如來為發大乘者說，為發最上乘者說。若有人能受持讀誦，廣為人說，如來悉知是人，悉見是人，皆得成就不可量、不可稱、無有邊、不可思議功德。如是人等，則為荷擔如來阿耨多羅三藐三菩提。

何以故？須菩提！若樂小法者，著我見、人見、眾生見、壽者見，則於此經，不能聽受讀誦、為人解說。須菩提！在在處處，若有此經，一切世間、天、人、阿修羅，所應供養；當知此處則為是塔，皆應恭敬，作禮圍繞，以諸華香而散其處。」

第十六品 能淨業障分

「復次，須菩提！若善男子、善女人，受持讀誦此經，若為人輕賤，是人先世罪業，應墮惡道，以今世人輕賤故，先世罪業則為消滅，當得阿耨多羅三藐三菩提。」「須菩提！我念過去無量阿僧祇劫，於然燈佛前，得值八百四千萬億那由他諸佛，悉皆供養承事，無空過者，若復有人，於後末世，能受持讀誦此經，所得功德，於我所供養諸佛功德，百分不及一，千萬億分、乃至算數譬喻所不能及。須菩提！若善男子、善女人，於後末世，有受持讀誦此經，所得功德，我若具說者，或有人聞，心則狂亂，狐疑不信。須菩提！當知是經義不可思議，果報亦不可思議。」

第十七品 究竟無我分

爾時，須菩提白佛言：「世尊！善男子、善女人，發阿耨多羅三藐三菩提心，云何應住？云何降伏其心？」佛告須菩提：「善男子、善女人，發阿耨多羅三藐三菩提者，當生如是心，我應滅度一切眾生。滅度一切眾生已，而無有一眾生實滅度者。

何以故？須菩提！若菩薩有我相、人相、眾生相、壽者相，則非菩薩。

所以者何？須菩提！實無有法發阿耨多羅三藐三菩提者。」「須菩提！於意云何？如來於然燈佛所，有法得阿耨多羅三藐三菩提不？」「不也，世尊！如我解佛所說義，佛於然燈佛所，無有法得阿耨多羅三藐三菩提。」佛言：「如是！如是！須菩提！實無有法如來得阿耨多羅三藐三菩提。須菩提！若有法得阿耨多羅三藐三菩提，然燈佛則不與我授記：汝於來世，當得作佛，號釋迦牟尼。以實無有法得阿耨多羅三藐三菩提，是故然燈佛與我授記，作是言：『汝於來世，當得作佛，號釋迦牟尼。』

何以故？如來者，即諸法如義。若有人言：『如來得阿耨多羅三藐三菩提』。須菩提！實無有法，佛得阿耨多羅三藐三菩提。須菩提！如來所得阿耨多羅三藐三菩提，於是中無實無虛。是故如來說：一切法皆是佛法。須菩提！所言一切法者，即非一切法，是故名一切法。須菩提！譬

如人身長大。」須菩提言：「世尊！如來說：人身長大，則為非大身，是名大身。」「須菩提！菩薩亦如是。若作是言：『我當滅度無量眾生』，則不名菩薩。

何以故？須菩提！無有法名為菩薩。是故佛說：一切法無我、無人、無眾生、無壽者。須菩提！若菩薩作是言，『我當莊嚴佛土』，是不名菩薩。

何以故？如來說：莊嚴佛土者，即非莊嚴，是名莊嚴。須菩提！若菩薩通達無我法者，如來說名真是菩薩。

第十八品 一體同觀分

「須菩提！於意云何？如來有肉眼不？」

「如是，世尊！如來有肉眼。」

「須菩提！於意云何？如來有天眼不？」

「如是，世尊！如來有天眼。」

「須菩提！於意云何？如來有慧眼不？」

「如是，世尊！如來有慧眼。」

「須菩提！於意云何？如來有法眼不？」

「如是，世尊！如來有法眼。」

「須菩提！於意云何？如來有佛眼不？」

「如是，世尊！如來有佛眼。」

「須菩提！於意云何？恆河中所有沙，佛說是沙不？」

「如是，世尊！如來說是沙。」

「須菩提！於意云何？如一恆河中所有沙，有如是等恆河，是諸恆河所有沙數，佛世界如是，寧為多不？」「甚多，世尊！」佛告須菩提：「爾所國土中，所有眾生，若干種心，如來悉知。何以故？如來說：諸心皆為非心，是名為心。所以者何？須菩提！過去心不可得，現在心不可得，未來心不可得。」

第十九品 法界通化分

「須菩提！於意云何？若有人滿三千大千世界七寶以用佈施，是人以是因緣，得福多不？」「如是，世尊！此人以是因緣，得福甚多。」「須菩提！若福德有實，如來不說得福德多；以福德無故，如來說得福德多。」

第二十品 離色離相分

「須菩提！於意云何？佛可以具足色身見不？」「不也，世尊！如來不應以具足色身見。何以故？如來說：具足色身，即非具足色身，是名具足色身。」「須菩提！於意云何？如來可以具足諸相見不？」「不也，世尊！如來不應以具足諸相見。何以故？如來說：諸相具足，即非具足，是名諸相具足。」

第二十一品 非說所說分

「須菩提！汝勿謂如來作是念：『我當有所說法。』莫作是念，何以故？若人言：如來有所說法，即為謗佛，不能解我所說故。須菩提！說法者，無法可說，是名說法。」爾時，慧命須菩提白佛言：「世尊！頗有眾生，於未來世，聞說是法，生信心不？」佛言：「須菩提！彼非眾生，非不眾生。何以故？須菩提！眾生眾生者，如來說非眾生，是名眾生。」

第二十二品 無法可得分

須菩提白佛言：「世尊！佛得阿耨多羅三藐三菩提，為無所得耶？」佛言：「如是，如是。須菩提！我於阿耨多羅三藐三菩提乃至無有少法可得，是名阿耨多羅三藐三菩提。」

第二十三品 淨心行善分

復次，須菩提！是法平等，無有高下，是名阿耨多羅三藐三菩提；以無我、無人、無眾生、無壽者，修一切善法，即得阿耨多羅三藐三菩提。須菩提！所言善法者，如來說即非善法，是名善法。

第二十四品 福智無比分

「須菩提！若三千大千世界中所有諸須彌山王，如是等七寶聚，有人持用佈施；若人以此《般若波羅蜜經》，乃至四句偈等，受持、為他人說，於前福德百分不及一，百千萬億分，乃至算數譬喻所不能及。」

第二十五品 化無所化分

「須菩提！於意云何？汝等勿謂如來作是念：『我當度眾生。』須菩提！莫作是念。何以故？實無有眾生如來度者。若有眾生如來度者，如來則有我、人、眾生、壽者。須菩提！如來說：『有我者，則非有我，而凡夫之人以為有我。』須菩提！凡夫者，如來說則非凡夫。」

第二十六品 法身非相分

「須菩提！於意云何？可以三十二相觀如來不？」須菩提言：「如是！如是！以三十二相觀如來。」佛言：「須菩提！若以三十二相觀如來者，轉輪聖王則是如來。」須菩提白佛言：「世尊！如我解佛所說義，不應以三十二相觀如來。」爾時，世尊而說偈言：「若以色見我，以音聲求我，是人行邪道，不能見如來」

第二十七品 無斷無滅分

「須菩提！汝若作是念：『如來不以具足相故，得阿耨多羅三藐三菩提。』須菩提！莫作是念，『如來不以具足相故，得阿耨多羅三藐三菩提。』須菩提！汝若作是念，發阿耨多羅三藐三菩提心者，說諸法斷滅。莫作是念！何以故？發阿耨多羅三藐三菩提心者，於法不說斷滅相。」

第二十八品 不受不貪分

「須菩提！若菩薩以滿恆河沙等世界七寶佈施；若復有人知一切法無我，得成於忍，此菩薩勝前菩薩所得功德。須菩提！以諸菩薩不受福德故。」須菩提白佛言：「世尊！云何菩薩不受福德？」「須菩提！菩薩所作福德，不應貪著，是故說不受福德。」

第二十九品 威儀寂靜分

「須菩提！若有人言：如來若來若去、若坐若臥，是人不解我所說義。何以故？如來者，無所從來，亦無所去，故名如來。」

第三十品 一合理相分

「須菩提！若善男子、善女人，以三千大千世界碎為微塵，於意云何？是微塵眾寧為多不？」「甚多，世尊！何以故？若是微塵眾實有者，佛則不說是微塵

眾，所以者何？佛說：微塵眾，即非微塵眾，是名微塵眾。世尊！如來所說三千大千世界，則非世界，是名世界。何以故？若世界實有，則是一合相。如來說：『一合相，則非一合相，是名一合相。』須菩提！一合相者，則是不可說，但凡夫之人貪著其事。」

第三十一品 知見不生分

「須菩提！若人言：佛說我見、人見、眾生見、壽者見。須菩提！於意云何？是人解我說義不？」「不也，世尊！是人不解如來所說義。何以故？世尊說：我見、人見、眾生見、壽者見，即非我見、人見、眾生見、壽者見，是名我見、人見、眾生見、壽者見。」「須菩提！發阿耨多羅三藐三菩提心者，於一切法，應如是知，如是見，如是信解，不生法相。須菩提！所言法相者，如來說即非法相，是名法相。」

第三十二品 應化非真分

「須菩提！若有人以滿無量阿僧祇世界七寶持用佈施，若有善男子、善女人發菩提心者，持於此經，乃至四句偈等，受持讀誦，為人演說，其福勝彼。云何為人演說，不取於相，如如不動。何以故？」「一切有為法，如夢幻泡影，如露亦如電，應作如是觀」佛說是經已，長老須菩提及諸比丘、比丘尼、優婆塞、優婆夷，一切世間、天、人、阿修羅，聞佛所說，皆大歡喜，信受奉行。

唐玄奘譯《般若波羅蜜多心經》

觀自在菩薩，行深般若波羅蜜多時，照見五蘊皆空，度一切苦厄。

舍利子，色不異空，空不異色，色即是空，空即是色，受想行識亦復如是。

舍利子，是諸法空相，不生不滅，不垢不淨，不增不減。是故空中無色，無受想行識，無眼耳鼻舌身意，無色聲香味觸法，無眼界，乃至無意識界。無無明，亦無無明盡，乃至無老死，亦無老死盡。無苦集滅道，無智亦無得。

以無所得故，菩提薩埵，依般若波羅蜜多故，心無掛礙，無掛礙故，無有恐怖，遠離顛倒夢想，究竟涅槃。三世諸佛，依般若波羅蜜多故，得阿耨多羅三藐三菩提。

故知般若波羅蜜多，是大神咒，是大明咒，是無上咒，是無等等咒，能除一切苦，真實不虛。故說般若波羅蜜多咒，即說咒曰：揭諦揭諦，波羅揭諦，波羅僧揭諦，菩提薩婆訶。

唐慧能口述、門人法海編集《六祖大師法寶壇經》

行由品第一

時，大師至寶林，韶州韋刺史與官僚，入山請師；出於城中大梵寺講堂，為眾開緣說法。師升座次，刺史官僚三十餘人、儒宗學士二十餘人、僧尼道俗一千餘人，同時作禮，願聞法要。大師告眾曰：「善知識！菩提自性，本來清淨，但用此心，直了成佛。善知識！且聽慧能行由得法事意。」

慧能嚴父，本貫范陽，左降流於嶺

南，作新州百姓；此身不幸，父又早亡，老母孤遺，移來南海；艱辛貧乏，於市賣柴。時有一客買柴，使令送至客店；客收去，慧能得錢，卻出門外，見一客誦經。慧能一聞經語，心即開悟，遂問：「客誦何經？」客曰：「《金剛經》。」復問：「從何所來，持此經典？」客云：「我從蘄州黃梅縣東禪寺來。其寺是五祖忍大師在彼主化，門人一千有餘；我到彼中禮拜，聽受此經。大師常勸僧俗，但持金剛經，即自見性，直了成佛。」

「慧能聞說，宿昔有緣，乃蒙一客，取銀十兩與慧能，令充老母衣糧，教便往黃梅參禮五祖。」「慧能安置母畢，即便辭違，不經三十餘日，便至黃梅，禮拜五祖。」

祖問曰：「汝何才人。欲求何物？」慧能對曰：「弟子是嶺南新州百姓，遠來禮師，惟求作佛，不求餘物。」祖言：「汝是嶺南人，又是獦獠，若為堪作佛？」慧能曰：「人雖有南北，佛性本無南北；獦獠身與和尚不同，佛性有何差別？」五祖更欲與語，且見徒眾總在左右，乃令隨眾作務。

慧能曰：「慧能啟和尚，弟子自心，常生智慧，不離自性，即是福田。未審和尚教作何務？」祖云：「這獦獠根性大利，汝更勿言，著槽廠去。」慧能退至後院，有一行者，差慧能破柴踏碓。經八月餘，祖一日忽見慧能曰：「吾思汝之見可用，恐有惡人害汝，遂不與汝言，汝知之否？」慧能曰：「弟子亦知師意，不敢行至當前，令人不覺。」

祖一日喚諸門人總來：「吾向汝說，世人生死事大，汝等終日只求福田，不求出離生死苦海，自性若迷，福何可救？汝等各去自看智慧，取自本心般若之性，各作一偈，來呈吾看。若悟大意，付汝衣法，為第六代祖。火急速去，不得遲滯；思量即不中用，見性之人，言下須見，若如此者，輪刀上陣，亦得見之。」

眾得處分，退而遞相謂曰：「我等眾人，不須澄心用意作偈，將呈和尚，有何所益？神秀上座，現為教授師，必是他得。我輩謾作偈頌，枉用心力。」諸人聞語，總皆息心，咸言：「我等已後依止秀師，何煩作偈？」

神秀思惟：「諸人不呈偈者，為我與他為教授師，我須作偈，將呈和尚，若不呈偈，和尚如何知我心中凡解深淺？我呈偈意，求法即善，覓祖即惡，卻同凡心，奪其聖位奚別？若不呈偈，終不得法。大難大難！」

五祖堂前，有步廊三間，擬請供奉盧珍，畫楞伽變相，及五祖血圖，流傳供養。神秀作偈成已，數度欲呈，行至堂前，心中恍惚，遍身汗流，擬呈不得；前後經四日，一十三度呈偈不得。秀乃思惟：「不如向廊下書著，從他和尚看見。忽若道好，即出禮拜，云是秀作；若道不堪，枉向山中數年，受人禮拜，更修何道？」

是夜三更，不使人知，自執燈，書偈於南廊壁間，呈心所見。偈曰：

「身是菩提樹，心如明鏡臺，時時勤拂拭，勿使惹塵埃。」

秀書偈了，便卻歸房，人總不知。秀復思惟：「五祖明日見偈歡喜，即我與法有緣；若言不堪，自是我迷，宿業障重，不合得法。」聖意難測，房中思想，坐臥不安，直至五更。

祖已知神秀入門未得，不見自性。天

明，祖喚盧供奉來，向南廊壁問，繪畫圖相，忽見其偈，報言：「供奉卻不用畫，勞爾遠來。經云：「凡所有相，皆是虛妄。」但留此偈，與人誦持，依此偈修。免墮惡道，依此偈修，有大利益。」令門人炷香禮敬，盡誦此偈，即得見性，門人誦偈，皆歎善哉。

祖三更喚秀入堂，問曰：「偈是汝作否？」秀言：「實是秀作，不敢妄求祖位，望和尚慈悲，看弟子有少智慧否？」 祖曰：「汝作此偈，未見本性，只到門外，未入門內。如此見解，覓無上菩提，了不可得；無上菩提，須得言下識自本心，凡自本性，不生不滅。於一切時中，念念自見，萬法無滯，一真一切真，萬境自如如。如如之心，即是其實，若如是見，即是無上菩提之自性也。汝且去，一兩日思惟，更作一偈，將來吾看；汝偈若入得門，付汝衣法。」 神秀作禮而出。又經數日，作偈不成，心中恍惚，神思不安，猶如夢中，行坐不樂。

復兩日，有一童子於碓坊過，唱誦其偈；慧能一聞，便知此偈未見本性，雖未蒙教授，早識大意。遂問童子曰：「誦者何偈？」童子曰：「爾這獦獠不知，大師言，世人生死事大，欲得傳付衣法，令門人作偈來看。若悟大意，即付衣法，為第六祖。神秀上座，於南廊壁上，書無相偈，大師令人皆誦，依此偈修，免墮惡道；依此偈修，有大利益。」慧能曰：「我亦要誦此，結來生緣。上人！我此踏碓，八個餘月，未曾行到堂前，望上人引至偈前禮拜。」

童子引至偈前禮拜，慧能曰：「慧能不識字，請上人為讀。」時有江州別駕，姓張名日用，便高聲讀。慧能聞已，遂言：「亦有一偈，望別駕為書。」別駕言：「汝亦作偈，其事稀有！」慧能向別駕言：「欲學無上菩提，不得輕於初學。下下人有上上智，上上人有沒意智。」別駕言：「汝但誦偈，吾為汝書。汝若得法，先須度吾，勿忘此言。」

慧能偈曰：

「菩提本無樹，明鏡亦非臺，本來無一物，何處惹塵埃。」

書此偈已，徒眾總驚，無不嗟訝，各相謂言：「奇哉！不得以貌取人，何得多時，使他肉身菩薩。」祖見眾人驚怪，恐人損害，遂將鞋擦了偈，曰：「亦未見性。」眾以為然。

次日，祖潛至碓坊，見能腰石舂米，語曰：「求道之人，為法忘軀，當如是乎？」乃問曰：「米熟也未？」慧能曰：「米熟久矣，猶欠篩在。」祖以杖擊碓三下而去。慧能即會祖意，三鼓入室；祖以袈裟遮圍，不令人見，為說《金剛經》。

至「應無所住而生其心」，慧能言下大悟，一切萬法，不離自性。遂啟祖言：「何期自性，本自清淨；何期自性，本不生滅；何期自性，本自具足；何期自性，本無動搖；何期自性，能生萬法。」祖知悟本性，謂慧能曰：「不識本心，學法無益；若識自本心，見自本性，即名丈夫、天人師、佛。」

三更受法，人盡不知，便傳頓教及衣缽。云：「汝為第六代祖，善自護念，廣度有情，流布將來，無令斷絕。聽吾偈曰：

『有情來下種，因地果還生，無情亦無種，無性亦無生。』

祖復曰：「昔達摩大師，初來此土，人未之信，故傳此衣，以為信體，代代相承。法則以心傳心，皆令自悟自解。自古，佛佛惟傳本體，師師密付本心；衣為爭端，止汝勿傳。若傳此衣，命如懸絲，汝須速去，恐人害汝。」

慧能啟曰：「向甚處去？」祖云：「逢懷則止，遇會則藏。」慧能三更，領得衣缽，云：「能本是南中人，素不知此山路，如何出得江口？」五祖言：「汝不須憂，吾自送汝。」祖相送至九江驛。祖令上船，五祖把艣自搖。慧能云：「請和尚坐，弟子合搖艣。」祖云：「合是吾渡汝。」

慧能曰：「迷時師度，悟了自度；度名雖一，用處不同。慧能生在邊方，語音不正，蒙師付法！今已得悟，只合自性自度。」祖云：「如是，如是。以後佛法，由汝大行矣。汝去三年，吾方逝世，汝今好去，努力向南，不宜速說，佛法難起。」

慧能辭違祖已，發足南行，兩月中間，至大庾嶺。逐後數百人來，欲奪衣缽。一僧俗姓陳，名惠明，先是四品將軍，性行粗燥，極意參尋，為眾人先，趨及慧能。慧能擲下衣缽，隱草莽中。惠明至，提不動，乃喚云：「行者！行者！我為法來，不為衣來。」慧能遂出，坐磐石上。惠明作禮云：「望行者為我說法。」慧能曰：「汝既為法而來，可屏息諸緣，勿生一念，吾為汝說。」明良久。

慧能云：「不思善，不思惡，正與麼時，那個是明上座本來面目？」惠明言下大悟。復問云：「上來密語密意外，還更有密意否？」慧能云：「與汝說者，即非密也。汝若返照，密在汝邊。」明曰：「惠明雖在黃梅，實未省自己面目，今蒙指示，如人飲水，冷暖自知。今行者，即惠明師也。」慧能曰：「汝若如是，吾與汝同師黃梅，善自護持。」明又問：「惠明今後向甚處去？」慧能曰：「逢袁則止，遇蒙則居。」明禮辭。

慧能後至曹溪，又被惡人尋逐，乃於四會，避難獵人隊中，凡經一十五載，時與獵人隨宜說法。獵人常令守網，每見生命，盡放之。每至飯時，以菜寄煮肉鍋。或問，則對曰：「但吃肉邊菜。」

一日思惟：「時當弘法，不可終遁。」遂出至廣州法性寺；值印宗法師，講涅槃經。因二僧論風幡義，一曰風動，一曰幡動，議論不已。慧能進曰：「不是風動，不是幡動，仁者心動。」一眾駭然。

印宗延至上席，徵詰奧義，見慧能言簡理當，不由文字。宗云：「行者定非常人，久聞黃梅衣法南來，莫是行者否？」慧能曰：「不敢！」宗於是作禮，告請傳來衣缽，出示大眾。

宗復問曰：「黃梅付囑？如何指授？」慧能曰：「指授即無，惟論見性，不論禪定解脫。」宗曰：「何不論禪定解脫？」謂曰：「為是二法，不是佛法，佛法是不二之法。」宗又問：「如何是佛法不二之法？」慧能曰：「法師講涅槃經，明佛性是佛法不二之法。如高貴德王菩薩白佛言：『犯四重禁，作五逆罪，及一闡提等，當斷善根佛性否？』佛言：『善根有二：一者常，二者無常；佛性非常非無常，是故不斷，名為不二。一者善，二者不善；佛性非善非不善，是名不二。蘊之

與界，凡夫見二，智者了達其性無二；無二之性，即是佛性。』」

印宗聞說，歡喜合掌，言：「某甲講經，猶如瓦礫；仁者論義，猶如真金。」於是為慧能剃髮，願事為師。慧能遂於菩提樹下，開東山法門。

慧能於東山得法，辛苦受盡，命似懸絲，今日得與使君官僚僧尼道俗同此一會，莫非累劫之緣？亦是過去生中，供養諸佛，同種善根，方始得聞如上頓教得法之因。教是先聖所傳，不是慧能自智。願聞先聖教者，各令淨心。聞了各自除疑，如先代聖人無別。

一眾聞法，歡喜作禮而退。

般若品第二

次日，韋使君請益。師升坐，告大眾曰：「總淨心念摩訶般若波羅蜜多。」復云：善知識，菩提般若之智，世人本自有之，只緣心迷，不能自悟，須假大善知識，示導見性。當知愚人智人，佛性本無差別，只緣迷悟不同，所以有愚有智。吾今為說摩訶般若波羅蜜法，使汝等各得智慧。志心諦聽，吾為汝說。

善知識，世人終日口念般若，不識自性般若；猶如說食不飽，口但說空，萬劫不得見性，終無有益。善知識，『摩訶般若波羅蜜』是梵語，此言大智慧到彼岸。此須心行，不在口念。口念心不行，如幻如化，如露如電。口念心行，則心口相應，本性是佛，離性無別佛。

何名『摩訶』？『摩訶』是大。心量廣大，猶如虛空，無有邊畔，亦無方圓大小，亦非青黃赤白，亦無上下長短，亦無嗔無喜，無是無非，無善無惡，無有頭尾。諸佛剎土，盡同虛空。世人妙性本空，無有一法可得；自性真空，亦復如是。善知識，莫聞吾說空，便即著空。第一莫著空，若「空心靜坐」，即著「無記空」。

善知識，世界虛空，能含萬物色像。日月星宿，山河大地、泉源溪澗、草木叢林、惡人善人、惡法善法、天堂地獄、一切大海、須彌諸山、總在空中；世人性空，亦復如是。

善知識，自性能含萬法是大，萬法在諸人性中。若見一切人惡之與善，盡皆不取不捨，亦不染著，心如虛空名之為大，故約『摩訶』。善知識，迷人口說，智者心行，又有迷人，空心靜坐，百無所思，自稱為大；此一輩人，不可與語，為邪見故。

善知識，心量廣大，遍周法界；用了即了了分明，應用便知一切。一切即一，一即一切；來去自由，心體無滯，即是般若。善知識，一切般若智，皆從自性而生，不從外入，莫錯用意，名為真行性自用。一真一切真。心量大事，不行小道。口莫終日說空，心中不修此行；恰似凡人，自稱國王，終不可得，非吾弟子。

善知識，何名『般若』？般若者，唐言智慧也。一切處所，一切時中，念念不愚，常行智慧，即是般若行。一念愚，即般若絕；一念智，即般若生。世人愚迷，不見般若；口說般若，心中常愚。常自言我修般若，念念說空，不識真空。般若無形相，智慧心即是。若作如是解，即名般若智。

何名『波羅蜜』？此是西國語，唐言到彼岸，解義離生滅。著境生滅起，如水有波浪，即名為此岸，離境無生滅，如水常流通，即名為彼岸，故號『波羅蜜』。

善知識，迷人口念，當念之時，有妄有非。念念若行，是名真性。悟此法者，是般若法；修此行者，是般若行；不修即凡。一念修行，自身等佛。善知識，凡夫即佛，煩惱即菩提。前念迷，即凡夫；後念悟，即佛。前念著境，即煩惱；後念離境，即菩提。

善知識，摩訶般若波羅蜜，最尊最上最第一，無住無往亦無來，三世諸佛從中出。當用大智慧，打破五蘊煩惱塵勞。如此修行，定成佛道，變三毒為戒定慧。

善知識，我此法門，從一般若生八萬四千智慧。何以故？為世人有八萬四千塵勞。若無塵勞，智慧常現，不離自性。悟此法者，即是無念、無憶、無著。不起誑妄，用自真如性，以智慧觀照；於一切法，不取不捨。即是見性成佛道。

善知識，若欲入甚深法界，及般若三昧者，須修般若行。持誦《金剛般若經》即得見性，當知此經功德無量無邊，經中分明讚歎，莫能具說。此法門是最上乘，為大智人說，為上根人說；小智小根人聞，心生不信。何以故？譬如天龍下雨於閻浮提，城邑聚落，悉皆漂流，如漂草葉；若雨大海，不增不減。

善知識，若大乘人，若最上乘人，聞說《金剛經》，心開悟解故，知本性自有般若之智，自用智慧，常觀照故，不假文字。譬如雨水，不從天有，元是龍能興致，令一切眾生，一切草木，有情無情，悉皆蒙潤，百川眾流，卻入大海，合為一體。眾生本性般若之智，亦復如是。

善知識，小根之人，聞此頓教，猶如草木，根性小者，若被大雨，悉皆自倒，不能增長。小根之人，亦復如是。元有般若之智，與大智人更無差別。因何聞法不自開悟？緣邪見障重，煩惱根生。猶如大雲覆蓋於日，不得風吹，日光不現。般若之智亦無大小，為一切眾生自心迷悟不同。迷心外見，修行覓佛，未悟自性，即是小根；若開悟頓教，不執外修，但於自心常起正見，煩惱塵勞，常不能染，即是見性。

善知識，內外不住，去來自由，能除執心，通達無礙，能修此行，與《般若經》本無差別。 善知識，一切修多羅及諸文字、大小二乘、十二部經，皆因人置。因智慧性，方能建立。若無世人，一切萬法本自不有，故知萬法本自人興；一切經書，因人說有。緣其人中，有愚有智；愚為小人，智為大人；愚者問於智人，智者為愚人說法；愚人忽然悟解心開，即與智人無別。

善知識，不悟即佛是眾生；一念悟時，眾生是佛。故知萬法盡在自心，何不從心中頓見真如本性？《菩薩戒經》云：「我本元自性清淨，若識自心見性，皆成佛道。」《淨名經》云：「即時豁然，還得本心」。

善知識，我於忍和尚處，一聞言下便開悟，頓見真如本性。是以將此教法流行，令學道者頓悟菩提，各自觀心，自見本性。若自不悟，需覓大善知識，解最上乘法者，直示正路，是善知識有大因緣。所謂化導令得見性，一切善法，因善知識能發起故。三世諸佛、十二部經，在人性中本自具有，不能自悟，須求善知識指示方見。

若自悟者，不假外求。若一向執謂須他善知識望得解脫者，無有是處。何以故？自心內有知識自悟，若起邪迷，妄念顛倒，外善知識雖有教授，救不可得；若起正真般若觀照，一剎那間，妄念俱滅。若識自性，一悟即至佛地。

善知識，智慧觀照，內外明徹，識自本心。若識本心，即本解脫；若得解脫，即是般若三昧；般若三昧即是無念。何名無念？若見一切法，心不染著，是為無念。用即遍一切處，亦不著一切處；但淨本心，使六識出六門，於六塵中，無染無雜，來去自由，通用無滯，即是般若三昧。自在解脫，名無念行。若百物不思，當令念絕，即是法縛，即名邊見。

善知識，悟無念法者，萬法盡通；悟無念法者，見諸佛境界；悟無念法者，至佛地位。善知識，後代得吾法者，將此頓教法們，於同見同行，發願受持，如事佛故，終身而不退者，定入聖位。然須傳授從上以來默傳分付，不得匿其正法；若不同見同行，在別法中，不得傳付。損彼前人，究竟無益。恐愚人不解，謗此法門，百劫千生，斷佛種性。

善知識，吾有一無相頌，各須誦取，在家出家，但依此修；若不自修，惟記吾言，亦無有益。聽吾頌曰：

說通及心通，如日處虛空；
唯傳見法性，出世破邪宗。
法即無頓漸，迷悟有遲疾；
只此見性門，愚人不可悉。
說即雖萬般，合理還歸一；
煩惱暗宅中，常須生慧日。
邪來煩惱至，正來煩惱除；
邪正俱不用，清淨至無餘。
菩提本自性，起心即是妄；
淨心在妄中，但正無三障。
世人若修道，一切盡不妨；
常自見己過，與道即相當。
色類自有道，各不相妨惱；
離道別覓道，終生不見道。
波波度一生，到頭還自懊；
欲得見真道，行正即是道。
自若無道心，闇行不見道；
若真修道人，不見世間過。
若見他人非，自非卻是左；
他非我不非，我非自有過。
但自卻非心，打除煩惱破；
憎愛不關心，長伸兩腳臥。
欲擬化他人，自須有方便；
勿令彼有疑，即是自性現。
佛法在世間，不離世間覺；
離世覓菩提，恰如求兔角。
正見名出世，邪見名世間；
邪正盡打卻，菩提性宛然。
此頌是頓教，亦名大法船；
迷聞經累劫，悟則剎那間。

師復曰：「今於大梵寺說此頓教，普願法界眾生，言下見性成佛。」時韋使君與官僚道俗，聞師所說，無不省悟。一時作禮，皆歎：「善哉！何期嶺南有佛出世。」

疑問品第三

一日，韋刺史為師設大會齋。齋訖，刺丈請師升座，同官僚士庶，肅容再拜，問曰：「弟子聞和尚說法，實不可思議，今有少疑，願大慈悲，特為解說。」 師曰：「有疑即問，吾當為說。」

韋公曰：「和尚所說，可不是達摩大師宗旨乎？」師曰：「是。」公曰：「弟子聞達摩初化梁武帝，帝問云：『朕一生造寺度僧，佈施設齋，有何功德？』達摩言：『實無功德。』弟子未達此理，願和尚為說。」

師曰：「實無功德，勿疑先聖之言。武帝心邪，不知正法，造寺度僧，佈施設齋，名為求福，不可將福便為功德。功德在法身中，不在修福。」

師又曰：「見性是功，平等是德；念念無滯，常見本性其實妙用，名為功德。內心謙下是功，外行於禮是德；自性建立萬法是功，心體離念是德；不離自性是功，應用無染是德；若覓功德法身，但依此作，是真功德。」

「若修功德之人，心即不輕，常行普敬，心常輕人，吾我不斷即自無功；自性虛妄不實，即自無德；為吾我自大，常輕一切故。善知識！念念無間是功，心行平直是德；自修性是功，自修身是德。善知識！功德須自性內見，不是佈施供養之所求也。是以福德與功德別，武帝不識其理，非我祖師有過。」

刺史又問曰：「弟子常見僧俗念阿彌陀佛，願生西方；請和尚說，得生彼否？願為破疑。」師言：「使君善聽，慧能與說。世尊在舍衛城中，說西方引化，經文分明去此不遠。」

「若論相說裡數有十萬八千，即身中十惡八邪，便是說遠。說遠，為其下根；說近，為其上智。人有兩種，法無兩般；迷悟有殊，見有遲疾。迷人念佛，求生於彼；悟人自淨其心。所以佛言：『隨其心淨，即佛土淨。』

「使君東方人，但心淨即無罪；雖西方人，心不淨亦有愆。東方人造罪，念佛求生西方；西方人造罪，念佛求生何國？凡愚不了自性，不識身中淨土，願東願西，悟人在處一般。所以佛言：『隨所住處恆安樂。』

「使君！心地但無不善，西方去此不遙；若懷不善之心，念佛往生難到。今勸善知識，先除十惡，即行十萬；後除八邪，乃過八千。念念見性，常行十直，到如彈指，便覩彌陀。」

「使君！但行十善，何須更願往生？不斷十惡之心，何佛即來迎請？若悟無生頓法，見西方只在剎那；不悟，念佛求生，路遙如何得達？慧能與諸人移西方如剎那間，目前便見，各願見否？」眾皆頂禮云：「若此處見，何須更願往生？願和尚慈悲，便現西方，普令得見。」

師言：「大眾！世人自色身是城，眼耳鼻舌是門；外有五門，內有意門；心是地，性是王；王居心地上。性在王在；性去王無。性在身心存；性去身心壞。」

「佛向性中作，莫向身外求。自性迷即是眾生；自性覺即是佛。慈悲即是觀音；喜捨名為勢至。能淨即釋迦；平直即彌陀。人我是須彌，邪心是海水，煩惱是波浪，毒害是惡龍，虛妄是鬼神，塵勞是魚鱉，貪嗔是地獄，愚癡是畜生。」

「善知識！常行十善，天堂便至，除人我，須彌倒；去邪心，海水竭；煩惱無，波浪滅；毒害忘，魚龍絕。自心地上覺性如來，放大光明，外照六門清淨，能破六欲諸天。」

「自性內照，三毒即除，地獄等罪，一時消滅，內外明徹，不異西方。不作此修，如何到彼？」大眾聞說，了然凡性，

悉皆禮拜，俱歎：「善哉！」唱言：「普願法界眾生，聞者一時悟解。」

師言：「善知識！若欲修行，在家亦得，不由在寺。在家能行，如東方人心善；在寺不修，如西方人心惡，但心清淨，即是自性西方。」韋公又問：「在家如何修行，願為教授。」師言：「吾與大眾，作無相頌，但依此修，常與吾同處無別。若不作此修，剃髮出家，於道何益？」

頌曰：

心平何勞持戒？行直何用修禪？
恩則親養父母，義則上下相憐。
讓則尊卑和睦，忍則眾惡無喧。
若能鑽木出火，淤泥定生紅蓮。
苦口的是良藥，逆耳必是忠言。
改過必生智慧，護短心內非賢。
日用常行饒益，成道非由施錢。
菩提只向心見，何勞向外求玄？
聽說依此修行，天堂只在目前。

師復曰：「善知識！總須依偈修行，見取自性，直成佛道。法不相待，眾人且散，吾歸曹溪，眾若有疑，卻來相問。」時刺丈官僚，在會善男信女，各得開悟，信受奉行。

定慧品第四

師示眾云：善知識！我此法門，以定慧為本，大眾勿迷。言定慧別，定慧一體，不是二；定是慧體，慧是定用，即慧之時定在慧，即定之時慧在定。若識此義，即是定慧等學。

諸學道人，莫言：「先定發慧，先慧發定，各別。」作此見者，法有二相，口說善語，心中不善，空有定慧，定慧不等；若心口俱善，內外一種，定慧即等。自悟修行，不在於諍；若諍先後，即同迷人。不斷勝負，卻增我法，不離四相。

善知識！定慧猶如何等？猶如燈光。有燈即光，無燈即暗；燈是光之體，光是燈之用。名雖有二，體本同一。此定慧法，亦復如是。

師示眾云：「善知識！一行三昧者，於一切處，行、住、坐、臥，常行一直心是也。如《淨名經》云：『直心是道場，直心是淨土。』莫心行諂曲，口但說直，口說一行三昧，不行直心；但行直心，於一切法，勿有執著。迷人著法相，執一行三昧。直言坐不動，妄不起，心即是一行三昧。作此解者。即同無情，卻是障道因緣。」

善知識！道須通流，何以卻滯？心不住法，道即通流；心若住法，名為自縛。若言坐不動，是只如舍利弗宴坐林中，卻被維摩詰呵。善知識！又有人教坐，看心觀靜，不動不起，從此置功，迷人不會，便執成顛。如此者眾，如是相教，故知大錯。

師示眾云：善知識！本來正教，無有頓漸，人性自有利鈍。迷人漸契，悟人頓修，自識本心，自見本性，即無差別，所以立頓漸之假名。

善知識！我此法門，從上以來，先立無念為宗，無相為體，無住為本。無相者，於相而離相；無念者，於念而無念；無住者，人之本性，於世間善惡好醜，乃至冤之與親，言語觸刺欺爭之時，並將為空，不思酬害，念念之中，不思前境。若前念、今念、後念，念念相續不斷，名為繫縛。於諸法上，念念不住，即無縛也。此是以無住為本。

善知識！外離一切相，名為無相；能離於相，即法體清淨；此是以無相為體。

善知識！於諸境上心不染，曰無念；於自念上常離諸境，不於境上生心。若只百物不思，念盡除卻，一念絕即死，別處受生，是為大錯。學道者思之。若不識法意，自錯猶可，更勸他人，自迷不見，又謗佛經；所以立無念為宗。

善知識！云何立無念為宗？只緣口說見性，迷人於境上有念，念上便起邪見，一切塵勞妄想，從此而生。自性本無一法可得；若有所得，妄說禍福，即是塵勞邪見。故此法門立無念為宗。

善知識！無者無何事？念者念何物？無者：無二相，無諸塵勞之心；念者，念其如本性。真如即是念之體，念即是真如之用。真如自性起念，非眼耳鼻舌能念，真如有性，所以起念；真如若無，眼耳色聲，當時即壞。

善知識！真如自性起念，六根雖有見聞覺知，不染萬境，而真性常自在。故經云：「能善分別諸法相，於第一義而不動。」

坐禪品第五

師示眾云：此門坐禪，元不著心，亦不著淨，亦不是不動。若言著心，心元是妄，知心如幻，故無所著也。若言著淨，人性本淨，由妄念故，蓋覆真如，但無妄想，性自清淨。起心著淨，卻生淨妄，妄無處所，著者是妄。淨無形相，卻立淨相，言是工夫；作此見者，障自本性，卻被淨縛。

善知識！若修不動者，但見一切人時，不見人之是非善惡過患，即是自性不動。善知識！迷人身雖不動，開口便說他人是非長短好惡，與道違背；若著心著淨，即障道也。

師示眾云：善知識！何名坐禪？此法門中，無障無礙，外於一切善惡境界，心念不起，名為坐；內見自性不動，名為禪。

善知識！何名禪定？外離相為禪；內不亂為定。外若著相，內心即亂；外若離相，心即不亂。本性自淨自定，只為見境思境即亂。若見諸境心不亂者，是真定也。

善知識！外離相即禪，內不亂即定；外禪內定，是為禪定。《菩薩戒經》云：「我本性元自清淨。」善知識！於念念中，自見本性清淨，自修自行，自成佛道。

懺悔品第六

時，大師見廣韶洎四方士庶，駢集山中聽法，於是升座告眾曰：「來！諸善知識！此事須從自性中起。於一切時，念念自淨其心，自修自行，見自己法身，見自心佛，自度自戒，始得不假到此。既從遠來，一會於此，皆共有緣，今可各各胡跪，先為傳『自性五分法身香』，次授『無相懺悔。』」眾胡跪。

師曰：一、戒香：即自心中無非、無惡、無嫉妒、無貪嗔、無劫害，名戒香。二、定香：即覩諸善惡境相，自心不亂，名定香。 三、慧香：自心無礙，常以智慧，觀照自性，不造諸惡，雖修眾善，心不執著，敬上念下，矜恤孤貧，名慧香。四、解脫香：即自心無所攀緣，不思善，不思惡，自在無礙，名解脫香。五、解脫知見香：自心既無所攀緣、善惡，不可沉空守寂，即須廣學多聞，識自本心，達諸

佛理，和光接物，無我、無人，直至菩提，真性不易，名解脫知見香。善知識！此香各自內薰，莫向外覓。

今與汝等授「無相懺悔」，滅三世罪，令得三業清淨。善知識！各隨語，一時道：「弟子等從前念、今念及後念，念念不被愚迷染；從前所有惡業愚迷等罪，悉皆懺悔，願一時消滅，永不復起。弟子等從前念、今念及後念，念念不被憍誑染；從前所有惡業憍誑等罪，悉皆懺悔，願一時消滅，永不復起。弟子等從前念、今念及後念，念念不被嫉妒染；從前所有惡業嫉妒等罪，悉皆懺悔，願一時消滅，永不復起。」

善知識！已上是為「無相懺悔」。云何名懺？云何名悔？懺者：懺其前衍；從前所有惡業、愚迷、憍誑、嫉妒等罪，悉皆盡懺，永不復起，是名為懺。悔者，悔其後過。

從今已後所有惡業、愚迷、憍誑、嫉妒等罪，今已覺悟，悉皆永斷，更不復作，是名為悔，故稱懺悔。凡夫愚迷，只知懺其前衍，不知悔其後過。以不悔故，前衍不滅，後過又生。前衍既不滅，後過復又生，何名懺悔？

善知識！既懺悔已，與善知識發「四弘誓願」，各須用心正聽：

自心眾生無邊誓願度，

自心煩惱無邊誓願斷，

自性法門無盡誓願學，

自性無上佛道誓願成。

善知識！大家豈不道，「眾生無邊誓願度」？怎麼道，且不是慧能度。善知識！心中眾生，所謂邪迷心、誑妄心、不善心、嫉妒心、惡毒心，如是等心，盡是眾生，各須自性自度，是名真度。

何名「自性自度」？即自心中邪見、煩惱、愚癡、眾生，將正見度。既有正見，使般若智打破愚癡迷妄眾生，各各自度。邪來正度，迷來悟度，愚來智度，惡來善度；如是度者，名為真度。

又，「煩惱無邊誓願斷」，將自性般若智，除卻虛妄思想心是也。又，「法門無盡誓願學」，須自見性，常行正法，是名真學。又，「無上佛道誓願成」，既常能下心行於真正，離迷、離覺，常生般若，除真、除妄，即見佛性，即言下佛道成。常念修行是願力法。

善知識！今發四弘願了，更與善知識授「無相三歸依戒。」善知識！歸依覺，兩足尊；歸依正，離欲尊；歸依淨，眾中尊。從今日起，稱覺為師，更不歸依邪魔外道。以自性三寶常自證明。

勸善知識，歸依自性三寶。佛者覺也，法者正也，僧者淨也。自心歸依覺，邪迷不生，少欲知足，能離財色，名兩足尊。自心歸依正，念念無邪見，以無邪凡故，即無人我貢高貪愛執著，名離欲尊。自心歸依淨，一切塵勞愛欲境界，自性皆不染著，名眾中尊。若修此行，是自歸依。

凡夫不會，從日至夜，受三歸戒，若言歸依佛，佛在何處？若不見佛，憑何所歸？言卻成妄。善知識！各自觀察，莫錯用心。經文分明言、自歸依佛，不言歸依他佛。自佛不歸，無所依處。今既自悟，各須歸依自心三寶，內調心性，外敬他人，是自歸依也。

善知識！既歸依自三寶竟，各各志

心，吾與說一體三身自性佛，令汝等見三身，了然自悟自性，總隨我道：「於自色身，歸依清淨法身佛；於自色身，歸依千百億化身佛；於自色身，歸依圓滿報身佛。」

善知識！色身是舍宅，不可言歸向者。三身佛在自性中，世人總有為自心迷不見內性，外覓三身如來，不見自身中有三身佛。汝等聽說，令汝等於自身中見自性有三身佛。此三身佛，從自性生，不從外得。

何名清淨法身佛？世人性本清淨，萬法從自性生；思量一切惡事，即生惡行；思量一切善事，即生善行。如是諸法，在自性中，如天常清，日月常明，為浮雲蓋覆，上明下暗。

忽遇風吹雲散，上下俱明，萬象皆現；世人性常浮游，如彼天雲。善知識！智如日，慧如月；智慧常明，於外著境，被妄念浮雲蓋覆，自性不得明朗。若遇善知識，聞真正法，自除迷妄，內外明徹，於自性中，萬法皆現，見性之人，亦復如是。此名清淨法身佛。

善知識！自心歸依自性，是皈依真佛。自皈依者，除卻自性中不善心、嫉妒心、諂曲心、吾我心、誑妄心、輕人心、慢他心、邪見心、貢高心及一切時中不善之行，常自見己過，不說他人好惡，是自皈依。常須下心，普行恭敬，即是見性通達，更無滯礙，是自皈依。

何名千百億化身？若不思萬法性本如空，一念思量，名為變化。思量惡事，化為地獄；思量善事，化為天堂；毒害化為龍蛇；慈悲化為菩薩，智慧化為上界，愚癡化為下方。自性變化甚多，迷人不能省覺，念念起惡，常行惡道，回一念善，智慧即生，此名自性化身佛。』

何名圓滿報身？譬如一燈，能除千年暗，一智，能滅萬年愚。莫思向前，已過不可得；常思於後，念念圓明。自見本性，善惡雖殊，本性無二。無二之性，名為實性，於實性中，不染善惡，此名圓滿報身佛。自性起一念惡，滅萬劫善因；自性起一念善，得恆沙惡盡，直至無上菩提。念念自見，不失本念，名為報身。

善知識！從法身思量，即是化身佛；念念自性自見，即是報身佛。自悟自修自性功德，是真歸依；皮肉是色身，色身是宅舍，不言歸依也。但悟自性三身，即識自性佛。

吾有一無相頌，若能誦持，言下令汝積劫迷罪，一時消滅。

頌曰：

迷人修福不修道，只言修福便是道。
佈施供養福無邊，心中三惡元來造；
擬將修福欲滅罪，後世得福罪還在。
但向心中除罪緣，各自性中真懺悔；
忽悟大乘真懺悔，除邪行正即無罪。
學道常於自性觀，即與諸佛同一類。
吾祖唯傳此頓法，普願見性同一體；
若欲當來覓法身，離諸法相心中洗。
努力自見莫悠悠，後念忽絕一世休；
若悟大乘得見性，虔恭合掌至心求。

師言：「善知識！總須誦取，依此修行，言下見性，雖去吾千里，如常在吾邊；於此言下不悟，即對面千里，何勤遠來？珍重，好去！」一眾聞法，靡不開悟，歡喜奉行。

機緣品第七

師自黃梅得法，回至韶州曹侯村，人無知者。時，有儒士劉志略，禮遇甚厚。

志略有姑為尼，名無盡藏，常誦大涅槃經。師暫聽，即知妙義，遂為解說；尼乃執卷問字。

師曰：「字即不識，義即請問。」尼曰：「字尚不識，曷能會義？」師曰：「諸佛妙理，非關文字。」尼驚異之，遍告裡中耆德云：「此是有道之士，宜請供養。」有魏武侯玄孫曹叔良及居民競來瞻禮。

時寶林古寺，自隋末兵火已廢，遂於故基，重建梵宇，延師居之。俄成寶坊，師住九月餘日，又為惡黨尋逐。師乃遁於前山，被其縱火焚草木，師隱身挨入石中得免。石今有師趺坐膝痕及衣布之紋，因名避難石。師憶五祖「懷會止藏」之囑，遂行隱於二邑焉。

僧法海，韶州曲江人也。初參祖師，問曰：「即心即佛，願垂指諭。」師曰：「前念不生即心，後念不滅即佛；成一切相即心離一切相即佛。吾若具說，窮劫不盡，聽吾偈曰：「即心名慧，即佛乃定；定慧等持，意中清淨。悟此法門，由汝習性；用本無生，雙修是正。」

法海言下大悟，以偈贊曰：

「即心元是佛，不悟而自屈，我知定慧因，雙修離諸物。」

僧法達，洪洲人，七歲出家，常誦法華經，來禮祖師；頭不至地。祖訶曰：「禮不投地，何如不禮。汝心中必有一物，蘊習何事耶？」曰：「念法華經，已及三千部。」祖曰：「汝若念至萬部，得其經意，不以為勝，則與吾偕行。汝今負此事業，都不知過。聽吾偈曰：

禮本折慢幢，頭奚不至地； 有我罪即生，忘功福無比。」

師又曰：「汝名什麼？」曰：「名法達。」師曰：「汝名法達，何曾達法？」復說偈曰：

汝今名法達，勤誦未休歇，
空誦但循聲，明心號菩薩；
汝今有緣故，吾今為汝說，
但信佛無言，蓮花從口發。

達聞偈悔謝曰：「而今而後，當謙恭一切。弟子誦法華經，未解經義，心常有疑，和尚智慧廣大，願略說經中義理。」師曰：「法達，法即甚達，汝心不達；經本無疑，汝心自疑。汝念此經，以何為宗？」達曰：「學人根性暗鈍，從來但依文誦念，豈知宗趣？」

師曰：「吾不識文字，汝試取經誦之一遍，吾當為汝解說。」法達即高聲念經，至譬喻品，師曰：「止！此經元來以因緣出世為宗，縱說多種譬喻，亦無越於此。」

「何者因緣？」經云：「諸佛世尊，唯以一大事因緣故，出現於世。一大事者，佛之知見也。世人外迷著相，內迷著空；若能於相離相，於空離空，即是內外不迷。若悟此法，一念心開，是為開佛知見。

「佛，猶覺也；分為四門：開覺知見、示覺知見、悟覺知見、入覺知見。若聞開示便能悟入，即覺知見，本來真性而得出現。

「汝慎勿錯解經意，見他道開示悟入，自是佛之知見，我輩無分。若作此解，乃是謗經毀佛也。彼既是佛，已具知見，何用更開？汝今當信佛知見者，只汝自心，更無別佛。

「蓋為一切眾生，自蔽光明，貪愛塵境，外緣內擾，甘受驅馳，便勞他世尊從三昧起，種種苦口，勸令寢息，莫向外求，與佛無二；故云開佛知見。吾亦勸一切人，於自心中，常開佛之知見；世人心邪，愚迷造罪，口善心惡，貪嗔嫉妒諂佞我慢，侵入害物，自開眾生知見。若能正心常生，智慧觀照，自心止惡行善，是自開佛之知見。

「汝須念念開佛知見，勿開眾生知見。開佛知見，即是出世；開眾生知見，即是世間，汝若但勞勞執念，以為功課者，何異犛牛愛尾？」達曰：「若然者，但得解義，不勞誦經耶？」師曰：「經有何過，豈障汝念？只為迷悟在人，損益由己。口誦心行，即是轉經；口誦心不行，即是被經轉。聽吾偈曰：

心迷法華轉，心悟轉法華，
誦經久不明，與義作仇家；
無念念即正，有念念成邪，
有無俱不計，長御白牛車。

達聞偈，不覺悲泣，言下大悟，而告師曰：「法達從昔已來，實未曾轉法華，乃被法華轉。」再啟曰：「經云：『諸大聲聞乃至菩薩，皆盡思共度量，不能測佛智。』今令凡夫但悟自心，便名佛之知見，自非上根，未免疑謗。又經說三車，羊鹿之車與白牛之車，如何區別？願和尚再垂開示。」

師曰：「經意分明，汝自迷背。諸三乘人，不能測佛智者，患在度量也，饒伊盡思共推，轉加懸遠。佛本為凡夫說，不為佛說，此理若不肯者，從他退席，殊不知坐卻白牛車，更於門外覓三車。況經文明向汝道，唯一佛乘，無有餘乘。若二若三乃至無數方便，種種因緣譬喻言詞，是法皆為一佛乘故。汝何不省？三車是假，為昔時故；一乘是實，為今時故。只教汝去假歸真，歸真之後，真亦無名。應知所有珍財，盡屬於汝，由汝受用，更不作父想，亦不作子想，亦無用想；是名持法華經。從劫至劫，手不釋卷，從晝至夜，無不念時也。」

達蒙啟發，踴躍歡喜，以偈贊曰：

經誦三千部，曹溪一句亡，
未明出世旨，寧歇累生狂；
羊鹿牛權設，初中後善揚，
誰知火宅內，元是法中王。

師曰：「汝今後才可名念經僧也。」達從此領玄旨，亦不輟誦經。

僧智通，壽州安豐人，初看《楞伽經》約千餘遍，而不會三身四智，禮師求解其義。師曰：「三身者，清淨法身，汝之性也；圓滿報身，汝之智也；千百億化身，汝之行也。若離本性，別說三身，即名有身無智；若悟三身無有自性，即名四智菩提。」

聽吾偈曰：

自性具三身，發明成四智，
不離見聞緣，超然登佛地；
吾今為汝說，諦信永無迷，
莫學馳求者，終日說菩提。

通再啟曰：「四智之義，可得聞乎？」師曰：「既會三身，便明四智，何更問耶？若離三身，別談四智，此名有智無身。即此有智，還成無智。」

復偈曰：

大圓鏡智性清淨，平等性智心無病，
妙觀察智見非功，成所作智同圓鏡；
五八六七果因轉，但用名言無實性，
若於轉處不留情，繁興永處那伽定。

「如上轉識為智也。教中云：『轉前

五識為成所作智，轉第六識為妙觀察智，轉第七識為平等性智，轉第八識為大圓鏡智。』雖六七因中轉，五八果上轉；但轉其名，而不轉其體也。」

通頓悟性智，遂呈偈曰：

三身元我體，四智本心明，

身智融無礙，應物任隨形；

起修皆妄動，守住匪真精，

妙旨因師曉，終亡染汙名。

僧志常，信州貴溪人，髫年出家，志求凡性；一日參禮，師問曰：「汝從何來？欲求何事？」曰：「學人近往洪州白峰山禮大通和尚，蒙示見性成佛之義，未決狐疑，遠來投禮，伏望和尚指示。」

師曰：「彼有何言句，汝試舉看。」曰：「智常到彼，凡經三月，未蒙示誨。為法切故，一夕，獨入丈室，請問如何是某甲本心本性？大通乃曰：『汝見虛空否？』對日：『見』。彼曰：『汝見虛空有相貌否？』對曰：『虛空無形，有何相貌？』彼曰：『汝之本性，猶如虛空，了無一物可見，是名正見；無一物可知，是名真知。無有青黃長短，但見本源清淨，覺體圓明，即名見性成佛，亦名如來知見。』學人雖聞此說，猶未決了，乞和尚開示。」

師曰：「彼師所說，猶存見知，故今汝未了。吾今示汝一偈：

不見一法存無見，大似浮雲遮日面， 不知一法守空知，還如太虛生閃電；

此之知見瞥然興，錯認何曾解方便，

汝當一念自知非，自己靈光常顯現。

常聞偈已，心意豁然，乃述偈曰：

無端起知見，著相求菩提，

情存一念悟，寧越昔時迷；

自性覺源體，隨服枉遷流，

不入祖師室，茫然趣兩頭。

智常一日問師曰：「佛說三乘法，又言最上乘，弟子未解，願為教授。」 師曰：「汝觀自未心，莫著外法相，法無四乘，人心自有等差。見聞轉誦，是小乘；悟法解義，是中乘；依法修行，是大乘。萬法盡通，萬法俱備，一切不染，離諸法相，一無所得，名最上乘。乘是行義，不在口爭，汝須自修，莫問吾也，一切時中，自性自如。」

常禮謝執侍，終師之世。

僧志道，廣州南海人也，請益曰：「學人自出家，覽涅槃經，十載有餘，未明大意，願和尚垂誨。」師曰：「汝何處未明？」曰：「諸行無常，是生滅法，生滅滅已，寂滅為樂；於此疑惑。」

師曰：「汝作麼生疑？」曰：「一切眾生，當有二身；謂色身、法身也。色身無常，有生有滅；法身有常，無知無覺。經云：『生滅滅已，寂滅為樂』者，不審何身寂滅？何身受樂？若色身者，色身滅時，四大分散，全然是苦，苦不可言樂。若法身寂滅，即同草木瓦石，誰當受樂？」

「又法性是生滅之體，五蘊是生滅之用；一體五用，生滅是常；生則從體起用，滅則攝用歸體。若聽更生，即有情之類，不斷不滅；若不聽更生，則永歸寂滅，同於無情之物。如是則一切諸法被涅槃之所禁伏，尚不得生，何樂之有？」

師曰：「汝是釋子，何習外道斷常邪見，而議最上乘法？據汝所說，即色身外別有法身，離生滅求於寂滅；又推涅槃常樂，言有身受用，斯乃執吝生死，耽著世樂。汝今當知，佛為一切迷人，認五蘊和合為自體相；分別一切法為外塵相。好生惡死，念念遷流，不知夢幻虛假，枉受輪迴，以常樂涅槃，翻為苦相，終日馳求。」

「佛愍此故，乃示涅槃真樂。剎那無有生相，剎那無有滅相，更無生滅可滅，是則寂滅現前，當現前時，亦無現前之量，乃謂常樂。此樂無有受者，亦無不受者，豈有一體五用之名？何況更言涅槃禁伏諸法，令永不生，斯乃謗佛毀法。」

聽吾偈曰：

無上大涅槃，圓明常寂照，
凡愚謂之死，外道執為斷。
諸求二乘人，目以為無作，
盡屬情所計，六十二見本。
妄立虛假名，何為真實義？
惟有過量人，通達無取捨。
以知五蘊法，及以蘊中我，
外現眾色象，一一音聲相。
平等如夢幻，不起凡聖見，
不作涅槃解，二邊三際斷。
常應諸根用，而不起用想，
分別一切法，不起分別想。
劫火燒海底，風鼓山相擊，
真常寂滅樂，涅槃相如是。
吾今強言說，令汝捨邪見，
汝勿隨言解，許汝知少分。

志道聞偈大悟，踴躍作禮而退。

行思禪師，生吉州安城劉氏，聞曹溪法席盛化，徑來參禮，遂問曰：「當何所務，即不落階級？」師曰：「汝曾作什麼來？」曰：「聖諦亦不為。」師曰：「落何階級？」曰：「聖諦尚不為，何階級之有？」師深器之，令師首眾。 一日，師謂曰：「汝當分化一方，無令斷絕。」思既得法，遂回吉州青原山，弘法紹化，謚號弘濟禪師。

懷讓禪師，金州杜氏子也。初謁嵩山安國師，安發之曹溪參扣。讓至，禮拜，師曰：「甚處來？」曰：「嵩山。」師曰：「什麼物，怎麼來？」曰：「說似一物即不中。」師曰：「還可修證否？」曰：「修證即不無，汙染即不得。」

師曰：「只此不汙染，諸佛之所護念；汝既如是，吾亦如是。西天般若多羅讖，『汝足下出一馬駒，踏殺天下人。』應在汝心，不須速說。」讓豁然契會，遂執侍左右一十五載，日臻玄奧，後往南嶽，大闡禪宗，敕謚大慧禪師。

永嘉玄覺禪師，溫州戴氏子。少習經論，精天臺止觀法門，因看《維摩經》發明心地。偶師弟子玄策相訪，與其劇談，出言暗合諸祖。策云：「仁者得法師誰？」曰：「我聽方等經論，各有師承。後於維摩經，悟佛心宗，未有證明者。」

策云：「威音王已前即得，威音王已後，無師自悟，盡是天然外道。」云：「願仁者為我證據。」策云：「我言輕，曹溪有六祖大師，四方雲集，並是受法者，若去，則與偕行。」

覺遂同策來參，繞師三匝，振錫而立。師曰：「夫沙門者，具三千威儀，八萬細行；大德自何方而來，生大我慢？」覺曰：「生死事大，無常迅速。」師曰：「何不體取無生，了無速乎？」曰：「體即無生，了本無速。」師曰：「如是，如是！」玄覺方具威儀禮拜。須臾告辭。

師曰：「返太速乎？」曰：「本自非動，豈有速耶？」師曰：「誰知非動？」曰：「仁者自生分別。」師曰：「汝甚得無生之意。」曰：「無生豈有意耶？」師曰：「無意誰當分別？」曰：「分別亦非意。」師曰：「善哉！少留一宿。」時謂一宿覺，後著《證道歌》，盛行於世；謚曰無相大師，時稱為其覺焉。

禪者智隍，初參五祖，自謂已得正受，庵居長坐，積二十年。師弟子玄策遊方至河朔，聞隍之名，造庵問云：「汝在此作什麼？」隍曰：「入定。」

策云：「汝云入定，為有心人耶？無心人耶？若無心人者，一切無情草木瓦石，應合得定；若有心人者，一切有情含識之流，亦應得定。」隍曰：「我正入定時，不見有有無之心。」策云：「不見有有無之心，即是常定，何有出入？若有出入，即非大定。」隍無對，良久，問曰：「師嗣誰耶？」策云：「我師曹溪六祖。」

隍云：「六祖以何為禪定？」策云：「我師所說，妙湛圓寂，體用如如；五陰本空，六塵非有；不出不入，不定不亂；禪性無住，離住禪寂；禪性無生，離生禪想；心如虛空，亦無虛空之量。」

隍聞是說，徑來謁師。師問云：「仁者何來？」隍具述前緣。師云：「誠如所言，汝但心如虛空，不著空見，應用無礙，動靜無心，凡聖情忘，能所俱泯，性相如如，無不定也。」

隍於是大悟，二十年所得心都無影響。其夜、河北士庶，聞空中有聲云：「隍禪師今日得道。」隍後禮辭，復歸河北，開化四眾。

一僧問師曰：「黃梅意旨，甚麼人得？」師云：「會佛法人得。」僧云：「和尚還得否？」師云：「我不會佛法。」

師一日欲濯所授之衣，而無美泉；因至寺後五裡許，見山林鬱茂，瑞氣盤旋；師振錫卓地，泉應手而山，積以為池，乃跪膝浣衣石上。有蜀僧方辯謁師，師曰：「上人攻何事業？」曰：「善塑。」師正色曰：「汝試塑看。」辯罔措。過數日，塑就真相，可高七寸，曲盡其妙。師笑曰：「汝善塑性，不解佛性。」即為摩頂授記，永與人天為福田，仍以衣酬之。辯取衣分為三：「一披塑像，一自留，一用棕裡瘞地中。誓曰：『後得此衣，乃吾出世，住持於此，重建殿宇。』」宋嘉祐八年，有僧惟先，修殿掘地，得衣如新。像在高泉寺，祈禱輒應。

有僧舉臥輪禪師偈云：

臥輪有伎倆，能斷百思想，

對境心不起，菩提日日長。

師聞之曰：「此偈未明心地，若依而行之，是加繫縛。」

因示一偈曰：

慧能沒伎倆，不斷百思想，

對境心數起，菩提作麼長。

頓漸品第八

時，祖師居曹溪寶林；神秀大師在荊南玉泉寺。於時兩宗盛化，人皆稱南能北秀；故有南北二宗頓漸之分，而學者莫知宗趣。師謂眾曰：「法本一宗，人有南北，法即一種，見有遲疾；何名頓漸？法無頓漸，人有利鈍，故名頓漸。」

然秀之徒眾，往往譏南宗祖師不識一字，有何所長？秀曰：「他得無師之智，深悟上乘，吾不如也。且吾師五祖，親傳衣法，豈徒然哉！吾恨不能遠去親近，虛受國恩。汝等諸人，毋滯於此，可往曹溪參決。」一日，命門人志誠曰：「汝聰明多智，可為吾到曹溪聽法；若有所聞，盡心記取，還為吾說。」

志誠稟命至曹溪，隨眾參請，不言來處。時，祖師告眾曰：「今有盜法之人，潛在此會。」志誠即出禮拜，具陳其事。師曰：「汝從玉泉來，應是細作。」對曰：「不是！」師曰：「何得不是？」對曰：「未說即是，說了不是。」

師曰：「汝師若為示眾？」對曰：「常指誨大眾，住心觀淨，長坐不臥。」師曰：「住心觀淨，是病非禪；長坐拘身，於理何益？聽吾偈曰：

「生來坐不臥，死去臥不坐，元是臭骨頭，何為立功課。」

志誠再拜曰：「弟子在秀大師處學道九年，不得契悟；今聞和尚一說，便契本心。弟子生死事大，和尚大慈，更為教示！」師曰：「吾聞汝師教示學人戒定慧法，未審汝師說戒定慧行相如何？與吾說看。」誠曰：「秀大師說，諸惡莫作名為戒，諸善奉行名為慧，自淨其意名為定，彼說如此，未審和尚以何法誨人？」

師曰：「吾若言有法與人，即為誑汝。但且隨方解縛，假名三昧。如汝師所說戒定慧，實不可思議，吾所見戒定慧又別。」志誠曰：「戒定慧只合一種，如何更別？」師曰：「汝師戒定慧，接大乘人；吾戒定慧，接最上乘人。悟解不同，見有遲疾；汝聽吾說，與彼同否？吾所說法，不離自性；離體說法，名為相說；自性常迷，須知一切萬法，皆從自性起用，是真戒定慧法，聽吾偈曰：

心地無非自性戒，心地無癡自性慧，心地無亂自性定，不增不減自金剛，身去身來本三昧。」

誠聞偈悔謝，乃呈一偈：

「五蘊幻身，幻何究竟？迴趣真如，法還不淨。」

師復語誠曰：「汝師戒定慧，勸小根智人；吾戒定慧，勸大智根人；若悟自性，亦不立菩提涅槃，亦不立解脫知見。無一法可得，方能建立萬法；若解此意，亦名佛身，亦名菩提涅槃，亦名解脫知見。見性之人，立亦得，不立亦得，去來自由，無滯無礙；應用隨作，應語隨答；普見化身，不離自性，即得自在神通，遊戲三昧；是名見性。」

志誠再啟師曰：「如何是不立義？」師曰：「自性無非、無癡、無亂；念念般若觀照，常離法相，自由自在，縱橫盡得，有何可立？自性自悟，頓悟頓修，亦無漸次，所以不立一切法。諸法寂滅，有何次第？」志誠禮拜，願為執侍，朝夕不懈。

僧志徹，江西人，本姓張，名行昌，少任俠；自南北分化，二宗主雖亡彼我，而徒侶競起愛憎。時，北宗門人，自立秀師為第六祖，而忌祖師傳衣為天下聞，乃囑行昌來刺師。

師心通，預知其事，即置金十兩於座間。時夜暮，行昌入祖室，將欲加害，師舒頸就之。行昌揮刃者三，悉無所損。師曰：「正劍不邪，邪劍不正；只負汝金，不負汝命。」行昌驚仆，久而方蘇，求哀

悔過，即願出家。師遂與金，言：「汝且去，恐徒眾翻害於汝，汝可他日易形而來，吾當攝受。」行昌稟旨宵遁，後投僧出家。

一日，憶師之言，遠來禮覲。師曰：「吾久念汝，汝來何晚？」曰：「昨蒙和尚捨罪，今雖出家苦行，終難報德，其惟傳法度生乎？弟子常覽涅槃經，未曉常無常義，乞和尚慈悲，略為解說。」

師曰：「無常者，即佛性也；有常者，即一切善惡諸法分別心也。」曰：「和尚所說，大違經文。」師曰：「吾傳佛心印，安敢違於佛經？」曰：「經說佛性是常，和尚卻言無常；善惡諸法，乃至菩提心，皆是無常，和尚卻言是常；此即相違，令學人轉加疑惑。」師曰：「《涅槃經》，吾昔聽尼無盡藏讀誦一遍，便為講說，無一字一義不合經文，乃至為汝，終無二說。」曰：「學人識量淺昧，願和尚委曲開示。」

師曰：「汝知否？佛性若常，更說什麼善惡諸法，乃至窮劫，無有一人發菩提心者；故吾說無常，正是佛說真常之道也。又一切諸法若無常者，即物物皆有自性，容受生死，而真常性有不遍之處；故吾說常者，正是佛說真無常義。佛比為凡夫外道，執於邪常；諸二乘人，於常計無常，共成八倒故，於《涅槃》了義教中，破彼偏見，而顯說真常、真樂、真我、真淨。汝今依言背義，以斷滅無常，及確定死常，而錯解佛之圓妙最後微言，縱覽千遍，有何所益？」

行昌忽然大悟，說偈云：

因守無常心，佛說有常性，
不知方便者，猶春池拾礫；
我今不施功，佛性而現前，
非師相授與，我亦無所得。

師曰：「汝今徹也，宜名志徹。」徹禮謝而退。

有一童子名神會，襄陽高氏子，年十二，自玉泉來參禮。師曰：「知識遠來艱辛，還將得本來否？若有本則合識主，試說看。」會曰：「以無住為本，見即是主。」師曰：「這沙彌爭合取次語。」會乃問曰：「和尚坐禪，還見不見？」師以柱打三下云：「吾打汝是痛不痛？」對曰：「亦痛亦不痛。」師曰：「吾亦見亦不見。」神會問：「如何是亦見，亦不見？」師云：「吾之所見，常見自心過愆，不見他人是非好惡；是以亦見亦不見。汝言亦痛亦不痛，如何？汝若不痛，同其木石；若痛，則同凡夫，即起恚恨。汝向前見不見，是二邊；痛不痛，是生滅。汝自性且不見，敢爾弄人？」神會禮拜悔謝。

師又曰：「汝若心迷不見，問善知識覓路；汝若心悟，即自見性，依法修行。汝自迷不見自心，卻來問吾見與不見。吾見自知，豈待汝迷？汝若自見，亦不待吾迷，何不自知自見，乃問吾見與不見？」神會再禮百餘拜，求謝過愆，服勤給侍，不離左右。

一日，師告眾曰：「吾有一物，無頭無尾，無名無字，無背無面，諸人還識否？」神會出曰：「是諸佛之本源，神會之佛性。」師曰：「向汝道無名無字，汝便喚作本源佛性。汝向去有把茆蓋頭，也只成個知解宗徒。」祖師滅後，會入京洛，大弘曹溪頓教，著顯宗記，盛行於世；是謂荷澤禪師。

師見諸宗難問，咸起惡心，多集座下，愍而謂曰：「學道之人，一切善念惡念，應當盡除；無名可名，名於自性；無二之性，是名實性，於實性上，建立一切教門，言下便須自見。」諸人聞說，總皆作禮，請事為師。

宣詔品第九

神龍元年上元日，則天中宗詔云：「朕請安秀二師，宮中供養，萬幾之暇，每究一乘。二師推讓云：『南方有能禪師，密授忍大師衣法，傳佛心印，可請彼問。』今遣內侍薛簡，馳詔迎請。願師慈念，速赴上京。」師上表辭疾，願終林麓。

薛簡曰：「京城禪德皆云：『欲得會道，必須坐禪習定；若不因禪定而得解脫者，未之有也。』未審師所說法如何？」師曰：「道由心悟，豈在坐也？經云：『若言如來若坐若臥，是行邪道。』何故？無所從來，亦無所去；無生、無滅，是如來清淨禪；諸法空寂，是如來清淨坐，究竟無證，豈況坐耶？」

簡曰：「弟子回京，主上必問，願師慈悲指示心要，傳奏兩宮，及京城學道者；譬如一燈，然百千燈，冥者皆明，明明無盡。」師云：「道無明暗，明暗是代謝之義；明明無盡，亦是有盡，相待立名。故《淨名經》云：『法無有比，無相待故。』」

簡曰：「明喻智慧，暗喻煩惱，修道之人，倘不以智慧照破煩惱，無始生死，憑何出離？」師曰：「煩惱即是菩提，無二無別。若以智慧照破煩惱者，此是二乘見解，羊鹿等機，上智大根，悉不如是。」簡曰：「如何是大乘見解？」

師曰：「明與無明，凡夫見二；智者了達，共性無二，無二之性，即是實性。實性者：處凡愚而不減，在賢聖而不增，住煩惱而不亂，居禪定而不寂。不斷不常、不來不去，不在中間及其內外；不生不滅，性相如如，常住不遷，名之曰道。」

簡曰：「師曰不生不滅，何異外道？」師曰：「外道所說不生不滅者，將滅止生，以生顯滅，滅猶不滅，生說不生。我說不生不滅者，本自無生，今亦不滅，所以不同外道。汝若欲知心要，但一切善惡，都莫思量，自然得入清淨心體，湛然常寂，妙用恆沙。」

簡蒙指教，豁然大悟，禮辭歸闕，表奏師語。

其年九月三日，有詔獎諭師曰：「師辭老疾，為朕修道，國之福田，師若淨名，托疾毗耶，闡揚大乘，傳諸佛心，談不二法。薛簡傳師指授如來知見，朕積善餘慶，宿種善根，值師出世，頓悟上乘。感荷師恩，頂戴無已，並奉摩納袈裟，及水晶缽，敕韶州刺史修寺宇，賜師舊居，為國恩寺焉。」

付囑品第十

師一日喚門人法海、志誠、法達、神會、智常、智通、志徹、志道、法珍、法如等曰：「汝等不同餘人，吾滅度後，各為一方師。吾今教汝說法，不失本宗，先須舉三科法門，動用三十六對，出沒即離兩邊，說一切法莫離自性。忽有人問汝法，出語盡雙，皆取對法，來去相因，究竟三法盡除，更無去處。」

「三科法門者，陰界入也。陰是五

陰：色受想行識是也。入是十二入，外六塵：色、聲、香、味、觸、法；內六門：眼、耳、鼻、舌、身、意是也。界是十八界：六塵、六門、六識是也。

「自性能含萬法，名含藏識；若起思量，即是轉識。生六識，出六門，見六塵，如是一十八界，皆從自性起用。

自性若邪，起十八邪；自性若正，走十八正。含惡用即眾生用，善用即佛用。用由何等，由自性有。」

「對法外境，無情五對：天與地對，日與月對，明與暗對，陰與陽對，水與火對，此是五對也。

「法相語言十二對：語與法對，有與無對，有色與無色對，有相與無相對，有漏與無漏對，色與空對，動與靜對，清與濁對，凡與聖對，僧與俗對，老與少對，大與小對，此是十二對也。

「自性起用十九對：長與短對，邪與正對，癡與慧對，愚與智對，亂與定對，慈與毒對，戒與非對，直與曲對，實與虛對，險與平對，煩惱與菩提對，常與無常對，悲與害對，喜與嗔對，捨與慳對，進與退對，生與滅對，法身與色身對，化身與報身對，此是十九對也。」

師言：「此三十六對法若解用，即通貫一切經法，出入即離兩邊，自性動用，共人言語，外於相離相，內於空離空，若全著相。即長邪見，若全執空，即長無明。執空之人，有謗經直言不用文字，即云不用文字，人亦不合語言，只此語言，便是文字之相。又云直道不立文字，即此不立兩字，亦是文字，見人所說，便即謗他言著文字。汝等須知，自迷猶可，又謗佛經，不要謗經，罪障無數。」

「若著相於外，而作法求真，或廣立道場，說有無之過患，如是之人，累劫不可見性，但聽依法修行，又莫百物不思，而於道性窒礙。若聽說不修，令人反生邪念，但依法修行，無住相法施。汝等若悟，依此說，依此用，依此行，依此作，即不失本宗。」

「若有人問汝義，問有，將無對；問無，將有對；問凡，以聖對；問聖，以凡對。二道相因，生中道義，汝一問一對，餘問一依此作，即不失理也。設有人問：『何名為暗？』答云：『明是因，暗是緣，明沒則暗，以明顯晦，以暗顯明，來去相因，成中道義。餘問，悉皆如此。』汝等於後傳法，依此轉相教授，勿失宗旨。」

師於大極元年壬子，延和七月命門人往新州國恩寺建塔，仍令促工。次年夏末落成。七月一日，集徒眾曰：「吾至八月，欲離世間，汝等有疑，早須相問，為汝破疑，令汝迷盡。吾若去後，無人教汝。」法海等聞，悉皆涕泣，惟有神會，神情不動，亦無涕泣。

師云：「神會小師，卻得善不善等，毀譽不動，哀樂不生，餘者不得。數年山中，竟修何道？汝今悲泣，為憂阿誰？若憂吾不知去處，吾自知去及；吾若不知去處，終不預報於汝。汝等悲泣，蓋為不知吾去處；若知吾去處，即不合悲泣。法性本無生滅去來，汝等盡坐，吾與汝說一偈，名曰《真假動靜偈》。汝等誦取此偈，與吾意同，依此修行，不失宗旨。」

僧眾作禮，請師作偈，偈曰：

一切無有真，不以見於真，
若見於真者，是見盡非真。
若能自有真，離假即心真，
自心不離假，無真何處真？
有情即解動，無情即不動，
若修不動行，同無情不動。
若覓真不動，動上有不動，
不動是不動，無情無佛種。
能善分別相，第一義不動，
但作如此見，即是真如用。
報諸學道人，努力須用意，
莫於大乘門，卻執生死智。
若言下相應，即共論佛義，
若實不相應，合掌令歡喜。
此宗本無諍，諍即失道意，
執逆諍法門，自性入生死。

時，徒眾聞說偈已，普皆作禮，並體師意，各各攝心，依法修行，更不敢諍，乃知大師不久住世。法海上座再拜問曰：「和尚入滅之後，衣法當付何人？」師曰：「吾於大梵寺說法以至於今，抄錄流行，目曰：《法寶壇經》，汝等守護，遞相傳授，度諸群生，但依此說，是名正法。今為汝等說法，不付其衣，蓋為汝等信根淳熟，決定無疑堪任大事。然據先祖達摩大師付授偈意，衣不合傳。」

偈曰：

吾本來茲土，傳法救迷情，一花開五葉，結果自然成。

師復曰：「汝等若欲成就種智，須達一相三昧，一行三昧。若於一切處而不住相，於彼相中不生憎愛，亦無取捨，不念利益成壞等事，安閒恬靜，虛融澹泊，此名一相三昧。若於一切處行住坐臥，純一直心不動道場，真成淨土，此名一行三昧。若人具二三昧，如地有種，含藏長養，成熟其實，一相一行，亦復如是。」

「我今說法，猶如時雨，普潤大地，汝等佛性，譬諸種子，遇茲霑洽，悉皆發生。承吾旨者，決獲菩提；依吾行者，定證妙果。」

聽吾偈曰：

心地含諸種，普雨悉皆萌，
頓悟花情已，菩提果自成。

師說偈已，曰：「其法無二，其心亦然，其道清淨，亦無諸相。汝等慎勿觀靜，及空其心；此心本淨，無可取捨，各自努力，隨緣好去。」爾時，徒眾作禮而退。

大師，七月八日，忽謂門人曰：「吾欲歸新州，汝等速理舟楫。」 大眾哀留甚堅，師曰：「諸佛出現，猶示涅槃；有來必去，理亦常然。吾此形骸，歸必有所。」眾曰：「師從此去，早晚可回。」師曰：「葉落歸根，來時無口。」

又問曰：「正法眼藏，傳付何人？」師曰：「有道者得，無心者通。」又問：「此後無有難否？」師曰：「吾滅後五六年，當有一人欲取吾首。聽吾讖曰：『頭上養親，口裡須餐，遇滿之難，楊柳為官。』」又云：「吾去七十年，有二菩薩，從東方來，一出家，一在家，同時興化，建立吾宗，締緝伽藍，昌隆法嗣。」

問曰：「未知從上佛祖應現已來，傳授幾代，願垂開示。」師云：「古佛應世，已無數量，不可計也。今以七佛為始。過去莊嚴劫毗婆尸佛、尸棄佛、毗舍浮佛；今賢劫拘留孫佛、拘那含牟尼佛、迦葉佛、釋迦文佛是為七佛。」

「已上七佛，今以釋迦文佛首傳。

第一、摩訶迦葉尊者

第二、阿難尊者

第三、商那和修尊者

第四、優波毱多尊者

第五、提多迦尊者

第六、彌遮迦尊者

第七、婆須蜜多尊者

第八、佛馱難提尊者

第九、伏馱蜜多尊者

第十、脇尊者

第十一、富那夜奢尊者

第十二、馬鳴大士

第十三、迦毗摩羅尊者

第十四、龍樹大士

第十五、迦那提婆尊者

第十六、羅睺羅多尊者

第十七、僧伽難提尊者

第十八、伽耶舍多尊者

第十九、鳩摩羅多尊者

第二十、闍耶多尊者

第二十一、婆修盤頭尊者

第二十二、摩拏羅尊者

第二十三、鶴勒那尊者

第二十四、師子尊者

第二十五、婆舍斯多尊者

第二十六、不如蜜多尊者

第二十七、般若多羅尊者

第二十八、菩提達摩尊者

第二十九、慧可大師

第三十、僧璨大師

第三十一、道信大師

第三十二、弘忍大師

慧能是為三十三祖。從上諸祖，各有稟承，汝等向後遞代流傳，毋令乖誤。」

大師先天二年癸丑歲八月初三日（是年十二月，改元開元）於國恩寺齋罷，謂諸徒眾曰：「汝等各依位坐，吾與汝別。」法海白言：「和尚留何教法，令後代迷人，得見佛性？」

師言：「汝等諦聽，後代迷人，若識眾生，即是佛性；若不識眾生，萬劫覓佛難逢。吾今教汝識自心眾生，見自心佛性。欲求見佛，但識眾生；只為眾生迷佛，非是佛迷眾生。自性若悟，眾生是佛；自性若迷，佛是眾生。」

「自性平等，眾生是佛；自性邪險，佛是眾生。汝等心若險曲，即佛在眾生中，一念平直，即是眾生成佛。我心自有佛，自佛是真佛，自若無佛心，何處求真佛？汝等自心是佛，更莫狐疑，外無一物而能建立，皆是本心生萬種法。故經云：『心生種種法生；心滅種種法滅。』吾今留一偈，與汝等別，名《自性真佛偈》。後代之人，識此偈意，自見本心，自成佛道。」

偈曰：

真如自性是真佛，邪見三毒是魔王，
邪迷之時魔在舍，正見之時佛在堂。
性中邪見三毒生，即是魔王來住舍，
正見自除三毒心，魔變成佛真無假。
法身報身及化身，三身本來是一身，
若向性中能自見，即是成佛菩提因。
本從化身生淨性，淨性常在化身中，
性使化身行正道，當來圓滿真無窮。
淫性本是淨性因，除淫即是淨性身，
性中各自離五欲，見性剎那即是真。
今生若遇頓教門，忽悟自性見世尊，
若欲修行覓作佛，不知何處擬求真。
若能心中自見真，有真即是成佛因，
不見自性外覓佛，起心總是大癡人。
頓教法門今已留，救度世人須自修，
報汝當來學道者，不作此見大悠悠。

師說偈已，告曰：「汝等好住，吾[illegible]

度後，莫作世情悲泣雨淚，受人弔問。身著孝服，非吾弟子，亦非正法。但識自本心，見自本性，無動無靜，無生無滅，無去無來，無是無非，無住無往。恐汝等心迷，不會吾意，今再囑汝，令汝見性。吾滅度後，依此修行，如吾在日；若違吾教，縱吾在世，亦無有益。」

復說偈曰：

兀兀不修善，騰騰不造惡，

寂寂斷見聞，蕩蕩心無著。

師說偈已，端坐至三更，忽謂門人曰：「吾行矣！」奄然遷化，於時異香滿室，白虹屬地，林木變白，禽獸哀鳴。十一月，廣韶新三郡官僚，洎門人僧俗，爭迎真身，莫決所之。乃焚香禱曰：「香煙指處，師所歸焉。」時香煙直貫曹溪。十一月十三日，遷神龕並所傳衣缽而回。

次年七月二十五日出龕，弟子方辯，以香泥上之。門人憶念取首之記，遂先以鐵葉漆布，固護師頸入塔。忽於塔內，白光出現，直上衝天，三日始散。韶州奏聞，奉敕立碑紀師道行。

師春秋七十有六，年二十四傳衣，三十九祝髮，說法利生三十七載。得旨嗣法者，四十三人，悟道超凡者，莫知其數。達摩所傳信衣，中宗賜摩納寶缽，及方辯塑師真相，並道具等，主塔侍者尸之，永鎮寶林道場。流傳《壇經》，以顯宗旨，興隆三寶，普利群生者。

大視野015

圖解金剛經、心經、壇經

圖解經典，一目了然，佛陀的深奧智慧。

作　　者　慧　明
顧　　問　曾文旭
編輯統籌　陳逸祺
編輯總監　耿文國
主　　編　陳蕙芳
校　　對　翁芯俐
內文排版　吳若瑄
封面設計　吳若瑄
法律顧問　北辰著作權事務所

印　　製　世和印製企業有限公司
初　　版　2013 年 12 月
初版十三刷　2022 年 11 月初版
出　　版　凱信企業集團—凱信企業管理顧問有限公司
電　　話　(02) 2773-6566
傳　　真　(02) 2778-1033
地　　址　106 台北市大安區忠孝東路四段 218 之 4 號 12 樓

定　　價　新台幣 499 元 / 港幣 166 元

總 經 銷　采舍國際有限公司
地　　址　235 新北市中和區中山路二段 366 巷 10 號 3 樓
電　　話　(02) 8245-8786
傳　　真　(02) 8245-8718

此中文繁體字版由北京鳳凰含章文化傳媒有限公司
授權凱信企業集團—凱信企業管理顧問有限公司在臺灣獨家出版發行。

本書如有缺頁、破損或倒裝，
請寄回凱信企管更換。
106 台北市大安區忠孝東路四段218之4號12樓
編輯部收

國家圖書館出版品預行編目資料

圖解金剛經、心經、壇經 / 慧明著 . -- 初版 . -- 臺北市：凱信企管顧問，2019.06
面；　公分
ISBN 978-986-97319-5-9(平裝)

1. 六祖壇經 2. 般若部

221.44　　108007719